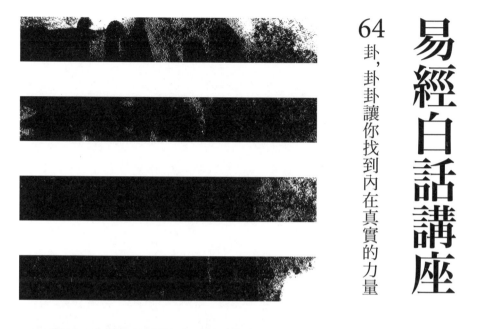

易經白話講座

64卦，卦卦讓你找到內在真實的力量

王思迅——著

作者序

四十年前，我在台中的中興大學念書，有一位老工友，在理工學院服務，他通《易經》、會卜卦，住在樓梯下方狹窄的小房間，屋內一床一桌一小書架，別無長物。每週有一晚，他開放同學前來問卦。同學要先在門口的簿子上登記，按序排隊，約兩周後，方可輪到。老工友解卦時，辭氣悠緩，通常會從書架上抽出一書，翻出幾行字，解釋給同學聽，等於是他的分析與教導。我雖然沒有找他卜過卦，但是聽別人繪影繪聲的描述，總覺得神乎其技，十分嚮往。

在這個因緣下，我決心學習《易經》，於是去文學院旁聽朱維煥老師的宋明理學，並閱讀老師的《易經》專著。如此半年，總算生吞活剝地把這本書讀過一次。讀完後，感覺朦朦朧朧的，只能說是一知半解，似懂非懂。勉強留下一個心得，就是凡事不要只看人事際遇的吉凶，而要在吉凶的背後，看到人生的「道」與「命」。然而，究竟什麼是「道」？什麼是「命」？這就不是當時的我所能理解的事了。

也許，那半年心血最重要的收穫，是我面對這本既玄又難的書，已經不再害怕了，而且躍躍欲試地想再讀第二遍。於是，在之後的歲月中，《易經》成為我案頭上最重要的一本書，也一路成為我生命中最重要的良師益友。直到現在，我已經說不出重讀過它幾次了。

幾年前，當我想寫一本《易經》入門書時，回想自己學習《易經》的過程，寫下了我想寫的書應該具備的幾個條件：一是能讓人學會簡易的卜卦方式，並透過卜卦，不斷得到學習《易經》的樂趣；二是只要具備高中國文程度就能讀懂；三是盡量讓易經的內容與日常生活結合在一起；四是分享我從易經的每一卦裡，所學習到的人生功課，與所獲得的成長經驗；五是盡可能地與大家分享，什麼是人生的「道」與「命」。

這是我想寫這本書的初衷。

曾有人問我，是不是能用一句話，說清楚《易經》要教導我們什麼？我想了很久，後來決定用三個字回答這個問題。就是大家都很熟悉的「平常心」。

《易經》就是平常心。沒有比這更簡單的說法了。

「平常心」是什麼？「平」是平易、平等、一致的意思。「常」是恆常、純粹、永續不斷的意思。這兩者都好理解，比較難的是「心」。「心」是意識，代表創造、變化，以及無窮無盡的矛盾與統一。

我們一般說「平常心」，主要用來勸人不要計較，或者不要有負面情緒，盡量讓心情保持平靜的常態。其實這樣用「平常心」，有點把它說低了。真正的「平常心」，指的是用「平」與「常」這兩種力量，來調伏、引導、舒展我們的內心。

因為，我們的內心，像野馬一樣，既充滿生命力、創造力，也充滿變動、矛盾和煩惱。

大家都知道，《易經》包含「簡易」、「不易」與「變易」三層意思。其實，「平」就是「簡易」、「常」就是「不易」、「心」就是「變易」。

如何把充滿變動與欲求的心，安住在簡單純粹的永恆形式之中，而且依然充滿創造力，生生不息，既超越矛盾與煩惱，又得到自在與寧靜。這才是真正的「平常心」，也是《易經》最終要教導我們的內容。

《易經》講的是「平常心」，實踐的方法在「觀照」，呈現的境象是六十四卦，而在生命的道路上，所遇所行，或吉或凶，如何進退趨避，自我修錬成長，恢復生命本有的內在力量，那就是三百八十四爻了。

希望大家都能在這本《易經白話講座》裡學會古人看通人間事理，理解生命遭遇的智慧。以後，當我們人生遇到逆境時，我們會知道如何脫困而出。當我們人生處在順境時，我們也能善加把握，不讓自己耽溺徘徊，失去提升的機會。

最後，感謝我的家人、老師、好友、同事，以及在學習道路上與我一同前進的同學們，沒有你們的包容與陪伴，我無法完成這本書。真的非常感謝你們。

王思迅

目次

從《易經》看到內在真實的力量
——如何學習《易經》

《易經》成書的時代，是一個苦難的時代，而《易經》是對應這個時代產生的智慧之書。所以，每當有人要我用最簡短的文字，介紹《易經》時，我會用「苦難生智慧」來說。

每個人都有自己的煩惱與困難，而每個人也都在用他自己的方式，努力尋求解脫。只不過，很多人使用的方式並沒有讓自己減少煩惱，反而讓自己越陷越深，越解脫越痛苦。《易經》可以讓我們看見自己在什麼地方用錯了方法、選錯了道路，執著於沒有必要的情感，一直增加身心的重負，卻對自身的成長沒有什麼幫助。

《易經》要教我們的，只有一件事，就是在面對人生無可避免的起伏變化，我們如何在自己身上找到力量，如何正確地行動，以及如何運用各種心理工具，讓我們能夠持續成長，繼續提升。

《易經》是一本難得的奇書，誕生於三千多年前，也就是商朝即將結束，周朝快要興起的時候。在那個巨變的大時代，舊有的事物即使美好，仍不斷遭到拋棄，新的創制即使生澀，依然大行其道。這是一個波瀾壯闊的場景，美醜混雜、善惡難分，有人選擇懷念過去，也有人冒險迎向未來。

所謂的「大時代」，就是所有人一起受難流淚，一起失去所愛，也一起在苦海裡翻騰的時代。只不過，忍受萬般艱難之後，卻慢慢會發現，淚水雖然酸楚，但竟喚醒了強韌的生命成長力量。

當我們看到生命經歷暴風之後，仍然長出令人不敢置信的全新花朵迎著朝陽翩翩舞動，我們的嘴角也會隨之逐漸綻放笑容。心念一轉，我們才明白淚水的真正意義。

去除痛苦的最好方法，不是讓痛苦消失不見，因為這是不可能的。去除痛苦只有一種方法，就是徹底明白「苦」的意義。

所以，經歷過「大時代」的人，都有一種特別的灑脫，也有一種特別的穿透力。他們的領悟、感知、聰明，似乎比常人更加細膩深入，也更容易直視事物背後的本質。

同樣的生生死死、悲歡離合，同樣的山河大地、歲月流逝，在他們的眼裡，都別有姿態，無一不是天機的流露，以及宇宙法則的開顯。

《易經》就是在這樣的時代背景下誕生，一群在「大時代」裡翻滾過的宗教修行者，他們攜手合作，一起創造了這本書。他們在時代的巨變中，感受天地宇宙運行的秘密，用陰陽交錯的方式，像編碼一樣，展示出六十四種核心形象（六十四卦），以及三百八十四種輔助性形象（三百八十四爻），以此說明萬事萬物生成變化的道理。

此後，即使不是修行者，也可以憑《易經》一書，了解天地宇宙運行的神聖秩序。

可惜的是，《易經》的文字太過古老艱深、也太過神秘奇特了，以致於能完全讀懂的人非常少。即使有些人讀懂了，但他們之間的看法又存在許多差異。如此發展下來，當這本書被閱讀了三千年，又經過歷代讀書人的反覆詮釋之後，我們今天讀此書，幾乎是每一卦、每一爻、每一句話，甚至每一個關鍵字，都存在許多不同見解。這就讓我們現在讀這本書，比過去任何時代讀它，都要加倍辛苦、加倍困難，也加倍複雜。

這個問題很大，應該如何解決呢？

我的辦法主要有三方面。一是借助這半個多世紀以來，考古學界對商周時代的研究成果。二是借助這一個世紀以來，學界對甲骨文的研究成果。這兩方面成果，都是古人所不知，同時也是我們現代人讀《易經》的優勢所在。第三方面是，我認為《易經》是一本充滿歷史典故的書，也是一本宗教意味很濃的書。所以，在遇到前人註釋眾說紛紜的地方，我傾向於從歷史典故與宗教儀式這兩方面去尋找合理的解釋。

另外，還有一個讀《易經》的偏方，就是回歸《易經》的本質。所謂《易經》的本質，是指《易經》原本是一本占卜書，透過占卜的方式，依照當下的特殊處境，展示宇宙運行的規律。所以，當我讀《易經》遇到難解的問題時，有時我也會用實際卜卦中所累積的經驗，來帶領我理解《易經》艱深的文字。

例如《易經》的頤卦，傳統解釋認為「頤」是「養」的意思。可是，用「養」的角度去理解頤卦的卦辭爻辭，簡直是橫柴入灶，完全說不通。而在很多具體的卜卦案例中，我發覺頤卦主要是對應人的欲望，所以，我改用「欲望」的角度來理解「頤」字，這樣卦辭爻辭的意義就完全合理了。

還有一種很特殊的情況，就是當我遇到《易經》文句存在說法太多，不知如何取捨時，或者說法太陳舊，不知如何跳到局外來發揮新意時，我最後的辦法，就是透過占卜，來幫助我理解這些文句的意義。具體情況請大家參考本書的家人卦。

這大概就是為什麼，古人學習《易經》時，都會一邊學習經文（玩辭），一邊練習卜卦（玩卦）。因為，了解文句是「學」《易經》，而卜卦斷事則是「用」《易經》。一學一用，相互印證，這樣就不怕有讀不懂的地方了。

占卜，對古人來說，是宗教信仰的一部分，所以過程非常講究。例如，占卜前要經過齋戒、沐浴、禁語、祈禱等儀式。這些儀式，無論是簡單還是繁複，最終都是為了展現一種「宗教的虔誠」。

什麼是「宗教的虔誠」？古人認為至少必須包含「敬」、「誠」、「一」這三方面，才算達到虔誠的要求。「敬」是指恭敬，也就是謹慎、認真與自我約束。「誠」是指虔誠，也是真實無偽。「一」是指專一、凝聚、收斂。

古人相信，如果我們處在「敬」、「誠」、「一」的狀態來占卜，那麼占卜所得到的卦象，就可以預知吉凶得失，而且非常靈驗。

我們在讀《易經》與學習卜卦的過程中，若也能常常練習讓精神處在虔誠、禮敬與收斂的狀態，這樣一定能夠從《易經》中得到很多特別的啟發，也能夠在生活中感悟到許多無法用語言表達的境界。

我們常說「惜福」，因為「福」來自「智慧」，而「智慧」來自「苦」，得之不易，所以要特別珍惜。如果不知珍惜，等到福報用盡，苦難又要接踵而至了。

大約一萬多年前，地球結束它的小冰河時期，氣候逐漸變暖，洪水氾濫成災，帶給人類巨大的災難。這就是為什麼，世界各古老文明都有洪水神話的原因。這場災難，雖然帶來巨大的痛苦，卻也讓人類開展出全新的智慧。於是，人類從舊石器文明，一躍而進入新石器文明。接著才有伏羲女媧的神話、三皇五帝的傳說，以及之後夏商周的歷史文明。這就是苦難生智慧的具體例證。

同樣的，從商朝結束到周朝興起，這也是一場大轉換，一場大苦難。當時的商朝，對宗教儀式非常講究，大事小事都要占卜。無論是天地山河，還是日月風雲，都有專門的祭祀儀式。若遇到重大的國政、軍事問題，必定虔誠請示神明。相反的，周朝則不那麼重視祭祀，不但祭祀的次數比較少，祭品也比較微薄。

當周武王打敗商紂時，所有商朝的巫師與貴族，都感到難以置信，為何虔誠祀奉神明的大商國，會敗給不在意祭祀活動的小周國呢？為什麼天神上帝不站在商朝這一邊，卻站在周國那一邊呢？

這是一個大問題，如果不說明白，對當時的人類社會來說，可能會造成宗教信仰的大崩壞。

商朝遺老在失敗的痛苦中反省，努力尋找答案，最後，他們終於開悟了。他們發現，宇宙的運作法則，不是神明的旨意，而是一種周而復始的循環變化運動。這種變化會先朝一個方向變化，走到沒路可走了，就朝反方向變化。如此一正一反、一高一低，一盛一衰地循環交替變化著。

因為萬事萬物都逃不開這個循環變化的法則，所以，在這個世界裡，一切事物都帶有相對性。有生就有死，有興就有衰，有起就有伏，有順就有逆。萬事萬物不停地在相反的兩端之間流動、循環、變化，沒有一件事物可以永遠保持原有的狀態。

例如，商朝強盛的時候，天下歸他掌理，但是，這一情勢不會永遠不變。商朝的力量終將逐漸衰弱，其他族群的力量則會逐漸興起，最後取而代之。這是宇宙運行的法則，誰也沒有辦法改變。

從商到周，這是宇宙運行的規律，興衰枯榮的自然轉移。無論商人的祭祀如何豐厚，也無法停止宇宙的變化規律。這一思想流傳到現在，就是我們常說的「氣數」觀念。

但是，周朝是怎麼看待自己取代商朝的呢？周人的解釋是，天下由誰來治理，這件事是由天帝的旨意來決定，這就是「天命」。周人認為，自己是秉持「天命」而取代商朝。然而，決定「天命」轉移的關鍵，主要在「德」，而不在祭祀。也就是說，執政者的作為，如果經常失德，那麼「天命」的歸屬就要改變了。老天會尋找更適當的人選，把「天命」授予他。

所以，既濟卦才會說：「東鄰殺牛，不如西鄰之禴（ㄩㄝˋ）祭，實受其福。」商在東邊，周在西邊。商人的殺牛祭祀，場面雖然很盛大、很熱鬧，而周人的禴祭，場面雖然很簡單、很樸實，可是，周人卻更加虔誠有德。與盛大熱鬧的祭祀場面相比，老天更喜歡樸實有德。

《易經》講的就是這個「天命」的法則，以及可以扭轉「天命」走向的「德」。所以，冥冥中似乎諸神都來守護這部經典。秦始皇「焚書」沒有燒它，整個漢代都推崇它，最後還讓《易經》成為「群經之首」。

我自己從十九歲開始讀《易經》，二十五歲開始學卜卦，一路跌跌撞撞，經過三十幾年，不曾覺得自己讀懂這部書。直到五十過後，忽然體悟到，所謂的「德」，原來就是「內在真實的東西」。有此一悟，從前讀不懂的地方，突然就都明白了。本來讀起來是平面的感覺，現在也整個都立體化了起來。而且，不僅《易經》如此，連論孟老莊，以及其他先秦典籍，也一起真實了起來。所以我五十二歲後，才敢在中廣開課，與人分享我讀《易經》的心得。

我們因為內心有真實的東西，所以我們的行為才是真實的。我們發的願，才能得到神明的庇佑。我們講的話，才能得到他人的信任。我們的領導，也才能得到大家的服從。我們的生命也才能感受到意義。這就是《易經》從頭到尾一直在強調的「孚」字。原來，「孚」就是「德」啊！

我們在「孚」與「德」上的修行與努力，決定了我們的「命」。我們一定是先有「孚」與「德」，然後才會有「命」。如果沒有「德」，內心裡沒有真實的東西，那麼一切都只是運氣與命運，都只是機緣與偶然，不會有個人的「使命」，也不會有族群文化的「天命」了。

當我明白這個「德」字與「孚」字之後，我才算真正被《易經》收為門徒，也才算真正進了《易經》的大門。《易經》是一本奇妙的書。你若懂得用它，它會讓你的人生充滿力量。你若不懂得用它，它就是一本「有字天書」。

所以，能不能讀懂《易經》，其實是一個「緣分」的問題。因為很多人即使花了很多時間去讀，也不見得讀得懂，或者，也不見得有收穫。

但是，我也要樂觀地說，《易經》是一本讀起來，投資報酬率非常高的書。因為，只要學會這六十四個形象生動的「卦」，你就可以看盡人間一切事理，理解生命所有遭遇。遇到人生的逆境時，你會知道如何脫困而出。遇到人生的順境，你又能善加把握，不讓自己耽溺徘徊，失去提升的機會。

雖然大家都不喜歡辛苦與困難，避之唯恐不及，但是我們要知道，沒有辛苦就沒有真正的成長，沒有困難也不會有與生命合而為一的智慧。所以，苦難並非不好的東西，而是會刺激我們超越自己的機緣。

如果沒有苦難，我們就沒有真正的智慧，沒有真正的智慧，我們就不會有真正的福報。有了智慧，加上福報的積累，我們才會有真正的修行。而有了修行，才會產生宗教。大家要知道，我們是先有修行才有宗教，而不是先有宗教才有修行。

廣義來說，凡是可以讓我們變得更好的事情，都是修行。包括改變我們的生活習慣，改變我們做人做事的態度，改變我們的價值觀念等等，都是修行。所以，我們可以沒有特定的宗教信仰，可是不能不修行。對我來說，學習《易經》就是學會如何面對困難，如何更好地調整自己，也就是在學習如何修行。

常常有人問我，怎樣學好《易經》？我總是回答，《易經》有六十四卦，學《易經》的第一步，就是把這六十四卦，當成六十四個英文句型，好好理解它們的結構，並學習如何把它們用在日常生活當中。

這一點很重要。學習《易經》的方法，不是讀它，而是在日常生活中，頻繁地使用它。

使用《易經》，就是要讓它改善我們做人做事的方法，要讓它提升我們的智慧與技能，還要讓它引導我們的人生道路，讓我們變成更好的人。

另外，學習《易經》還有一個重要的心法。就是六十四卦裡的每一卦，都包含著其他六十三卦。六十四卦像一張網子，每一卦與其他各卦都彼此相通。所以，學好《易經》的方法，就是要懂得「運轉」。

我們不要困在任何一卦之中，而是要學習在心念一轉之下，可以從這一卦，走向另一卦。因為，「變」只是《易經》的現象，「轉」才是《易經》的關鍵。

人世的「變」，這是外在的吉凶。應對它的方法，就是我們內心要有「轉」的力量。當我們內心有「轉」的力量，我們就不用再害怕外在的吉凶了。

卦象的結構與卜卦的方法

《易經》不光只是一本卜卦的書，但學《易經》一定要學卜卦，因為學卜卦之後，看起來很難懂的《易經》，讀起來就會變得很簡單。

我們讀不懂《易經》，主要是因為我們不知道如何把《易經》的內容，對應到我們生活所遇到的問題，讓它對我們產生幫助。但是，卜卦恰好可以幫我們解決這個問題。

在我們學會卜卦後，《易經》的文字就會活過來，每一個字都可以跟我們聊天，都在我們眼前躍動，每一句話都像是人生導師對我們最真切的提醒。《易經》再也不是一本難懂的書。

《易經》不是直接告訴我們某件事情的吉凶。它是教導我們，可以用什麼角度與方法去面對眼前的困難。而且，非常奇特的地方是，《易經》告訴我們的方法，都是我們平常不使用的方法，也是我們不習慣也不熟悉的思考角度。這是什麼意思呢？這代表，我們之所以會遇到這個困難，就是因為我們的內心有偏頗、有習性，有失衡的地方。如果我們內心平衡了，其實，這個困難不一定會發生，或者，這件事並不會顯得這麼困難。

卜卦告訴我們的答案，都是針對我們執著的地方，提出調整的建議。如果我們認真把它當成功課來做，那麼就能恢復原有的平衡，而當恢復平衡後，我們遇到的困難也就得到解決了。

如果你問一個學《易經》的人，請他挑選一個最可以代表《易經》精神的卦，我相信大部分人都會選擇「乾」卦。因為卦中的「潛龍勿用」、「飛龍在天」、「亢龍有悔」等字眼，大家都能朗朗上口，非常親切。但是，如果要我挑選，我可能不會選「乾」卦，而會選「井」卦。

為什麼「井」卦最可以代表《易經》精神呢？因為每一個人的腳下，都可以挖出一口直通內在「靈泉」的好「井」。而且，我們解決外在問題的方式，常常不是直接去解決外在問題，而是倒轉方向，回到內心，先解決內在的糾結與執著，如此腳踏實地的努力，一層一層往下深挖，最後打通我們內心的「靈泉」。當我們內心通透了、平衡了、提升了，外在的問題自然可以得到化解。因為，「井」總是一個人先努力挖掘，等挖出甘甜的井水後，別人自然會來親近你，這樣你就有資源可以解決問題了。

大家都聽過《易經》有八卦，這八個卦的先天次序是乾（ㄑㄧㄢˊ）、兌（ㄉㄨㄟˋ）、離、震、巽（ㄒㄩㄣˋ）、坎（ㄎㄢˇ）、艮（ㄍㄣˋ）、坤。大家先把這個次序背下來，而且一定要按照這個次序背，背到滾瓜爛熟為止。如果這個次序背不住，那就沒有辦法學卜卦了。至於為何是這個次序，以及什麼叫作先天次序，又或者是否還有個後天次序，我們都先略過不說。

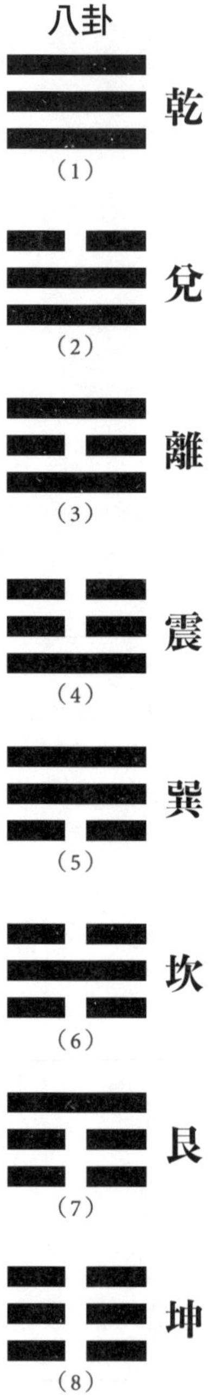

有了這基本的八個卦，再從中任選兩卦來上下排列，根據高中數學排列組合的原理，就可以得出八乘七的

五十六種組合。加上八卦自身可以重複，五十六加八，這樣就是六十四。也就是我們常說的六十四卦。

舉例來說，我們在基本八卦裡，挑出「離」與「乾」這兩卦，然後把「離」排在上面，把「乾」排在下面，這個組合，就是六十四卦中的大有卦。假如，排列次序顛到過來，把「乾」排在上面，把「離」排在下面，這個組合就不是大有卦了，變成同人卦。

再舉一例，我們在基本八卦裡，挑出「離」與「兌」這兩卦，讓「離」在上面，「兌」在下面，疊在一起，這就成了睽卦。假如我們顛倒次序，變成「兌」在上面，「離」在下面，這就變成革卦了。

你可能會問，可不可以在基本八卦裡，挑出兩個「離」，或挑出兩個「兌」呢？當然是可以的。兩個「離」疊在一起，就是離卦。兩個「兌」疊在一起，就是兌卦。其他情況可以類推。用這樣的方式，把基本八卦裡的任兩卦疊在一起，就可以產生出六十四卦了。

下面來講八卦是怎麼產生的。

大家都知道，基本八卦裡的每一卦，各有一個符號作代表。而每個符號都是用三條分別代表「陰」或「陽」的橫線組合而成，這些橫線稱為「爻」。如果橫線完整，沒有中斷，這就稱為「陽爻」。如果橫線中間有一截中斷的部分，這就稱為「陰爻」。

例如乾卦，就是由三個陽爻所組成，坤卦則是由三個陰爻所組成。但是，為何這樣組合就代表是一卦呢？其中邏輯何在呢？這就要先從「陰、陽」說起。

陽爻的原始意義代表「天」，陰爻的原始意義代表「地」。例如，甲骨文的「天」字寫成「」。字形下方是一個站立的人，在人的頭上多了一橫，這一橫就是陽爻，即代表「天」。我們現在常說「舉頭三尺有神明」，其實這句話的意識根源，早已隱含在甲骨文的造字中，一脈相承至今，不曾斷絕。至於陰爻所代表的「地」，應該是人用兩腳站立，踩在地上，所以兩個短橫就是陰爻，即代表「地」。

一個陽爻代表天，一個陰爻代表地，那麼三個陽爻疊在一起，與三個陰爻疊在一起，就代表天、地一層又一層，重重無盡地向上與向下延伸。這就是乾卦與坤卦的意義。因為三就是多，所以天之上還有天，一層層無窮向上；而地之下還有地，也是一層層無窮向下，兩者都隱含了無限的意思。例如《詩經》說「維天之命，於（ㄨ）穆不已」。這個「於穆不已」，就是重重無盡，無邊無涯的意思。所以古人只要一想到「天」與「地」，心中就會升起無窮無盡的意象。

由此引申體會，「乾」不只代表天，也代表不斷追求更高遠的理想世界的願望。當然，「坤」也不只代表地，也代表永遠腳踏實地，扎根積累的奮鬥。這兩者都是永恆無涯的追求。

乾、坤兩卦是這樣確立下來，那麼其他六卦是怎麼組成的呢？其他六卦是由兩個天或地，搭配另一個異質的東西所形成。

舉例來說：兩個代表天的陽爻，下面加一個異質的陰爻，請問這一異質的東西應該是什麼？答案是風。因為在天的下方行走的東西，就是風。風就代表巽卦。兩個代表天的陽爻，中間有一個異質的陰爻，請問兩個天之間的東西應該是什麼？答案是火，也就是天上雲層間的閃電。火就代表離卦。

兩個代表天的陽爻，上面有一個異質的陰爻，請問在天之上的異質的東西應該是什麼？答案是澤。但為什麼是澤呢？因為古人採火耕，有放火燒澤的習慣。火燒的過程可以捕獲獵物，火燒之後的土地就像施過肥一樣，可以直接播灑種籽，無須人工照管，幾個月後即可收割。這種火耕方式，也稱為烈澤。烈澤之前，一定會舉行宗教儀式，放火時濃煙直衝雲霄達於神明所居住的上天，所以用澤代表天上神明居住的地方。這個卦，是兌卦。

再以地來舉幾例。兩條陰爻，下面一個異質的陽爻，請問這一居於地之下的異質東西應該是什麼呢？答案是雷。為何是雷呢？因為古人認為打雷時，土地隱隱震動，所以相信雷是因為地底有東西在召喚而發生。這個雷就代表震卦。

兩個陰爻，中間有一個異質的陽爻，請問這一居於地之間的異質東西應該是什麼？答案是水。地中有水，鑿井取之，這是古人的智慧，所以答案是水。水代表坎卦。

最後，兩個陰爻，上面一個異質的陽爻，請問這一居於地之上的異質東西應該是什麼？答案是山。因為山就立於土地之上。這個山就代表艮卦。

藉由這樣的邏輯，八卦的符號就衍生出來了。大家可以根據這個邏輯，輕鬆地把八卦和它的象徵意義背起來。乾是天，代表剛健與理想。兌是澤，代表喜悅與豐富。離是火，代表光明與發展。震是雷，代表變動，也代表警訊。巽是風，代表順從與親和力。坎是水，代表困難與危險。艮是山，代表靜止，也代表阻礙。坤是地，代表承擔與責任。

有了八卦，再彼此相疊，便生出了六十四卦。相疊後的卦就有了六條代表陰陽的爻，稱為六爻。

六十四卦各有意義，也各有形象，就像塔羅牌一樣生動。古代識字的人少，有人把六十四卦畫成圖片，再給每一卦搭配一首詩及一個歷史人物故事，方便理解認識。這書在明清時期流傳很廣，版本很多，名叫《金錢課》。如果在舊書攤看到，價錢若不貴，可以買來參考。

卦的六爻結構，次序由下而上。最下面的稱初爻，然後往上依序是二、三、四、五爻，最上面的則稱上爻。大家注意哦！爻的次序是由下往上，如同植物是由土裡生長出來，朝天空伸出枝葉一樣。很多初學者經常弄錯，以為一二三的次序是由上往下，這個不能弄錯，千萬要記住！

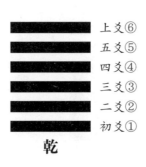

乾

此外，在《易經》裡，凡是陽爻習慣稱之為九，凡是陰爻，則稱之為六。

以乾卦來說，六爻皆陽，所以我們稱第一爻（初爻）為初九，稱最上面一爻為上九。但中間二到五爻，不稱為二九、三九，習慣上會顛倒過來，稱為九二、九三、九四、九五。這裡也是初學者經常會搞混的地方，必須多加留意。

舉大有卦為例。上面是離卦，下面是乾卦，由下至上，我們依序稱為：初九、九二、九三、九四、六五、上九。其他的例子，大家可以自行練習。

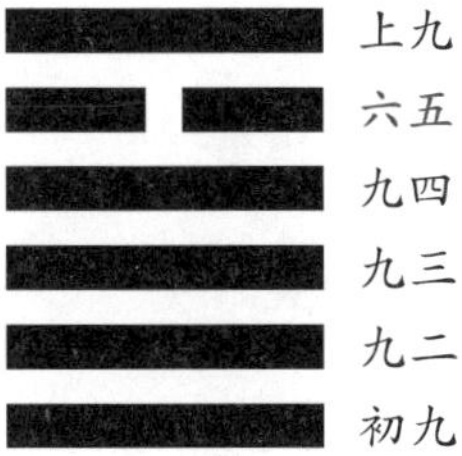

大有

《易經》還有一些行話，大家知道意思就好，不必強背。例如兩個基本八卦（乾、兌、離、震、巽、坎、艮、坤）疊在一起，上面那個卦稱外卦，代表對方，也代表外部環境。下面的卦稱為內卦，代表自己，也代表內部環境。以大有卦來說，外卦是離火，內卦是乾天。火是動力，代表對外衝勁十足；天是剛健，表示內心企圖心很強，充滿理想。如此內外搭配，有力有願，當然是一個好卦。

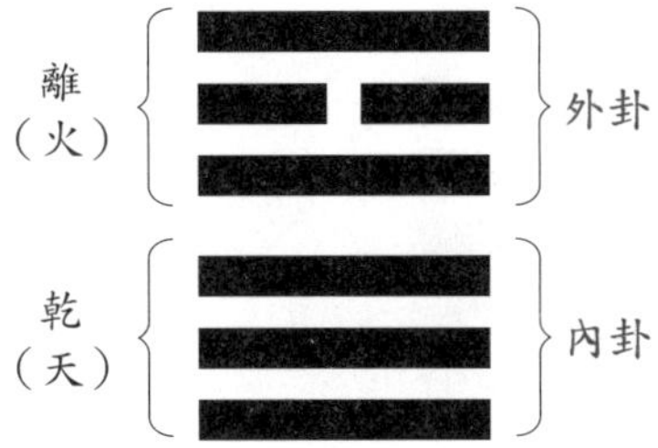

大有

還有，基本八卦就像一個家庭，代表八種身分。乾、坤代表父母。震、坎、艮分別代表長男、中男、少男。巽、離、兌則代表長女、中女、少女。舉例來說，咸卦上卦是兌，代表少女，下卦是艮卦，代表少男。少男配少女，天雷勾動地火，彼此很容易產生好感，所以咸卦就代表了自然的親和力、吸引力。用在男女之間，表示容易有戀情。用在工作上，表示人緣很好，貴人很多。

易卦的六爻，每一爻都代表一種處境，一種階段。例如初爻，代表事情剛開始，很多地方還不成熟，需要學習努力。第二爻是能力提升了，想小試身手，跟環境較量一下。第三、四爻是跟環境比畫之後，有成有敗，有進有退，有憂懼有喜樂，也就是五味雜陳的意思。第五爻是經過各種環境的試煉之後，能力與地位都得到肯定。第六爻則是發展到了極點，準備反轉，要進入下一卦了。

因為每一爻的位置特性不同，所以學《易經》的人會有很多行話，例如我們常說「九五之尊」，這表示第五爻若又是陽爻，它的地位最為尊貴。又例如說「三四多進退」或「三四多憂懼」，意思是三、四兩爻好壞參半，容易患得患失，所以心裡不易平靜。

以我自己的卜卦經驗來說，一爻貴有朝氣。二爻貴能立志。三、四兩爻要站穩腳跟，也要夠灑脫，得失心不要太重。五爻貴在有威有信，具領導力。六爻已經功德圓滿，要有退位的準備，此時最宜提攜後進，同時惜福養生。

有以上的認識後，下面我來介紹一個簡易的卜卦方法。這個方法，一般稱為意識卦。

一般人可能覺得奇怪，意識也能卜卦？這是怎麼回事？難道是像戲劇、小說所描寫的，修道人只須「掐指一算」，便對遠方或未來的事情略知三分嗎？這事說來神乎其技，但可能嗎？

從卜卦的角度看，卜意識卦完全可以對事情提早掌握三到五分，而且，只要累積一年修習《易經》的功力，這事操作起來也非常簡單。

所謂「掐指一算」的方法，至少有三、四種。此處我們講最簡易的一種，就是把意識放在一個中文正體字上。在用這方法之前，要先放鬆心情平靜思緒，經過三十秒的沉澱後，默誦想問的事情誠心祈求解惑，然後閉目不語。大約再過十五秒，心中會產生「一陽初動」的靈感，腦海中浮現一個字，這即是你用意識求得的卦象。

浮現的字，如何轉換成卦象呢？這有兩個步驟。首先，要先由這個字的筆畫數推算出上卦，接著要由當時的時辰數推算出下卦。上下疊合，便可以得到卦象。

舉例來說，若你腦中浮現的是「青」字。青字有八畫，八代表八卦中的坤卦，所以上卦就是坤。怎麼知道八代表坤卦呢？這就要回到本文一開始要大家記住的先天八卦的次序：乾、兌、離、震、巽、坎、艮、坤。坤排序第八位，所以八就是坤。

要特別注意的是，算筆畫時必須以康熙字典的筆畫數為準，例如部首「扌」，不能算三畫，而要當成「手」，算四畫。又例如「艹」，不能算四畫，而要看成「艸」，算六畫。又如「辶」，也不能算四畫，而要看成「走」，算七畫。其他類推。

再換個例子，如果你腦中浮現的是一個複雜一點的字，例如「經」字，十三畫，怎麼得出上卦呢？那就用十三除以八，餘數是五，五就是先天八卦排序第五的巽卦。

接著來看時辰。你必須先記住十二地支時辰的次序。十二地支是：子、丑、寅、卯、辰、巳、午、未、申、酉、戌、亥。每個時辰代表兩小時，晚上十一點到凌晨一點是子時，凌晨一點到三點是丑時，凌晨三點到五點是寅時，如此依序而下。如果你在上午十點十分卜卦，那麼早上十點多屬於巳時，排序第六位。從上卦的排序後開始往後推六位，看得到什麼卦，這個卦就是下卦。

十二地支時辰

時間	時辰
23-01	子 ①
01-03	丑 ②
03-05	寅 ③
05-07	卯 ④
07-09	辰 ⑤
09-11	巳 ⑥
11-13	午 ⑦
13-15	未 ⑧
15-17	申 ⑨
17-19	酉 ⑩
19-21	戌 ⑪
21-23	亥 ⑫

例如「青」字的上卦是坤，坤是第八位，坤不算往下推六位，得到坎，上坤下坎，就得到地水師卦。師卦是個準備戰鬥的卦，對領導者來說是一大考驗。而且敵強我弱，戰鬥時間很長，若無堅定的決心，恐怕很難穿越。

在算下卦時要非常小心，依據時辰所得到的數目千萬不能直接按照先天卦序去找對應的卦，而是要從上卦開始往後數。這一點很多人搞錯，請務必小心。例如時辰數是四，那就是從上卦開始，上卦不數，依先天卦序往後數四個卦。假設上卦是坤，坤卦不數，往後第四卦是震，那就是地雷復卦。

假設我們選了「經」字，筆畫十三畫，除八餘五，依照先天卦序，五是巽，所以上卦就是巽卦。假設我們卜卦時間是晚上八點，這在地支上代表十一，除八餘三，我們從上卦巽卦開始，往後數三個卦，得到坤卦。所以，我們卜得的上卦是巽，下卦是坤，這就是風地觀卦。這是一個想要學習，也想要把自己最好的一面表現出來的卦，非常積極進取，不過也非常勞碌的一個卦。

用上面的方法，卜得的卦，我們稱為「本卦」。若再透過一些爻的變化，我們還可以得到另一個卦，稱為「之卦」。解卦的時候，把「本卦」與「之卦」搭配在一起看，我們可以對所卜問的事情，有兩重視角的立體性理

《易經》六十四卦卦名速見表

上卦／下卦	乾（天）☰	兌（澤）☱	離（火）☲	震（雷）☳	巽（風）☴	坎（水）☵	艮（山）☶	坤（地）☷
乾（天）☰	乾 ①	夬 (43)	大有 (14)	大壯 (34)	小畜 ⑨	需 ⑤	大畜 (26)	泰 ⑪
兌（澤）☱	履 ⑩	兌 (58)	睽 (38)	歸妹 (54)	中孚 (61)	節 (60)	損 (41)	臨 ⑲
離（火）☲	同人 ⑬	革 (49)	離 (30)	豐 (55)	家人 (37)	既濟 (63)	賁 (22)	明夷 (36)
震（雷）☳	无妄 (25)	隨 ⑰	噬嗑 (21)	震 (51)	益 (42)	屯 ③	頤 (27)	復 (24)
巽（風）☴	姤 (44)	大過 (28)	鼎 (50)	恆 (32)	巽 (57)	井 (48)	蠱 ⑱	升 (46)
坎（水）☵	訟 ⑥	困 (47)	未濟 (64)	解 (40)	渙 (59)	坎 (29)	蒙 ④	師 ⑦
艮（山）☶	遯 (33)	咸 (31)	旅 (56)	小過 (62)	漸 (53)	蹇 (39)	艮 (52)	謙 ⑮
坤（地）☷	否 ⑫	萃 (45)	晉 (35)	豫 ⑯	觀 ⑳	比 ⑧	剝 (23)	坤 ②

解。「之卦」的「之」是往的意思。所以「之卦」就是所卜問之事往下會如何發展的卦。

那麼如何得到「之卦」呢?方法很簡單,就是把上述的筆畫數,加上時辰數,然後除以六,看它的餘數是多少。如果餘數是一,就把「本卦」的第一爻,陰爻變陽爻,陽爻變陰爻。變化之後,所得到的卦便是「之卦」。在解卦時,這一個變化的「本卦」爻辭也要一併參考。如果餘數是二,就把「本卦」的第二爻,陰爻變陽爻,陽爻變陰爻。餘數是三四五亦然。如果剛好整除,那就把餘數當成六,把「本卦」的第六爻,陰爻變陽爻,陽爻變陰爻。

以上面用「經」字得到風地觀卦的例子來說,筆畫數是十三,時辰數是十一,相加是二十四,再除以六,剛好整除,那餘數就當成六。風地觀卦的第六爻是陽爻,我們把它改成陰爻,得到水地比卦。所以「本卦」就是觀卦,「之卦」就是比卦,觀卦的第六爻也要參考。

觀卦積極進取,往下發展,得到比卦,而比卦代表可以得到貴人提拔,這兩個卦組合在一起,表示觀卦的積極進取是把力氣用在正確的地方,所以隨後得到貴人相助。如此藉由「本卦」和「之卦」的組合,我們便可以看到整件事的動態變化,也可以得到更為立體的卦象。

《易經》是一本既通人我,又通天地的奇書。在卜卦時,我們要先透過「靜心」,讓自己進入專一,又透過「出離」,讓自己放下執著,然後以經文卦象為中介,讓我們隱約與天地運作的規律相通,並從中得到教育與啟發。

我們學卜卦時,一定要知道,卜卦的準確度,經常受到卜卦者的心態干擾。所以,學習《易經》的人,一般都會同時學習靜坐的技巧。說到底,卜卦不只是卜卦,它同時也是一個修行過程。要學習的,就是精神上朝向恭敬、真實、虔誠、專一的方向提升。

我常常說，學習卜卦是為了把《易經》學好，而不是為了卜卦很準。過度追求卜卦的準度，其實無法真正學好《易經》。

卜卦求準是為了什麼呢？無非就是趨吉避凶。我們讀《易經》，如果只為趨吉避凶，那還不如去學紫微斗數、西洋占星，或者塔羅牌。人生除了吉凶之外，還有好多事情應該知道，好多智慧需要打開，這些都不是準不準的問題，而是人生的方向與境界的問題。

如果人生事事趨吉避凶，事事有標準答案可循，向左或向右都以吉凶為依歸，請問，你的人生是因此而擴大了、豐富了？還是因此而縮小了、變窄了？你是實現了你的人生，還是限制了你的人生？

事事趨吉避凶的人生，是無法修行的，也是無法提升智慧的。我們寧可犧牲部分的吉凶，換得各種難得的生命體驗。寧可承受部分的不確定性，接受命運起伏的磨練。因為，生命必須穿越逆境，才可能獲得真實的成長。

願意主動接受不準，你的心，才有學習與修行的空間。如果只能接受準，無法在不準中行動，那《易經》就無法提供幫助了。

最後想說的是，讀《易經》的過程，總是要先透過卜卦，幫助我們理解《易經》各卦的內容。等我們逐漸體會《易經》所闡釋的六十四種生命情境，並一一學會應對這些情境的方法時，卜卦也就自然放下了，變成可有可無的遊戲。但雖然放下了卜卦，可是，我們對生命功課的全新領悟，才剛剛從這裡開始。

01 乾卦：有志的人就是龍

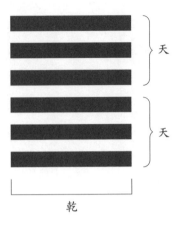

乾，元亨，利貞。
初九，潛龍勿用。
九二，見龍在田，利見大人。
九三，君子終日乾乾，夕惕若厲，無咎。
九四，或躍在淵，無咎。
九五，飛龍在天，利見大人。
上九，亢龍有悔。
用九，見群龍無首，吉。

《易經》有六十四卦，開頭是乾、坤兩卦，代表生生不息的創造力量，以及無限包容的養育力量。《易經》最後兩卦是既濟、未濟兩卦，代表萬物運行永無止境，一個階段完成了，下一個階段又自然浮現，層層向上，永遠看不到終點。

只要有乾、坤兩卦，這個世界就永遠有新的變化與創造，也永遠有新的生機。而只要有既濟、未濟兩卦，這個世界就會持續更新迭代，永遠有新的目標，永遠有改進與成長的空間。

乾、坤兩卦，向來稱為《易經》的門戶，讀懂了這兩卦，等於走進《易經》大門，可以把裡面的美景盡收眼底。如果讀不懂這兩卦，那就只能徘徊門外，浩歎與此書無緣了。

乾卦六爻皆陽，坤卦六爻皆陰，有時候我們也稱之為純陽卦與純陰卦。這種六爻齊一、純粹不雜的現象，六十四卦裡只有這兩卦。其他的六十二卦，通通是陰陽相混。所以，乾、坤兩卦又稱為「純卦」。

純卦的象徵意義是：全然的、純粹的、本質的、先天的，以及沒有後天人為的混雜。如果用來比喻人的精神，則是指全心全意、真誠無偽、離形去知，渾然忘我等境界。

這種先天的、根源性的狀態，也稱之為「丹」或「元」。古人認為，所謂的修行，就是在人的身心上下工夫，盡量去除後天雜染的部分，也盡量恢復先天純粹的部分。直到身心全部都回歸於先天狀態，即是結丹或成道的境界。

回歸先天的純粹狀態，上可與天地萬物合一，接通道體，下可以延年益壽，解脫生死。即使只是部分的回歸先天狀態，也能對養生，以及提升智慧，提供莫大的助益。

把不純粹的東西練成純粹的東西，這就是修行。而「乾」、「坤」兩卦正是這種純粹性的代表，所以古人常用這兩卦來比喻修行。

例如八仙之中有一位呂洞賓，台北木柵指南宮的主神就是他，道號「純陽子」。為什麼稱「純陽」呢？這是指他修行練成了「純陽體」，生命力與精神力如同太陽一樣，能量飽滿、源源不絕，永遠運行不怠。又例如古代傳授黃帝兵書的九天玄女則是純陰體，也即是以「純陰」來象徵成道。

乾坤兩卦，就是最先從「道」中震動引發出來的根源生機，它類似於一棵大樹的根。然後以這兩卦為基礎，陰陽相混，便衍生出其他的六十二卦，這類似於一棵大樹的樹幹。最後，每一卦有六爻，便展開成三百八十四爻，把萬事萬物的變化情境，都蘊含在其中，這類似於一棵大樹的枝葉。

下面正式來講乾卦。

有一種說法，認為周朝初年的時候，《易經》稱「乾」卦為「建」卦。這個「建」，等同於「天行健，君子以自強不息」的「健」字。「建」字出現時間比「乾」要早，它的金文寫成「」。字形的右邊代表用手拿著工具，左邊代表堆土成牆。兩個意思組合起來，就是手拿工具，建築城牆。

從考古資料看來，商代構建的城牆規模非常巨大。目前所知商代最大的城牆遺址，牆基厚達二十公尺，牆高九公尺，周長七公里，全靠人力一層層夯實堆高。這樣的規模，如果使用一千個工人，至少需要四、五年才能完成。這樣長時間的重度勞動，如果沒有持久的意志力與使命感，根本不可能完成。由此我們也可感受到，「乾」卦在精神意志上的強大與持續性。

「乾」字在周代的篆文中寫成「」，有的也寫成「」。從字形上看，前者似乎更古老一些。「」字的中央部分是太陽，下方是火，上方是草木，表示旭日東升，大地由夜晚的陰濕，轉為明亮溫暖，草木一片生機蓬勃。

字形兩側帶有動態的曲線，表示陰濕之氣遇到光熱，向上蒸發飄散。這代表把陰氣轉化為陽氣的「氣化」過程。楷書的「乾」字，右邊的「乞」，其實就是「氣」字。

篆文的「乾」字，形象非常鮮明，又非常有活力，好像一幅會動的圖畫。這是象形文字才有的特性，拼音文字完全無法比擬。這一字的精神與力量全部表現在「氣」上，太陽昇起後，為世界帶來溫暖與光明，原來盤據地面的陰濕之氣，遇到朝陽，馬上轉化成陽氣飄向天空，然後萬物蓬勃發展，一片生機盎然。

所以，每一天的朝陽，都是全新的開始與創造，也是充滿生機的生命樂章。

乾，元亨，利貞。

乾卦經文很簡單，只有元亨利貞四個字。這四個字有兩種斷句方式。一是「元、亨、利、貞」，字字分開。另一種斷句方式是，「元亨」相連，「利貞」相連。兩種方式都很好，只不過，我更喜歡第二種斷句。

「元」的甲骨文寫成「」，代表人的頭部。例如孟子講「勇士不忘喪其元」，這個「元」就是指人的頭部。從頭部的意思又引申出三種其他含意：一是象徵開始。例如我們常說「一元復始，萬象更新」；又例如我們口語常說「開頭」。大家想想，為何我們不說「開腳」而要說「開頭」呢？原來人出生的時候，頭先出來，所以事情之始，也稱為「頭」。二是象徵最重要的、最根源的、最具代表性的東西。因為「頭」是人的生命中樞，沒有「頭」就什麼都沒有了。例如主要的犯罪人稱為「元凶」，國家的領導人稱為「元首」，生命活力之氣稱為「元氣」等等。三是象徵大。例如古人說「元命」即是「大命」，也即指老天授予的重要命令。

乾卦是個朝氣十足，創造力十足的卦，它要改變舊現狀，開創新局面，所以第一個字是「元」，以此展現全新氣象。

「亨」的甲骨文寫成「」，代表宗廟或祭祀。因為祭祀之後，可得神明庇佑，使諸事順利無礙，所以又引申為亨通的意思。例如有部小說叫《大亨小傳》。為何稱「大亨」呢？因為有權有勢者可以暢行無阻，所以稱為「大亨」。大亨如今成為世俗性的用法，跟金錢與權勢分不開，但在古代，必須聚集美善，得神明庇佑，那才能叫「大亨」。

在古代，「亨」與「享」是同一個字。「亨」是就神明的庇佑來說，「享」是就祭祀時的豐盛祭品來說。

「利」的甲骨文寫成「」。左邊是「禾」，代表農作物；右邊是「刀」，代表收割的動作。兩邊合在一起，即代表收割作物、得其利益的意思。

「貞」字的意義比較複雜，它的甲骨文寫成「」，代表「鼎」的意思。傳統的解釋認為，「貞」是取義於「鼎」的端正與穩定，所以用正、定來解釋「貞」。這個解釋很好，不過，也有很多學者不同意這個說法，各自提出不同的解釋。

我自己的看法是，「貞」應該是占卜時必須使用的祭祀器具，所以「貞」首先有占卜的意思，也有向神明祈求庇佑的意思。其次，占卜前必須舉行祭祀，所以「貞」字也可以代表祭祀時恭敬、虔誠、專一的狀態。在這層意思的引申下，「貞」便可進一步解釋成「正」、「定」、「安」等意思。

所以，若標點是「元、亨、利、貞」，四字分開來，它的意思可以解釋成：開創、亨通，獲益、正定。若標點是「元亨、利貞」，兩字相連，它的意思則可以翻譯成：全體亨通，美善俱足，利於正定不移，神明也會給予庇佑。

我之所以更喜歡第二種斷句，因為「元亨」是指福報（收穫），「利貞」則是指修行（耕耘）。有了福報，即可幫助我們深入修行。而有了修行，也可幫助我們獲得福報。這是一個善的正向循環，永遠前進，也永不休止。

因為乾卦是一個正向的循環，所以乾卦的精神永遠前進，層層提升，永無止境。《繫辭》說乾卦是：「天行健，君子以自強不息。」這個「自強不息」，正是乾卦的寫照。

無論任何事情，要想成功，一定要有乾卦的精神。事業如此，學習如此，修行也是如此。例如每天固定打坐一小時，或者每天固定花一小時學習外語，如此持續十年，絕對會有成就的。這就是乾卦「自強不息」的力量。

一個人若沒有充滿生機的「自強」，就做不到「不息」。

初九，潛龍勿用。

請問大家，哪一種人，可以稱為「龍」？你可能會說，成功的人是龍，因為俗話說「望子成龍」。但是，「潛龍」深藏於水底怎能說成功呢？為何也稱之為「龍」？

其實，不必等到成功才是龍。任何一個人，只要心中有志，他就是龍。

所以，我們今天對「望子成龍」一語也要重新定義，不是希望小孩成功，贏過別人，而是希望他有志向，找到自己真正願意為之付出努力的目標。

「勿用」就是不宜施展，也不宜求表現。為什麼呢？因為你沒有經驗，仍需要學習。憑什麼別人要讓出舞台給你表現呢？憑什麼別人要冒失敗風險來讓你鍛鍊身手呢？

但是，你要先有志氣，因為有志氣才能居下位而不忘學習。沒有志，居下位，你只想躺平，什麼也不想學。

過去的人常說，第一爻的主旨在「潛德」，就是把自己隱藏好，別露鋒芒，以免招人忌妒。我不喜歡這個說法，因為這個說法太權術了，太機關算盡了，對人心不好。我認為第一爻講的是「志」。「潛」是初出茅蘆的狀態，鼓勵人要經歷一場踏實的學習與融入，為將來實現志向打好基礎。

九二，見龍在田，利見大人。

第一爻是起步、學習階段，尚不能「用」。第二爻是經過學習充實之後，正式進入「用」的階段。怎麼用呢？《易經》使用一個「見」字。這與表現的「現」是同一字。「見龍」指的是施展才能，與環境充分互動，透過別人的評價幫助我們修正與反省。

為什麼是「田」呢？這與古代的城市規劃有關。古代的大型聚落，中央地區有城牆保護，稱為「國」。城內有宗廟、有宮室，也有市集。城外是「田」，負責農業生產，也是主要人口的聚集處。田外更遠的地方稱為「野」，人口較少，農耕地也少，必須兼做漁獵採集，生產力較不發達。有句成語叫「野人獻曝」，這個野人指的就是生活在距離城市較遠地區的人。

「見龍在田」是說，這個施展、表現、初露頭角，並非一開始就在核心地區，因為它不在城中，而在城外的田區，但也不致於在荒郊野外。

下一句是「利見大人」。「大人」指有德、有志、有位的人。大人的相對面是「小人」，指容易受欲望與利害驅使的一般平民。

此處的「利見大人」是指，一個人若有能力，且經歷過考驗，便很容易受到上位者的拔擢，進一步授予重任。

九三，君子終日乾乾，夕惕若厲，無咎。

「乾乾」兩字相疊，意指反覆實踐乾卦精神。「夕惕若厲」相當於國歌裡唱的「夙夜匪懈」四字。「夕」是晚上，「惕」是警惕不懈怠，「若厲」是好像隨時會遇到危險一樣。整句話就是，時時警醒，一刻都不能鬆懈。

「無咎」是沒有過失。「咎」是罪、過的意思。此處使用「無咎」二字，隱含了一種意思，就是本來可能會犯錯，但因為自己的謹慎警惕，最後得到化解，這才「無咎」。

宋朝人對「無咎」有一種引申性的說法，我也很喜歡。他們認為，整部《易經》最後追求的就是「無咎」的境界。為什麼呢？因為「無咎」就是「補過」。人生本來就無法避免過失與缺陷，但只要懂得修正調整，時時彌補可能的錯誤，最終也可以無所虧欠。

九四，或躍在淵，無咎。

「躍」是從低處往高處跳升。「淵」是河川裡的深水區。「或躍在淵」是說，龍在深水區，先潛後躍，跳出水面，學習飛翔。這景象有點像鯉魚躍龍門。跳過去了，飛上天，就成龍了；跳不過，又掉下來，打回原形，仍只是一隻魚。

這裡也用「無咎」，但意態上與第三爻的「無咎」略有不同。此處的「無咎」有鼓勵人勇於嘗試，不要因為害怕犯錯而裹足不前的意思。

所以，第四爻的精神就是「躍」。努力向上，咬緊牙關，凌空一躍。

人能一躍，多少智慧都從這裡生出來。

九五，飛龍在天，利見大人。

第五爻，是一卦中最重要的一爻。這一卦的成就在什麼地方，以及能成就到多高的境界，都由這一爻決定。

這一爻若是陰爻，可以理解成一種柔性的領導；若是陽爻，那就是剛性的領導，作風強悍，恩威並施。我們常用「九五之尊」一詞，指的就是帶有陽剛之氣的第五爻。

這一爻說「飛龍在天」，表示第四爻的一躍，到後來終於成功了。跳上來後，不再受水域限制，可以隨心所欲，自由飛翔。乾卦的卦辭，「元亨」，代表通暢無礙，心想事成，美善具足，現在就在這一爻實現了。

但是，後面馬上接著一句「利見大人」，這作何解釋呢？這一爻的「利見大人」，就是要你把成為「大人」的本事、氣度、才能、志向表現出來。不能說凌空騰飛之後，還想回頭過池底游魚的小確幸日子。此處的「見」，是「現」的意思。意指要人表現出「大人」的榜樣，讓人見識什麼叫做「大人」。

此爻的精神，在於「飛」，也就是追求超越，追求無限的精神。

人到了第五爻，就是檢驗你心裡的東西（德）到底是不是真的，到底能不能實踐出來。如果是真的，你就應該「飛」起來，應該「大」鵬展翅，應該有所表現，也應該展示成果。

上九，亢龍有悔。

走完人生的高峰，下一步，就是慢慢功成身退，把現有的成果、舞台，轉交給下一代的新人，讓他們持續繼承與發揮。不過，功成身退是充滿自覺的理想狀態，現實上發生的機率甚低。所以，大自然要形成另一種機制，讓高峰上的人，不下來也得下來。

什麼機制呢？就是「貪」。為何「貪」可以促成更新代換呢？很簡單，因為貪是個無底洞，永遠無法填滿。但人終究是有限的，毫無止境的貪，越要越多，越要越不滿足，到最後就是整體結構支撐不了，自我崩潰了，然後回歸於零，再一次重頭開始。

老天用正向的方式教育不了人，沒關係，還有反向的方式，就是讓人自取滅亡。正向反向，一生一滅，兩者都是老天的教育方式。聰明人選擇前者，愚蠢人則擁抱後者。

這爻的關鍵在「亢」字。「亢」的甲骨文寫成「」，代表一個人的雙腳被綁住，掙脫不開，力圖反抗的樣子。所以亢的原意就是抵抗、不服與堅持。簡單說，這就是客家人所謂的「硬頸」精神。此字後來引申為聲調高亢，又從「高」引申成「極端」，譬如亢旱，指的是很嚴重的旱災。

此處的「亢龍」，不是指不服從的龍，也不是說此龍有硬頸精神，而是指這條龍走上極端的意思。

極端就是脫離常態、不平衡，恣意妄為。當然，最根本的原因還是貪。人都是因為貪得無厭而走上極端。所以，走上極端也等於發狂，都是自我毀滅的前兆。

龍到了第六爻，照理該作的事都做了，若還有沒做的，也該讓位給別人做。社會的舞台很有限，不能給少數人霸占。霸占久了一定會腐化，腐化就會走向自我毀滅。天道好還，你不主動讓出來，老天也有辦法叫你讓出來，只是等到老天出手，你就後悔莫及了。

用九，見群龍無首，吉。

「用九」這一爻，到底是什麼意思呢？至今這仍是一個謎。六十四卦中，只有乾坤兩卦有「用爻」，其他都沒有。我們學卜卦，也不可能卜到這一爻。所以，研究者只能猜想，誰也無法檢證「用爻」的含意與用途。

既然大家都是用猜的，那我就不湊熱鬧了。我只來解釋「群龍無首」的意思。

我們現在使用「群龍無首」這個成語，意義是負面的，表示沒有人領導，失去秩序，亂成一團。但是，此處的「群龍無首」卻是吉兆。顯然，這裡要表達一個特殊的觀念，就是乾卦裡的每一爻雖然都不同，但是，在不同的環境條件下，它們各有用途，缺一不可。擴大來說，不僅乾卦如此，其實任何一卦都是如此。

在發展過程中，乾卦裡的每一爻都環環相扣。我們若處在第一爻的環境，就「志」為龍首。若在第二爻的環境，就要注重實踐的精神，並進一步恢弘其「志」。如此發展到第六爻，便以「戒亢」為龍首。所以，每一龍在不同的階段，都要承擔起為首的責任，這才是群龍無首的真正意思。

最後我們再回顧全卦。乾卦對有真實信仰的人來說，是個好卦，處處生機，充滿發展與學習。但對尚未確立生命方向的人來說，則是一個辛苦卦，處處要花力氣，突破困難，一關過了還有另一關，好像永無止境一般。

02 坤卦：上天給人的最好禮物

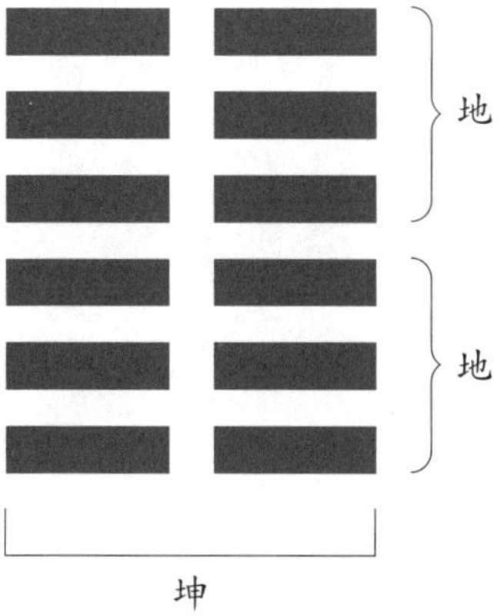

坤，元亨，利牝馬之貞。君子有攸往，先迷，後得主。利西南，得朋，東北，喪朋。安貞，吉。

初六，履霜，堅冰至。

六二，直、方、大，不習，無不利。

六三，含章可貞，或從王事，無成有終。

六四，括囊，無咎無譽。

六五，黃裳，元吉。

上六，龍戰于野，其血玄黃。

用六，利永貞。

乾卦象徵生生不息的創造力量，主動性和積極性都非常強。而坤卦則恰恰相反，坤卦雖然不能開創新機，卻擁有無盡的養育力量，充滿包容性與接受性。

因為，凡有創造之「生」，就要有承擔之「養」。有乾卦的「開物」，就要有坤卦的「成務」。如果在乾卦的開創之後，造缺少了坤卦的養育，那麼一切事物都將半途而廢，白忙一場。

如果只有乾卦，沒有坤卦，那萬事萬物只能顯現開端，無法成就最高的樣式。例如母雞生出蘊藏一隻雞所有發展潛能的雞卵，這是乾卦的工作。但雞卵需要母雞孵化，孵出小雞後，仍需母雞的照護，使其成長，這就屬於坤卦的工作了。

以企業經營為例，乾卦類似於無中生有，在零中創造出一，坤卦則接手這個一，使其變成二、三、四、五。請問，從零創造出一比較困難，還是把一變成二、三、四、五比較困難？

從效益規模來說，一似乎不如五。但是，從效益倍率來說，從零到一，是無限大的倍率，而從一到五，只是五倍而已。

可能大部分的人會說，從零到一的工作比較困難。不過，最後答案應該因人而異。因為有些人適合做無中生有，從零到一的工作；而有些人則適合做從一繁衍出三、四、五的工作。大約百分之七、八十的人，適合做把一變成三、四、五的工作；而百分之二、三十的人，適合做從零到一的工作。

如果只有乾卦，沒有坤卦，那麼一切創造都會停留在最低階、最簡單的形式中。但因為有坤卦，讓簡單的東西得到累積與擴大，乾卦才能在每一次的創造中不斷提高起點，到最後，才能創造出類似人類這樣高度複雜的生物。

「坤」字出現的時代，似乎比「乾」字更晚。「坤」字的篆文已無象形的成分，而且寫法和楷書非常接近。傳統的解釋認為，「坤」字由「土」與「申」組成，而「申」即是「神」的本字，所以「坤」字的本義是指帶有神性的土地。

「申」字的甲骨文寫成「」，原指天空的閃電，之後才引申為「神」。又由閃電的形狀，發展出「伸展、延長」的意思。例如「紳」字，表示寬而長的織品。由此推敲，「坤」的意義也可以指無窮無盡的廣闊土地。

「乾」的光明溫暖，給予萬物成長的能量生機；「坤」的承載孕育，則給予萬物茁壯的物質養分。這就初步區分了乾、坤兩者不同的特性。乾、坤的對比，即象徵著精神性與物質性、理想性與現實性、創造性與保守性、主動性與被動性，以及突破性與接納性的對比。

萬物的生長，必須同時包含乾坤兩個面向，缺少任何一方都不行。天地的運行規律、日夜交替、一動一靜，乃至生死消長，同樣包含乾坤兩個面向，缺一不可。這是《易經》的基本原理，也可以稱之為「乾坤調和」、「陰陽互濟」、「一陰一陽之謂道」。

坤，元亨，利牝馬之貞。君子有攸往，先迷，後得主。利西南，得朋，東北，喪朋。安貞，吉。

坤卦卦辭在六十四卦裡是最長的一條，不含標點，共二十九個字。和乾卦的「元亨，利貞」四個字相比，真是天差地遠。在六十四卦中，最短的卦辭是兩個字。例如大有卦，卦辭只有「元亨」兩個字。又例如大壯卦，卦辭也只有「利貞」兩個字。

坤卦的卦辭中，也有「元亨、利貞」這四個字。只不過，此處的「貞」，不是普通的「貞」，而是「牝馬之貞」。什麼意思呢？「牝馬」即「母馬」。此處是用母馬的特質來強調「貞」的意義。母馬的特質是溫順、馴良、忠誠與耐力。公馬沒有這種特質，公馬喜歡打架，常常因打架而受傷。公馬又難馴服，稍受刺激就亂跳亂竄，無法駕馭。所以通常飼養馬匹，只留少數公馬當作種馬，其他公馬都要去勢，以降伏其野性。

我們說「貞」有正、定、虔誠、專注的意思。所以「牝馬之貞」就是不但要堅守其正和定，還要承擔一切困難，逆來順受，堅持到底。

「君子有攸往」的「攸」字，本義是水流的樣子，等同於「悠」。譬如「流水悠悠」。水流來自遠方，又流向另一邊的遠方，緩緩流逝，暢通無阻。所以，「有攸往」即代表未來的道路是暢通的，甚至將有一番開展的機會。

「先迷，後得主」是說，坤卦剛開始以為自己是領路人，結果卻迷了路，找不到方向，最後，他才知道自己不適合帶路，必須找一個可以指引方向的主人，才能重新回到正確的道路上。

「利西南，得朋，東北，喪朋」意思是，有利於朝西南方向前進，因為那個方向容易得到朋友的幫助；但不利於朝東北方向前進，因為那裡沒有朋友，甚至原有的朋友也已經反目成為敵人了。

當年武王伐紂，行進的路線即是由西南往東北方向攻打。西南方的邦國在立場上多支持武王，東北方的邦國則多支持紂王，所以有得朋、喪朋的區別。這一句話也暗示著，眼前環境雖然對我方有利，但未來戰區深入東北，則慢慢對我方不利，所以要提早準備，妥善因應。

「安貞」與「牝馬之貞」類似，是在貞的基礎上再強調一個「安」的意思。其實，「貞」本身就有「安」的意思，但此處多加一「安」字，似乎表示外在環境令人安不住。但外在環境越是令人著急難安，我們越該努力安住，不要急切，慢慢來，穩紮穩打，不求快速見到成果。用這個方法堅守坤道，結果就會是「吉」。

這條卦辭雖然很長，但精神並不難把握。首先是強調母馬的精神，也就是順從、忠誠與吃苦耐勞的毅力。在這個意義下，坤卦成為乾卦最不可或缺的左右手。其次是「先迷，後得主」，強調坤卦不可主動，不可自作主張，因為主動的作為大多帶來「迷」的結果。不如善選值得跟隨的領導人，由他帶領，反而容易走上正確的道路。最後是「安」，不慌不忙，萬事莫急，預留迴轉空間，看清狀況再作反應。

初六，履霜，堅冰至。

這一爻有霜、冰兩個意象。就中原的氣候來說，霜出現於晚秋，冰則出現於寒冬。我們常說一句樂觀的話：「冬天到了，春天還會遠嗎？」坤卦第一爻則是句充滿憂患意識的話：「秋天到了，冬天還會遠嗎？」

這一爻，要求大家打起精神，面對挑戰，因為最困難的時候還沒到來。

從這裡可以知道，坤卦也不容易。如果說乾卦屬於吃苦的卦，那麼坤卦就是耐勞的卦。一吃苦一耐勞，一做牛一做馬，讓你二選一，其實差不多。

六二，直、方、大，不習，無不利。

這一爻的「直、方、大」，各家解釋不同，說法至少超過十種，根本無法判斷誰對誰錯，幾乎等於猜謎比賽。既然大家都在猜，所以我就多提供一個答案給大家參考。

傳統的解釋，有人認為這三個字是描述大地的特質，也有人認為是描述駕馬車的技術，各種各樣。但我覺得這三個字應該是對馬的描述，也就是所謂的「相馬術」。

好馬必須具備「直、方、大」這三個條件。直，是馬匹的站立姿態要直挺有力。方，是馬匹的正面前胸必須方正。大，是馬匹的臀部必須圓大。符合這三大條件，便是一匹天生的好馬。

「不習，無不利」是說，即使未經正式訓練，但因馬的天生條件好，所以不必花太多工夫，即可承擔任務。

乾卦第二爻是「見龍在田」，坤卦第二爻是「不習、無不利」，兩者都處在一個嶄露頭角，準備登場的階段。

乾卦第一爻有志氣，坤卦第一爻有憂患意識，兩者都順著節奏慢慢向上走。

坤卦不必很聰明、不必很有創意、甚至不必很有經驗，但必須性情好、能吃苦、能承擔。一句話，就是「忠信溫厚」。坤卦第二爻是憑著天生任勞任怨的承擔力，還有忠良溫順的好性情，受到主事者的器重。

此爻的精神即是說，忠厚踏實的個性，比銳利的聰明更加重要。

六三，含章可貞，或從王事，無成有終。

「章」是指多種色彩組合而成的圖像，絢麗而醒目。「章」也可以解釋成「璋」，玉石的意思。「含」是把東西包在裡面的意思。所以「含章」就是內含文彩，沒有向外展露。例如和氏璧，外面包著石皮，裡面則是美玉，一般人是看不懂這種美玉的。又例如內心良善、苦幹實幹的人，因為不懂得表現自己，只是默默付出，這就是「含章」。「可貞」是適宜堅守不移的意思，我認為也可以解釋為得到神明的庇佑。

宋朝的程伊川說，「可貞」指可以長久，又無悔無咎。這樣解釋也很好。

「或從王事，無成有終」是說，自己的長處不為人知，只能默默耕耘，即使有機會參與大事，也很難有突出的表現。但默默耕耘並沒有什麼不好，雖然沒有建立偉大功勳，但是把自己該做的事做好，克盡本分，最後還是可以完成任務，得到獎賞。

「成」的甲骨文寫成「」，本義是用斧頭打敗對方，也就是建立戰功的意思。既然是打勝仗，功勳當然非常顯赫。「終」則是結束的意思，引申為把事情完成。在氣勢上、影響力上、受注目的程度上，「成」當然高高在上。但是，老老實實把事情完成的「終」，卻是一切成就的基礎。

六四，括囊，無咎無譽。

「括囊」的意義不明，解釋很分歧。主流說法認為是指把行囊的袋口紮緊，引申為「謹言慎行」的意思。對照卜卦經驗，我認為應該解釋為「做好行動前的準備」。所以我把「括囊」解釋成：收好行囊，繫好袋口，準備踏上征途。「無咎無譽」是指未受指責，也未受讚譽。

為何「無咎無譽」呢？因為一切的準備都是本分內的事。準備好了，未必保證成功，但沒有準備，結果一定失敗。

「無咎無譽」的準備是一種踏踏實實的準備，不求未來如何成功，也不寄望得到肯定與獎賞，但求無愧於心。

這一爻的精神就表現在「無咎無譽」。當事人把所有的努力都當成本分內的事，不求讚譽、不求有功，只是老老實實把事情完成。

講一個三國時代「趙母嫁女」的故事。有個姓趙的媽媽，在女兒出嫁那天，特別交代一件事，要她到了婆家「慎勿為好」。女兒沒聽懂，問媽媽「可為惡邪」？媽媽說，「好尚不可為，其況惡乎」。

其實，趙媽媽的「慎勿為好」，有兩方面的意思。一是不要抱著希望被讚美、被肯定的心態做事；二是不要故意挑可以博得好名聲的事做。

趙媽媽這樣交代女兒，簡直把坤卦的「無咎無譽」，實踐得太貼切了。

六五，黃裳，元吉。

黃色是古代貴族服飾的顏色，用今天的色彩感來說，應該介於紅黃之間。另一種說法，認為黃即是「璜」，是一種貴族穿戴的大型玉珮。所以「黃裳」也可以解釋成搭配大型玉飾的衣服。無論採取哪一種說法，「黃裳」都是身分與地位的象徵。

前面四爻，從憂患意識、忠厚信實，到默默付出、充分準備，連續不斷發揚牝馬精神。走到這一爻，終於開花結果，瓜熟蒂落了。這位不主動求表現，卻曖曖內含光的君子，受到上位者的青睞重用，賜予黃裳，位階躍升，所以「元吉」。

乾卦九五爻的「飛龍」，這個飛，是一種積極主動的展現。但坤卦的九五爻，雖然是元吉，但成果似乎不全靠功勞表現得來，反而有點「媳婦熬成婆」的意味。它的精神是，堅持久了，夢想終究會自己成真。或者說，不是每一個人都會成功，但成功只會落在長期做好準備的人身上。

這一爻的精神，就是要人腳踏實地做一個準備好的人。

上六，龍戰于野，其血玄黃。

這一爻表示是場大決戰，不是群龍無首，而是群龍爭相出頭，互不相讓，所以大戰於野地，結果彼此重創對方，誰也沒有得利。

「玄」是幽暗的意思，也代表蒼天的顏色。「黃」在古代常被視為土地的顏色，在色彩感上則帶一點紅色。所以「玄黃」可以解釋成血的暗紅色，也可以解釋成天地。「其血玄黃」表示這場戰鬥非常慘烈，死傷遍野，天昏地暗。

這一爻的意象為何會這麼慘烈呢？也許，這表示人類永遠也無法達到「永恆的和平」吧！

熟讀歷史的人都知道，人類不曾超過一百年不發生中型戰亂，更不曾超過三百年不發生大型戰亂。何況，地球的資源有限，無論人類怎麼推行環保，終究養不起未來八、九十億的人口。或早或晚，人類終將為了搶奪有限的資源，而發生大規模的衝突。這就是「龍戰於野」。

如果全球人口回到十億左右，並維持一兩百年不要增加，這恐怕才是讓地球休養生息的最好措施。因為人類是地球失去平衡的主要原因，控制人口的增加恐怕才是最好的環保政策。當然，人類不會承認這一點，但地球依照自然的規律，早晚要讓這件事情發生。

坤卦柔順，長養萬物，把二次世界大戰後全球二十幾億人口，繁榮成今天的七十幾億人口。可是坤卦一味長養，一味繁榮擴張，最後將負荷不了自身，無法避免的要走上自我毀滅之路。這有如經濟學家熊彼得所說，資本主義不會毀於它的失敗，而將毀於它的成就。它的成就最後將大到把自己壓得粉碎。

乾卦的「亢龍有悔」，只毀滅亢龍，你若不是亢龍就不會「悔」。坤卦則是讓所有的東西都擴大成長，等到毀滅的時刻到來，必是君子與小人一同沉淪，天翻地覆的大災難，所以用「其血玄黃」來形容事態的嚴重。

當劫毀到來的時候，也不必害怕，因為生命沒有盡頭，只會有「劫」，不會有「滅」。按照老祖宗的說法，即使經歷大劫，人類依然可以憑著乾坤的力量，再造燦爛的文明。

用六，利永貞。

「永貞」就是「恆貞」。就是永遠保持正定、忠誠與虔誠，不變不移。即使天地劫毀，整個世界必須重新來過一遍，我們還是堅持此道，貞定到底。只要有乾卦「群龍無首」的創造，以及坤卦「永貞」的堅持，凡傾倒的，都可以再次扶正，凡敗壞的，也都可以再次重生。

03 屯卦：老天只呵護真實的東西

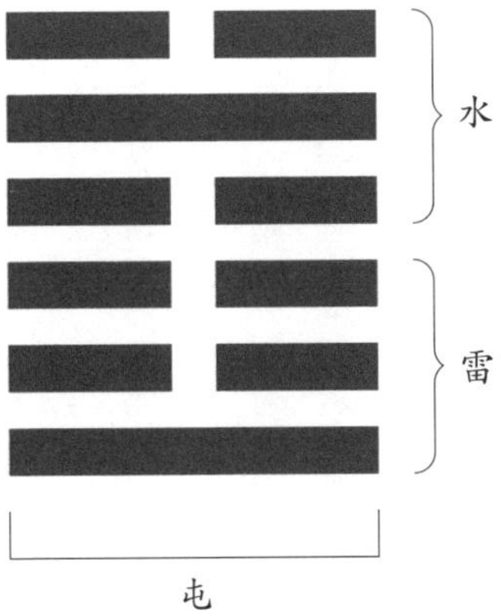

屯，元亨，利貞。勿用，有攸往，利建侯。
初九，磐桓，利居貞，利建侯。
六二，屯如，邅如，乘馬班如，匪寇，婚媾。女子貞不字，十年乃字。
六三，即鹿無虞，惟入于林中，君子幾，不如舍，往吝。
六四，乘馬班如，求婚媾，往吉，無不利。
九五，屯其膏，小貞吉，大貞凶。
上六，乘馬班如，泣血漣如。

繼乾坤之後，《易經》的第三卦是屯卦。這個卦緊接乾坤之後，地位明顯重要。屯卦大意是說，開天闢地之後，萬物準備生長，可是初期的條件不佳，環境充滿險難，所以萬物需要經歷一段內縮與蟄伏的過程，等到自身能力茁壯之後，生命才可以向外開展。

雖然乾坤開啟生機，萬物躍躍欲試，可是天地回應萬物的方式，首先不是呵護與關懷，而是挫折與阻礙。這即是老子「天地不仁，以萬物為芻狗」之意。

凡經不起挫折的，就淘汰出局。能通過試煉，才表示你的生機是真的。而當你呈現出真實的生機，老天才又重新對你關懷備至。這即是天地運行規律的「不仁之仁」。

因為老天要支持的、呵護的，始終是真的東西，而不是假的東西。

環境一開始與生命的對話，就是挫折他、折損他，看他是否承受得住。你若是冒牌的生機，濫竽充數，老天就把你刷掉，免得浪費資源。通過考驗的，才有資格接受老天的照顧。

所以，挫折與困難就成為老天教育萬物的第一課。我們若承受不住，怨天尤人，甚至逃避學習，那老天就收回資源。這樣於老天無傷，但卻是我們自己斷絕向上成長的機會。

幾年前，媒體批評台灣沒有「天使基金」，又批評有錢人不願支持有創意的年輕人創業。這個說法深得年輕人認同，一時成為熱門話題。當時有媒體專訪蔣友柏，請他表示看法。蔣友柏說，這個世界並沒有真正的天使基金，每一筆錢的背後都有好多魔鬼，嚴苛地考驗著年輕人。如果年輕人無法先證明自己值得投資，任何天使或魔鬼基金都不會支持。

先承擔，再尋找改變的方法，這叫創造。不承擔，或者自己不改變，只要求別人改變，這叫抱怨。

抱怨，像是口袋裡的破洞，它會讓你的力量一點一滴流失、漏掉。流失久了，你整個人就虛脫了，什麼力量也提不起來，什麼陽氣都沒有了。這種人因為沒有力量，所以沒有安全感，喜歡人云亦云，喜歡交換八卦消息，喜歡抱怨別人，也喜歡被討好。他們無論從別人那裏得到多少，都覺得不夠，覺得不滿意，當然也不知感激。他們嘴巴很會說，道理也很動人，其實內心很虛假、很空洞、很媚俗、很難自立。

用一句話形容屯卦，就是「萬事起頭難」。但我們不要害怕困難，因為人一害怕就會虛弱，一害怕就想要逃避。你一害怕，即使內心裡有真實的東西，也會因為「氣場太弱」、「陽氣不足」而變成假的。

屯的讀音，傳統上讀成「ㄓㄨㄣ」，意思是艱難、困頓。可是讀成「ㄊㄨㄣˊ」也不能算錯，原因是屯卦不是只有困難的意義，還有生命力的凝聚、累積與提升的意思。

從甲骨文來看，「屯」的甲骨文寫成「」，或者寫成「」，代表種子發芽，也代表勃發的生機。另一個跟它相關的字是「春」，甲骨文寫成「」，中間的「」，其實也是「屯」。

屯，元亨，利貞。勿用，有攸往，利建侯。

屯卦，剛剛萌芽的幼苗，給人脆弱的感覺，可是脆弱的背後，卻隱藏著最強韌的生命力。時間，永遠站在擁有生命力的那一方。

有句話說「野火燒不盡，春風吹又生」，野火固然猛烈，可是野草生機比野火還旺盛，百折不催。所以我們寧可當野草，不要當野火。野火燒一下就熄了，不可長久，野草則枯了還會再榮，永遠生生不息。

因為險阻重重，所以要「勿用」。「勿用」不是什麼事都不做，而是至少要做好兩件事：一方面要厚植實力，一方面養好心志，不要急於求成、求表現。

就精神面來說，「志」，就是生機。沒有「志」，就談不上生機。

「利建侯」，字面意思是建立諸侯國，用以拱衛中央。但在這裡，它代表建立文化秩序、政治秩序。從歷史角度來看，屯卦代表周武王打敗商紂，建立全新的朝代，展現大格局的開國氣象。這個格局雖然很大，可是百廢待舉，要做的事情太多，簡直無從下手。怎麼辦呢？第一步必須穩定局面，停止用兵，恢復生產秩序。方法就是把諸侯分封到各地，讓他們屯田卸甲，建設地方，如此則生產和政治都會慢慢回歸正常軌道。這就是「利建侯」。

休養生息十年，生產力提升了，基本建設恢復了，才能進一步實現周朝人文理想的百年大計。

初九，磐桓，利居貞，利建侯。

「磐」是大石。「桓」是大木。古人習慣立大石大木作為界碑，所以「盤桓」有自我節制、勿逾越、勿超過的意思。諸侯各自管好自己疆界內的事，對外則和平共處，相安無事，這就是「盤桓」。

「利居貞」，重點在「居」字。居的甲骨文寫成「」，意思是女子生產，引申為住家的意思。「居貞」呼應「建侯」，都代表安定下來從事生產，培植生機的意思。

其實，整個屯卦，六爻翻來覆去，講的都是同一個重點，就是「安居養志」。也就是不要向外發展，不要與人衝突，但也不能失去志向，要認真看待自己的生機與潛力。

六二，屯如，邅如，乘馬班如，匪寇，婚媾。女子貞不字，十年乃字。

「邅」（ㄓㄢ）是走不動的樣子。「班」字有兩種解釋。一個和「邅」差不多，就是一副欲前又止的樣子。另一個是人數眾多的樣子。此處採用第二種說法。

屯卦不宜向外發展，一向外，就會遇到困難。但為何突然出現一群人騎馬的情況呢？原來，他們不是出去打戰，也不是出去打劫，而是出去娶親。

「匪寇，婚媾」。「匪」即是非。「媾」（ㄍㄡˋ）是合的意思。「婚媾」即兩方以婚相合。如果騎馬是去搶奪他人財物，結果必然結下冤仇，引發無窮後患。可是，騎馬若是去迎親，想用婚姻建立盟友關係，這樣難道不可以嗎？為什麼結果還是不好呢？

古代部落領主的婚姻關係，通常就等於部落的結盟關係。兩個部落領導人通婚，就代表雙方有共同利益，可以互相支援。這種藉婚姻關係而結盟的習俗，即使到了今天，仍不時出現在官場與商業關係上。

也有人說，「匪寇，婚媾」是指古代的搶婚習俗。「寇」是搶奪他人財物，這樣必然招致對方的報復。可是「婚媾」卻相反，是帶著財物去，把女人搶回來，然後留下財物。同樣是搶，一個引起報復，一個則結為盟友。

「女子貞不字，十年乃字」。「不字」是指生不出小孩，也可引申為嫁不出去，或者沒有看上滿意的對象。「貞」字有兩個意思，一個是貞定，一個是占卜。在這句話裡，若作「定」來解釋，則這種不嫁，是女子主動的意願。換句話說，就是眼光太高，看不上男方。如果作「占卜」的意思，那就是沒有結婚命，必須等十年，才能遇上一個吉祥的男人。

不管作哪一種解釋，「女子貞不字，十年乃字」在這裡都象徵好事難成。即使婚媾是為了結盟，而不是結仇，也會發生很多不愉快的事。

六三，即鹿無虞，惟入于林中，君子幾，不如舍，往吝。

一隻被獵人追逐的鹿，逃進茂密的森林，獵人因為不熟悉這片森林，所以放棄追逐。這是個聰明的決定。

這一爻等於講了一個打獵的故事。「即」是追逐的意思。「虞」是管理山林的人，類似於森林嚮導。「虞」的金文寫成「」，代表一個人帶著虎頭面具，以舞蹈娛樂眾人。「惟」是發語詞，沒有意

思。「幾」（ㄐ一）是近的意思，表示繼續追逐。「舍」等同「捨」，放棄的意思。

整句話是說：追鹿追到了森林裡，如果沒有嚮導，君子與其往更深的林子裡追去，不如放棄獵物。因為再往裡頭追，很可能遇到危險。

這是一種放下即將到手的肥肉的智慧，一種克制欲望的自律能力。

天地運行的道理是：我們所得到的，必須跟我們的智慧、才能、修行互相匹配。匹配者吉，不匹配者凶。志向小的人發大財，結果一定是悲慘的。氣度與才能不足卻登大位的人，結果也一定是悲慘的。

六四，乘馬班如，求婚媾，往吉，無不利。

成長是急不來的，必須放慢速度，讓生命自然成熟，這樣長出來的果實才最甜美，最有滋味。

屯卦的前二爻都是「守勢」，一動不如一靜。第二爻的婚媾，好像可以向外結盟，結果「十年乃字」，白忙一場。可見，前兩爻都走不出去，想廣結善緣也無法成事。第三爻開始產生變化，可以向外追求獵物，可是要非常節制，不可貿然行動。到了第四爻，局面終於打開，結盟之事可成，所以說「求婚媾，往吉，無不利」。

我們可以說：一、二爻是接地氣，三、四爻是盡人事，五、六爻是順天命。接地氣是先天的福報，是被動的，受環境制約的。盡人事是拿回主動權，用後天的努力改造人生，也就是一般人說：「轉運而不被運所轉」。順天命則是先天與後天的合一，當下讓福報、修行、天命三者於同一處圓滿。

「吉」的甲骨文寫成「」，「亨」與「享」的甲骨文寫成「」，兩字非常相似。所以有人主張，「吉」

的意義出自於亨、享，也就是說，受神庇佑即是吉。

九五，屯其膏，小貞吉，大貞凶。

「屯」在這裡是聚集、累積的意思。「膏」是肥肉，此處引申為資糧、財貨。

屯卦一路守護生機，到了第五爻，這個生機終於被穩住了。不但穩住了，而且還有累積，有餘裕，所以說「屯其膏」，表示積累了許多資糧。

「小貞、大貞」的「貞」是卜問的意思。「小貞」指卜問小事，「大貞」指卜問大事。也有一說認為，小大指累積的財貨的多寡。兩說皆可通。

無論哪一種累積，都必須與內在真實的力量相稱，不然就不吉利了。

屯卦第五爻剛剛站穩腳跟，實力尚不充足，此時如果累積太多資糧，不但無處可用，連是否有實力守護此資源，也成了問題。

我從前住過一個社區，有一次管委會開會，討論停車場的收費。主任向大家報告，我們管委會累積的錢，最好不要超過一百萬，若超過，就要考慮降低停車的費用。為什麼呢？因為管委會規模不大，功能有限，如果手上錢太多，一定會出問題，不是浪費，就是貪污，所以錢夠用就好，千萬不要貪多。我感覺這是智慧之言，可以作為本爻的注腳。

上六，乘馬班如，泣血漣如。

大部分的第六爻，都是走向第五爻的反面。雖然第五爻已經提出警告：小事吉、大事凶。可是第六爻還是控制不了內心欲望，走上大事凶的路子。

「泣血」是無聲的痛哭。如果哭得很大聲，就說是「號」（ㄏㄠˊ）。如今台語的大哭，仍用「號」字。同人卦也有「先號咷而後笑」的描述。「漣如」是指哭到流涕。

為什麼傷心大哭呢？因為大批人馬出去，不是為了娶親，而是為了打戰。而且戰爭結果凶多吉少，好不容易累積起來的成果，恐怕就要付諸東流了。

最後一爻告訴我們：越是青澀的生命，當他充滿力量時，越有一種自毀傾向。這是生命很深的無明，很深的非理性欲望，任何告誡都起不了作用。

當生命過度著迷於證明自身的力量，他會忍不住想推翻外在的秩序，用充滿腐蝕性的激情，把世界燒成灰燼。

有一則希臘神話，大意是說，太陽神有一個私生子，名叫法厄同（Phaeton）。有一次，法厄同向同伴炫耀自己是太陽神的兒子，想不到不但無人相信，還遭到恥笑。為了向同伴證明此事，他便要求太陽神讓他駕駛一次太陽車。太陽神本來不答應，但最終拗不過兒子的請求，勉強同意了。想不到，太陽車很難駕馭，法厄同沒多久就控制不住脫離了軌道，把太陽車駛向大地，造成森林大火，農作物枯死，河流也乾涸了。為了挽救眾生，天神宙斯不得不用雷電將法厄同擊斃。

這個略帶悲傷的故事，很適合用來解釋這一爻。

屯卦一路保護生機，為何反而誘發出生命的自毀本能，實在令人唏噓。
屯卦的「安居養志」是可以長久的，但「屯其膏」卻不可長久。迷戀生命所支配的資源與權力，一樣不可長久。

04 蒙卦：人生必須經歷兩次叛逆，才能真正成熟

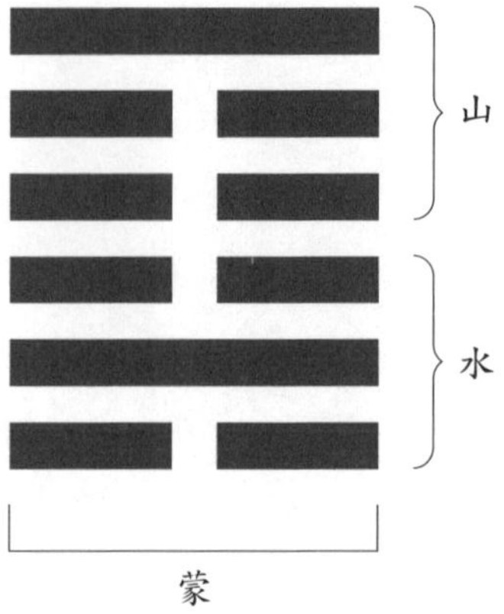

蒙，亨。匪我求童蒙，童蒙求我。初筮告，再三瀆，瀆則不告。利貞。
初六，發蒙，利用刑人，用說桎梏，以往吝。
九二，包蒙，吉。納婦，吉。子克家。
六三，勿用取女。見金夫，不有躬，無攸利。
六四，困蒙，吝。
六五，童蒙，吉。
上九，擊蒙，不利為寇，利禦寇。

當生命開始展現成長的力量時，第一個反應，就是想要擺脫外部的保護。因為，保護這件事既是愛，也是限制。

過度的保護讓愛失去應有的意義，同時束縛了生命的發展空間。

這個時候，保護的人要學習「有一種愛叫放手」，要學習給出空間，學習平等對話，學習讓生命自己走自己的路，讓生命自己為自己負責。

老子的智慧在這裡十分值得我們借鏡：「生而不有，為而不恃，長而不宰。」大意是說，生育他，但不必擁

有他；提供幫助，但不必自以為有功勞；扶持他成長，但不必主導他的方向。

我們若能經常反省老子這句話，那麼人間的愛，就可以保有真實的意義，不至於變質或反轉。

屯卦上水下雷，把屯卦的六爻上下顛倒，也就是第六爻與第一爻位置互換，第五爻與第二爻位置互換，第四爻與第三爻也互換，就得到了蒙卦的上山下水。這樣把一卦的每一爻顛倒翻轉，得到另一卦，這兩卦的關係便是一組綜卦，也稱為覆卦。

請注意，即使某些卦的爻顛倒過來，看起來會像是上下兩卦互換，例如需、訟兩卦，但它仍然不是上卦和下卦的位置顛倒，而是每一爻的位置互換才成為一組綜卦。

大家可能會問，乾、坤兩卦呢？是否也是綜卦？其實，乾、坤兩卦是各爻的陰陽相反。這種陰變陽、陽變陰的相反變化，稱為錯卦，也稱為旁通或反卦。

六十四卦兩兩相對，共有三十二對，每一對不是綜卦就是錯卦。像乾、坤就是一對錯卦，屯、蒙是一對綜卦，需、訟也是一對綜卦。又例如，《易經》最後兩卦，六十三既濟卦，上水下火，六十四未濟卦，上火下水，他們跟乾、坤一樣，也是一對錯卦。

同一組的綜卦或錯卦，彼此都有相對性。例如乾、坤相錯，一剛一柔，一主動一被動，相對性非常清楚。屯、蒙也有相對性，「屯」是開始生長，但生機蘊藏在內部，此時向外開展還存在困難，所以需要多一點外在的保護，類似種子處在萌芽的階段。「蒙」是生機旺盛地展現於外，類似植物已經有枝有葉了，此時植物需要的已不是單純的生長，而是要進一步規劃，將來準備長成什麼樣子。

屯卦類似還沒上小學的小孩，智慧還沒打開，很難直接跟他說道理，所以大部分事情都由家長決定。家長說這個不可以、那個禁止，小孩不必知道為什麼，先照著做就行。可是小孩會慢慢長大，譬如到了八、九歲，逐漸有自己的想法，這時，家長必須慢慢改變，試著用道理開導，不能只是要求他服從聽話。

開始跟小孩講道理，就是從外在的保護，進入內在的開導，讓小孩建立自我價值意識，學習負責、自主。這個階段，就是蒙卦。屯卦偏向於物質方面的養育照顧，蒙卦則偏向於內在精神價值的引導。兩者一內一外，一物質一精神，彼此相對。

人在青少年時期，身體的力量逐漸強大，但是，精神力量則空虛貧薄。這種矛盾衝突，很容易引導青少年進入叛逆期。這也是蒙卦的典型功課。

所謂的叛逆期，就是物質生命成長旺盛，精神生命卻剛剛起步，兩者不匹配，也不知如何協調。這就好像兩隻腳一長一短，搭配不好，所以走路歪歪斜斜，想好好走也沒有辦法。大人無法理解他們的情況，以為他們是故意歪著身子走路，其實他們已經盡力走好了，但是始終得不到大人的讚許，因而憤憤不平。

叛逆是無法自覺的，青少年並不明白自己在叛逆。你若問他，這麼做的目的是什麼？將來想要去哪裡？他也回答不出來。因為，他們還不知道自己可以選擇什麼？也不知道如何選擇？更不知道哪個選擇才是自己最想要的。

可是，你若問他，什麼是你不要的，他們可就很清楚了。他們很清楚知道，不要大人的想法和作為。所以，大人要他們往東，他們就一致選擇往西。「反對大人」是所有青少年的共同宣言。

為什麼一定要「反對大人」呢？因為每個生命為了證明自己的力量，首先採取的行動，就是掙脫外在的束縛。而最開始的束縛，就來自最親近生命的「愛」。這個「愛」，即來自於父母。

叛逆，像種子一樣，早晚一定要發芽的。這是生命成長過程中一定要發生，而且必須要發生的事。所以，我們不要逃避，更不要當成壞事，以為子女是來向父母討債。相反的，如果小孩不叛逆，或者太晚叛逆，這反而是壞事。

我小時候沒得過麻疹，上了小學也沒得，爸媽和老師都很緊張，覺得不正常。後來還把我帶去跟剛得過麻疹的小孩玩，希望能被傳染，結果也失敗。當時的民間醫學常識認為，麻疹來得太晚，病情一定更嚴重，甚至會致命。

若我們能把叛逆當成小孩出麻疹一樣看待，那就對了。太晚叛逆，病情一定更嚴重，傷害更大。

叛逆必須正面肯定，因為叛逆的過程就是生機向外開展的過程，也是生命「建立自我」、「學習獨立」、「為自己的選擇負責」的過程。

而且，這一過程一定伴隨適量的矛盾、衝突與痛苦。若沒有這些，人就無法看到更內在與更真實的自己。

《麥田捕手》這本小說，就是描寫一個青少年，如何在叛逆期的衝突與痛苦中，一邊自我煎熬，一邊努力尋找出路的過程。這篇小說的主角，最後表達了一個願望，就是他經歷了這麼深的痛苦，而這些痛苦又是每個小孩成長過程的必經之路；這條路像麥田一樣，表面充滿生機，但底下卻一點也不平坦，甚至有些地方就是一道懸崖，非常危險，掉下去就不可能再爬起來了。他希望自己站在懸崖邊，守護著其他的小孩，要是有人往崖邊跑，他就衝過去抱住他們，要他們回頭。他覺得他受苦的意義，就是來做這件事。在這個地方，主角才隱約感覺到自己生命的出路。

青少年一邊叛逆，大人一邊引導，大概持續個五年，小孩就慢慢穩定下來，養成可以自我負責的成熟人格。最糟糕的情況是，青少年一邊叛逆，大人一邊禁止，雙方無法對話理解，那就慘了。慘的地方不是大人要多操心、多煩憂。慘的是困在叛逆中無法自拔的小孩，永遠都不懂得如何「自我負責」。他像遊魂一樣，東飄西蕩，用負面的態度看待一切，不知如何安住在一件事上，因而也成就不了任何事情。

人要邁向智慧、邁向成熟，就不能一直停在叛逆階段。因為叛逆代表你心中仍有一個你想反對的大人，同時反照出你還只是一個小孩子。

人的成熟始於不再對外叛逆，轉而學會向內修正自己、改變自己、檢驗自己，掉頭來對自己叛逆，對自己陳舊的習慣提出挑戰，超越自己的執著。

人的生命要變得完整與圓滿，必須經歷兩段叛逆期。第一段是在青少年時期，經歷一次對外的衝突與叛逆。第二段是在三十五歲到四十歲前後，再經歷一次對內的衝突與叛逆。必須經歷這樣兩次的叛逆，我們才可能真正的成熟。

只有我們完成對自己的叛逆，同時不再逃避責任之後，這才是真正的成熟。

蒙卦的功課，就是要從叛逆出發，邁向負責的成熟。

我們要聰明地利用叛逆的力量，讓生命學習體驗自己選擇、自己努力，以及自己負責。我們千萬不要當叛逆的對立面，與他一起糾纏，一起蒙昧到底。

蒙卦的意義，是透過衝突與痛苦，讓自己進入生命的深處，看見真正的自己。

蒙，亨。匪我求童蒙，童蒙求我。初筮告，再三瀆，瀆則不告。利貞。

人必須先不滿於自己的無知，才會產生極大的求知動力。但是，稍稍有知之後，多數人即開始自滿，不但停止了求知，還會用已知的東西攻擊未知的東西。

當一個人滿意於自己的所知，我們就不該給他更多的知。給他越多，對方不但不會感謝，反而還會反感，甚至要懷疑你的動機。

一般來說，物質上的給予多多益善，很少人會拒絕。但精神上的給予則相反，除非對方主動提出需要，否則多給只是多招討厭而已。

「蒙」有兩層意思。一個是指嫩葉、新芽，也等於「萌」。一個是指遮蔽、蒙昧。用在人身上，前者比喻心智雖不成熟，卻保有全新的潛力。這層意思帶有鼓勵與肯定的成分。後者比喻心智受到遮蔽，無法真實理解事物，必須透過學習，才能去蔽，使心智得到成長。這層意思則強調學習的重要性。

「童」原指剃去頭髮的罪人，此類罪人常被用為奴僕，所以奴僕也稱為「童」。又小孩常剃去頭髮，便於清理，所以童也指「小孩」。此處的「童」是小孩的意思。「童蒙」就是指小孩樸素的無知狀態。

古人說「學者，覺也」。「學」必須帶有主動性，才能打開心裡門窗，接受教誨，產生覺悟。如果心存執著，以自我為中心，那就無法「覺」了。所以，執著是最大的遮蔽。帶有主動性的「學」，才是真正意義的「學」。

蒙卦的亨，就是亨在這個充滿「主動性」的學習上。

卦辭接著說：「初筮告，再三瀆，瀆則不告」原來卜筮也是一種「學」。普通的「學」，對象是「師」，而卜筮則以神明為師。

「初筮」是第一次占卜。「再三」是反覆以同一事求問。「瀆」是褻瀆不敬。這句話是說，第一次誠心問神，神明會指點迷津。但你執著不放，沒有反省改變的意思，反而再三卜問，希望翻盤，那就是褻瀆了。或者，你一時不能明白神明指示，不得已再問一次，此時神明仍願意指點，但你不好好體會，還想再問第三次，這同樣是褻瀆，神明就不理你了。

執著不放是最大的愚昧，也是最大的褻瀆。人若充滿接受性與主動性，天地都願意來當你老師，讓你「日新又新」，每天都有收穫，每天都增長智慧。

卦辭最後以「利貞」二字收尾。若翻譯成「利於安住正道」，未免死板，不如翻譯成「就這樣，大家繼續努力」更為恰當。「利貞」就是鼓勵大家秉持正道，好好努力。

初六，發蒙，利用刑人，用說桎梏，以往吝。

初六爻。無知，像個枷鎖，把人套住。

「發」是開啟的意思。「發蒙」就是去除遮蔽，開啟蒙昧。「刑人」指罪犯。「說」（ㄊㄨㄛ）同「脫」。「桎」（ㄓˋ）是腳鐐，「梏」（ㄍㄨˋ）是手銬，都是用於罪犯身上的刑具。

這句話是說，許多罪行並非出於邪惡，而是出於無知。如果經過開導，犯人痛切悔悟，那麼不妨赦免其罪，脫下他的手鐐腳銬。但這種赦免只可適用於初犯，不能視為常態。

第一爻因無知而犯錯，大多出於無心，容易得到原諒。但原諒只有一次，若不記取教訓，一犯再犯，那就「往吝」了。

各種動物，即使兇惡如獅子老虎，在天真無知的幼兒期，都有一種特別的美。老天對於無知，總有一種特別的眷顧與保護。可惜天真太短暫了，只有一爻，過了就不再回頭。

九二，包蒙，吉。納婦，吉。子克家。

九二爻。抱著樸實的無知，放下原有的習性，才能融入團體之中。例如古人結婚，新婦什麼都不懂，反而容易相處。如果想得太多、盤算太細，那就很難不與夫家的人發生摩擦了。

「包」是包容、容納的意思。「包蒙」就是對無知蒙昧抱持包容的態度。「包蒙」為何吉利呢？這讓我想起一個郭子儀的故事。

郭子儀平定安史之亂，功勞很大，唐代宗除了賞賜爵位以外，還把公主嫁給他兒子，與郭結為親家。有一次小倆口吵架，郭子儀的兒子罵公主：「你就仗著你老爸是皇帝，這有什麼了不起，我老爸是不想當皇帝，不然怎麼輪得到你老爸當。」公主一氣，跑回娘家告狀。郭子儀嚇死了，馬上押著兒子去賠罪。結果代宗告訴郭子儀小夫妻吵架根本不用理會，還說了一句千古名言：「不癡不聾，不作家翁」。

「包」就是要讓出空間，讓無知的人自己成長、變化。

因為成長不是組裝機器，不是為了做出一模一樣的產品。成長充滿著冒險與嘗試，需要給他空間，不能管得太嚴、盯得太緊，這樣他才能為自己的選擇負責。唐代宗的聰明，在於知道小夫妻的爭執必須自己解決，外人干涉太多，反而妨礙雙方找到相處的方法。

「納婦」是娶新婦。「克」是承擔的意思。「克家」就是承擔起一家之主的責任。

沒有人是先知道如何成家，如何經營家庭、承擔責任，然後才結婚的。新人都是在無知蒙昧的情形下，先勇敢踏出去，然後邊做邊學，邊學邊做，再慢慢調整到理想狀態。這過程就必須允許犯錯，得到包容，同時真誠地學習對方的優點。

一爻是我們的純真被看到，二爻則反過來，我們要開始看到別人身上的純真。這兩爻的無知都受到老天的垂愛，但此爻既得到原諒，又得到空間，這是它吉祥的原因。

男女結合，最幸福的瞬間，莫過於在對方的無知與傻中，看到真情。

六三，勿用取女。見金夫，不有躬，無攸利。

「勿用取女」的「取」同「娶」，這句話是說不可娶這位女子。「金夫」說法不一，有人認為是多金的男人，有人認為是剛強的男人，我則認為是指剛愎自用的男人。「不有躬」的字面意義是「失去自身」，但什麼是「失去自身」呢？說法也很多，我認為是指無法控制自己情緒與行為的女子。為何無法控制呢？原因和「金夫」差不多，就是自我意識太強，稍作溝通，就覺得受到傷害，覺得別人看不起他，故意找他麻煩。

「金夫」指男人，「不有躬」指女人，兩人都固執己見，動不動就起衝突，根本無法溝通，這樣的婚姻怎麼能有好結果呢？

蒙卦連續兩爻用結婚做比喻，這有什麼用意嗎？我認為，人生最重要的教育，不是小學教育，也不是大學教育，而是男女親密伴侶關係的教育。

譬如你和伴侶一起生活，如果你無法從對方身上學到許多其他人無法教你的東西，如果你沒有因為愛他，而改變自己生命的品質、眼界與目標，如果你還是原來的你，他還是原來的他，那你們在一起等於浪費時間，也等於浪費了這段感情。

《心靈捕手》（*Good Will Hunting*）這部電影就描述了這個情況，片中的男主角是數學天才，陷入很深的自我認同危機，只能反覆透過叛逆的行為，逃避內心的虛無。最後，他遇到一個落魄的心理學教授，他們彼此交談，一起經過挫折與妥協，慢慢地，兩人敞開心房，走向信任。像談戀愛一樣，最後兩人互相教育、互相啟發，也各自找到生命的意義與方向。

這才是我要說的教育。

你如果問我什麼是愛？我只會說它是非常深的接納與信任，無法是別的答案。如果你硬要我說出一個別的答案，我只好說，愛就是教育。因為，接納、信任、改變就是教育，也就是愛。

你願意改變多少、敞開多少，你的愛就有多深。有人說，我很愛他，可是我不想改變自己目前的生活。如果這樣，那麼你其實並沒有那麼愛他。你只是在拖延，期待一個可以真正改變你的人出現而已。

你會問，如果一輩子都找不到可以改變你，同時也被你所改變的人，那怎麼辦？還要愛嗎？老實說，我也不知道怎麼辦。人生無法十全十美，我們只能在相對性中來回穿越，並做出選擇。

但有一件事是明確的，就是我們年紀越大，就越不想改變自己，只想舒服地過熟悉的日子。所以，我們必須把握年輕歲月，嘗試找個可以打磨自己的伴侶，彼此讓對方變得更好，而不是找一個不想改變自己的伴侶，「始終如一」地度過一生。

六三爻毫無遠景，因為雙方都沒有接受性，拒絕看到對方的優點，所以無法讓親密關係展現教育意義。

六四，困蒙，吝。

六四爻。執著不化是最大的監牢，最深的無明。

第三爻因為剛愎自用，不願意改變，所以沒有出路。第四爻更糟，外在已經無路可走，內在卻更加固執，更加封閉，存心跟老天對嗆到底。這就是孔子所謂的「困而不學」。

類似電影《全面啟動》（*Inception*），一個人會迷失在自己夢境中的夢境，建構中的建構；越陷越深，越走越遠，直到沒有人可以把你拉出來為止。

困境就是「無攸往」，完全沒有路可走了。

「吝」是離開吉象，讓路越走越窄，越來越施展不開。人若封閉心靈，路就越來越窄。人若自以為是，路就越來越窄。人若困而不學，路就越來越窄。

樸實的無知，一點問題都沒有，甚至是件好事。但是，封閉生機，走入虛無，執著不化，這就是最糟糕的無知，最壞的無知。

六五，童蒙，吉。

像個孩子，保有純真的無知，這種人看似弱小，實則蘊藏豐厚的生命力，讓人一看就喜歡。所謂「天公疼憨人」，指的就是這種「童蒙」。

蒙卦的三、四爻都不吉祥，而且三、四兩爻代表人想突破困難的努力，可見《易經》對人類的「自知之明」抱持悲觀態度。表面上，人努力避免無知，結果卻自陷更深的無明，以及更深的愚痴執著。在這一點，《易經》對人類的評價很殘酷。

蘇格拉底說出了真相：「我唯一知道的真理，就是我其實並不知道。」可惜，希臘人認為蘇格拉底是妖言惑眾，詆毀既有的價值秩序，並教壞年輕人，所以通過民主程序，決定把蘇格拉底處以死刑。

蘇格拉底的「不知道」，其實是最好的求知狀態，也就是第五爻的「童蒙」。可是人類非常難以受教，幾乎不可能放下成見。於是，蘇格拉底被視為異端，童蒙成為一場悲劇，教育，也成為最危險的行業。

一、二爻的無知，帶著純真，所以利於啟蒙。三、四爻的有知，其實是執著成見，難以受教。到了第五爻，知道每一種「知」都是有限的，於是回頭重新肯定「童蒙」，肯定純真樸實，肯定接受性，肯定改變，肯定反省學習。這才是最有智慧的童蒙，也是最大的吉祥。

上九，擊蒙，不利為寇，利禦寇。

上九爻。當無知嚴重到一個程度，開始出現破壞性，不但傷害自己，也會傷害他人。讓自己變得更智慧，不是為了欺負比你笨的人，而是為了避免被更愚蠢的人欺負。

蒙卦最吉祥的情況是承認自己無知，並主動學習求知。其次是在犯錯中學習，邊做邊錯，邊錯邊修正。再其次是遇到困境，走上絕路，所以不得不學習，不得不改變。最糟糕的是，遇到了困境，依然不願意改變，那就非常凶險了。

「擊蒙」的說法很多，傳統上把「擊」解釋成擊破、打擊。為什麼需要擊破呢？因為第六爻的蒙，愚痴到了極點，外殼又厚又硬，密不透風，完全把自己封死。面對這種人，你最好別理他，也別想改變他。你若想改變他，最後受傷的，只會是你，不會是他。

這種封閉且執著的人注定孤獨、命定孤獨，而且只能孤獨。因為只有孤獨能把他對人對己所產生的危害，降到最小程度。

如果他開始傷害別人，無法不再理會，那該怎麼辦？那只好施加強力，把他的外殼擊破，讓他不得不改變。

在古代，走到「擊蒙」這一爻，要不是出現法律的制裁，就是雙方要開戰了。

「不利為寇，利禦寇」意思很明確，就是這種強力的擊破，本質上是以暴制暴，所以只能被動為之，不能主動出擊。「為寇」就是主動，所以不利。

依照《易經》慣例，六爻常常是五爻的反面。五爻純真，充滿接受性，心態開放，願意向他人學習。六爻則桀傲不遜，固執自私，完全無法溝通。

遇到第六爻這種人，最好彼此井水不犯河水，但如果他來犯你，讓你躲無可躲，你也只好出手回應了。

西方近代哲學家史賓諾沙說：「聰明的人笑著被命運抬著走，愚蠢的人哭著被命運拖著走。」愚蠢的人就是不想改變，失去主動性的人，也是等著被命運摧毀的人。

最後總結一下。蒙卦是對精神性引領的渴望。我們每個人都期待受到神明的引領，期待體驗生命的真實意義，最後完成內在的成熟圓滿，變成一個真實且獨立的個人。

蒙卦六爻，三吉三凶。吉的地方全在於蒙的純真樸實，凶的地方全在蒙的剛愎自用。一句話道盡：「開放接納則吉，封閉執著則凶。」再說其他就畫蛇添足了。

05 需卦：贏得信任，就贏得賽局

需，有孚，光亨，貞吉，利涉大川。
初九，需于郊。利用恆，無咎。
九二，需于沙。小有言，終吉。
九三，需于泥，致寇至。
六四，需于血，出自穴。
九五，需于酒食，貞吉。
上六，入于穴，有不速之客三人來，敬之，終吉。

蒙卦類似於我們在學校的求學時期，學習者的主動性與接受性非常重要。若不具備這兩點，學習效果一定很不理想。需卦則類似我們離開學校，進入社會工作。此時的重點，是我們不能只看到自己在想什麼，也要看到別人在想什麼。我們不能只看到自己需要什麼，也要看到別人需要什麼。我們不能只希望從別人那裡得到什麼，也要想到，自己能給別人什麼。

如何放下以自己為中心，學會從別人的角度看事情，這是需卦的主要功課。

社會與學校的最大不同，是學校一直想給我們東西，但我們不一定要。可是，進入社會工作之後，所有我們想得到的東西，都必須先付出代價，然後才能得到。

在學校時，我們只要認真學習，就能證明自己的價值。但是，進入社會之後，我們必須透過與別人的合作，並在合作中提供別人所需，且是對整體有益的東西，才能證明自己的價值。

蒙卦，是以叛逆的方式證明自己的價值。到了需卦，則必須以對他人的實際貢獻，證明自己的價值。

當一個新人進入一個團體的時候，不能急著用自己的特質證明自己的價值，不能用自己跟別人不一樣的地方證明自己的價值。相反地，他必須先用自己跟別人一樣的地方證明自己的價值。我們必須先看懂別人在做什麼，然後學習跟著一起做。我們必須先證明，我們可以和他們一樣，合作共事，並證明我們可以對他人有所貢獻。等這一點得到他人承認後，我們才可以善用自己的特質，表現自己與眾不同的地方。

目前的教育，普遍強調個人特質的重要性，卻較少強調融入團體、與人合作、樂於貢獻的重要性，這一點非常糟糕，簡直把年輕人害慘了。

需卦是從蒙卦的狀態走出自己，開始練習與世界打交道。他既要對別人產生貢獻，也要從別人那裡得到滋養，必須雙方都獲得好處，才能形成善的循環。如果只有單方獲益，形勢絕難持久。可是，雙方都得到好處並非容易的事。尤其需卦是個新手，既不知別人的需求，也未必得到別人信任，所以失敗的機會遠大於成功的機會。

怎麼辦呢？萬事起頭難，我們只能尊重對方的需求，願意先為對方付出，並耐心等待對方善意的回應。從這裡來看，需卦有滿足需求的意思，而且，重點在滿足對方的需求，而不是自己的需求。

「需」的功課，要從尊重對方需求出發，然後一邊與別人合作，一邊努力對他人做出貢獻；同時，又一邊提升自己的技能，最後則歸結到「等待」。等待什麼？就是等待條件成熟，讓成就自己與成就他人這兩件事變成一個正向循環。當成就自己就是在成就他人時，當他人的成就也等於成就我們時，那麼所有好事都會自自然然地發生。

有一齣韓劇叫《未生》，故事以大商社為背景，講一批充滿理想抱負的新進人員，如何歷經挫折與考驗，終於學會放下鋒芒，謙卑自處，最後在團隊中找到既可貢獻自己，又可學習成長的方法。這就像圍棋的棋子，從隨時可能被對手封死的「未生」狀態，努力作活，尋找出路，最後達到「完生」的狀態。劇情從「未生」走向「完生」的過程，正可以作為需卦的注腳。

其實，無論我們人生處在哪個階段，如果找到既可貢獻自己，又可得到成長的地方，我們一定要非常珍惜與感恩。

如果我們的價值得到他人的肯定，同時，他人的價值也幫助了我們的成長，這種人我內外彼此肯定的狀態，這就是一個「善的循環」。在這個循環中，所有的好會彼此促進，產生加乘效果；所有的壞，則在不斷的溝通與互動中，慢慢瓦解消失。

「需」的甲骨文寫成「」，代表全身被水沾濕。這個意義後來被「濡」字繼承。《說文解字》說，「需」是遇到下雨，無法前進，所以停下來等待。這個解釋很好，隱含著需卦不只是靠努力成事，而且也要靠耐心成事。

需，有孚，光亨，貞吉，利涉大川。

「孚」字在《易經》中經常出現，意義很重要，但也很麻煩。因為各家解釋不同，如果把不同說法一一列出，恐怕會超過十種以上，足可寫出一篇大論文。例如有人認為「孚」是指俘虜，有人認為「孚」等於「福」，也有人主張「孚」即是「孵」，或者「服」，或者「符」的意思。還有人認為，「孚」是「保」的意思。傳統的說法則認為「孚」是「信」的意思。

從甲骨文來看，俘虜的「俘」寫成「」，左上方是「手」，中間是「子」，右邊是「行」。意思是用手指揮小孩或男子前進。有時也省略右邊的「行」，寫成「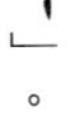」。在商朝的甲骨上，這個字大多指俘虜，或者戰爭中擄獲的戰利品。

到了周朝，「孚」字的意義慢慢產生變化。例如周朝初年的《詩經》，有這樣的紀錄：「儀刑文王，萬邦作孚。」意思是說，周文王很有威儀，萬邦諸國都來歸順他。在這裡，「孚」不是俘虜，而是服從、臣服的意思。

另外，《尚書》也有：「兩造具備，師聽五辭，五辭簡孚，正於五刑。」大意是說，官員聽訟，雙方各作陳述，經過官員檢查核實，確認無誤後，再依法律判決。這裡的「孚」，是真實、信實的意思。另外，《尚書》還有：「上天孚佑下民，罪人黜伏。」這裡的「孚佑」，其實就是保佑的意思。

「孚」的意義，到了周朝，已經慢慢從俘虜的意思，轉化成服從的意思；再由於周朝對禮樂與倫理的強調，最後又轉化為「保護」，或者「為其做主」的意思。

我們由此可以推論，商朝的邦國聯盟制度，在周朝成為統一的封建制度，實際成就則是各邦國之間的戰爭逐漸減少，於是，「孚」字的意義就慢慢向「服從」傾斜，並在新的政治倫理關係需求下，進一步發展出下位者服從於上位者，而上位者也必須保護下位者的意思。再往下發展，便引申出國君對子民的保護與領導，也就是《孟子》所謂的「愛民如子」、「保民而王」，或者《大學》中所說的「親民」思想。

下位者對上位者的服從，與上位者對下位者的保護與領導，兩者形成信任關係，且此關係屬於基本的倫理關係，非常真實，牢不可破。於是，「孚」字又產生「信任」與「真實」的意思。

在古代，貴族受封於某地，建立宗廟，形成組織，領導人民從事生產，以此保證香火能延續不斷。所以，貴族所受的訓練與教育，最重要的目標就是維繫人心，並促進人民生產力的提高。如何做到呢？靠的就是貴族的「孚」。用今天的話來說，就是貴族的領導力與人民的信賴感、認同感。

孔孟遊說各國，千言萬語，講的都是貴族應該如何愛民保民，如何贏得人民尊重與信賴的方法。所以「孚」的含義，可以說就是儒家政治思想的源頭。

在《易經》裡，大部分的孚字，都可以解釋為「領導力」或「得到他人信任」。「孚」字向內引申，可以代表誠信、德行、真實的信念等。向外引申，則可以開展成「仁民愛物」、「保民而王」的政治理想。

「光」是大的意思。「亨」是通暢無阻的意思。「光亨」就是大亨。為何可以大亨呢？因為當事人願意先付出努力，並耐心等待他人的信任與接納，所以可得大亨。

整句卦辭，重點在「孚」。換句話說，只要得到他人信任，諸事皆可大亨。「貞」在此處，可以當卜問的意思，也可以當作虔誠、正直的意思。「貞吉」就是所卜問之事可得吉祥，也可指心態上保持端正虔誠即可吉祥。

「大川」就是大河。涉水渡大河，充滿危險，所以「利涉大川」就是利於冒險犯難的意思。古樂府詩有這樣的文句：「公無渡河，公竟渡河，墮河而死，當奈公何。」可見當時不慎死於渡河的人很多。

需卦開始向外發展，首重得到他人信任。有信任感，做什麼都順利，即使冒點危險，也可以逢凶化吉。如果沒有得到他人的信任，那就做什麼都非常費力。

需卦六個爻，就是敘述如何取得他人信任的過程。

初九，需于郊。利用恆，無咎。

「郊」是遠離村莊，人煙稀少的地方。古代聚落，以城為中心。城內稱為「國」，城外稱為「田」，也即是村莊；田外人煙稀少，稱為「野」；再往外，靠近邊境，稱為「郊」。有時，「郊野」二字連用，不加區分。「恆」是持久不變。「咎」是指犯下過失，受到責難或處罰。

第一爻剛走出去，還沒有機會與人互動，這就好像走在郊野，荒無人煙的情況。不過，即使荒無人煙，仍必須保持恆心，繼續向前邁進。這樣的堅持，是眼前唯一能做，也唯一該做的事，所以不會有過失。

九二，需于沙。小有言，終吉。

「沙」是靠近河邊的沙地。「言」通「愆」（ㄑㄧㄢ），過失的意思。《易經》中的「言」字，大多是過失的意思。這或許是因為自己的過失，必然引起他人言語上的責難，所以兩字相通。

現在日文漢字亦有「小言」一詞，也是責備、抱怨、牢騷的意思。

這一爻是說，走到河邊沙地，還是看不到村莊，無法與人群接觸，而且行動也因沙地而遲緩下來。這時，眾人內心開始焦躁不安，抱怨懷疑。不過，即使不安，還是要忍耐。若能忍過去，最終還是會吉祥的。

第一爻帶有銳氣，所以可以堅持。第二爻銳氣弱了，所以信心受到打擊，還好情況並不嚴重，仍可以忍耐度過。這兩爻因為堅持、忍耐，所以在逆境中仍可以得到吉象。

九三，需于泥，致寇至。

「泥」是河岸邊的濕地。「寇」是盜匪。「致寇至」就是引來盜匪搶奪。為什麼到了河岸會引來盜匪呢？這對古人來說，是人人皆知的常識，但是現代人反而不明白了。所以，對這一爻的解釋，各書千奇百怪，簡直到了匪夷所思的程度。

走到河岸濕地，就是要渡河。渡河過程行動遲緩，隨行貨物也要重新打包，零落四散，造成秩序大亂。這時，就是躲在岸邊草叢中的盜匪最佳的搶劫時機。這種趁亂打劫的河岸景觀，在十八、九世紀的台灣，依然存在。

台灣有句諺語：「過得了西螺橋，過不了虎尾溪。」清代台灣的橋，都是簡單的竹搭便橋，枯水期尚可用，一進入豐水期就沖毀了，所以每年都要募善款，重新搭橋。西螺人多，有橋可走，盜匪比較收斂；虎尾人少，無橋可用，必須涉水，這時盜匪就比較猖獗了。所以這句諺語與其說是比喻虎尾民風強悍，不如說是指當地有盜匪出沒。

因為鄉間盜匪盛行，所以各地都有組織團練的風氣。大家若去中南部旅行，很多鄉下的廟宇仍保留有從前團練的遺跡。例如各種刀械、鏢棍、拳法，還有舞獅陣頭等等。有團練就有教頭，最有名的團練教頭，首數雲林西螺的阿善師。他是少林寺俗家弟子，受邀來台，訓練地方團練。當然，類似阿善師的人物各地都有。例如大甲也有一位武師，以白鶴拳聞名，可惜忘其姓名。大家若有機會去大甲，可以去逛文昌廟，裡面即有當地武師的承傳資料。

三爻面臨渡河，這是一大轉折。河的對岸，是人群聚集的村落，也是此行的目的地，可是眼前過河，若不謹慎小心，很可能引來打劫。

需卦的前三爻，都是要耐住性子，努力朝目標前進。第二爻遲遲看不到終點，要忍住焦慮。第三爻是看到了終點，可是更要忍住，因為過於急切，失去戒備，反引來更大的危險。

六四，需于血，出自穴。

「血」，有人認為是引發流血衝突，但這種解釋太過戲劇性，毫無根據。我認為「血」應該解釋成「洫」（ㄒㄩˋ），溝渠的意思。只要有農田、有聚落，自然有灌溉或排水用的溝渠。稍大一點的溝渠，甚至還有抵禦盜匪的功能。

「穴」是古人的居所。通常有兩種。一是在黃土丘陵地區挖的窯洞。一是所謂的半穴居，挖地約一公尺，上面架茅草屋頂，入室要彎腰屈身。前者是周人的居所，後者是商人的居所。

這一爻是說，到了村莊口，因為尊重對方，所以先在溝渠旁邊等待，而村人也走出居所，看看究竟來者的目的為何。

這一爻，總算接觸到人群了，而且因為尊重對方，靜靜在村口等待，所以消除了敵意，雙方得以順利溝通。如果此人是來做生意的，所帶來的貨品應該可以受到歡迎。如果此人是尋找過夜的地方，送上一點見面禮，也應該可以得到主人的款待。

三爻凶中帶吉，經過小心持守，第四爻就轉為吉象了。關鍵在於尊重對方並取得信任。

與人合作，想要順遂，首先要取得對方信任。取得信任的前提，是要尊重對方。因為，尊重、敬重、看重對方，是取得對方信任最基本，也最快速的方法。只要雙方有信任，事情便可得到轉機。

九五，需于酒食，貞吉。

這一爻是取得信任後，進一步禮尚往來的結果。客人敬主人，獻上禮物；主人也敬客人，拿出酒食，款待客人。這即是雙方互相尊重、互相獲益。客人的價值，得到主人肯定；主人的價值，也得到客人的肯定。這便是善的循環，雙方因此互蒙其利。

上六，入于穴，有不速之客三人來，敬之，終吉。

「速」是召、請的意思。「不速之客」就是不請自來的人。不請自來，既不尊重主人，意圖也令人懷疑，何況一次來三人，當然會引發眾人的不安。

六爻是五爻的反面。五爻是充分得到對方信任，雙方愉快交往。六爻是不受信任的人，突然登堂入室，不知有何企圖，所以要非常小心地對付。

受信任的人來，可以讓氣氛更加熱鬧，不受信任的人來，場面馬上降至冰點。兩者差別極大，或吉或凶，關鍵全在此爻的「敬」字。

如何在雙方缺乏互信的情況下，迅速建立互信呢？方法只有一種，就是「敬」。因為「敬」有一種權威，可以把雙方導向普遍認同的規則。而規則本身就有力量、有權威，不遵守的人，會感覺自己與眾人的認知對抗，承受不小的壓力。

二十幾年前，台灣各場所開始禁菸，但有時也會引起吸菸者的反彈。有一次我去電影院，一名壯漢抽菸，旁邊觀眾都換座位，不敢阻止。我坐在後面，略作思考，就跟壯漢說，我有點咳嗽，等你抽完這根，就不要再抽了好不好？結果他馬上把手上菸熄掉，並向我道歉。

我和別人一樣，都惹不起那名壯漢，但別人選擇退一步，我卻選擇進一步。原因很簡單，因為別人不懂「敬」與「尊重」的力量，以為我在冒險，我卻知道自己很安全，深受「敬」的力量保護。

敬，既可拉近人與人之間的距離，又可以用來與他人保持安全距離。是進可攻，退可守的寶物。一個人能以「敬」待人，那麼即使遇到困難，也比較容易得到他人的幫助，及早化解。「敬」的能力，是一個人成熟與不成熟的分界點。

06 訟卦：認命的人最好命

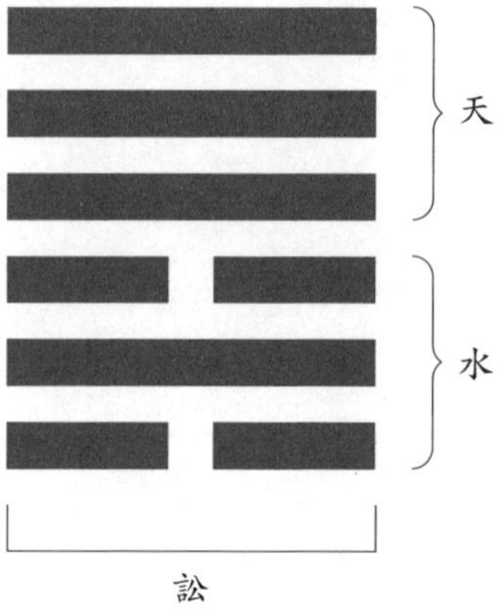

訟，有孚，窒惕，中吉，終凶。利見大人，不利涉大川。
初六，不永所事，小有言，終吉。
九二，不克訟，歸而逋，其邑人三百戶，無眚。
六三，食舊德，貞厲，終吉。或從王事，無成。
九四，不克訟，復即命，渝，安貞吉。
九五，訟，元吉。
上九，或錫之鞶帶，終朝三褫之。

需卦渴望向外走出去，尋找互利的合作機會，藉此累積經驗、開拓視野，並建立個人事業。可是，與人交往合作，未必一帆風順，雙方難免意見不合，引發爭執，甚至因為利益衝突而反目成仇。這時，卦象就從彼此尊重的需卦，走進彼此結怨的訟卦。

訟就是雙方爭吵，各執一詞，需要第三者介入，給予公正的評斷與裁量。

孔子曾說：「聽訟，吾猶人也，必也使無訟乎。」意思是說，為人評斷是非，公正裁判，孔子覺得自己的能力和其他官員差不多。言下之意就是，聽訟這件事誰做都差不多，即使孔子這麼有才幹的人來做，也很難超越他人，得到更完美的結果。但是，透過教化的無形力量，使爭執不易發生，或者發生之後很容易化解，孔子認為，這才是他想盡力達成的理想。

由孔子這句話可以知道，兩千五百年前的官員，聽訟裁判，處理紛爭，已經是常態性的工作內容了。而「訟」之不能完全符合公平、正義的理想，也已是一般有識之士的共識了。

「訟」的甲骨文寫成「」，就是兩個口，各執一詞。到了金文，寫成「」。右邊是「公」，代表不偏頗，左邊是「言」，表示雙方各有說詞。甲骨文的訟字，強調爭執一面；金文的訟字，態度轉為積極，強調公正裁決的一面。這個變化所代表的社會演變意義，很值得我們深思。

需卦的信念，在於雙方可以透過合作，同時獲利，也同時成長。所以，機緣值得等待，即使遇到困難，也該秉持恆心，堅持到底。這樣的正向信念，帶有生產性與創造性。

訟卦剛好相反。訟是零和遊戲，一方獲益，就代表另一方受損。訟又是消耗性的行為，持續越久，雙方受害越深。所以，等待絕非美德，堅持成為惡夢。最好的處理方式是：快刀斬亂麻，見好就收，適可而止，絕對不要纏訟到底，因為那會帶來痛苦與危險。

清朝發生過一個訴訟的故事，充滿道德性，說給大家聽。安徽桐城，有張、吳兩大戶人家，比鄰而居。有一次，兩家都要建圍牆，吳家認為對方越界，就告官處理。張家認為吳家仗勢與縣官關係良好，決定找人幫忙，便寫信給在朝廷當大官的親族，要他向地方官員施加壓力。結果那位名叫張英的中央大員，回了這樣一封信：「千里修書只為牆，讓他三尺又何妨。長城萬里今猶在，不見當年秦始皇。」

收到信後，張家只好默默退後三尺。吳家覺得很奇怪，前來詢問，張家出示書信，吳家看了很感動，也自願退後三尺。結果兩家各退三尺築牆，中間便出現一條「六尺巷」。這條巷道後來成為桐城的觀光景點。

這種道德故事，非常古典、優雅，讓人對消逝的美好事物，興起一種緬懷的情感。

訟，有孚，窒惕，中吉，終凶。利見大人，不利涉大川。

凡在爭吵中獲勝的，都不是真理。因為真理是自己覺悟得來的，不是辯論失敗才信服的。相信「真理越辯越明」的人，最終臣服的不是真理，而是力量。如果臣服於力量，即使一時歸順，時間久了，還是要再反叛的。

和需卦一樣，訟卦的先決條件也是「孚」。如果沒有互信，沒有尊重，不相信客觀制度，那麼「訟」就是赤裸裸的利益鬥爭，無論誰贏，都不代表取得正義。

「窒」是恐懼的意思。「惕」在乾卦出現過，是戒慎警惕的意思。這裡點出另一個要點，就是任何訟事，都要戒慎恐懼，無論是證據、說理、引用法條、攻防推演，都必須做好準備，不可以為真理在自己一方，就意氣用事，失去理性。

因為訟事絕非單純的事實或道德問題，它充滿了技術性的操作技巧。道德者未必勝出，奸邪者也未必受罰，其中帶有極大的不確定性，所以古人普遍視訴訟為凶事。

從前有一位李姓的文化界名人，非常熟悉訴訟中的技術問題，所以每每打贏官司。他曾自道，打贏官司的秘訣在於，一般人以打官司為苦，他卻能享受打官司之樂。僅憑這一點心態上的差別，訴訟輸贏已決定了七八分。只不過，這位李先生的境界，恐怕絕大多數人都無法達到。

「中吉，終凶」意思是說，以見好就收為吉，以堅持到底為凶。「利見大人」是指很有機會遇到公正的裁判者。「不利涉大川」還是指見好就收，不要冒險纏鬥到底。

初六，不永所事，小有言，終吉。

「永」是長久的意思。「不永所事」就是半途停下來，放棄把是非對錯追究到底。換句話說，當事人表露出息事寧人的態度。「小有言」，需卦出現過，意思是引發小小的過失、責難或不滿。

為什麼當事人不願追究到底呢？又為什麼引發不滿呢？顯然，當事人在道理上完全站得住腳，卻遵循見好就收的原則，願意給對方一個台階，讓雙方協商言和。但是，若不讓理虧的一方付出代價，正義即無法得到彰顯，所以引起一些人的不滿。「終吉」是指這樣的寬容，一時看不到好處，卻奠立了長久的吉祥。

九二，不克訟，歸而逋，其邑人三百戶，無眚。

「克」在蒙卦出現過，是承擔的意思。「不克訟」就是承擔不起訟事，官司打不贏對方，討不回公道。「逋」（ㄅㄨ）是竄、逃的意思。閩南語有「趴趴走」一詞，「八」只是形聲，本字其實是「逋」。「逋逋走」就是東溜西竄的意思。

「邑人三百戶」是指受封領地內有三百戶人家。三百戶大約是指一千多人的中大型村落。「三百戶」背後的意思，就是底子厚，留得青山在，不怕沒柴燒。眼前雖有損失，但休養生息後，仍能東山再起。「眚」（ㄕㄥˇ）是災、過失的意思。「無眚」是說沒有災禍或過失。

整體來看，這一爻是說，某人在外地吃了虧，與對方爭執，但官司打不贏，只好認賠、停損，灰溜溜地逃回領地，期待東山再起。

一、二爻的訟，情況不嚴重，或退讓言和，或吃虧停損，都有退路，也有遠景可期。

六三，食舊德，貞厲，終吉。或從王事，無成。

第三爻的爭執，雙方繼續往上加碼，官司越陷越深，情況非常危險。還好之前曾寬容待人，建立起一些老交情，透過他們幫忙，終於脫困，轉危為安。

這一爻是勸戒當事人，訟事不可冒險躁進，否則很容易變成意氣用事，整個人都被報復之心綁架了。

「食舊德」這句話，有各種不同的解釋，難以細究。我傾向於把它解釋為「吃老本」的意思。

「食」在這裡引申為依靠、憑藉的意思。如同「自食其力」的用法。「舊德」我認為是指過去曾經施恩德於人。甚至，這個施恩的人，不是本爻的當事人，而是他的長輩或祖上。從文氣看，「食舊德」的前面，似乎省去「不克訟」三字。

「王事」是指國君交辦的事，也就是大事。「或從王事，無成」意思是說，即使有機會做大事，也不會成功。為何不成功呢？因為「食舊德」靠的不是當事人自己的本事，而是受到他人功德的庇蔭，所以本來應該「貞厲」的事情，最後化險為夷，以「終吉」僥倖過關。既然沒有真正的實力，當然也就成不了大事了。

這一爻，我個人認為，應該是當事人過於躁進了，過於自信，以為十拿九穩，想不到陷入危機，差點脫不了身。還好有從前結下的善緣，在危難中發揮作用，才得以平安，找到和解的辦法。

第二爻是認賠後即可全身而退。第三爻是靠著「舊德」，最後僥倖過關。兩者的差別是，二爻只是運氣不好，三爻則有咎由自取，自作自受的成分。

九四，不克訟，復即命，渝，安貞吉。

「復」是回、返。「即」是就。「命」在這裡是指上位者的判決、命令。「復即命」是說，回到自己的本分，遵從上位者的裁決。「渝」是變的意思。

整句話是說，打不贏官司，就回到本分，接受上位者的判決，調整心態，安住在眼前的情況，不要再想翻案，也不要不服輸，這才是最好的應對之道。

三爻躁進受挫，四爻退守保身，都走不出去。這有點莊子所說「知其不可奈何而安之若命」的意味。

《易經》在此處首次出現「命」字，非常重要，可以作為人在危難、失敗、困境中的心靈處方，千萬別小看了。

「命」的本義，其實就是「令」。兩字的甲骨文相同，寫成「」。上面是「口」，下面是跪在地上的人，意指領受君王的命令。後來，這個形象擴大成為上天與個人的關係，這就把人生的際遇，用老天派給人的使命來理解。換句話說，我們的個人生命，如果有事先安排好的意義的話，那就是為了完成老天交付給我們的使命。

如果我們知道自己的使命，那一定活得特別輕鬆踏實。因為，我們只要朝向目標，一步步慢慢走，把所有精力放在上面，完成這份使命就好了。如果我們不知道使命是什麼，那就麻煩了，這表示我們生命不知要往哪裡去，也不知要繞多少個彎，吃多少苦，才能得到圓滿，不再遺憾。

所以，不要管自己是好命還是壞命，因為那是命運，無法隨心所欲。我們要把時間花在知道自己的「使命」

上。知道自己的「使命」比知道自己的命運更重要十倍以上。

我們常說「認命」，但是，「認命」的真正意思是要認出我們的使命、天命、本命。而不是無可奈何地，充滿無力感地，接受自己的命運。

如果我們覺得自己的命不好，那就表示，我們還沒找到自己真正的使命。如果我們認出自己的使命，那麼我們一定會覺得自己的命很好。

因為一切發生的事情，無論好壞，都有其必要，有其目的，都是為了讓我們完成自己的使命而有的安排。

認命的人，才會好命。不認命的人，被命運帶著團團轉，錯把好命當壞命，壞命當好命，這就顛倒眾生了。

九五，訟，元吉。

訟卦六爻，除了這一爻以外，都以不訟為吉，以和為貴。但訟也有正面價值，不能迴避，應該給予肯定。在哪裡肯定呢？《易經》選擇在第五爻給予肯定，別有深意。

五爻位置尊貴，代表領導力，也代表智慧。所以五爻的訟，從客觀面說，代表了上位者的公正裁決，足以彰顯正義。從主觀面說，則代表主事者充滿智慧地處置訟事，得到很好的效果。

人處在爭訟之中，如何呈現智慧？《論語》有一句描述孔子的話：「望之儼然，即之也溫，聽其言也厲。」儼然就是很端正、很嚴肅，既敬人，也敬己。溫是指待人寬厚。厲是據理力爭，無所畏懼。這三件事，大概就是爭訟中的應對之道了。

上九，或錫之鞶帶，終朝三褫之。

「錫」是賜的意思。「鞶（ㄆㄢˊ）帶」是束腰的大帶，上飾金玉，象徵貴族身分。「終朝」是指一天之內。「褫」（ㄔˇ）是奪的意思。

這一爻可能出於古代某個歷史典故，可惜現在已不可考了。整句話的大意是說，有時候鴻運當頭，國君賜你大帶，拔擢你擔任重要職位，但有時候霉運纏身，一天之內，職位連降三級。

第五爻要承擔人間正義，他不但有能力承擔，而且這份承擔根本就是他的使命，這是九五之訟得到元吉的原因。上九爻走的是一個反面。仲裁者的心中已無公平正義的標準，凡事都從得失與好惡來裁決，這樣就很危險了。

人走到這一步，其實就是「命」沒了，只剩下「運」而已。

整個需卦，想要與人為善，走到最後，逼出一個「敬」字，別開生面，成為需卦的精神柱。整個訟卦，避免與人結怨，走到最後，逼出一個「命」字，同樣別開生面，立了訟卦的精神柱。

我們這輩子，能在中年以前，學會以「敬」對待他人，以「命」看待自己，這已是最踏實的修行了。即使我們未信任何宗教，只憑這兩點用心，即是合格的修行人，也必然在實踐中得大福報。

07 師卦：敵人能教我們的事情比朋友更多

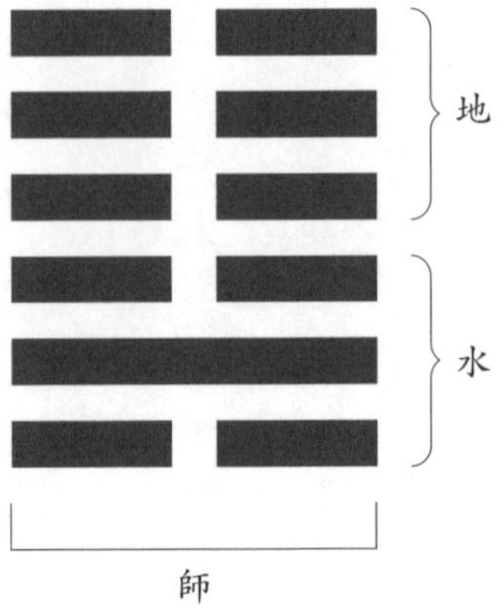

師，貞丈人吉，無咎。
初六，師出以律，否臧凶。
九二，在師，中吉，無咎，王三錫命。
六三，師或輿尸，凶。
六四，師左次，無咎。
六五，田有禽，利執言，無咎。長子帥師，弟子輿尸，貞凶。
上六，大君有命，開國承家，小人勿用。

訟卦的第六爻，表示「大人」已經不受信任，世間也沒有任何機制可以主持正義，仲裁紛爭。所以，師卦要面對的，是一個價值秩序瓦解的局面。這種情況非常麻煩，人間失去正道，政治一片漆黑，古人所謂「天地閉，賢人隱。」正是這種局面的寫照。

當最高的裁判者不再公正，也不受信任，這個訟卦就走不下去了，於是世間陷入混亂，這就逼著豪傑之士挺身而出，重新建立人間秩序，再一次開天闢地。

孟子有句話說：「待文王而後興者，凡民也。若夫豪傑之士，雖無文王猶興。」意思是說，周文王建立天下秩序，過程曲折，非常辛苦。而一般人民只想遵守秩序，並不想費力地建立秩序。至於豪傑之士，即使沒有周文王，他們也會挺身而出，再造人間秩序。

打破一切黑暗，在廢墟中重建文明。這需要大力量，也需要大勇氣，所以需要豪傑之士來擔當。師卦就是這樣的豪傑之士，他要在無路可走的黑暗森林中，劈荊斬棘，走出一條活路的卦，為所有人建立秩序與價值。這即是師卦的核心精神。

「師」是「眾」的意思，也是古代的軍事編制單位，以兩千五百名士兵為一師。

為何要用「師」這個字表示建立新規則、新價值呢？我從前讀過一本現代史的書，裡面超過一半的篇幅都在講戰爭，從二戰、韓戰、越戰、冷戰、中東戰爭等等。我剛開始覺得很奇怪，難道沒別的事可講了嗎？為什麼戰爭的篇幅這麼多？後來我終於明白了，原來世界的秩序和格局是靠戰爭打出來的，而不是在辦公桌上談出來的。沒有戰爭、沒有實力，就沒有大家共同承認的秩序與價值。

我們若決心重新建立規則與秩序，就無法避免打一場硬戰，這就是師卦的勇氣與承擔。

但是，師卦這一戰並不好打。一是因為敵強我弱，二是因為準備時間不夠充分，但是，局面又由不得你不打。最後，只好邊打邊學習，也邊打邊累積實力。

師，貞丈人吉，無咎。

「丈人」是長者的意思。「貞丈人吉」，相當於「利丈人之貞」。意思是說，長者的特質有利於興師對陣。有人認為「丈人」在《易經》中只出現一次，而「大人」卻常常出現，所以「丈人」應該是「大人」之誤。這個說法有合理之處，但我們還是採用「丈人」的說法。

師卦取象於武王伐紂的故事。所以，這個「丈人」長者，大概是指姜子牙（呂尚）吧。譬如宋朝的邵雍，就是持這個看法。

姜子牙的特質，大家都清楚，就是充滿耐心，默默耕耘，具有超越常人的視野與意志，但又非常忠誠盡責。他在河邊釣魚，不用餌，離水三尺，又用直鉤，別人笑他，他不理會，因為他知道會有一個王者出現，欣賞他的才能，奉他為國師。

師卦決心一戰，開創新局，但內部實力不足，外部也充滿阻力，因此剛開始並無絕對的勝算。但正因為局面不清，所以更要戒慎恐懼，步步為營。更需要一位老成持重的長者來領導操盤，穩定軍心。

師卦是人生一場重大的逆境，卻是美好的逆境，值得好好經歷、品味。通過這場大考驗，我們就有講不完的故事，可以在任何一件事情上，對晚輩子弟，提供我們千錘百鍊的人生經驗與智慧。

沒有經歷過師卦的人，說話是沒有分量的。

初六，師出以律，否臧凶。

「律」是法度、規矩。「師出以律」是說，軍隊出動，必須有軍紀、法度，受到絕對的節制，不可隨便。「否」（ㄆㄧˇ）是否定之意。「臧」（ㄗㄤ）是善的意思。「否臧」就是不善。紀律不善，部隊容易失控，當然就陷入凶危了。

這一爻，提出非常重要的「律」字。值得我們細細體會。

「律」，無論是指法律或紀律，都是一種強制性的規則，要求群體共同遵守。有了規則後，個體不會陷入混亂，也不會互相抵銷力量。相反地，規則讓個體的力量產生加乘的效果，相互激發，不斷成長。所以每個群體都需要一套適合自己的「律」。

一支軍隊要變強，首要條件是有紀律。一個人要變強，首要的條件就是能否為自己立法，能否自我管理，能否有 discipline 的自制力。

能在生活中建立秩序，並以這個秩序自我管理的人，都不是普通人。他們在工作場所裡，一定都會成為中高層幹部。一個人的自我管理能力，是其他一切專業能力的基礎。

九二，在師，中吉，無咎，王三錫命。

「領導」就是有效整合眾人的力量，並引導此力量去完成一件對眾人有意義的事情。沒有領導力的人，會讓全體陷入混亂。見識短淺的人，也會讓全體陷入混亂。領導者的領導力，是道德中的道德、秩序中的秩序、意義中的意義，因為它決定了整體的禍福吉凶。

「在師中吉」有兩個斷句方式。一是「在師中，吉」。一是「在師，中吉」。因為訟卦卦辭有「中吉，終凶」之語，「中」是過程的意思，「中吉」是指過程很順利，所以此處我們也以「中吉」斷句。「在師」是指君主御駕親征。「中吉，無咎」是說，雖然實力不足，但君王坐鎮軍中，既穩定了軍心，也讓備戰過程平順吉祥。

「錫」是賜的意思。此字在訟卦中也出現過。在《易經》中，同一組綜卦或錯卦，卦爻辭常有重複出現的字眼、意象。例如乾、坤兩卦，重複出現「龍」的意象。屯、蒙兩卦，重複出現「寇」的意象。

「王三錫命」的意思是說，君王再三下達命令。為何要一直下達命令呢？因為敵強我弱，所以要下令反覆操演，凝聚士氣，勿使渙散。

第一爻講紀律、規則，第二爻重實踐、操演，這都是出征前最基本的備戰工作。

六三，師或輿尸，凶。

「尸」（ㄕ）就是「屍」。人死後尚未安葬稱為「尸」。另一種說法認為，「尸」是指神主牌。兩說皆可通。

「輿」指車的底板，載貨的地方，也可以泛指整輛車。

「輿尸」的解釋也有兩種。多數人解釋成用大車載運屍體。另一種解釋是說，所運載的是周文王尚未下葬的屍體，或者是他的神主牌。我認為第二種說法比較正確。

翻查古書，古代打戰從無用大車運載士兵屍體的紀錄。士兵死了，陳屍荒野，一般不予理會。即使戰場接近城市，為了避免引起傳染病，頂多挖個大坑，掩埋了事。用大車運屍回鄉，這是現代人的觀念，不是古代實況。

根據史學家顧頡剛的研究，紂王的姐姐曾是周文王的元配，所以論輩分，紂王是武王的舅舅。這樣看來，武王以下犯上，號召力難免不足。為了加強號召力，武王車載父親神主，以「紂王無道，迫害忠良」的名義出征，這樣就完全可以理解了。

根據《史記》記載，武王大軍出發之時，伯夷、叔齊兩位賢人攔馬勸阻，理由有兩個：一是父親死了，卻不好好安葬，這太不孝了；二是紂王仍是共主，出兵犯上，這太不忠了。武王沒有與二位老人計較，排除場面後，繼續前進。

這一爻的「輿尸」，指的應該就是文王沒有得到很好的安葬，其屍隨同大軍一起出征的歷史。

武王載著文王的屍體討伐紂王，這相當於是在打「悲情牌」。對內可以同仇敵愾，對外則號召鄰邦，一同加入革命行列。而就結果來說，武王推翻了商紂，開啟了全新的時代，為何贏得這麼大的勝利，這一爻還是「凶」呢？

關鍵在於帶著父親屍體出征，這真是太不合常理了。武王在這裡是「無所不用其極」地想贏得勝利，而且，這樣做後，已經造成內部分裂，其實未必合算。

但我們退一步說，這張「悲情牌」是否發揮了預期的效果呢？

根據歷史資料，武王的勝利，主要是當時紂王派出一半的兵力，討伐東南方的叛亂。武王抓住這個時機，使紂王陷入兩面作戰，難以兼顧，最後才贏得勝利。所以，這個巨大的勝利，和車載文王屍體應該沒有太大的關係。

由此可知，《易經》並不以成敗論英雄。不是看到勝利，就肯定過程中每個做法都是對的。但反過來說，師卦也教我們，世事的吉凶，並非絕對，只要願意承擔、願意努力，凶爻未必影響全局，勇敢地走到底，也會逆轉成為吉爻。

我們不得不承認，武王的勇氣、膽識、判斷都有超越常人的地方。他在力量不足，形勢艱難的情形下，依然全力以赴，調動一切資源，掌握恰當時機，承擔所有壓力，為勝利而拚搏到底。我們學習師卦，最不可忽略的，就是這種拚搏的勇氣與意志。

西方軍事家說：「沒有危險的地方就沒有榮耀。」把這句話用在武王身上，應該很切合吧！

六四，師左次，無咎。

「左」是指部隊的左軍。古代部隊行進，分為中、右、左，或者中、前、後三軍。所以孔子才說：「三軍可奪帥也，匹夫不可奪志也。」意思是說，人的志氣如同部隊的主帥。主帥有領導力，部隊就有戰鬥力，如同人有志氣，生命就充滿行動力。不同的是，主帥可以拔除，說撤換就撤換，人的志氣則全由自己掌握，別人干涉不了。

在三軍中，右軍就是前軍，類似於先鋒部隊，負責偵蒐敵情，打探虛實。左軍是後軍，殿後負責運補。中軍則是主力部隊。「次」是止的意思。《左傳》說：「凡師一宿為舍，再宿為信，過信為次。」《尚書》也有「王次于河朔」的用法。可見「次」是兩、三天以上的停留。「左次」就是後勤部隊安寨紮營。不過，後勤駐紮是個委婉的說法，其實應該是全軍已經停止前進了。

為何部隊要停止前進呢？原因很多，可能是後方運補出問題，或者前方出現異狀，必須觀察確定，也可能是部隊長途行軍，過度疲累，需要休息整頓。總之，走到第四爻，必須稍停一下，放慢速度，避免操之過急，做出錯誤判斷。

這裡牽涉到一個「節奏」的問題。

大家都知道，長跑有長跑的節奏，短跑有短跑的節奏，你用跑百米的節奏去跑馬拉松，不用幾分鐘就倒下來了。節奏是滿足長期效率的適當工作速度，也是「付出與成果」達到最佳比例的工作方法。凡是需要長期投注心力才能完成的事情，掌握正確的節奏，絕對是最重要的成功法門。

德川家康曾說，最美好的戰役不是大勝，而是只贏七、八分。這句話的背後，便隱藏了一種控制節奏的自信。

師卦一到三爻，已經瀕臨動員極限，局面緊繃，如果第四爻仍不放慢腳步，很可能就要出大事了。所以這裡的「無咎」，和乾卦一樣，意指本來可能有咎，但經過調整修正，避開可能的錯誤，所以回到吉祥。

喘這一口氣，真的太重要，太關鍵了。

六五，田有禽，利執言，無咎。長子帥師，弟子輿尸，貞凶。

天底下沒有十全十美的計畫，也沒有得到所有人支持的目標，所以領導者只需掌握多數支持，即可付諸行動。想討好所有人，只會寸步難行。

「田」通「畋」（ㄊㄧㄢˊ），打獵的意思，也可以指獵區。「田有禽」就是打獵遇到獵物，此為吉象。「利執言」說法很多，主要有兩種。一是把「言」視為語助詞，沒有意義。「利執」就是利於擒獲。另一種說法，認為「執言」是「執訊」的意思，也就是抓到對方派來的偵查兵，審訊敵方情報。我比較贊同前者的說法。

我認為，「田有禽，利執言」類似於古人常說的「天予不取，反受其咎。」的意思。這句話常常出現在《史記》，也出現在《國語》，可見來源非常古老。所以「田有禽，利執言」可以解釋成，老天給你獵物，你就好好珍惜，好好捕獲，不要三心二意，下不了決定。如果三拖四拖，遲遲不行，老天就要降給你災禍了。這個意思也類似《黃帝四經》所說：「當斷不斷，反受其亂。」

「長子帥師，弟子輿尸」這依然是武王帶著父親文王的屍體一起出征的故事。「長子」指的是武王。「弟子」是武王的幾位弟弟。帶著文王屍體，四處向鄰邦控訴紂王無道，以此號召革命，這樣雖然可以助長聲勢，但機心太重，譎而不正，長久未必有利，所以說「貞凶」。

在這個地方，我們只能說，沒有什麼事是十全十美，毫無瑕疵的。武王帶著文王屍體出征，這件事或許不對，但他的革命，卻是順天應人，推動時代進步的偉大決定。所以前文「田有禽，利執言」，即是肯定他的革命決定。

上六，大君有命，開國承家，小人勿用。

「大君」是共主的意思。這裡應該是指文王或武王。「有命」是指獲得天命，取代商朝。「命」字我們在訟卦說過，這裡不重複了。「小人」一般是指平民，但這裡應該是指沒有支持伐商革命的人。整句話是說，武王以文王之名伐商，這是老天的旨令。支持的人，將來開國必有重賞。不支持的人，革命勝利之後，重新分封領土，絕對沒有他們的份。

附帶一提，因為《易經》的關係，日本德川幕府曾在外交文書上自稱「日本國大君」。如今日本民眾也仍以「大君」或「太君」之名尊稱天皇。

綜合來說，師卦面臨一個重大決定，雖然實力不足，困難重重，但還是硬著頭皮往前衝。這個卦注定要面臨巨大壓力，身心煎熬，而且無法在短時間之內結束。

作出師卦的戰鬥決定，需要極大的勇氣，而且在邁向目標的過程，需要極強的自律精神，也要承擔極大的壓力與痛苦。更重要的是，必須在痛苦中重生，汲取智慧，讓自己脫胎換骨，變成一個新人，展開全新氣象。

師卦是價值崩潰後的價值重建，這個過程的困難，簡直像是脫了一層皮。但我們的人生歷程，若不脫去一兩層皮，經過一兩次價值的崩潰與重建，又怎能邁向成熟呢？

08 比卦：因為你是「錦」，別人才會來「添花」

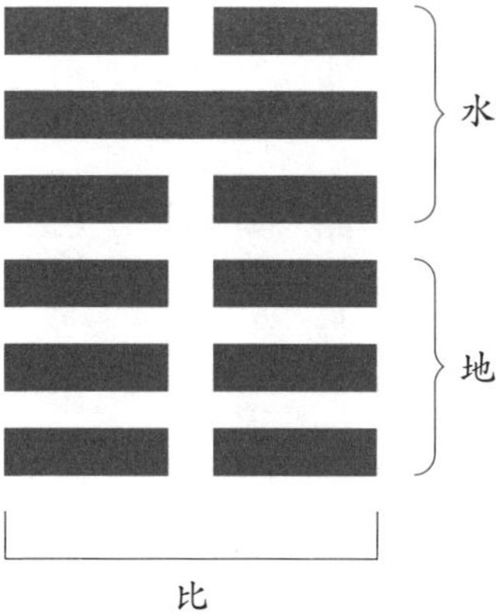

比，吉，原筮，元永貞，無咎。不寧方來，後夫凶。
初六，有孚，比之，無咎。有孚盈缶，終來有它，吉。
六二，比之自內，貞吉。
六三，比之匪人。
六四，外比之，貞吉。
九五，顯比，王用三驅，失前禽。邑人不誡，吉。
上六，比之無首，凶。

古人常說「師憂比樂」。因為師卦是在逆境中奮鬥，所以令人憂心的事情比較多。而比卦則是逆境轉為順境，即將取得勝利，所以各方都來錦上添花，一片歡樂景象。

「比」的甲骨文寫成「」，意指兩人靠在一起，並肩而行，也有親近的意思。另外，「從」的甲骨文寫成「」，意指一人跟從另一人，有順服的意思。兩字幾乎一模一樣，唯一不同只是方向相反。《荀子》裡有一句話說：「使天下莫不順比從服。」這裡的「順」、「比」、「從」、「服」四字，意義一樣，完全可以互通。

從歷史的角度來說，師卦代表武王決心推翻商紂，而比卦則代表武王的革命行動，漸漸取得優勢，獲得多數邦國的支持。因此，卦中的「比」字，若就四方邦國來說，是順從、輔助的意思。若就武王來說，則是號召與領導的意思。

《論語》中有一段膾炙人口的師生對話，孔子請學生各自抒發心中的志向，子路年紀較長，第一個發言，他說：「千乘之國，攝乎大國之間，加之以『師』旅，因之以饑饉，由也為之，『比』及三年，可使有勇，且知方也。」說完，孔子笑笑，不置可否。

我舉出這一條，因為文中有「師」也有「比」。子路的意思是說：一個小國，夾在兩個大國之間，經年打戰，糧食不足，不知如何是好，只要讓他治理，不出三年，不但人民能勇敢抵禦外侮，而且還能自動自發，完全知道自己的目標與任務。

子路的話，前面有「師」，表示情況危急，需要主政者不畏艱難，努力脫困，尋找勝利的方法。後面的「比」，則是需要三年時間，即可整合國人的力量，邁向成功。子路這一段話，無意間竟為師、比兩卦，做了另類的註解。

比，吉，原筮，元永貞，無咎。不寧方來，後夫凶。

比卦，一開始就是「吉」。因為該努力的師卦都努力了，等到比卦形勢一成，那就是收割的時間到了。

「原筮，元永貞」這一句很麻煩，各家解釋不同。我只介紹兩種。一是認為「原筮」如同蒙卦的「初筮」。意思是說，占者可能一路隨情勢變化，針對某事先後占得許多卦象，但第一次卜得的「原筮」，仍居主導地位，不可違背，若能持續安住在「原筮」的精神中，便可無咎。

二是「原」的本字寫成「邍」（ㄩㄢˊ）。這個複雜的「邍」字，本指在原野上打獵，後來打獵的意思不復存在，只留下原野的意思，所以字形也簡化成「原」。若照這個說法，「原筮」就是占卜打獵，而這個打獵主要是呼應師卦第五爻的「田有禽，利執言」。我們曾說「田有禽，利執言」，類似於「天予不取，反受其咎」的意思。老天給你獵物，要你去捕獲，你就要認真執行，把它當成老天給你的使命，不要懈怠。言下之意，商紂就是武王要去捕獲的獵物。所以這裡的「原筮」就是指討伐商紂。這個決定一旦下了，就必須徹底執行，堅持到最後，這樣就不會有過失。

「永貞」在《易經》裡共出現七次，其中有兩次是「利永貞」（坤卦與艮卦），兩次是「元永貞」（比卦與萃卦）。「元」是開始，或者整體的意思。「永」是永遠的意思。「貞」是貞定不移的意思。「利永貞」一語，通常是當事人並無充分的信心，所以用一個「利」字，鼓勵其堅持到底，後面會有好的結果。「元永貞」一語，表示當事人已經明白如此貞定不移的意義，所以只要提醒即可，不必再示之以「利」。

「不寧方來，後夫凶」的「方」是邦國、部落的意思。「不寧方」是指與我方立場不同的邦國，也就是支持商紂的邦國。「來」是指這些原先不順服的邦國，現在決定歸順我方了。「後夫凶」是說，早來歸順的邦國將有賞賜，若是猶豫不定，裹足不前，晚來的將受懲罰。「後」是指晚的意思。

整句卦辭的意思，就是肯定師卦堅持到底的決心。如果沒有師卦的奮鬥決心，也就沒有比卦的大好形勢了。師卦的第六爻，對結盟者誘之以利，但對不結盟者尚不敢赫之以威。如今形勢翻轉，比卦的勝利看來指日可得了，所以說話更加自信。此時已經不是各邦國歸不歸順的問題，而是如何懲罰太晚歸順的邦國的問題了。

這一句卦辭的精神，在於「元永貞」三字。「元」字加重了「永」字的意義。這句話要人永遠持守、貞定在最核心、最重要的價值上。這個價值，指的就是師卦艱苦卓絕的奮鬥精神。

在順境中堅持，誰都會；在逆境中堅持，則非常難得。所以比卦用「元永貞」三字，給予鼓勵，也給予極高的肯定。

附帶一提，《易經》中經常出現的「貞」字，我發覺它的意義相當於基督教禱告之後所說的「阿門」。因為「阿門」有「誠心誠意，堅持到底」的意思，與「貞」字的本義完全相符。人類的宗教性思維，竟然相似到這種地步，實在令人驚訝，也令人驚喜。

初六，有孚，比之，無咎。有孚盈缶，終來有它，吉。

「孚」字我們在需卦時解釋過。這個字擴大來看，可以展開成一套儒家親民愛民的仁政思想，縮小來看，則是得到他人信任的領導哲學。

孔子曾說自己的志向是：「老者安之，朋友信之，少者懷之。」也就是期許自己做任何事情時，都能讓老一輩的放心，讓平輩朋友信任，也讓晚輩覺得想效法學習。做好這三件事，平生宿願得償矣。

說到底，老一輩的放心是信任，年輕人的效法學習，也是信任，孔子說了三件事，其實仍是一回事，就是「信」而已。用《易經》的字眼，這個「信」就是「孚」。

「信」的力量非常可貴。孔子的志向就是希望運用「信」的力量，讓所有人都能安定而有秩序地共同生活。用儒家的話說，這叫做「德化」。用《易經》的話說，就是初爻的「有孚比之」、「有孚盈缶（ㄈㄡˇ）」。

社會有「信」，不同的資源才可能得到最好的整合。個人有「信」，才有能力把周邊的人與資源整合在一起。這就是為什麼古人認為「信」與領導力是同一件事的原因。

「盈」是滿的意思。「缶」是裝酒的瓦罈，肚大口小，也就是閩南語的「盎」（ㄤˋ）。「有孚盈缶」就是誠信周知、威名遠播，像酒從罈裡滿出來一樣。這裡用了修辭上的雙關技巧。因為酒多到滿出來，也暗示了結盟的飲酒儀式，正在盛大且熱烈地舉行。

「它」的甲骨文寫作「」，其實就是「蛇」的本字。古代生活與自然十分親近，所以常常遇到蛇，甚至被蛇咬傷，中毒喪命。於是，「蛇」在古代就成了意外的代名詞。「有它」就是有意外。「有它」在《易經》中除了比卦，還出現在大過、中孚兩卦，都是意外的意思。

「終來有它」有兩個解釋。一是說進行到最後，將出現意外之凶。一是說將出現超乎意料之外的吉象。兩說都可通。此處取後者的解釋。

整句爻辭是說：只要具足誠信、擁有威名，各地邦國都會前來結盟，朝這個方向努力不會有錯。等到結盟的人數越來越多，形勢便會翻轉，而且一旦翻轉，改變的規模與速度將會超乎預料，非常吉祥。

六二，比之自內，貞吉。

第一爻是確立努力的方向，第二爻則開始展開行動。什麼行動呢？就是先取得內部支持，團結革命力量，然後進一步聯絡親近的友邦，共謀革命大業。第二爻做到了這兩項工作，當然是吉象。

「內」可指一邦之內，也可以泛指原先已結盟的諸多邦國。

六三，比之匪人。

前兩爻把內部力量整合完畢，第三爻就開始向外爭取幫手了。第三爻的形勢，勝算已經超過五成，所以原先騎牆派的邦國，立刻見風轉舵，加入隊伍，謀取好處。這些人並無真實信仰，只是一班烏合之眾，看誰力量強，就依附在誰的麾下。革命的最後勝敗，絕不能寄託在這群人身上。這就是「比之匪人」。

烏合之眾可以壯大聲勢，卻不易指揮，甚至還會敗壞軍紀、拖累全軍。

六四，外比之，貞吉。

「外」是「內」的反面，指的是平常比較疏遠的邦國，或者與商紂關係較密切的邦國。要讓這些邦國加入革命，那就不是號召的問題，而是要動用實力去策反對方。如果原先親近商紂的邦國都被我方策反了，那商紂的倒台，也就指日可待了，這當然是吉象。

「形勢」的變化是一點一滴累積出來的。平常觀察不出來，但累積到一定數量，會突然出現轉折，速度快到讓大家不敢置信。我們讀比卦，要學會一件事，就是看懂自然變化的方式。這種變化，古人稱為「數」，有時也稱為「氣數」或「命數」。「數」一點一滴在變化，普通人沒感覺，但我們讀《易經》的人要有感覺。

「數」剛開始會有徵兆，而變化久了之後，局面會突然翻轉，讓人感到意外。此時，每個人都看明白局面了，但為時已晚，因為一旦新的「形勢」確立，之前的情況就回不去了。

人的努力，要用在翻轉出現之前。若等形勢確定，無論你再如何用力，調整的空間都非常有限了。

我們學習卜卦，其實是在了解「形勢」。人落在已成形或未成形的「形勢」之中，固然要順勢而行，但更重要是把精神往上一提，別讓形勢困住我們的精神。

只要精神一提，我們就翻身站在形勢的前面，此時，我們只要花一點力氣，即可讓形勢產生很大的調整。如果精神沉淪向下，那就落到形勢後面，只能接受現實，很難改變什麼了。

九五，顯比，王用三驅，失前禽。邑人不誡，吉。

「顯」的本義是頭上的裝飾，所以用「頁」為部首。「頁」就是「首」的意思。裝飾在頭上的東西，大家一眼就看到，所以就引申為著（ㄓㄜ）明、明顯、明亮的意思。「顯比」就是前景光明，形勢大好，所有邦國都高調地前來歸順。

「王用三驅」取自商湯打獵的典故，故事見於《呂氏春秋》與《史記》。話說商湯某日出遊，見獵人張網四面，向神明祝禱：「天上地下、四面八方的獵物，通通進來我的大網吧。」商湯認為這樣不好，沒給動物留餘地，於是去掉三面網，只留一面，並把祝文改成：「想左的去左邊，想右的去右邊，已經沒命的，才進來我的網吧。」諸侯看到這場面，大家都佩服不已。

「驅」是馬匹奔馳的意思。「王用三驅」就是三面用馬追逐獵物，隱含網開一面的意思。「失前禽」就是前方一面沒有張網，故意讓獵物有處可逃。

「邑人不誡」說法很多，一般認為「誡」是駭的意思。所以，「邑人不誡」就是各地居民不驚不駭，想歸順就歸順，不想歸順也沒關係。反正大局底定，等你認清現實後，早晚還是要選擇歸順。

這一爻和師卦第五爻一樣，都是以打獵作為「取天下」的比喻。

比卦上升到第五爻，功德圓滿了，天下咸服，威名蓋世，最後還網開一面，留下以德服人的太平餘韻，真不愧是以九五之陽來領導群陰的好卦啊！

上六，比之無首，凶。

「無首」在乾卦的用爻裡出現過，彼處以「群龍無首」為吉象，但是，這裡卻以「比之無首」為凶象。

為何有這個差別呢？因為乾卦六個爻都是陽爻，每一爻都充滿創造性，每一爻都可以獨當一面，適合在不同環境中輪流當家，所以「無首」反而利於靈活調度。比卦則只有一個孤陽，注定要領導群陰，無可推卸。走過第五爻後，這個孤陽的領導力就退位了，所以六爻變成「無首」，沒有人領導了。群陰失去領導，只能自亂陣腳，結果就是凶。

群陰無人領導，天下分崩離析，這個局面在周武王過世後沒多久就發生了。這就是歷史上的「管蔡之亂」，也稱「三監之亂」，最後由周公領兵，花了三年時間才平定此亂。

如果天下沒有人領導，那麼各方勢力就會占地為王，並且互相攻伐吞併。如果不想被吞併，那就要奮發自強，處變不驚，好好把自己的力量培養起來，這時，就是「小畜」卦出場的時機了。

09 小畜卦：不是社會太黑暗，是我們內心還沒發光

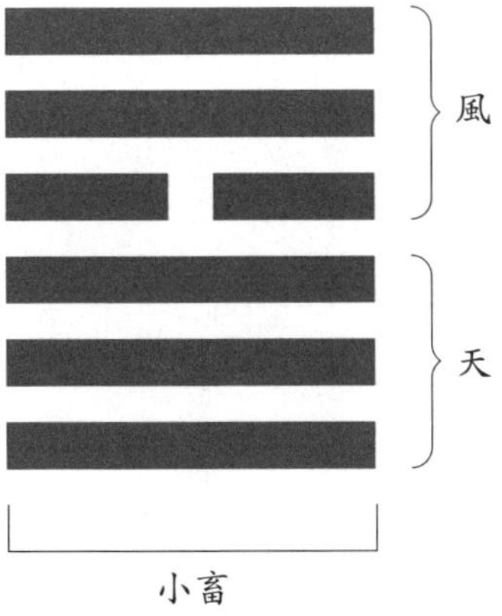

小畜，亨，密雲不雨，自我西郊。
初九，復自道，何其咎，吉。
九二，牽復，吉。
九三，輿說輻，夫妻反目。
六四，有孚，血去惕出，無咎。
九五，有孚攣如，富以其鄰。
上九，既雨既處，尚德載，婦貞厲。月幾望，君子征凶。

師卦是一個任重道遠的卦，既要調整自己，又要調整別人，還要凝聚大家對新秩序的共識。這三方面的調整，必須陸續完成，才算是成功的師卦。任何一方面沒做好，都會留下後患。

師卦出來重整秩序，這是好事，可是有一個問題要考慮，即師卦帶有明顯的人治特色。必須仰賴強勢的領導人來建立秩序。如果領導人缺少領導力，建立起來的秩序馬上隨之動搖。所謂「人存政舉，人亡政息」指的就是這件事。

武王伐紂成功之後，他的弟弟周公，就是看到這個問題的嚴重性，所以著手「制禮作樂」，想要沖淡人治色彩，建立「禮治」的客觀價值。

比卦接在師卦的後面，歸順於強者，鞏固了領導中心，解決了外在的無序狀態，可是比卦並沒有碰觸到內在價值信念問題。所以，師、比兩卦之吉，全賴明君賢相的領導力，卻並未建立普遍認同的客觀價值。當明君不在位時，天下又將陷入動盪。這就是比卦的第六爻，「比之無首，凶」的景況。

小畜卦的登場，就是針對師、比兩卦這一問題，重新尋找解決之道。

小畜卦是一個由外轉內，不再依傍他人權威過日子的卦。他要我們回歸本心，自立自強，尋找自我真實價值，以及物質上的獨立基礎。

從群體來說，小畜卦類似一九三〇年代哲學家梁漱溟推行的「鄉村自治」運動，或者歐洲中世紀的自由城市風潮。他們的基本想法，就是每個群體單位先把自己管好，每個單位都先制定自己的規則，守法守紀，等各種社會規範深入人心之後，再來整合成更大的國家組織。

蘇格拉底說：「未經反省的人生，不值得繼續過下去。」蘇格拉底所說的反省，並不是道德行為的檢討，而是指內心真實信仰的徹底清理。

如果我們一生不曾徹底懷疑過自己所行所思的正確性，不曾追問過內心好惡的真正根據，不曾認真看待自己想過什麼樣的生活，想做什麼樣的人，那我們就不曾真正地活過。

只有你的生命不再追隨眾人的好惡，真心回應生命的需求，並負責地做出選擇，這才是一個物質生命的人蛻變成精神生命的人的起點。

「畜」（ㄒㄩˋ）是累積的意思，等同「蓄」。「畜」也有「養」的意思。例如孟子批評不行仁政的國君，使人民「仰不足以事父母，俯不足以畜妻子」，這個「畜」就是養的意思。

「小畜」的小，指的是規模。為何規模很小呢？因為小畜追求自主自為，是回歸自我，為己不為人的事業，所以規模不必大。事實上，小畜卦的「小」，應該理解成向內凝聚，向內尋找力量。而「畜」則應該理解成內心長養出真實的信念。

小畜卦回歸自我，最終要拿兩件事自我考核：一是真實，一是價值。而且還要立志實踐，說到做到。這兩件事，說到底，其實也是一件事。因為真實與價值，必須同時呈現，如果只偏一邊，那就既不是真實，也不是價值了。

小畜，亨，密雲不雨，自我西郊。

「密雲不雨」是說雲很厚、很黑，卻沒有降下雨來。「自我西郊」是指這片雲的位置來自西邊郊野，而且正慢慢飄過來。

下雨對農耕民族是天大的喜訊，因為下雨代表農作物的蓬勃生長。

有一次我去北橫拉拉山，看見一塊大木牌，介紹計算神木年齡的方法。我們在中學生物課裡都學過，樹木的年齡寫在年輪上，一圈代表一年。可是，令我不解的是，年輪與年輪之間的距離有大有小，這代表什麼意思呢？恰好木牌有說明，解答了我長年的疑惑。原來這是每年雨量不同造成。雨水如同肥水，雨量多，樹木就長得快一點，年輪就顯得寬一些。雨量少，樹木就長得慢一點。這個例子充分說明雨量與農業的緊密關係。

「密雲」理應下雨，卻並未下雨，問題出在哪裡呢？我認為問題出在外部條件尚未具足。例如空氣溫度不夠低，或者空氣中的懸浮微粒太少等等。

小畜卦主張先把自己該做的事做好，也就是先努力完成內部條件的需要，至於外部條件的部分，那就靜待老天的安排了。

這如同一個人，做人做事都很努力，但始終不能成功，這表示他雖然努力完成自身內部該做的事，但外面的條件還無法具備，所以仍需要繼續堅持，耐心等待，靜候外部形勢的變化。

初九，復自道，何其咎，吉。

初九爻，百分之九十九的人，在大局中都不重要，隨時可以替換。但再怎麼不重要的人，只要出於生命的真心喜好，那怕做著一件微不足道的小事，也會形成一個不一樣的氣場，形成一個以他為中心的宇宙。

「復」是返回的意思。甲骨文寫成「」。上方的「」，代表城牆前後兩個大門。下方的「」，是把「止」字顛倒過來寫，代表回來的意思。「復」的本義是出城辦事，辦完事後又返回城中。也可以說是回到出發的地方，或者回到居住的地方。「自」是從的意思。「道」是道路。「復自道」就是踏上回程的道路，歸返居所。

小畜卦是個回到真實自我的過程，旅程的第一步，就是把向外的心收拾起來，反轉回頭，向內回到生命的安居之所。這樣迷途知返，充滿吉象，怎會錯呢？

電影《一代宗師》裡有個馬三的角色，他投靠日軍，師父點他，問他知不知「老猿掛印」一招的關竅在哪裡？

馬三說不知，師父就說是在「回頭」。馬三回答，師父平常教他「寧可一思進，莫在一思停」，是不是師父慢了？

這一幕頗值玩味。「寧可一思進，莫在一思停」是武家打拳的心訣。這句話的重點不在「進」，而在「速」，等同於兵法的「兵貴神速」。但如何做到「速」呢？關鍵在於「思」。就是不要東想西想，盤算推敲。因為心念越簡單，拳法越專一，速度就可以越快。馬三投靠日軍，其實是盤算推敲的結果，師父教他「回頭」，是勸他回歸簡單，回歸內在真實生命，也是回歸他自己的武藝修行。

後來馬三被宮二打敗，他終於領悟，其實不是師父慢了，反而是自己慢了。因為不能回歸簡單的人，最後都被自己卡住。越往前走，負擔越重，糾纏越多，速度也越慢，於是，更加拖不動沉重的腳步了。

九二，牽復，吉。

「牽」是牽引的意思。「牽復」是借助他人的力量，讓自己踏上返回之路。

在修行上，如果我們自己沒有力量，靠別人拉一把，提振一下力量，這也是很好的。

九三，輿說輻，夫妻反目。

「輿」是車子放置貨物的底板，也可以指全車。「輻」是車輪與車軸之間的支撐桿，也可以指輪子。「說」同「脫」。「輿說輻」就是車底板與車輪分開、脫落，無法載運貨物了。「反目」是眼睛背對著對方，意指吵架、不和的意思。

這一爻是說，夫妻不和，吵起架來，這如同一輛車，輪子與底板分家，那就什麼事都幹不成了。

「夫妻反目」象徵我們雖然回到內在價值，可是尚未找到價值的核心，所以仍有矛盾糾結。其中原因，主要是內心價值尚未經過清理，尚未檢討各方面的矛盾與分裂，以致各種價值無法整合，也無法產生合理的次序。

人心雖然從外在回歸內在，可是一時還找不到方向，充滿矛盾，既要魚，也捨不得熊掌，所以心裡打結，遲遲無法選擇，無法確定真正要走的道路。如果遲遲不做選擇，確立不了方向，那麼就要付出失去行動力的代價。

莎士比亞戲劇《哈姆雷特》裡有一句名言：「To be, or not to be, that is the question.」人在這樣選擇或那樣選擇之間，輾轉反側，自我懷疑，蹉跎時光，最後失去行動力，被命運拖著走，走向自我滅亡的悲劇。

六四，有孚，血去惕出，無咎。

「血去惕出」各書解釋不同，充滿爭議。大家要注意，《易經》每一卦、每一爻，都有許多不同解釋，而每一卦裡，又常有一兩處，爭議多到不行，根本找不到令人滿意的解答。遇到這種情況，我們先不要著急，暫時接受一個答案，然後把問題記在心上。等全卦通讀幾遍之後，我們再回頭重新檢視爭議，心平氣和地看看誰說的比較有道理。

我自己讀《易經》的時候，有一種秘密的樂趣，就是在各式各樣的說法中，把自己想像成聽訟的法官，衡量比較，最後裁判出我認為最合理的說法，把它寫在書頁空白處。這個讀書過程，其實就是一個清理的過程，把不要的東西剔除，最後整合出一個合理的解釋。沒有這個清理過程，我們幾乎沒有辦法讀《易經》了。讀書是這個道理，人生也是這個道理。

對「血去惕出」的解釋，一般認為「血」即是「恤」，憂慮的意思。「惕」在《易經》裡經常出現，是戒慎、憂懼的意思。合起來就是「憂去惕出」。但是，「憂去惕出」是什麼意思呢？是指「去除憂與惕」嗎？還是指

「去除憂慮之後，即可戒慎」？兩個講法都不通。我認為「血去惕出」應該是指放血治病。血放出來，令人憂懼的病就好轉了。

第三爻夫妻反目，表示內心矛盾無法解決。這一爻血去惕出，表示內在矛盾已經找到出口釋放，可以化解了。化解的關鍵是「有孚」。「孚」用在群體組織上，是信任感與領導力；用在個人，則是指心中有真實的價值，並且實踐力行。所以這一爻的意思是說，靠著真誠無偽，向內凝聚的力量，勇敢做出選擇，釋放內心的矛盾，這樣做出來的選擇不會有錯。

九五，有孚攣如，富以其鄰。

「攣」是牽連相繫的意思。「有孚攣如」是指雙方互信深厚，關係緊密。「富以其鄰」是指鄰居因互信深厚而合作交流，所以雙方都變得富有。

六四爻確立了內心的價值歸屬，完成回歸自我的修練，於是九五爻可以再一次向外開展，與周邊鄰近邦國往來，重新建立團體的規則與秩序。

上九，既雨既處，尚德載，婦貞厲。月幾望，君子征凶。

「既」是完畢、完成的意思。「處」是停止、停留的意思。「既雨既處」就是下了一陣雨，然後又停了。另一種說法是指小雨下下停停。兩種說法都可通。總之，這場雨下不大，也下不久，與大家對「密雲」的期待有落差。

「尚德載」的解釋也很麻煩。但我們先說另一件事，就是《易經》中出現的「道」與「德」，並不是「天道」、

「德行」的意思。《易經》的思想很樸素，比較多形象描述，比較少抽象概念。譬如「天道」、「德行」、「中和」這種高度抽象的概念，似乎不應出現在《易經》中。

我認為「尚」是猶的意思。例如我們說「尚可」，就是還可以的意思。「德」不是德行，是「得」字的假借。「載」是乘載的意思，但也有充滿的意思。例如《詩經》有「雨雪載塗」、「厥聲載路」的描述，都是充滿的意思。所以「尚德載」就是「尚得載」，意思是還可以加把勁，繼續努力，把事情做得更好、更圓滿。

「婦」是女子婚後的稱謂。「幾」是近的意思。「望」是滿月。「月幾望」是說快要滿月了。一說是已經滿月了。「君子」是指邦國的領導人，也可以泛指貴族。「征」是帶兵到外地作戰。

「婦貞厲，月幾望，君子征凶」的字面意思並不難，就是不利於婦人卜問之事，快滿月了，領導人帶兵出征很危險。問題是，「滿月」這個意象，究竟是意什麼呢？

「月幾望」一辭，在《易經》中一共出現三次。第一次是小畜第六爻。第二次是歸妹卦第五爻：「帝乙歸妹，其君之袂，不如其娣之袂良。月幾望，吉。」第三次就是中孚卦第四爻：「月幾望，馬匹亡，無咎。」這三次，一個得征凶，一個得吉，一個得無咎。似乎沒有一定的吉象或凶象。

我自己判斷，當古人看到月亮逐漸接近圓滿的時候，他們心中也會期待，自己的願望也能像月亮一樣，逐步接近於實現。

在小畜卦上，這個「願望」是指什麼呢？我想應該有三點。一是繼續保持目前不斷累積的狀況。二是適當的向外發展，但是不可操之過急，必須量力而為。三是內部要和諧，要有一致的目標，不要再發生「夫妻反目」

的情況了。

爻辭說「婦貞厲」，這是對堅持己見的婦人的告誡。「君子征凶」則是對急著向外展現實力，結果卻「呷緊弄破碗」的男人的告誡。「月幾望」則是希望事情都能夠得到圓滿的結果。

小畜卦的核心精神，是「回到內在的價值信念」，以及「自立自強，做好分內該做的事」。前者是信念，後者是實踐。這兩個工作，在第四爻時已大體完成。第五爻則進一步開展。而到了第六爻，則反轉陷落，變成「既雨既處」，雨一會兒下，一會兒停，好像有信念，但又毛毛躁躁，顯得不夠穩定。

小畜卦第六爻留有缺憾，必須再做調整。調整的重點在加強實踐信念的能力，並降低理想的浪漫成分。換句話說，就是不再強調內心真實，因為這種真實只有自己知道，無從考核。現在要改從形式嚴明的規範下手，要改從下苦工夫的方法、戒律、儀軌下手。這樣一轉向，就輪到履卦正式登場了。

10 履卦：每個人內心裡都有一隻野獸

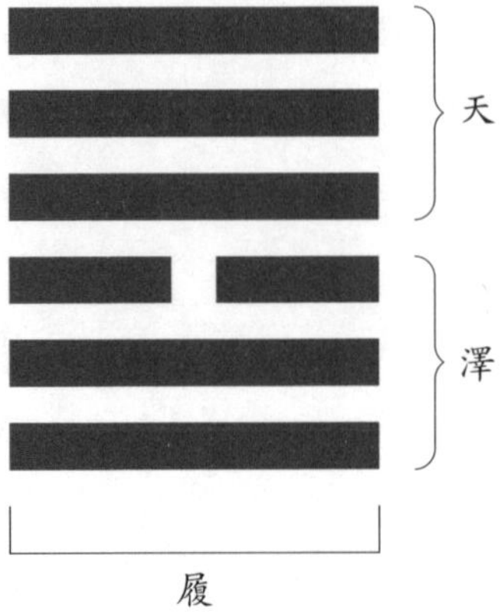

履，履虎尾，不咥人，亨。
初九，素履，往無咎。
九二，履道坦坦，幽人貞吉。
六三，眇能視，跛能履。履虎尾，咥人，凶。武人為于大君。
九四，履虎尾，愬愬，終吉。
九五，夬履，貞厲。
上九，視履考祥，其旋元吉。

如果我們仔細觀察自己，我們會發現，我們內心一百種欲望中，至少有一半是互相矛盾的，它們不可能同時實現。

例如你喜歡吃甜食和奶茶，又喜歡身材苗條，這就是互相矛盾的欲望。你希望同事尊敬你，但你又喜歡私下聊別人的八卦，這也是互相矛盾的事。你希望好好愛你的小孩，可是你把大部分時間給了工作，這也是矛盾。你想要養狗，可是卻沒有時間陪牠玩，這也是矛盾。

我們若正視所有欲望之間的矛盾，我們就被逼著要做出選擇，放下對某些欲望的執著。

什麼要？什麼不要？保留什麼？去除什麼？何者重要？何者不重要？這類的選擇在我們人生走到十字路口的時候，就必須有一個徹底的決斷。不能說謊，不能閃躲，不能模稜兩可。

這個決斷，就是我們內在欲望的大清理。從複雜邁向單純，從謊言邁向真實的第一步。

有了決斷，才能捨棄；有了捨棄，才能脫離矛盾。串在一起就是「斷、捨、離」的方法。面對欲望，生命要用決斷平息不安，用節制保持平衡，用知命回歸單純。

我們建構的欲望系統越大，其中的虛偽就會越多，矛盾與分裂就越嚴重，我們所要承受的痛苦與拉扯，也會沒完沒了。

不過，欲望並不是我們的敵人。只是，過多的欲望，或者充滿謊言的欲望，會讓我們自己與自己為敵。

「小畜」教我們的，就是看到眾多欲望之間充滿矛盾，無法同時實現，所以我們必須做出選擇，回到內在真實的狀態。但是，真實的狀態忽明忽滅，矛盾的心境不斷發生，怎麼辦呢？於是，接著小畜之後，便有履卦來切實下一番決斷的工夫。

履，履虎尾，不咥人，亨。

履卦，大步邁開步伐，帶著三分率真、七分敬意，勇敢前進。

「履」（ㄌㄩˇ）原來是行走、踩踏的意思。當名詞時，也有鞋子的意思。引申義是實踐、實行、踐履。例如《詩經》有「如臨深淵，如履薄冰」，坤卦有「履霜」。這兩個「履」，都是行走、踩踏的意思。又如《禮記》

有「處其位而不履其事則亂也」，這個「履」是實踐、實行的意思。「咥」（ㄉㄧㄝˊ）是咬、嚙的意思。至今西安一帶仍用這個字表示吃的意思。

整句卦辭是說，行走在老虎尾巴旁邊，因為非常謹慎，避免踩到老虎的尾巴，所以老虎沒有咬人，這樣很亨通。

大部分的書都把卦辭解釋為，踩到老虎尾巴，但老虎沒有咬人。這個解釋有點荒謬，我們不採用。

在老虎尾巴旁邊行走，雖然那條尾巴擺來擺去，但是我們非常謹慎，既沒有踩到尾巴，也沒有冒犯老虎，所以老虎沒有咬我們。這個過程有點「如臨深淵，如履薄冰」的味道。

如果你是老虎，你會希望別人踩你尾巴嗎？當然不會。所以我們走路時也不要去踩別人的尾巴。因為每個人被冒犯到一個程度之後，都會變成一隻老虎。

小畜卦追求內在的真實，履卦則要把這份真實，實踐到生活中，並且盡可能地擴大到與其他人的交往上。這個實踐過程，當然不能強制他人服從，否則又將踏入師卦的征戰漩渦。履卦所嚮往的規則，是基於共同的、更高的價值與利益，讓眾人自願遵守規範。從歷史上來說，這就是在「三監之亂」後，周公制禮作樂的大規畫。

履卦想實踐心中的理想，並希望這份理想被所有人接受。有一句話說，世界上有兩件事最難。一是把自己的想法塞到別人的腦子裡。二是把別人口袋裡的錢，放到自己的口袋中。履卦想要做的事情，接近於第一種。

如果行動只牽涉我們自己，只是個人的信念、個人的價值理想，那麼這是小畜卦的格局，相對容易實踐。但如果行動牽涉到他人，目標在於建立社會人群的共同價值理想，那麼這就屬於履卦的格局了。

每一項價值理想，都需要先從個人的實踐出發，再慢慢影響他人，最後變成社會的普遍價值。這個過程，不僅要有需卦對他人的「敬」與尊重，也要時時以身作則，嚴以律己、寬以待人，這樣才能建立一套受大家共同認可的規則。

履卦的實踐，是先從自己身上開始實踐，而不是先要求別人配合。不但如此，履卦的實踐還要避開對他人的冒犯與傷害，也就是不要踩到別人尾巴的實踐。

我念大學時，社團裡有位魏姓學姊，吃全素，而且很會烹調素食。每一次朋友聚餐，她都自帶兩盒便當，裝滿當日烹煮的素食，一盒自食，一盒分給大家吃。每次吃完，所有人都覺得她的素食比我們點的葷食還好吃。這位學姊從不勸人吃素，但潛移默化中，卻影響許多同學開始吃素。畢業後，這位學姊去嘉義香光寺出家，留了張字條給我，大意是「悲欣交集」，讓我至今十分懷念她。

她的實踐就是不干擾別人，順其自然而默默展現，但行為散發著幽香，令人嚮往。

如果是過去，履卦講到這裡，也就結束了。但自從李安拍了電影《少年Pi的奇幻漂流》（*Life of Pi*）之後，履卦就不能停在這裡，必須進一步再往下講。

電影裡有一隻叫理查．帕克（Richard Parker）的老虎，和少年一同在逃生艇上生活了幾個月，經歷各種艱難，最後人虎都上岸得救。我們很自然要問，為什麼老虎沒把少年吃掉？原因是少年一直避免踩老虎的尾巴嗎？

老虎是危險的，避開老虎尾巴是聰明的。但《少年Pi的奇幻漂流》裡頭講的，似乎比避開老虎尾巴還更進一步。少年先是逃避老虎，但是船體這麼小，實在避無可避。於是，他改採正面抵抗的策略，結果，他突然發現，只要餵飽老虎，其實自己就安全了。所以，他又改變策略，開始為自己和老虎捕魚，想不到，竟因此與老虎變成朋友。最後，面對巨浪，人虎互相支持對方，又度過各種難關，終於上岸獲救。

在電影中，老虎象徵人類內在的陰暗面，也象徵人類強大的欲望。這表示，生命天生就是危險的，因為每個人心中都隱藏了一隻兇猛的野獸。但是，即使是野獸，透過真誠實踐的履卦，我們仍然可以找到與野獸相處的方法。

我們的生命實踐，無法繞開這隻野獸，也不能殺死這隻野獸。我們只能找到一個方法，一輩子與牠和平相處，並在這隻野獸身上，得到力量，得到支持，也得到學習與教導。

履虎尾而無事，從這一面來說，就是我們降伏了欲望，找到與欲望和平相處的方法，不但不受欲望主宰，還能借力使力，讓欲望的力量，昇華為我們實踐人生理想的力量。

但是，該如何做到這種昇華呢？古人的方法是透過「禮」的約束，與「客觀秩序」的實踐，完成這種昇華。

如果人人有「禮」，社會秩序井然，人人皆可履虎尾而無事。因為「禮」不是禁止我們的欲望，而是要我們有秩序地、合理地、節制地滿足欲望。當我們有秩序地滿足欲望時，我們的生命也在秩序中緩步實現了自己。

換句話說，就是把個人的欲望交給「禮」的「大秩序」來統一安排，藉以避免欲望與欲望之間，或者人與人之間，陷入衝突競爭而自尋苦惱。

古人看明白了這一點，所以說：「履者，禮也。」把履卦的實踐等同於「禮」的實踐，目的是建立客觀的人間秩序，同時適度地承認欲望。

履卦的微妙，即在這實踐與欲望之間，既有對立矛盾，又需要互相支持，他們不即不離，同在一條船上，最後更要一同成就生命的意義。

最後把一個問題交給大家思考：想要成佛，發願修行，是不是欲望？

初九，素履，往無咎。

「素」是白色。通常不加任何裝飾的狀態都可稱為「素」，引申為樸實無華的意思。「素履」就是樸實無華的行動或作為。

通常第一、第二爻都有樸素單純的朝氣，對事物充滿新鮮感受，勇於冒險嘗試，所以多屬吉象。第三、四爻就開始世故了，東想西想，憂讒畏譏，所以常常卡住，進退不得。五、六爻就是因果兌現，該燒香的燒香、該吃飯的吃飯，該上天堂的上天堂、該下地獄的下地獄，好的壞的一起結算。

實踐真實的信念，一開始不要想太多，傻傻做下去，等將來遇到問題，走不下去，再來檢討改進。不要一開始就計較得失，精打細算。因為，行動比想像更穩當，更不容易出錯。

這一爻類似某球鞋的廣告，Just do it! 不要想太多，實踐就對了。但是，Just do it 的吉，只限第一爻，若是其他爻，因為遠離了 innocence（天真），環境也變複雜了，若還繼續 Just do it，那就有點不知輕重了。

九二，履道坦坦，幽人貞吉。

九二爻，世上最寬廣的兩條路，一叫「真誠」，一叫「率直」。在這兩條路上，我們可以四通八達，想去哪就去哪，暢行無阻。

《易經》的「道」，都是道路的意思，不是抽象的「天道」或「道德」的意思。「坦」是寬且平的意思。「幽」是隱、藏的意思。「幽人」是指被囚禁或被限制行動自由的人。

這句話是說，一個人若心中有志，有理想要實現，他的道路反而比其他人更加寬闊平坦。即使一時遇到挫折，受到限制，像個幽人一般，但長時間來看，並沒有什麼困難關得住真實的理想。

這兩爻都是要人先實踐，再來考慮困難。因為百分之八十的困難，都是我們設想出來的，在真正實踐的過程中，並不會發生。而在實踐中發生的困難，其實也可以透過實踐來解決。

有一部電影叫《刺激一九九五》（*The Shawshank Redemption*），裡面有一幕，描述主角因違規被關在獨居室裡兩周，放出來後，其他囚犯問他，獨居室裡是不是很難熬？他回答不會。其他人不信。他就說，因為我腦子裡有音樂，反覆播放著我喜歡的旋律，所以並不難熬。

履道之所以平坦，是因為一個知道自己要做什麼的人，心中自有優美的旋律陪伴，所以他不怕寂寞，也永遠會與周邊的人結下善緣。

六三，眇能視，跛能履。履虎尾，咥人，凶。武人為于大君。

「眇」（ㄇㄧˇㄠ）有兩個意思，一是少一個眼睛，一是眼睛太小。我們取前者的意思。「跛」是一腳不良於行。

「武人」指武夫、軍人。「武人為于大君」與「履虎尾，咥人」相同，就是武人把國君殺了，篡奪大君之位。

「眇能視，跛能履」在《易經》中出現兩次，另一處是歸妹卦。用在歸妹卦時，有鼓勵的意思，意指雖有缺陷，但總比不能視、不能行要好得多。此處用這兩句，沒有鼓勵的意思，而是強調情況特殊，必須全部做到好才能有成果，若只做一半，依然會以失敗收場。

整句話是說，眼睛有缺陷，雖然能看，卻看不清楚；腳有缺陷，雖然能走，卻走不遠。行走在老虎尾巴旁邊，若缺了心眼，不夠謹慎，就會被老虎吃掉，這很危險。就像國君駕馭不了軍人武將，最後反被軍人武將取而代之。

履卦的實踐，要求徹底，完全真實，不能打折扣，不能睜一隻眼閉一隻眼。例如你踩到老虎尾巴，被老虎咬了，你只能自認倒楣。你不能跟老虎說，因為只踩了牠一半的尾巴，情有可原，所以不該被咬。老虎是不會同情你的。履卦的精神就是要求徹底遵守規則，不可有任何差池。

履卦的危險，出現在三、四兩爻。第三爻應對得太草率，又瞎一眼，又跛一腳，顯然行動很隨便，所以馬上引來危險。這裡的老虎，就是指武人，也暗指三監之亂的歷史。國君與臣子之間，如果行事無禮，彼此又無共同相信的價值規範，其危險結果完全可以想像。

九四，履虎尾，愬愬，終吉。

「愬」（ㄙㄨˋ）是戒慎恐懼的樣子。《易經》裡這個意思的字非常多，例如「惕」、「恤」、「索」等。孔子曾說他喜歡和「臨事而懼」的人一起做事。這個「懼」也是戒慎恐懼的意思。其實，戒慎恐懼也等於是「敬」的意思了。

這句話是說，做事戒慎恐懼，嚴謹圓熟，就不會踩到老虎尾巴，這樣最後一定很吉祥。

我特別加上「圓熟」兩字，因為已經到了第四爻，閱歷豐富，所以他的「愬愬」應該已經變成一種謹慎周全的做事習慣，不再是心情上的恐懼，所以擔當得起「圓熟」二字。

九五，夬履，貞厲。

「夬」字的正式讀音是「ㄍㄨㄞˋ」，但在《易經》裡都讀成「ㄐㄩㄝˊ」。因為「夬」與「決」在古文裡可以互通，代表決斷或斷裂的意思。「夬履」是指獨斷獨行、剛愎自用。如此行事，很可能帶來危險的後果，所以說「貞厲」。

履卦的本義，其實是要人放下自我，接受客觀秩序的「禮」。然後在「禮」的帶領下，該做什麼就做什麼，循規蹈矩，戒慎恐懼，如此「由外而內」地進行身心鍛鍊，讓內在真實與外在規則秩序，逐漸融為一體，以此消除各種矛盾裂縫。

履卦應該遵守客觀規則，但是九五爻地位太尊貴，做事獨斷獨行，背離了禮的外在秩序，又放不下驕傲的身段，所以陷入危險，引來禍端。

這一爻是告誡君王不要獨斷獨行，不然也將失去對臣民的領導力。

上九，視履考祥，其旋元吉。

「視履」是一邊做一邊反省的意思。「考」是考查、核實。「祥」是仔細。「旋」是指從頭到尾，全部的意思。

整句話是說，一邊做，一邊詳細考核觀察有無需要調整修改的地方，從頭到尾都保持這樣的工作精神，結果會十分吉祥。

第五、六爻的情況完全相反。履卦講究服從客觀規則，而第五爻卻強調乾坤獨斷，所以陷入危險。第六爻以客觀規則自我約束，又時時反省修正，所以十分吉祥。

小畜卦追求主觀的內在真實，履卦追求客觀的外在規則，兩邊的努力都非常重要。所以，走完這兩卦的修練，身心內外不再矛盾阻礙，行動與目標一致，加上履卦第六爻的切實努力，所以下面要登場的就是功德圓滿的「泰卦」了。

11 泰卦：向帝乙學習當機立斷的智慧

泰，小往大來，吉，亨。

初九，拔茅茹，以其彙，征吉。

九二，包荒，用馮河，不遐遺。朋亡，得尚于中行。

九三，無平不陂，無往不復，艱貞，無咎。勿恤其孚，于食有福。

六四，翩翩，不富以其鄰，不戒以孚。

六五，帝乙歸妹，以祉元吉。

上六，城復于隍，勿用師。自邑告命，貞吝。

履卦第六爻的「視履考祥」，代表不斷反省檢討，不斷彌合內心與行為的落差，整個過程所下的工夫可謂精進圓滿。當我們如此清理內心，又把內心真實的信念落實於生活中，經過這樣的修行淬鍊，人的智慧必然提升至一個新的高度。

人的智慧若得到提升，這樣的功德比什麼都大。

智慧得到提升的人，他的所思所行皆比他人深入、穩定、真實。表現於外，則是一切行事效率比他人高出甚多，而其他人也會信賴他的領導。

所以，智慧得到提升的人，不必刻意去尋求資源，相反地，環境會自動調動資源，把資源分配到他的周邊。如同基督教《聖經》裡的一句話：「凡有的，還要加給他，叫他有餘；凡沒有的，連他所有的也要奪去。」用在人間，只有生命智慧增長這件事，與之吻合，當之無愧。

泰卦，就是生命智慧晉升一階之後，資源便向他匯聚，所以他做事亨通無礙，只出三分力，便可得到十分的功。

從乾、坤兩卦開始，一直到小畜與履卦，總共十卦，完成一個內在的發展週期。接下來的泰、否兩卦，是這個週期的總結。泰卦做出正面總結，代表之前的發展圓滿而成功，智慧得到提升，所以眼前道路亨通。否卦則是負面總結，代表之前的累積並不圓滿，結下許多惡緣，所以阻礙重重，需要重新反省調整。

在《易經》六十四卦中，每隔十幾卦，就有一次總結。十一、十二卦的泰、否是第一次總結，這相當於我們人生二十到三十歲。二十三、二十四卦的剝、復是第二次總結，這相當於我們人生三十到四十歲。三十五、三十六卦的晉、明夷是第三次總結，這相當於我們人生四十到五十歲。四十九、五十卦的革、鼎是第四次總結，這相當於我們人生五十到六十歲。六十三、六十四卦的既濟、未濟是第五次總結，這相當於我們人生六十歲以後。

泰，小往大來，吉，亨。

與他人感通，與外物感通，彼此交流，往來無礙，這就是泰卦。

「泰」有兩個意思，一是「大」，一是「通」。所以泰卦就是大通之卦。

泰卦的通，主要原因是小畜卦清理了內心的矛盾阻礙，再加上履卦實踐了客觀規則，所以既通己，也通人，如此內外兼通，故稱為大通。

通，不但是指沒有阻礙，而且還指容易得到回響。例如你想去看朋友，而這位朋友與你心有靈犀，也想來看你，結果你只走一半的路就遇上他了，這就是事半功倍。

其實，我們做事有一半以上的精力，是耗費在疏通他人的疑慮上，又有好多力氣要花在請求他人協助配合上。如果此事一開始就得到他人信任，而且願意主動配合，則完成一件事的效率，至少可以提升三、四倍。泰卦就是處在這種疑慮少而助力多的情形下。

我有一個朋友，在軍中服務，做事認真負責，很得同事與長官信任。別人的案子，總是進行不順利，溝通來溝通去，還是原地踏步。他的案子，很容易就獲得支持，而且各部門都願意主動幫忙。所以別人把力氣花在溝通上，他卻把力氣花在執行上，因而效率高、成果好。加上他為人謙虛，總不忘感謝他人，也不忘與同仁分享功勞，所以更加得到信任。這就是泰卦的典型例子。

卦辭說：「小往大來」。「往」是指付出，「來」是指收穫。付出一點，收穫很多。出力三分，功成十倍。這正是「大通」的效應。

泰卦一、二、三爻都是陽爻，且都是好爻，所以產生了一句吉祥話叫作「三羊開泰」。「羊」與「陽」諧音，表示泰卦三個陽爻，開創了大通的美好局面。

初九，拔茅茹，以其彙，征吉。

「茅」是白茅，有香味，常用於祭祀儀式。「茹」是茜草，根部可製成紅色染料。「彙」是種類的意思。這兩種植物可能是當時很重要的貿易商品，獲利頗豐，所以成就了泰卦。整句話是說，拔白茅或茜草時，如果它們都長在一起，那麼一手即可拔起數株，比一枝枝分別挑選拔取，既省力又有效率。「征吉」是指適合出兵遠征。

另一說，「茹」是根部相連的樣子。因為根部相連，所以拔一株可以相連拔起好幾株。這個說法也很合理。

泰卦的功效就是「小往大來」，不但「拔茅茹」可以省力建功，連「出兵遠征」也可以省力建功。這大概是雙方早有接觸，對方也有歸順的想法，因此「征」可以不戰而屈人之兵，軍威所到之處，無不望風披靡。

九二，包荒，用馮河，不遐遺。朋亡，得尚于中行。

這一爻的意思有點模糊，各家解釋都不一樣，非常麻煩。主流的解釋，充滿道德意味，把「包荒」解釋成包容汙穢，把「不遐遺」解釋成不遺忘遠方的朋友，把「朋亡」解釋成不結朋黨，把「中行」解釋成符合中道的行為。

我們說過，《易經》的文句不宜用抽象道德概念加以解釋，而應盡量視為現象的比喻性描述。那些抽象的概念可以視為後人的閱讀心得，但不能做為經文的解釋。

用現象的比喻來解釋此句，我認為「包」是包囊的意思，引申為包容、包納。「荒」是大或空的意思。「馮河」即「憑河」，涉水渡河的意思。「遐」是遠的意思。「遺」是忘、缺的意思。「朋」是貨幣單位。古人以貝為貨幣，五貝為一朋。《易經》損卦也有「益之十朋之龜」的說法。「尚」同「償」。

整句話是說，包囊夠大，帶的東西夠多，這樣才可以順利走到遠方。包囊夠大，留有空間，渡河時可以吹飽氣囊，繫在身上，保障安全。包囊夠大，攜帶的東西夠多，行走到很遠的地方，也不擔心物資欠缺。路途中失去的財物，不會平白失去，一樣可以在路程中賺取回來。

這一爻的言外之意，是指準備工作做得越周全，越容易獲得成功。

從前中學國文課本裡，有一篇〈為學一首示子侄〉的文章。內容大意是說，四川有兩個和尚，一個窮、一個富。有一天，窮和尚告訴富和尚，他想去南海普陀山朝拜觀音菩薩。富和尚聽了大笑，回應道，從四川到浙江，路途遙遠，我這麼有錢，準備了好幾年，都沒準備好，你那麼窮，憑什麼去呢？窮和尚說，我憑一個水瓶，外加一個化緣的缽就可以去了。富和尚聽了，更是嗤之以鼻。隔年，窮和尚從普陀山回來，又去拜訪富和尚，告訴他沿途見聞。富和尚聽得滿臉通紅，十分羞愧，無言以對。

看到這一爻，想起那個窮和尚，一瓶一缽，走遍天下，這才算是真正的大通境界啊！必須無牽無掛，不把困難當困難，這樣的人才能無入而不自得，去到哪裡都自由自在。所以，準備也不一定是物質上的準備，也是心態上的準備。

九三，無平不陂，無往不復，艱貞，無咎。勿恤其孚，于食有福。

環境沒有永遠的順境，也沒有永遠的逆境，但心態上卻可以堅守信念，永保樂觀。所謂「此心安處是吾家」，自己的心安了，鬼神也就跟著安了。心安是鬼神也無法給人的最大福佑。

「陂」（ㄆㄛ）是山坡、斜坡的意思。「恤」是憂的意思。「食」是飲食，也可以指食祿，或者引申為事業與成就。所以「于食有福」可以解釋成：對於事業與成就，也將得到好的結果。

全文的意思是說，再平坦的道路也有遇到上下坡的時候；一直向外冒險發展，總也有要回家的時候。不要被一時的困難打倒，堅持信念，不會有錯。不要憂慮，他人對你依然充滿信任，目前運勢十分亨通，心中追求的目標，不久即可達成。

前兩爻都非常順利，第三爻雖然開始遇到一點小困難，但亨通的格局未變，所以爻辭鼓勵人不要擔心，繼續前進，勝利就在前方。

成功的人，最怕的不是遇到困難，而是不曾遇到困難。因為，沒有阻礙的成功，沒有考驗的收穫，很容易在下一個困難中，就被淘汰出局了。

六四，翩翩，不富以其鄰，不戒以孚。

以為得到鬼神保佑，就不願付出努力，這種人最後總要遭到鬼神背棄。

「翩翩」原來是形容小鳥輕盈上下飛翔的樣子。這裡是指儀態不莊重，舉止輕浮。對古代貴族來說，言談舉止太過隨便，足以影響他的領導力，也會降低其他貴族對他的信任。《孟子》說「望之不似人君」，指的就是這樣的人。「戒」是憂懼的意思。

全文是說，行止輕浮，儀態隨便，這樣的君主很難得到他人的尊敬與信賴。如果不以此為戒，放任不改，更將受到鄰邦的輕視。如果與鄰邦關係不佳，彼此猜忌防犯，結果必然是雙方都無法富足獲益。

三、四兩爻多憂慮，多進退，代表人生淬鍊的過程。第三爻雖遇困難，但無礙大通格局。第四爻則自毀前程，失去他人的信任，也失去領導力，這是一大警訊，再不迅速糾正，局面就要反轉了。

六五，帝乙歸妹，以祉元吉。

「帝乙」是商紂王的父親。「歸」是出嫁。「妹」在這裡是指帝乙的妹妹或女兒。「祉」（ㄓˇ）是福祐的意思。「元吉」是大吉的意思。

《易經》有歸妹卦，原指貴族聯姻的媵（ㄧㄥˋ）妾陪嫁制度，但在此處，是指帝乙把妹妹或女兒嫁給文王。為什麼帝乙要和文王結為姻親呢？因為之前帝乙的父親殺了文王的父親，雙方結下仇怨，於是文王在帝乙繼位後，出兵伐商，雙方打成平手，所以帝乙決定用和親的方式，安撫周國，這才有這門政治婚姻。

《詩經》的〈大明〉篇裡有：「文王初載，天作之合。」以及「大邦有子，俔（ㄑㄧㄢˋ）天之妹。」「俔」是彷彿的意思。「天之妹」是指天上仙女的意思。可以做為此爻的旁證。

此爻的重點是，帝乙化干戈為玉帛，促成這門親事，而且為商周兩國帶來十幾年的和平。遺憾的是，這項婚姻很可能因為帝乙之妹不孕，最終失敗。商周兩國還是無法避免兵戎相見的結局。

這一爻的意思是說，商周兩國聯姻，出於帝乙的智慧與氣度，消除了第四爻的敵對疑慮，這樣的作法非常好，連神明也會給予祝福，保佑雙方吉祥。

這一爻在危險中成功地力挽狂瀾，翻轉凶險，所以十分吉祥。可惜，這門親事只成就了階段性任務，並未帶來恆久的和平。如果當年這門親事能生下子嗣，也許商朝歷史又將有新的轉機。

帝乙的果斷與智慧，無人能及。該戰就戰，無畏無懼，但交手之後，明白了對方實力，知道戰爭解決不了問題，於是態度馬上翻轉，果斷選擇化干戈為玉帛，結為親家，絲毫沒有面子上的顧慮。這種氣度，很值得現代的政治家與企業家學習。

上六，城復于隍，勿用師。自邑告命，貞吝。

「復」在這裡等同於「覆」，是傾覆、倒塌的意思。「隍」是護城河。所以「城隍」常常連用。「城復於隍」就是城牆年久失修，倒塌於護城河中。這個現象暗示人心離散，君王內政不修，已經失去領導力。此時若還要「用師」，對外出兵，絕對是危險的事。

「自邑告命」是指在城中宣布新的命令。什麼命令呢？爻辭沒有明示，估計不是動員民力修復城牆，就是徵調物資準備出征。

整修城牆是年年都該做的事，竟然等到倒塌才來整修，這表示君主孚信已失。即使現在緊急悔改，也無法挽回往日的孚信，所以說「貞吝」。

我有一次看棒球，投手連投三個壞球，打擊手心裡鬆懈，露出準備等四壞保送的樣子。沒想到投手隨後又給出兩個好球，這個轉變馬上讓打擊手心頭慌亂，於是，最後一球揮棒落空，三振出局。這個打擊手就是把前三個壞球當成常態，失去選球的積極性，最後在慌亂下隨便揮棒，所以遭到三振。這個下場，就是泰卦第四爻。

好球壞球如果交錯出現，打擊手並不會在最後一球喪失選球能力。正因為它是先三壞，而後兩好，才讓打擊者心情先過度鬆懈，然後又過度緊張，這樣劇烈的心情震盪，大部分人都很難維持平衡的判斷力。

泰卦先給出三個好爻，也常常讓人過度鬆懈，以致「不戒以孚」，最後看著大好局面迅速崩壞。

泰卦第六爻的「城復於隍」，代表內部不穩定，人心也渙散了。「用師」則代表外部有衝突。如此內外交迫的凶險局面，如何應對扭轉，如何轉危為安呢？這就是下一卦「否卦」要面對的困難了。

12 否卦：失敗經驗是人生重要的資產！

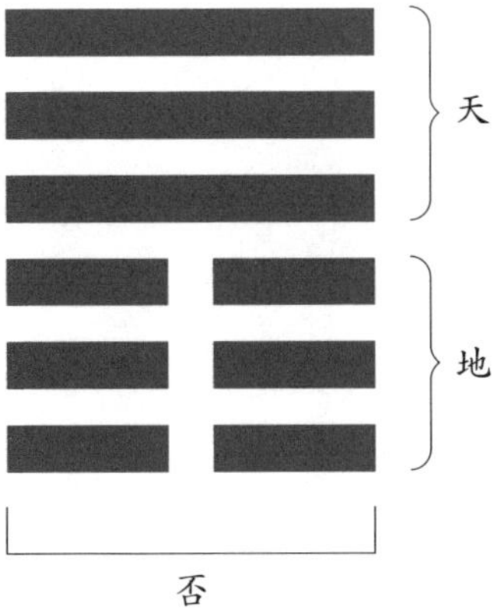

否，否之匪人，不利君子貞，大往小來。
初六，拔茅茹，以其彙，貞吉，亨。
六二，包承，小人吉，大人否，亨。
六三，包羞。
九四，有命，無咎，疇離祉。
九五，休否，大人吉。其亡其亡，繫于苞桑。
上九，傾否，先否後喜。

泰卦的好，讓人鬆懈怠惰，落入習性。否（ㄆㄧˇ）卦的壞，卻給浪子一次重新回頭的機會，讓他從跌倒的地方，再站起來。所以，泰卦說是好卦，卻也像壞卦。否卦說是壞卦，卻也像好卦。好與壞，吉與凶，說到底還是要由人的志向與行動來當下立判。

「否極泰來」是一句吉祥話，大家朗朗上口，說習慣了，就把泰卦當成非常好的卦，把否卦當成非常壞的卦。其實，泰卦沒有想像中那麼好，否卦也沒有想像中那麼壞。

泰卦的六爻，有兩爻很好，但仍有三爻吉中帶凶，以及一爻非常辛苦。如此的吉凶比例，只能得七十五分，不能說頂好。同樣的，否卦的六爻，大多吉凶參半，其中充滿鼓勵與希望，也壞不到哪裡去。

但為什麼泰卦沒那麼好呢？主要是它的好，容易讓人沉溺，反而失去開創的動力。泰卦的好是一目了然的好，沒有太多創造的空間。例如你中了獎券，得了一百萬元，這固然是件喜事，但是，好處一眼看盡，雖然令人羡慕，可是缺少餘韻，也沒有給人帶來什麼成長。

泰卦的大通，讓我們做事很順利，只需出一分力氣，即可得三分成果，這樣便利的事情，等我們習慣之後，就會視之為常態，於是養成我慢的習性。最後情勢一轉，第四爻露出凶象，我們應付不來，局面就立刻翻轉向下了。

我們常說「持盈保泰」，這句話的表面意思雖然是想保持盈泰，但是背後的意義則是勸人別被好日子慣壞了，即使連續三個好爻，仍要保持危機意識，防範突然出現的挑戰。有這樣戒慎恐懼之心，才能避免落入習性，超拔於吉凶之上，也才是「保泰」的關鍵。

人要提升智慧，第一件要務，就是不要落入習性。泰卦的不好，在於它一出手就給人太多甜頭，讓人陷入習性，無法自拔。如果說否卦好，那就是它一開始就讓人從習性中清醒過來。

中國南方的大湖漁民，通常都有一大一小兩種孔目的漁網。一般人覺得奇怪，為何需要兩種呢？通通用小孔目的漁網不就好了嗎？原來淡水魚雖多，習性卻只有兩種。一種是遇到危險時，拼命往前竄。另一種是遇到危險時，拼命往後退。對於前者，要用小目漁網，魚兒遇險，往前直衝，便被小目網孔卡住。對於後者，要用大目漁網，魚兒身體過了一半，感覺危險，拼命後退，反而被卡住。這就是魚的習性，無法更改。如果魚兒有智慧，懂得自我觀照，看破這層習性，遇到小目網便後退，遇到大目網便向前，那就可以避開死生吉凶的劫數。

這樣看來，人若能破除自己的習性，即使面對死生吉凶，亦可以扭轉乾坤。

所有無法更改或不願更改的習性，都是無明。人要增長智慧，首要衝破的無明，就是把自己從習性中超拔出來，不被它困住。如果人能從習性中掙脫出來，那麼不但可以得到真正的自由，也可以改變自己的命運。

否卦雖然不好，卻也不算太壞。至少，它的壞並非不能忍受，而且還都是壞在明處，不是壞在暗處。所以，遇到否卦時，應該如何調整，當事人心裡清清楚楚。問題只在能不能放下習性，有沒有決心徹底改變，絕沒有不知從何下手的問題。

泰卦失敗了，向下墮落，這就成為否卦。否卦經此一敗，固然免不了挫折受傷，但整個人卻因此清醒了，知道福報終有用盡的一天，環境的順逆也絕非不可改變。這種教育，也是人生非常寶貴的一課。

尼采說，關乎人生成敗的重大錯誤，乃生命之必需。

沒有犯過重大錯誤的好學生，恐怕是因為膽怯，而不是因為傑出才如此吧！一個犯過錯，又親自收拾後果的人，顯然比從不犯錯的人，更加成熟，也更有生命力量。張愛玲說，成名要趁早。我則覺得，犯錯要趁早。年輕時犯錯，這是資產，老了才犯錯，那就是負債了。

否，否之匪人，不利君子貞，大往小來。

否卦是別人不理解你，而你也不理解別人。

「否」是閉塞不通的意思。為什麼閉塞不通呢？因為你的心中沒有對方，而對方的心中也沒有你，所以雙方就無法相通了。更壞一點的情況是，你否定了對方，認為對方沒價值，而對方在不受你重視的情形下，也決定以眼還眼，讓你的價值無法實現。

泰卦是所有資源聚集在你旁邊，否卦是所有資源被遠遠地擋在外面，怎麼都靠近不了你。為何有這樣的差別呢？因為泰卦讓對方覺得自我價值得到提升，否卦則讓對方覺得自我價值被貶抑。

卜到否卦的人會覺得，自己對事不對人，沒有否定對方，只是否定對方作事的方法。這個辯解，正應了「否之匪人」的意思。因為對方跟你並無足夠的互信，無論你是對事還是對人，都會引起對方的不滿。當你一廂情願地只考慮自己時，一群負面力量正逐漸團結在一起，準備跟你對抗到底。

初六，拔茅茹，以其彙，貞吉，亨。

否卦第一爻，與泰卦第一爻，都用「拔茅茹，以其彙」的意象，但兩處的引申意義略有不同。泰卦的下三爻都是陽爻，我們說「三陽開泰」，屬於創造進取的一類。三個正面的力量聚集，做事省力而多功。否卦的下三爻都是陰爻，等於是「三陰開否」，屬於消極被動，需要被管理的一類。三個負面力量聚集，若能把握時機，不讓它們形成氣候，一次徹底清除，這也是事半功倍的好事，所以「貞吉」且「亨」。

從前有一部電影十分轟動且賣座，叫做《駭客任務》（*The Matrix*），主角是基努李維。片中描述，覺醒的人類是複雜母體程式裡的BUG。這個BUG不時出現，難以徹底清除，於是程式設計師想出一個好辦法，就是製造一個救世主的神話，吸引所有的BUG，讓他們慢慢聚集在一起，然後母體便可以每隔一段時間，非常有效率地將他們一舉消滅。不過，消滅之餘，還要留下少數幾個人，讓這個救世主神話能夠繼續傳承下去。這種一舉消滅的設計，差不多就是否卦第一爻的狀況。

否卦閉塞不通，照理不會有「亨」，但因為第一爻的負面力量尚小，還未形成氣候，屬於小奸小惡之流，容易統一管理導正，所以得「亨」。

《易經》的吉凶，大部分是看人有沒有當機立斷。負面力量尚未集結完畢，這是最好的治理機會，當機則吉，誤機則凶。等到負面力量集結成功，形成一股勢力，此時再想治理，難度就非常大了。

六二，包承，小人吉，大人否，亨。

承認現實，能屈能伸，才是大丈夫的作為。英雄在嶄露頭角之前，都是在市井中，與下層社會打成一片。因為在最卑微的地方，才能接受最紮實的人生教育。

第二爻領導整個下卦，位居三陰的統領，是負面力量最集中，也最強盛的地方。遇到這一爻，應該知道「人在屋簷下，不得不低頭」的道理，也應明白「強龍不壓地頭蛇」的現實秩序。

「包承」的解釋非常多，讓人很為難，也很迷惑。「包」自然還是包覆、包裹、包容、包納的意思。「承」主要有三種解釋。一是奉承。指小人包藏禍心，逢迎奉承上位者。二是承受、承擔。指君子承擔責任，繼續在逆境中努力奮進。三是通「脀」（ㄓㄥ），指在祭祀中使用的生豬肉，祭祀結束後，這種生豬肉只適合餽贈給下層庶民，不能餽贈給上層貴族。

勉強選擇，我會選第二個，承受、承擔的意思。承擔什麼呢？就是承擔錯誤的責任、教訓與報應。因為第二爻的負面效應最強，君子要勇於承擔，頂住責難，才能顯示悔悟的決心，重拾眾人對他的孚信。

「小人吉」是指，小人（下位者）在君子的承擔與庇護下，可以得到吉祥。「大人否，亨」是說，領導者承擔責任，虛心接受責罰，固然委屈，但是長遠來看卻是重新獲得信任最好的做法。

由這裡看來，否卦的真正目的，是把為德不卒的泰卦，重新淬鍊，使其圓滿。所以，真正泰卦，是要先經歷一次否卦，跌落谷底，再重新翻轉向上，如此的泰，才是真正亨通之泰。

這一層意思，應該適用於全部的六十四卦。例如乾、坤二卦，如果沒有經歷坤卦，乾卦即無法真正成熟。反過來說，沒有經歷乾卦，坤卦也不得圓滿。

人是過了四十歲之後，才知道沒有經歷「見山不是山」的過程，就無法知道「山」的真正面目。

六三，包羞。

「羞」有兩種解釋。一是當作羞恥，指接納一切痛苦、羞辱、悔恨。一是當作饈，指餽贈給貴族的熟肉。

如果取第一個解釋，那就是除了以理性的態度承擔第二爻的非難、責罰之外，還要進一步在情感上表達羞愧、後悔的意思。如果取第二個解釋，那就有點雨過天青的味道，表示與貴族重新建立信任關係，並獲得對方的接納。兩個意思都說得通，但我傾向第一個意思。

既然決心承擔到底，那就不該再顧慮面子問題，也不該有彎不下腰的情況了。

我在台中念大學時，當時台中市市長是林柏榕，在爭取連任失利後，別人都為他惋惜，以為他的政治生命結束了。想不到，他卸任後，反而更加勤跑基層，組織全市里長聯誼會，讓大家另眼相看。林先生以自己的政治資源幫各派系里長解決問題，有些人便開玩笑說他是地下市長。四年後，他重振旗鼓，獲得各方支持，順利贏得市長選舉，之後又順利連任，成為唯一一位擔任十二年的市長。這就是完全放下身段，謙恭待人，最後重拾孚信的例子。

九四，有命，無咎，疇離祉。

「命」是天命。這個觀念對周朝人來說，非常重要。周朝取代商朝，需要一個強而有力的理由，讓天下人認同，這個理由，便是「天命」。這個「天命」本來屬於商朝，但是商朝治理天下，人民怨聲載道，老天也不喜歡，而周朝的做事風格，得到人民與老天信任，所以老天決定把「天命」交給周朝。意思就是，周朝是奉老天的命令來領導天下，重建天下的樣貌。周朝是「得天命」，而商朝則是「失天命」。

我們說否卦是浪子回頭，現在走到第四爻，劫數歷盡，可以重回原位了。這有點像孫悟空把唐僧送到西天取經，完成老天交付的任務後，他頭上的金箍也就脫落了。

人生的最大功課就是「知命」，接著是「認命」，然後就是努力實踐自己的「使命」。「認命」不是消極地接受命運安排，而是積極認取「使命」，並努力實踐「使命」。「認命」是我們把「使命」認取下來，承擔下來，這樣我們才願意老老實實經歷前面那三個辛苦的爻。

「疇」是類的意思。「離」有兩個意思，一是依附，一是遭逢的意思。兩個意思都可通。「祉」是福祐。合起來是說，老天會降福給領受天命的這類人。換句話說，你領受什麼使命，實踐什麼使命，老天自然會給你相應的福報。

當我真的發心想好好講《易經》的時候，就有人來找我開課。當我真的發心想開一間私塾時，就有許多學生願意來幫忙。當我認真租下一間教室來當講堂時，學生人數又自然增加了。整個過程，我感覺自己一路在「認命」。

人若找到他自己該走的道路，那麼從內心上說，他時時都在學習、歷練與成長。從際遇上來說，老天一定會降下福報，在需要的時候，調動因緣來幫忙。

孟子有「天將降大任於斯人也」的說法，好像要吃很多苦，才能承接「使命」。其實不是這樣的。當我們在做「使命」的事時，也許別人覺得我們很辛苦，但我們自己並不會覺得那麼辛苦，而且還常常感到苦中有甘。必須是這樣，我們才能承擔起這份使命。

九五，休否，大人吉。其亡其亡，繫于苞桑。

「休」有兩個意思：一是停止的意思，一是善的意思。若按照第一個意思，「休否」是指閉塞不通的狀態已經停止了。按照第二個意思，「休否」是指逆境雖然不好，但換個角度看，它也可以讓人產生居安思危的好影響。兩個說法都可通。「大人吉」是君子可以重回領導地位，受到他人信任，所以吉祥。

「其亡其亡，繫於苞桑」上下押韻，可能是古代的詩歌。「其亡其亡」就是危險啊！危險啊！「苞」的解釋很多，主要有三種：一說是樹根，一說是匏瓜，一說是附在桑樹上的苞草。勉強選擇，我傾向選第二個。「桑」是桑樹。

合在一起，這一句的意思是：要掉下來了！危險啊！那麼大的瓜，綁在那麼細的桑樹枝上，隨時都可能掉下來。

上九，傾否，先否後喜。

「傾」是頃刻，表示時間不長。「先否後喜」是說短暫的閉塞不通，沒有大礙，疏通之後，峰迴路轉，前景一片大好。換句話說就是，大事已經解決，剩下來的小困難，不足為害，頃刻過後，即有喜樂到來。

否卦經歷閉塞不順，忍受痛苦羞辱，但最後重回正途，找到「正命」，獲得福祐，這真是一趟難得的成長歷程。

傳統上把泰、否一分為二，看成對立的好、壞兩卦，這個看法實在膚淺。泰、否的對立，其實是為了相輔相成。因為沒經過否卦的考驗，沒有一段浪子回頭，泰卦就存有缺憾，無法以圓滿收場。

泰卦的順境，容易累積習氣與業力；否卦的逆境，反倒可以清洗習性與業力。所以，人類歷史上沒有長久不衰的帝國，因為，富強的國家容易累積習氣與業力，時間一久，業力兌現，國力便反轉直下了。復興之道，就是否卦，在困境中清洗習性與業力，並提升智慧。等到還清業力，提升智慧之後，即可再造盛世，重建文明。

如今泰、否兩卦合德了，於是，下一卦，就輪到「同人」登場了。

13 同人卦：人生最快樂的事，是找到一群志同道合的朋友，然後一起成就有意義的志業

同人，同人于野，亨。利涉大川，利君子貞。
初九，同人于門，無咎。
六二，同人于宗，吝。
九三，伏戎于莽，升其高陵，三歲不興。
九四，乘其墉，弗克攻，吉。
九五，同人，先號咷而後笑，大師克相遇。
上九，同人于郊，無悔。

「同人」這個名詞大家應該很熟習。因為受日本流行文化的影響，大家已習慣把非商業性的藝術創造群體，稱為「同人」，並且把他們出版的小眾刊物稱為「同人誌」。例如cosplay、小眾動漫、電子音樂，或者各種另類創作，都有同人刊物發行。可惜，大部分人不知道這個詞彙來自《易經》。

這表示《易經》裡的語言，在日本仍然是新詞彙的取材寶庫，依然保持年輕的活力。但是，在我們的語言裡，《易經》已經死了，或者老了、陳腐了。因為，我們這一代人並沒有能力從《易經》的語言裡提取新的文化養分。

「同」包含兩個意思：一是等同、相同，一是聚集的意思。所以「同人」就是指，一群志同道合的人相聚在一起。

我順道岔題談一件事，就是「同」這個字的母音「ㄨㄥ」。這是一個很奇妙的發音，充滿智慧與能量。當我們發這個音時，身體會在橫膈膜上面，以及膻中穴附近，產生很大的震動。用脈輪的觀念來說，震動的位置大約在心輪附近。也就是說，這個字的能量，可以把我們從個別的好惡，提升到無私的大愛。同時，大家也可仔細感受，若發音偏向ㄥ時，共振位置會提高，甚至會進入頭部。若發音偏向ㄨ時，共振位置則會下降，往腹部的方向走。

在中文裡，有「ㄨㄥ」這個音的字，意思都特別好，也特別有能量。例如「公」、「空」、「通」、「宗」、「中」、「龍」、「鬆」、「聰」、「榮」等等。這些「ㄨㄥ」音的中文字，也常常帶有宗教的神聖意義。

密宗六字箴言的「唵嘛呢叭咪吽」，裡面第一個字「唵」，與最後一字「吽」，都是「ㄨㄥ」音。六字箴言是觀世音菩薩的願力結晶，「唵」字代表智慧，「吽」字代表慈悲。六字箴言以「ㄨㄥ」音開始，也以「ㄨㄥ」音結束，這並非偶然，而是符合了能量的自然規律。

同人，同人于野，亨。利涉大川，利君子貞。

人生有三件最美好的事：一是擁有一個遠大的理想；二是結合一群志同道合的朋友為此理想而共同奮鬥；三是經過一番艱苦奮鬥，最後實現了這個理想。在這三件事中，只要參與其中兩者，就可不枉此生了。

「同人」的出發點，是想結交朋友，而且結交的對象必須與自己有相似的價值追求與理想。如果結交朋友是為了現實利害或權力，那就成了「比」卦，而不是「同人」卦了。

「同人」卦渴望擁有精神層面的創造性，以及基於此創造性所表現出來的獨特價值。可惜，他們所標榜的價值，只能打動少數人，無法得到普遍的認同，所以他們非常重視同伴的關係，非常團結，也具有犧牲奉獻的精神。

「野」，是離城較遠的地方。古代人的生活空間，以城牆內的城市為中心，有城牆則可稱為「國」。城內是政治、宗教與商業的活動場所。城外是「田」，分布著許多村落。田地之外稱為「野」，人煙稀少，間或從事放牧、漁獵活動。

《尚書》裡說，武王與紂王戰於「商郊牧野」，後來歷史就稱這場戰役為「牧野之戰」。其實，牧野並不是地名，而是指未經開墾，用來放牧牛羊的野地。如果經過開墾，那就是「田」地了。

除了「野」之外，古人還有「郊」的觀念。有人認為「郊」在「野」之外，也有人認為「野」在「郊」之外，莫衷一是。其實，依照《說文》：「距國百里為郊。」由此可知，「郊」是距離的概念，指距離都城較遠的地方。而「野」則是指未經開墾的地方。兩者指涉不同，可以重疊使用，也可以區別對待。

《論語》裡有一句話：「先進于禮樂，野人也。後進于禮樂，君子也。如用之，則吾從先進。」這句話大意是說，從前人學禮樂，像鄉下人一樣，雖然形式不夠講究，但用心真誠，非常樸質。到了後來，學禮樂的人，形式非常講究，的確像個君子，可惜文勝於質，失去從前那份樸質之情了。如果讓孔子來掌管禮樂，他寧可犧牲部分形式，多保留一點可貴的樸質。

「野人」不是野蠻人，而是指沒見過世面，樸素而真實的人。「同人於野」，表面意思是在人群稀少的野地裡尋找知音，隱含著志同道合的人不易尋找的意思。不過，如果用《論語》的「野」字來理解，我們也可以感受到，「同人」不喜歡太過形式性的東西，因為他們嚮往理想而質樸的真情，「同人」要以這片真情與對的人惺惺相惜。

志同道合的相聚，可以彼此信任，更可以一起冒險犯難，完成遠大的理想。所以說「亨」、「利涉大川」。又因為懷抱真心，不為私利謀算，適合君子以誠信相待，所以說「利君子貞」。

初九，同人于門，無咎。

「同人」要尋找志同道合的朋友，剛開始，自然是從身邊親近的人找起。「門」是指家門。在家門內找，只能找到同血緣的兄弟姊妹，人數雖然不多，但是朝夕相處，情感深厚，所以凝聚力非常強。

只不過，與太親近的人在一起，「信任」固然沒問題，但要進一步實現理想，這就有一點困難了。

「理想」通常是要離開日常，離開自己熟悉的環境，走向遠方，經歷一個全新的世界。但是，長期與過於親近的人相處，很容易陷入濃膩的情感中，不能脫身。譬如《紅樓夢》裡的賈寶玉，與府內一幫男女相處，雖然成立詩社，發揮才情，但終究是把生命消耗在愛欲永無休止的糾纏生滅中。

生命沾黏在濃厚的感情中，往好處說是活在當下，往壞處說是困在當下。是活？是困？最後要從有沒有出路來判斷。如果生命沒有向上提升的道路可走了，那就是困在當下。如果還能繼續向上提升智慧，那就是活在當下。

寶玉絕頂聰明，但智慧無處可施，他總是停在一個地方打轉。表面上纏綿悱惻，情感豐富，實則是一副困在籠中扭曲掙扎的姿態。

又例如《水滸傳》裡的血性兄弟，表面上起伏轉折，大風大浪，充滿奇趣，其實一百多個好漢，生命大多沒有出路，他們也像陀螺般打轉，只能在兄弟情義上繞圈圈，跟寶玉是同一種命運。

生命要提升智慧，有時候不能在情感上太沾黏。該放手就要放手，該離開就要離開。

這一爻親其所親，當然沒有錯。怕的是沾黏太過，糾纏太深，反成了限制生命的牢籠，那就可惜了。

六二，同人于宗，吝。

「宗」是指宗族，就是同姓氏的親族，範圍比同門的家族要大十幾倍。照道理說，範圍擴大，這是好事，為什麼會得到「吝」的結果呢？「吝」就是處處施展不開，導致吉象逐漸消失，凶象慢慢增加。也可說是形勢轉向了，阻力變多了。

從「門」到「宗」，範圍是擴大了，可是規矩也變多了。家門內的規矩，大家可以互相包容，也可以不講究形式。可是，宗族的規矩，那就不可能太隨便了。「同人」想以志向結交朋友，走進宗族裡，卻發現這裡尊卑長幼的規矩多如牛毛，讓人敬而遠之。

這一爻的同人，有一種朝「內捲式」發展的趨勢，所以得「吝」。

九三，伏戎于莽，升其高陵，三歲不興。

前兩爻是尋找志同道合的朋友，第三爻則是一群人組織在一起，建立自己的理想國度。但是，向心力越強，排他性也越強。過度「內捲式」的發展，結果一定會阻礙與對外的交往，最後與外人相互猜忌，甚至導致兵戎相向的結果。

「戎」是指軍隊。「莽」是野草。「伏戎於莽」就是軍隊埋伏於草叢中，伺機而動。「陵」是高地。「升其高陵」就是登上高地，勘查敵情。「興」是起的意思。「三歲不興」有兩種說法。一是三年不動干戈，不起兵禍。一是三年無法發展，無法興旺。兩說皆可通，但我傾向採用第二個意思。

「同人」是小群體的自我認同，希望自由自在，不受他人干擾，甚至視外人為異類，採取敵視態度。「同人」為了確保自身價值的純粹化，常常對他人抱持提防猜忌之心，於是有「伏戎於莽」、「升其高陵」等防範舉動。但是，過於防範他人，過度壁壘分明，一定不利於發展，久而久之，競爭力必然逐漸衰弱。

九四，乘其墉，弗克攻，吉。

「墉」（ㄩㄥ）是城牆的意思。「乘其墉」延續第三爻的防範舉動。此時，敵軍大舉來犯，我軍無力在郊野抵抗，因此退回城中，守在牆上，與其對峙。「弗」是否定的意思。「克」是能的意思。「弗克功」就是堅守城牆，使敵軍不能勝攻。

第三爻是提高戒心，保持警覺。第四爻則是發生衝突，真刀實槍地開幹。「同人」的偉大情感，就是要守住陣線，團結一心，讓敵人無法越雷池一步。

「弗克攻」也有其他說法，例如很多人認為，此爻的主體是敵軍，我軍是進攻的一方。「乘其墉」是指我軍登上敵軍城牆。「弗克」是一時攻不下來。「攻吉」是繼續增兵攻打則吉。這個說法雖然也可通，但是，沒有顧及「同人」的本性在守而不在攻，所以我們不取。

九五，同人，先號咷而後笑，大師克相遇。

「號咷」（ㄏㄠˊ ㄊㄠˊ）就是嚎啕，大哭的樣子。「大師」即大軍，這裡是指援軍。「克」在這裡是抵達的意思。

整句話是說，孤軍守圍城，雖然全力抵抗，但是敵眾我寡，漸漸失去勝算，正當號啕失望之際，援軍即時趕到，於是軍心大振，破涕為笑，又搶回勝利的果實。

第五爻可以說是千鈞一髮啊！原以為無望了，竟然意外獲得友軍相助，終於反敗為勝。這一爻的「同人」，既明白朋友的可貴，也明白壁壘分明的猜忌提防並不可取，所以，他們將來應該會多方與外邦結盟，經常保持往來，不再孤芳自賞了。

上九，同人于郊，無悔。

經過一場大戰，付出慘烈的犧牲之後，此時，志同道合的人，應該比過去更少了吧！「同人於郊」的「郊」是人煙稀少的地方，所以此句應該是象徵同道之人已凋零寥落。其次，「郊」之外即是他國，所以「同人於郊」也有向外結盟，與向外建立新關係的意思。

經過戰鬥之後，「同人」的理想不再孤芳自賞，而是被淬鍊得更加成熟、更加圓融，也更具實踐性。這時的「同人」，不再堅持自己想像出來的理想價值，恐怕也要開始思考，如何融入一個大家都接受的理想價值。

「無悔」可以指無悔於之前為堅持理想而付出的犧牲，也可以指追求多數人可以接受的理想，才可以避免悔恨之事發生。

《易經》的「無悔」，通常是指原本可能有「悔」，但經過反省與改正，便避免了可能發生的悔憾之事。

電影《一代宗師》裡，宮二小姐有句台詞：「說人生無悔，都是賭氣的話。」

的確，沒能與天地、與眾生相見，得到無盡時空的永恆祝福，人生都是有憾的。忍住遺憾，硬說無悔，那就是賭氣。

不過，同人卦第六爻的「無悔」並不是賭氣。經歷戰亂，從生死存亡的邊緣走過，所以明白什麼是比生命更重要的東西。

所以，「無怨無悔」這種話是不能隨便說的。要真能不賭氣地說出這句話，我們必須明白自己所做的每一件事。無論對錯或成敗，都很清楚地知道自己從中學到了什麼？改變了什麼？提升了什麼？我們知道自己真的變得比過去更好，這樣才有資格說「無怨無悔」。

14 大有卦：老天給我們豐收時，同時也會給我們任務

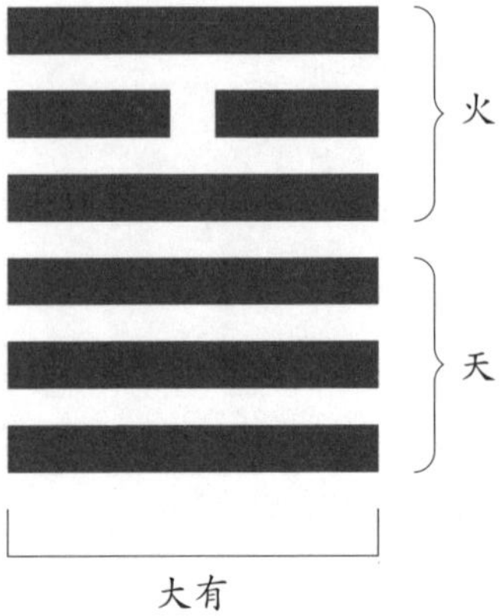

大有，元亨。
初九，無交害，匪咎，艱則無咎。
九二，大車以載，有攸往，無咎。
九三，公用亨于天子，小人弗克。
九四，匪其彭，無咎。
六五，厥孚交如、威如，吉。
上九，自天祐之，吉，無不利。

同人卦充滿理想性，也具有凝聚力，本來是一個很好的卦。可惜，同人卦過度強調自己的理想性、特殊性，卻忽略眾人相通的普遍性。所以容易形成小團體、小圈圈，對內標榜自我價值，對外卻與人壁壘分明，無法融通。

同人卦強調價值取向，但是，過度強調的結果，就是不斷凸顯自己與他人的差異，並把自己的價值放在他人價值之上，以自己為優先。結果就是，自己無法接納別人的價值，而自己的價值也很難被別人接納。

通常遇到大格局的事情，或者需要爭取多數人支持的事情，同人卦的缺點立即表露無遺。原因來自於兩方面：一是過度強調精神標準，執著自我價值，容易與人對立，變成孤芳自賞；二是重理想，輕現實，容易錯估

形勢，背離現實。

同人卦的理想，必須透過實踐及與他人的競爭，才能看到自己的價值與不足之處。其實，一切有力量的東西，都難免要經過一番較量，以此決定理想的真假與價值的次序。同人卦第四、五爻，以戰爭為卦象，原因即在此。通過鬥爭與考驗之後，同人卦持續向上提升，就慢慢朝著大有卦的方向轉化了。

同人卦強調向內的凝聚力，大有卦則強調向外的整合力；同人卦強調理想的純粹性，大有卦則強調形式的普遍性；同人卦強調分配的合理公平，大有卦則強調「把餅做大」與「創造更多的資源」。

大有，元亨。

「有」是得到、收穫的意思。「有」的甲骨文寫成「」，就是一隻張開手掌的手。這個形象，讓人聯想到一句話：「握緊拳頭，手裡什麼都沒有；打開雙手，你擁有的是一切。」當然，這是現代人「心靈雞湯」式的浪漫理解，古人不會這麼勵志。因為，古人會直接面對本質，充滿野性與直觀地去理解「有」。我們要知道，古人這種野性而直觀的力量，正是現代人最欠缺，也最該學習的東西。

對古人來說，「」就是一隻準備抓住什麼東西的手，而不是已經得到東西的手。它指的是「能力足以得到某物」，而不是指已經擁有什麼東西。

如果你的能力不足以得到某物，即使一時幸運獲得，最終還是要釋放出來，還給眾人。

到了金文，「有」寫成「」，那隻手下面多了一塊肉。這塊肉，也許是共同合作捕獵之後，分得的一塊肉。也許是部落祭祀之後，分得的一塊肉。總之，「有」成了實質的東西，而不再是指能力。

沒有肉的「有」，屬於原始共產主義的大同社會，人以真實的能力、智慧、稟賦來區分高下優劣。有肉的「有」，則是進入私有財產的階段，人與人的區分不再憑藉「你是什麼」，而在於「你擁有什麼」。

「大有」就是大有所得，大有所獲。但我們要問，如何是最大的所得、所獲？真正的「大有」，不是你好運獲得的，也不是你用聰明、體力，或者其他稟賦去得到的，而是老天給你任務，同時給你完成此任務所需的資糧與福報。這樣的資糧與福報即是「大有」。因為，有老天參與其中的事，才可稱之為「大」。

當外界的資源、財富、權力自動向我們匯集時，原因通常來自兩方面：一是我們過去累積的福報反饋在自己身上；另一種是老天要我們做事，所以主動提供所需要的資糧。泰卦接近於前者，大有卦則接近於後者。

初九，無交害，匪咎，艱則無咎。

「交」是互相的意思。例如墨子有「兼相愛、交相利」的說法。「交相利」就是互相利益對方。主動利益對方，這是一個比較高的標準，可能短時間難以達到。但是，「無交害」只是避免互相傷害，這是一個比較容易達成的目標。透過「無交害」，再進一步達成「交相利」，鼓勵互相利益對方，這似乎是一條比較容易落實的道路。顯然，「無交害」的理想，是想建立和平與穩定的天下秩序。

《易經》九十幾處出現「無咎」，卻只有此處用「匪咎」，兩者意義的差別，歷來無人討論。勉強猜測，大概是因為，「無交害」是為了掃除各邦本位主義，重建天下大信，換得長久的和平，但是，這件事情非常不容易，困難重重。此事之困難，不是因為我們做錯什麼事而造成，而是好事本來多磨，所以才說「匪咎」。

也就是說，各邦放下自己的私利追求天下更大的公利，這種事在剛開始推行時，一定阻礙重重，甚至，執行者也可能因此而遭受非難，可是，這並不是執行者的錯，而是這個理想本來就很困難。

「艱則無咎」是說，推動者願意承擔此艱難，自己先犧牲，並讓他人先獲利，以此建立互信。經過這樣辛苦努力後，那些難以克服的困難，慢慢地也會變得容易解決了。最後，也就沒有人會再怪罪執行者了。

這個「艱則無咎」，真可說是「大有」的沉重負擔了。

九二，大車以載，有攸往，無咎。

「大車」就是牛車。牛車之負重能力，比馬車強數倍，所以古人習慣稱牛車為「大車」，稱馬車為「小車」。相當於今日貨車與轎車的區別。

「大車以載」就是以大車裝載貨物的意思。至於裝載什麼東西？要運往何處？經文都沒說，我們只能推想。一般認為，裝載的是收割的農作物，準備運往倉庫儲存。如此解釋，是把「大有」當豐收來理解。

我認為，車中所裝載的東西，應是運往鄰國的貿易物品。各國建立互信，去除關卡壁壘，以貿易互通有無，這樣就可以逐步邁向繁榮，共享和平與富足。這是天下太平的景象。這個解釋與小畜卦的「富以其鄰」意思相同，但氣象則更加恢弘，規模是遍及天下萬邦了。

另有一說，認為大車承載的是運往周朝國都的貢品。各邦把貢品運往鎬京，自然是表示對周天子的效忠，如此則萬邦和諧，天下一家，不再互相攻伐。這個說法也很好。

總之，大有卦的第二爻，大家對公共利益與整體利益的參與程度，已經大過於對私利的追求了。

九三，公用亨于天子，小人弗克。

「公」是封建制度下的諸侯君王。「天子」是諸侯的共主。「亨」有兩種說法。一作「享宴」，指天子設宴款待遠道而來的諸侯。一作「貢品」，指諸侯獻上貢品給周天子。兩說皆可通。

「亨」和「享」的甲骨文都寫成「」，是廟宇的形象。我們提過，「亨」、「享」、「烹」在古代是同一字。因為廟宇的神靈會保佑祭者亨通，祭祀又必有祭品供神享用，祭品事後還會分給與祭者，烹熟後食用。所以三義互通。

在《左傳》與《國語》中，出現《易經》卜筮的地方，總共二十二處。其中有一處提及此爻，故事是這樣：周天子的兩個兒子爭奪王位，失敗的一方逃往國外。晉文公想幫助失敗的一方，於是要卜官占吉凶。卜官卜得此爻，視為好兆頭，主張此舉不但成功在望，而且事成之後「公用亨于天子」，晉文公將受到周天子的設宴款待。後來晉文公出手幫助，果然幫對方奪得大位，成為後來的周襄王。

「小人弗克」是說，那些還不歸順的、不出手幫忙的，或者毫無功勞的人，都無法得到天子的款待。

九四，匪其彭，無咎。

此爻解釋向來紛雜，沒有定論，主要是「彭」字無法解釋。一般認為「彭」是大的意思。所以「匪其彭」就是不要太張揚的意思。也有人認為「彭」是明哲、智慧的意思。所以「匪其彭」就成了不要玩弄小聰明。

比較特別的是，漢朝的虞翻認為「彭」是「尪」（ㄨㄤ）的意思。什麼是「尪」？這不是閩南語的丈夫，而是指古代身體有殘缺的男巫師。原來古人認為女人屬陰，比較容易通靈，男人屬陽，不易通靈。若男人要通靈，就必須破相殘缺，才能勝任。常用的方法是打斷一腳，變成跛足，所以「尪」也有跛的意思。

後來民間流傳，命理師必須破相才算得準，即源自男巫的殘缺傳統。電影裡說學《葵花寶典》的男人必須先自宮，這也是從男巫傳統得來的靈感。

照這說法，「匪其彭」是指，即使沒有找到最好的巫師相助，也沒有關係，因為天命在我，所以不會犯下什麼大錯。

由此來看，這一爻的宗旨就是與其相信「術」，不如相信「道」；與其相信「巫」，不如相信「天」。「人助不如天助」，直接跟老天賦予的「使命」在一起，就沒什麼好擔心的了。

如果推動這件事情可以讓大家獲得利益，那就一定可以獲得老天的支持。即使沒有高明的巫師幫忙求卜，事情一樣可以順利完成。

六五，厥孚交如、威如，吉。

「厥」是其的意思。「孚」已經說過好幾次了，此處不再解釋。「交」是交往、互相的意思。「威」是威武嚴肅。

整句話是說，受人信賴的領導力，既有親和的一面，也有威嚴的一面，兩者剛柔互濟，恩威並施，才是成功的領導，也才能充滿吉祥。

大有卦從承擔艱難與責任開始，經過第二爻的去除藩籬，建立萬邦諸國的互信機制，再到第三爻豐收慶功，慰勞獎賞公侯。這時的成功，已經不是天子一人的成功，而是天下人的共同成功；這時的獲利，也不是天子一家得利，而是天下萬邦通通得到大利。這三爻即是「大有」的精髓。

至於第四爻，那是鼓勵實踐者繼續在「公利」上努力。因為「公利」就是老天的「法」、「命」、「道」。第五爻是功德圓滿，氣度恢弘，各種施政都上了軌道，形成所謂的「自動機制」。領導人不必再多心多事、案牘勞形，因為制度會自動運轉，天下人順此機制，形成良性循環，自然會互相成就，互相利益，也互相解決對方的問題。

領導人此時要做的，只是維護此機制的公正性，不要讓人徇私破壞，所以強調領導人要擁有「信」與「威」。

上九，自天祐之，吉，無不利。

這一爻可以望文生義，不必解釋了。

大有卦的精義在於：所有的成就，不是人成就出來的，而是老天成就出來的。不是你有多厲害，而是你在不在「法」、「命」、「道」上。你若在「道」上，老天就給你資糧，讓你成功成事。關鍵又在所成之事，不是利益一人，而是利益眾生。而且不是要你一一去利益個別眾生，而是建立一套機制，讓眾生可以彼此互相利益。

「大有」之「大」，是指眾生之力與利，不是一人之力與利。一人的力量永遠是小的，能夠影響趨勢，建立功業，主要還是靠老天成事。在這個領悟底下，人還能驕傲嗎？還能自滿嗎？所以下一卦，就輪到「謙」卦登場了。

15 謙卦：對人的謙虛常是假的，只有對神明謙虛是真的

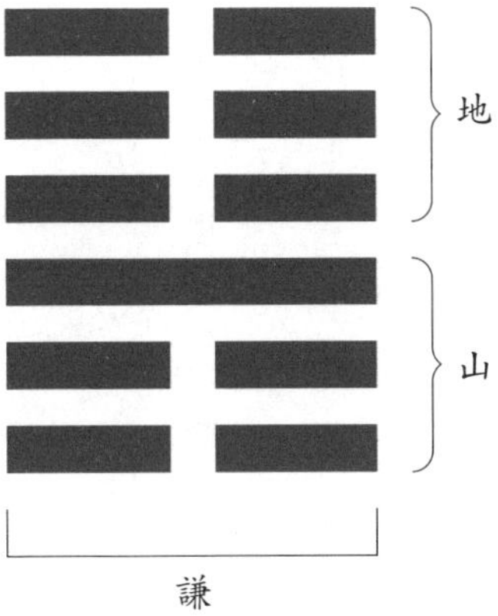

謙，亨，君子有終。
初六，謙謙，君子用涉大川，吉。
六二，鳴謙，貞吉。
九三，勞謙，君子有終，吉。
六四，無不利，撝謙。
六五，不富以其鄰，利用侵伐，無不利。
上六，鳴謙，利用行師，征邑國。

人對人的謙虛，常常只是客套，不是真的。唯有在神明面前，我們的謙虛才是真的。所以，謙卦之吉，是要把他人當成神明一般來尊重，才能六爻皆吉。

謙，亨，君子有終。

「謙」是一個很特殊的字，我們以為它很普通，很常見，其實不然。「謙」在整個先秦時代裡，出現的機會非常少。例如《詩經》裡沒有「謙」這個字，《楚辭》也沒這個字，甚至連《論語》、《孟子》通通都沒這個字。《莊子．天下篇》裡說老子「以濡弱謙下為表」，但《老子》書中並沒「謙」這個字。最不可思議的是，字數多達十幾萬的《韓非子》，居然也不用「謙」這個字，真是太奇怪了。

最早出現「謙」字的地方是《尚書》：「惟德動天，無遠弗屆。滿招損，謙受益，時乃天道。」其中，「滿招損，謙受益」一語，成了千古名言。但除了《尚書》之外，先秦時代的書籍使用「謙」字的次數實在很少。當然，《尚書》這一句是否是漢代才添入的，也是值得爭議的事情。

例如孔子，為人謙和，可是《論語》裡形容孔子的字眼是「溫、良、恭、儉、讓」，這五個字都有類似謙和的含義，但就是不用「謙」字。老子也很謙讓，他有三項作人處世的方針：「一曰慈，二曰儉，三曰不敢為天下先。」其中，「不敢為天下先」，類似於「謙」，但《老子》書中也不用「謙」字。

可見「謙」這個字，在先秦時代並不普遍。所以，我懷疑，謙卦可能原本不叫謙卦，譬如可能叫「讓卦」。因為謙、讓兩字的外形與意義都十分接近。也許剛開始大家比較常用讓字，慢慢地，謙字逐漸普遍了，才取代了讓字。有沒有這種可能呢？我想是有的。例如乾卦，漢代有些版本寫成建（通健）卦，兩字意思相通。所以謙卦也可能有類似的狀況。

不過，卦名雖然有疑義，但是，卦的意義仍是連貫的。一卦的本義，並非僅由卦名決定，仍要受卦序與卦爻辭的節制，所以不可能跳脫整體的框架。

從字形來看。「謙」與「廉」皆有「兼」字，可做比較。「廉」的本義是房子屋簷的邊與角。引申為做事應該遵守的界線、規矩、原則。由此來看，「謙」的本義也應該包含言行上有界限、有分寸，又能遵守規矩的意思。

謙在使用上有兩個意思。一個是不足，也就是不要超出界線。另一個是充足，也就是以界線為滿足。兩個意思剛好相反。一般使用「謙虛」這個字眼，是當作「不足」使用。例如《荀子》裡說：「富有四海，守之以謙。」這裡的謙，就是不足的意思。但是，《禮記》裡說：「所謂誠其意者，毋自欺也，如惡惡臭，如好好色，此之謂自謙。」整句話的意思是說，「誠」就是不要自我欺騙，如同聞到惡臭就嫌惡，看到美麗的東西就喜歡，非常直接而真實，這就是「自謙」。這裡的謙，是自足且真實的意思。

大有卦的最後一爻是「自天祐之，吉，無不利」祐是幫助的意思。老天在背後幫助、加持，自然無所不利。從老天的角度來看，天道坦坦，行所當行，當然一切都理事具足。可是從這個替老天辦事的人來說，把事辦成，靠的是老天的力量，不是自己的本事，所以他的謙，顯然又是不足的意思。

不過，這個不足，不同於一般人所謂的「謙虛」。這個不足，不是不居功，而是不以為有功。如果是謙虛，那仍然以為自己有功，只不過形式上要作些辭讓，不與人爭功。

謙卦的謙，是功在老天，不在我身。如果功在老天，我還有什麼好驕傲的，又怎能假惺惺地謙虛呢？

後代對謙字的解釋，都是人道的角度，而不是天道的角度。從人道的角度來說，謙就是「無伐善、無施勞」。這句話是孔子的學生顏淵的人生志向。「伐」是誇耀的意思。「施」是表白。意思是不要誇耀自己的優點，也不要宣揚自己的貢獻。為什麼這樣呢？因為顏淵相信，真實的東西一定會被看到，也一定會被欣賞。你什麼都不必說，因為真實的東西會像花香一樣，四處飄散。聞到香味的人自己會說，不必你說。這就是人道的角度。

如果是天道的角度，謙就是領受天命，盡好本分，做好一切該做的事。我們只是老天的伙計、僕役。這件事若辦成了，那是老天的安排跟加持。若事辦不成，只要我盡了全力，老天也不會怪罪於我。

卦辭說「亨，君子有終」。「終」的甲骨文寫成「」，意思是在繩子的末端打結，避免繩絲散開。「有終」就是把事情完成。整句話是說，君子可以順利把事情完成。為什麼可以順利完成呢？因為君子認真謹慎，遵從

老天的意思辦事，受老天庇佑，所以事情必然順利完成。

初六，謙謙，君子用涉大川，吉。

初六爻，有使命感，不爭功諉過，又態度謙和的人，誰都希望與他共事。

謙是很有底氣，很有實力的謙，也是超越一般世俗成敗的謙。真正的謙是內心直接向老天負責，處在另一個層面看成敗，所以沒有太多世俗的掛礙。

從前的監察院院長王建煊有一句名言：「凡事盡心盡力，結果交給上帝。」我認為這句話是謙卦的最好註解。因為謙卦絕不是表面的謙虛與謙讓，而是真實地盡心盡力做事情。他心中在意的不是別人的好惡與評價，而是要對得起心中更高的理想、信念與神明。

一般世俗的謙是裝出來的姿態，最後為的還是自己的得失。謙卦則胸懷神明，真實無偽，先立於無得無失的境地，這樣才能一心成事，看到所有人的價值。

「謙謙」就是謙之又謙，盡心盡力把事情做好。句法有如乾卦「君子終日乾乾」。

六二，鳴謙，貞吉。

六二爻，「桃李不言，蹊下成徑。」世俗成就越高的人，越忌諱自吹自擂，唯恐天下不知。若能謙和自處，彷若無事，讓滿園春花自行綻放，賞花遊人自由往來，這樣更加吉祥。

「鳴」與「名」通，是聲名遠播的意思。「鳴謙」是指聲名遠播卻又謙虛有禮。

一個名氣很大的人，無論在什麼場合，都會成為眾人注目的焦點。無論他說什麼，都會受到眾人的追捧。所以，名氣大的人，很難不驕傲，也很難不在自己與他人之間，豎立起一道圍牆。

可是，擁有名氣的人可能都忘了，名氣永遠是一種誇大真實情況的假象，也永遠是最不穩定的東西。一個人如果長時間處在這種假象中，就會失去正確評估真實事物的能力。這樣的人，也很容易忘記自己原本的樣子。所以，我們千萬不要用「名氣」來認識自己或定位自己。

因此，名氣大的人，最可貴的品質就是謙虛。名氣大的人，最明智的做法，就是把自己的姿態放得低一點，因為這樣才比較符合真實狀況。

我曾做過一個跟麥可．傑克森有關的夢。夢見他接受記者採訪時說：當觀眾看到我在舞台上表現十分出色時，他們一定要理解，這份出色，我其實只貢獻了百分之五，其他的百分之九十五，是我的編舞師和舞群，以及我的各種專業工作團隊，努力打造出來的效果。我只是很幸運地做為燈光聚焦的中心，被大家看到而已。所以，你們把內心的感動和喜悅，除以二十，那才是真正的我。

這一爻，拉近外在名氣與內在本質的距離，使之名實相符，所以「貞吉」。

九三，勞謙，君子有終，吉。

九三爻，貢獻越多的人，越不要患得患失，也不要擔心別人不知道自己的能力。擁有長期優勢的人，不必在意一時的成敗。

「勞」是勞動、勤勞、貢獻的意思。「勞謙」是說自己付出甚多，貢獻甚大，但內心平淡自處，不以為有功，仍然盡心盡力地做事情。

佛教的六度中有「布施」與「忍辱」。我常把「布施」理解成：別人都想要的東西，我們若有，就分給別人。「忍辱」則是，別人都不想要的東西，我們若能承擔，就把它承擔下來，不要讓他人苦惱。第二爻的「鳴謙」，能夠放下大家都想要的名聲，類似於「布施」。第三爻的「勞謙」，能夠承擔大家都不想要的辛勞，類似於「忍辱」。兩者相比，我認為「勞謙」比「鳴謙」更難。

這一爻是全卦唯一的陽爻，所以是六爻中最重要的一爻。卦辭的「君子有終」即取自本爻。由此可知，「終」是「勞」的自然結果。「成」則是「勞」的功勳嘉勉。

六四，無不利，撝謙。

六四爻，用實力打敗對方的人要謙虛，因為失敗的一方仍須保有尊嚴。用權力征服對方的人也要謙虛，因為失敗的一方並不真心服氣。只要存在競爭的地方，就必須有人表現謙虛。

「撝」（ㄏㄨㄟ）等同於「麾」，是指揮的意思。「撝謙」是說掌握指揮大權，但並不作威作福，仍然實實在在做事。

這一爻，外在握有權柄，內心想做實事，所以「無不利」。

從一到四爻可以知道，謙就是一個切切實實做事的狀態。外面是順境，他老實做事，外面是逆境，他也不改本色，一樣老實做事。而可以這樣安於實事，原因就是心中有神明、有信仰，有超越名利成敗之上的使命。

謙卦六爻，全是吉象，在《易經》裡這種卦象非常少有，大約只有升卦可以比擬。

三、四兩爻都是認真做事的爻，但性質略有不同。三爻是只問耕耘，不問收穫，責任感極強。四爻因為靠近五爻，未來有機會更上層樓，所以在辛勤努力中，仍抱有一份「成大功、立大業」的心思。

六五，不富以其鄰，利用侵伐，無不利。

六五爻，謙虛是一種品德，但一味謙虛，不知節制，一樣是遠離真實，走向虛假。謙虛過度，讓對方爬到自己頭上，那就自取其辱了。該出手時就出手，不怕掀桌開戰的人，才有謙虛的資格。

「不富以其鄰」這句話，我們遇到三次了。邦國之間如果彼此互信，那就可以開展貿易，互通有無，促進發展，同時減少軍事開支，讓百姓都受惠。但如果互相猜忌，彼此提防，關卡重重，那就雙方一起受害。

「不富以其鄰」是針對某些不願融入國際社會的少數邦國而言。「利用侵伐」是說，針對那些仍在製造紛爭的邦國，我們應該一起來征討他，這樣才能建立和平互利的新秩序。「無不利」是說，這樣的侵伐征討，符合期待，順天應人，必能成功。

一到四爻都是文場，第五爻變成武場。為什麼第五爻要開戰呢？因為謙卦的主導在第三爻，而第三爻是勞心勞力、認真做事的性格，但不具領導地位。對於這個認真做事的第三爻，與它靠近的爻，都會受它的感染，例如第二、四爻。但是，居於尊位的第五爻，對於勞心勞力的感化，實在沒那麼多耐心。所以，對方若屢勸不聽，那麼就直接開打，施與懲罰了。

孔子雖然溫、良、恭、儉、讓，但如果對方真的太過分，他也會說「是可忍，孰不可忍」。

一到四爻實力不夠，沒有「忍無可忍，不必再忍」的資格。到了第五爻，因為具足實力了，若真的「忍無可忍」，那就痛快地出手吧。

上六，鳴謙，利用行師，征邑國。

上六爻，沒有經歷戰鬥的謙虛，只是姿態。贏得勝利以後的謙虛，才有價值。

此處重複使用了「鳴謙」二字。在《易經》中，爻辭中的用語若重複出現，意義必有所不同。第二爻的「鳴謙」，重點放在「謙」字上。但第六爻的「鳴謙」，因為經過征伐，打敗了敵人，所以聲勢浩大，實力增強，相當於第二爻「鳴謙」、第三爻「勞謙」與第四爻「撝謙」的總和。這時的「鳴謙」，重點已經慢慢轉移到「鳴」字上了。

「行師」就是興師。「邑」是城的意思，也可以當聚落解釋。「邑國」即是邦國。

這一爻是說，軍隊聲勢浩大，但仍能自律，並不流於驕縱，這樣的軍隊適合出征，討伐那些不遵守秩序的邦國。

謙卦一到四爻原本是和平的，但走到第五爻，時勢所趨，終須一戰。打完這一仗，勝利的聯盟固然實現了理想，但是，輝煌的戰果，以及大幅擴張的權力，讓當事人很難繼續維持原先的謙讓樸實，而慢慢變成驕傲自信。於是，下面就輪到豫卦登場了。「豫」就是自信、歡喜與享福。

謙卦六爻皆吉，根本原因在三件事上：一是心懷神明，二是切實作事，三是樸實虔誠。但到了第六爻，以實踐理想的名義，向外侵伐，等到功成名就之後，自信壓倒了虔誠，驕傲蓋過了務實，心中的神明只好默默退位，讓給實際的權力與利害了。

16 豫卦：抱持自信與樂觀，是最有福報的人

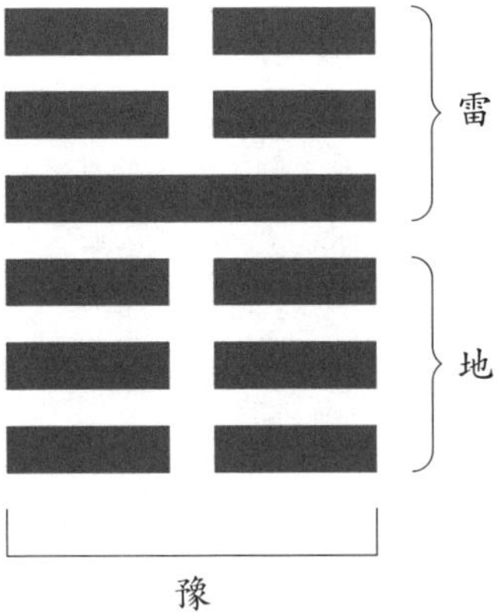

豫，利建侯行師。
初六，鳴豫，凶。
六二，介于石，不終日，貞吉。
六三，盱豫，悔遲，有悔。
九四，由豫，大有得，勿疑，朋盍簪。
六五，貞疾，恆不死。
上六，冥豫，成有渝，無咎。

謙卦的表面意思是謙虛，退居人後，但它的深層意思則是對神明、對天道的虔誠。把「天」當成自己的主人，認真做老天指派的任務。如果事情成功了，功勞是老天的，我們只是盡本份，所以沒什麼可驕傲的。如果事情作不成，老天自有安排，我只要問心無愧，也沒什麼可悔憾的。

要舉謙卦的例子，我第一個想到的是美國職籃選手林書豪。關於他的謙卑和信仰，新聞報導很多，我只舉出兩件小事跟大家分享：

二〇一二年二月，林書豪在一場比賽中獨得二十八分，因而一戰成名。事後，他雖然成為新聞的焦點，卻也傳出與球隊另一主將不合，以及球隊考慮把他賣掉的消息。我們知道，美國職業籃球非常商業化，球員跟商品

一樣，只要兩支球隊的經理談好價錢，你今天還在尼克隊，明天就提著行李去火箭隊報到了，根本沒有商量餘地。傳聞出現後，球迷群情激憤，紛紛為林書豪抱不平。但在記者採訪時，他只以平淡的口氣回答：把球打好是球員的本分，買賣球員是球隊的經營，他不能干涉球隊如何經營，只能盡好球員本分，並祈求上帝不要讓他在球隊間流浪。

一個高知名度的明星球員，頻頻傳出將被轉賣的消息，當事人一定很難接受，至少也會抱怨球隊未盡保密之責。但林書豪很謙虛，公私立場分得清清楚楚。成名歸成名，經營歸經營，絕不混為一談。

到了九月底，傳言成真，林還是被賣掉，所有媒體都批評尼克隊眼光短淺，球隊人氣因而大幅下滑。當時記者追問林書豪的感受，他的回答依然如昔：球員最重要的事就是好好打球，並與其他球員培養良好默契，剩下的就是向上帝祈禱。

另一件事，也發生在他成名之後。他周日去社區教堂，總遇上許多球迷，要求簽名拍照，把教堂擠得水洩不通。後來他找牧師商量，希望禁止民眾簽名拍照，因為他們把焦點放在林書豪身上，而不是放在上帝身上。

因為謙卦的信仰非常真實，加上背後的神明護持，所以走到第五爻之後，理想得到落實，大軍所到之處，人心歸順，望風披靡，毫無阻礙。原本的小場面，一下子擴展成大格局。但是，在獲得巨大成功之後，人心產生了微妙的變化。因為人在功成名就之後，會慢慢覺得自己很重要、很有貢獻、很卓越。

在事業未成的時候，我們覺得神明很重要，但在成就功業之後，我們會慢慢覺得，自己的功勞也不小，自己的智慧與能力也是成功的關鍵。所以在歌頌神明之餘，也開始歌頌自己的智慧、能力與德行。

勝利的榮耀，慢慢地從神壇，轉移到人的權力寶座上。在尊敬神明之外，也開始歌頌自己的不朽，創造自己的傳奇，享受自己的豐功偉業，並從中得到尊榮與快樂。

人雖然相信神明，但大部分時間，卻更相信自己。人雖然接受神明的教誨，但更想建立自己的理想國度，在有形世界的創造中，肯定自我的價值。人雖然接受神明的召喚，但更容易受心中的虛榮所引誘、迷惑。

在這個微妙變化中，謙卦就慢慢轉變成豫卦了。一元論也慢慢轉變成二元論了。

「豫」在古書上有兩個意思：一是愉悅、喜樂的意思，一是思慮、防範的意思。例如《孟子》說：「夫子若有不豫色然。」意思是說，弟子看到孟子老師的臉色似乎有點不高興。這裡的「豫」就是悅樂。「不豫」就是「不悅」。另外，《禮記》說：「禁於未發之謂豫。」意思是說，豫是在事情尚未發生時就預先考慮防範。這裡的「豫」是思慮、防範的意思。

此外，「豫」字還有一個更特別的用法。《孟子》曾經引用夏朝的諺語說：「吾王不遊，吾何以休？吾王不豫，吾何以助？一遊一豫，為諸侯度。」意思是說，君王不在春秋兩季出城遊走觀賞，就看不到百姓的困難，也無法適時給予幫助，所以，遊豫出巡，是諸侯效法的榜樣。請大家注意，這裡「豫」字的解釋非常特別，「豫」和「遊」都是出遊的意思。

如果從字形上看，我認為《孟子》引用的這句夏諺，正好說出了「豫」字的本義。

「豫」是「予」和「象」的組合。象是一種溫和的巨大動物。商朝初年的河南平均溫度，大約比現在高四、五度，大象、犀牛這種熱帶動物處處可見，非常普遍。幾百年後，溫度降低了，同時大部分土地改闢為農田，壓縮大型動物的生存空間，所以此地的大象就慢慢絕跡了。

「象」的甲骨文寫作「」，活脫脫一隻大象的樣子，完全不必解釋。「予」的甲骨文寫成「」，篆文寫成「」。這個字很費疑猜，沒有人能說出一個確切的答案。

我認為「予」是大象前面的開路儀仗。古代大象能接受訓練，搬運重物。後來數量變少，搬運功能就消失了，大象慢慢變成展示貴族威儀的動物。

例如君王出遊，若由大象來領軍，整批隊伍便顯得雄壯威武。而在大象之前，應該有一支裝飾性很強的儀仗隊伍，作為開路前導，這就是「予」。

因為「予」走在前面，所以有「預先」、「給予」的意思。至於當作「我」的「予」，應該是「余」的假借字。

如果我的想法有道理，那麼「豫」的本義就是遊行隊伍。孟子引用的夏諺「一遊一豫」，其實就是君王的出巡隊伍。因為君王出遊，是一件愉快的事，所以「豫」就有「樂」的意思。

謙卦第六爻行師四方，底定大局，接下來的豫卦，自然是展示威儀、成就與自信的王者遊行了。只不過，這個遊行不是為了榮耀神明，而是為了榮耀王者自己。

豫，利建侯行師。

「建侯」是以武裝力量來荒地開墾。例如十六世紀的時候，很多閩南人到台灣來開墾，他們組織隊伍，具備一定的武裝自衛能力，一年來一趟，收成後趁西南風還在吹，趕快坐船回福建，隔年開春，趁東北風還沒停，再來開墾。到了鄭成功時代，清朝實施海禁，兩岸無法自由往來，這才變成定居式的開墾。

「行師」是出兵征服不願臣服的邦國，目的是打破障礙，拓展貿易，建立統一的帝國。

豫卦是頂著勝利的光環，展示自己的威儀與榮耀。這一方面是作給外邦人看，讓他們甘於臣服，不要興起反叛念頭；另一方面也是作給自己人看，讓大家同享榮耀，為勝利感到驕傲，進而團結一致，提高自信。

所以「豫」是勝利之師，憑著浩大的聲勢與威儀，不戰而屈人之兵，既充滿自信，也充滿歡樂。放在現實世界中，二戰後的美國，最足以作為豫卦的代表，隨時隨地展現自信、榮耀、樂觀與能力。

比較豫卦與謙卦，讓我想起《火戰車》（*Chariot of Fire*）這部老電影。

片中主角李岱爾（Eric Liddell）是個真實人物，蘇格蘭人，虔誠的基督宣教士，也是一位田徑短跑好手。他曾代表英國參加一九二四年的巴黎奧運會。李岱爾一心一意侍奉上帝，他相信無論遇到多大的困難，都會得到上帝指引，順利克服。另一位選手是個猶太人，因為曾受歧視，所以一心一意要用自己的能力和成就，證明歧視者的錯誤。這兩人形成鮮明對照，一個是為了榮耀神而跑，一個為了榮耀自己而跑。

後來大會宣布，百米比賽在周日舉行，李岱爾因為周日要參加宗教活動，經過一番天人交戰，最後決定放棄參賽。當時英國王子跑來勸他，但無功而返。後來一位參加四百米比賽的英國選手，願意讓位給他，他才避開周日，改跑四百米田徑賽，結果竟然也獲得冠軍。

獲得冠軍的李岱爾，並未生活在勝利的光環下，他隨即前往中國天津傳教，並帶動當地的田徑風氣。幾年後，遇到中日戰爭，他被日軍拘留在現在山東濰坊一帶，不幸病死於集中營。

那位猶太田徑選手，後來得到百米比賽的冠軍。他雖然贏得榮耀，卻無法平撫心中失落之情。因為，再多的外在榮耀，終究改變不了當時歐洲人對猶太人根深柢固的偏見。

那位李岱爾是「謙」的化身。那位猶太人則是「豫」的代表。

當「勝利、歡樂」是神明的獎賞時，李岱爾的內心感到非常充實且感恩。當「勝利、歡樂」是為了證明自己，並超越、凌駕他人的時候，這種快樂就變成短暫易逝的閃光。因為你永遠需要用更大的勝利來證明自己，並防止別人超越你。

初六，鳴豫，凶。

謙卦第一爻是謙謙，第二爻是鳴謙。謙謙是只問耕耘不問收穫。鳴謙是獲得名聲之後，依然努力付出，不覺得自己有功。可惜，豫卦太看重自己了，與其榮耀神明更想榮耀自己。所以，走進了豫卦，就逐漸忘記謙遜，也逐漸遠離了神明。

「鳴」等同於「名」。代表名聲、名氣、名望。「鳴謙」是自己的內心和外在的名聲保持一段距離，不會被外在的名聲所迷惑或誤導。「鳴豫」則相反，他的內心受到外在名聲的影響，益加感到光榮、喜悅與滿足。從好的方面說，這是對自己的肯定與鼓勵。但若不知節制，沉溺在虛名之中，洋洋得意，並試圖追求更大的名聲，那就有一點危險了。

名聲是他人對我們的肯定，這固然值得高興，但我們也要清醒地認知，當我們成功的時候，他人的稱譽，多少帶有錦上添花的成分，虛虛實實，不能盡信。

樂於擁有虛名，又無法看穿事物的真相，這當然是凶象。

六二，介于石，不終日，貞吉。

「介」是堅硬的意思。「于」是如的意思，「介于石」是說像石頭一樣硬。「不終日」是不超過一天的意思。《老子》說：「飄風不終朝，驟雨不終日。」飄風即是飆風，暴風的意思。《老子》這句話是說，狂風暴雨雖然猛烈，可是無法長久，甚至無法持續一個早上，或一個白天。《老子》此語與《易經》的用詞一樣。

「介于石，不終日」有兩種解釋。一是比喻意志堅強如石，當日有過，當日必改。二是說做事強硬如石，最後必將自我損傷，難以持續。我傾向作後者的解釋。

「介于石，不終日」應該是古人的諺語，意思與《老子》「飄風不終朝，驟雨不終日。」相近。這句話的宗旨應是勸戒世人，自恃能力強過他人，乃至太過自以為是的人，他的順境，必然無法持久。

此語用在第二爻，應該是糾正第一爻被名聲沖昏了頭，過度得意忘形的情況，意在自我勸戒，所以得「貞吉」。

春秋時代有個晏子的故事，可以說明一、二爻的變化。

晏子擔任齊國首相，有次出門，發現車伕神態與平日不同，變得非常謙卑，他就問車伕發生什麼事？車伕說，前日妻子從門縫窺視，看到他駕車時，鞭打著四匹駿馬，趾高氣昂，洋洋得意，便要求離婚。車伕問原因，妻子說：「晏子身高不足六尺，身為齊相，謙和待人，智慮深遠，名聞各國。你今天幫他駕車，身高八尺，卻一付自以為了不起的樣子，所以我要離婚。」經過此事教訓，車伕就處處收斂，變得很謙卑。晏子覺得這位車伕能夠接納妻子勸告，反省改過，就推薦他做個小官。

第一爻的「鳴豫」，就像車伕洋洋得意的樣子。第二爻的「不終日」，就是車伕隔日幡然悔悟的情態。

《易經》中的「貞」字，我們之前提過，有兩個意思。一是指占卜，一是指虔誠、恭敬、堅定的宗教心理狀態。

第一爻直接說凶，而不說貞凶，表示第一爻的危險非常明顯，任何人都看得出來，根本不必神明提示。第二爻說貞吉，而不直接說吉，表示中間多了一層領悟與提升。穿越這層領會，智慧才能提升，吉象也才會實現。如果繼續蒙昧，那就吉不起來了。

六三，盱豫，悔遲，有悔。

「盱」（ㄒㄩ）有兩個意思，一作張目，一作揚目。張目就是睜大眼睛，想把事物看得更清楚，例如「盱衡世局」。揚目則是視線向上揚高，其中隱含的意思很複雜，可能指討好對方，也可能是瞧不起對方的意思。在這裡，兩種意思都可通。我們採用「討好」的說法。

「盱豫」是指受到他人奉承討好，不但不知警覺，心裡還非常得意歡喜。這一歡喜，不覺就種下禍根了。因為他人的討好，一定別有所求，你把奉承當真，不加思慮，等到對方翻臉，露出真面目，你就後悔莫及了。這就是「悔遲」。「有悔」的「有」是「又」的意思。意指受人欺騙，十分懊悔，反覆想起此事，悔恨更加難消。

大陸有一句話叫「捧殺」。就是先把對方捧得高高的，讓他失去戒心，再設局引誘他做出有利於你的錯誤決定。「盱豫」就是一副完全被捧殺的狀態。

豫卦前三爻是苦口婆心、強聒不捨地勸戒當事人，不要因為有福報而過度自信驕傲，否則不但福報會很快用完，很可能福報還要反轉成為業力。

九四，由豫，大有得，勿疑，朋盍簪。

「由」是從、順、出的意思。例如「由衷之言」，指出自內心的真實語言。「由豫」就是從豫。表示其樂出自真心，不單單自己快樂，也希望大家都快樂。上下同歡，朋友偕樂，泯除人我界線，融合成一個整體，所以說「大有得」。

這一爻是全卦唯一的陽爻，所以是全卦的重心。這一爻的「大有得」，告訴我們豫卦的力量不可小看，必須善加運用。

謙卦第三爻只是「君子有終」，豫卦第四爻則是「大有得」，可見快樂自信的力量大於嚴肅謙讓的力量。

在歡樂的氣氛下推動事情，比在虔誠的氣氛下推動事情，來得更有效率。只是快樂的力量不好掌握，也不易持久，稍有不慎，就凶了、悔了。但快樂的力量若掌握得好，那可比謙卦的力量要強好幾倍。

「朋」是朋友。「盍」（ㄏㄜˊ）即是合。「簪」（ㄗㄢ）是把長髮纏繞在一起的條狀物。意思是說，眾人同樂，齊心合力，沒有猜疑，有如用髮簪把分散的頭髮束在一起。

一到四爻吉凶交替，可見「豫」如行船，載舟亦水，覆舟亦水，真的不好駕馭。

六五，貞疾，恒不死。

這一爻的意思很簡單，就是占卜疾病，雖然知道此病不能馬上好，但也絕不會喪命。

此疾應是無妄之災，來得非常突然，打亂一切步調，還好最後樂觀以對，安心治療，沒有疑神疑鬼，所以逐步恢復，並未釀成大害。

不過，我們也可以把「疾」引申為困難、逆境、挫折。意指自信樂觀的人，雖然遇到逆境挫折，也不會被擊垮。

豫卦是一個樂觀、有實力、也有福報的卦，即使遇到生病的情況，也會因為保持樂觀愉快，而使病情不致惡化。

況且，當豫卦走到了第五爻，此時生了一場病，不但不是壞事，還應該視為老天的慈悲警示。目的是提醒他收斂氣焰，不要走向浮誇。

我年輕時曾經讀過某篇西方中世紀哲學家寫的散文，其中有一句話讓我印象深刻，大意是說，一個人不應該太健康、太強壯，應該偶爾生點病，不然會妨礙他對上帝的信仰。這篇散文是這一爻最好的註解。十幾年之後，我又聽一位學佛的學長，提起類似的看法，彷彿時光倒流，心裡覺得十分溫馨。

前四爻一吉一凶，有點變化無常的味道。到了第五爻，因果、福報、修行，要合在一起算總帳了。以豫卦的自信與實力，當然認為自己會得到一個不錯的結果，想不到，迎來的卻是一場無妄之疾，讓人大失所望。但是，若從這場疾病中，得到啟發，明白個人的力量十分有限，無法決定一切，因而重新體認到謙卦的重要性，這也未嘗不是一件好事。

上六，冥豫，成有渝，無咎。

「冥」與「鳴」同音，應該是有意的安排。「冥」有幽暗的意思，也有深遠的意思。另一說，「冥」同「瞑」，閉目的意思。從上下文來看，這裡的「冥」代表對外界渾然無知，朦朦朧朧，不知該往哪裡去。所以，「冥豫」可以解釋成無知、天真、盲目的樂觀自信。

「渝」是變的意思。「成有渝」是指先有「成」，後有變，最後則其事不成。

「冥豫」是回到蒙昧混沌的狀態。沒有目標，也沒有方向，只是抱持樂觀的心態，繼續往前走。未來的道路，究竟如何，只能一切隨緣。若能成就，當然最好，若不能成就，豫卦也有自信不至於壞到哪裡去。所以說「無咎」。

第六爻的豫卦，不再依靠個人的能力與智慧，只是憑著天機，帶著純真，隨順因緣和福報，樂觀地向前走去。似乎一切都看開了，成也罷，敗也罷，都能樂觀以對。

也許運氣好，最後還是闖出一番事業。也許運氣不好，最後一事無成，但生活也不至於陷入困境。無論成敗如何都能接受。這就是人生「淡定、無咎」的境界。

「冥豫」放下積極有為，看淡成敗，不再勉強自己，如此狀態，接引出來的卦，自然是「隨順因緣」的隨卦了。

17 隨卦：向左轉或向右轉，其實沒有差別

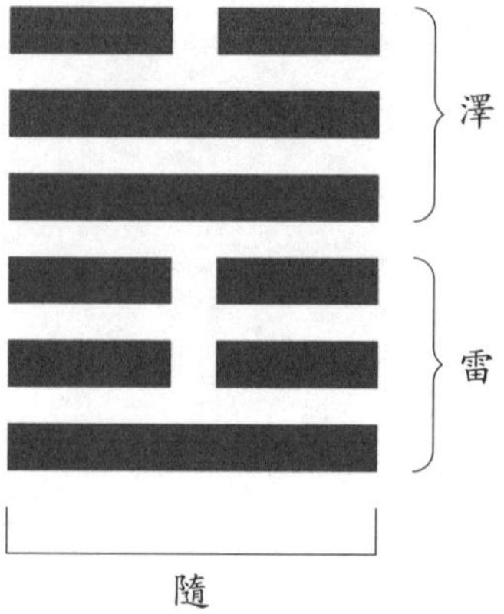

隨，元亨，利貞，無咎。
初九，官有渝，貞吉，出門交有功。
六二，係小子，失丈夫。
六三，係丈夫，失小子，隨有求得，利居貞。
九四，隨有獲，貞凶。有孚，在道以明，何咎？
九五，孚于嘉，吉。
上六，拘係之，乃從維之。王用亨于西山。

講隨卦之前，我們先說說宋朝王安石的故事。

王安石，字介甫。他名字中的「石」與「介」，用的是豫卦第二爻「介于石」的典故。「甫」是古人對男子的美稱。例如孔子，字仲尼，即可稱為「尼甫」。所以杜甫，字子美，子是男子，子美就是對男子的美稱，等同於「甫」。古人的名與字，必有關聯，不是意思相近，就是出自同一典故。

王安石以變法聞名，他在九百多年前就看出國家運作必須符合商業邏輯，切實針對供需關係，重新安排農業生產，否則國家能力無法提升，亦無力保護中下階層的農民，又同時會產生巨大的浪費。

以選拔人才為例，譬如科舉，固然可以選拔人才，可是這些人才只會寫道德文章，並無任何工作技能。諸如錢糧、商貿、運輸、水力、地政、司法種種實務，科舉人才全然不懂，遇到問題只能雙手一攤，任由富商、地主、掮客、胥吏自肥中飽，壟斷資源。這就是政府不在供需關係上選拔人才，造成社會常態性失序的結果。

宋朝的商業力量，其實比唐朝更上層樓，無論是對西北邊疆的絲路貿易，或是對南洋、印度、阿拉伯的海上貿易，都有蓬勃的進展，商業因而成為國家財政最具發展潛力的部門。

王安石認為這個變化前所未有，整個官僚系統必須徹底改組，積極因應，強化商業治理能力，並從商業中獲得鞏固邊防的資源，否則宋朝面對北方興起的遊牧民族，將永遠積弱不振，任其勒索。

宋神宗看過王安石的改革報告，非常感動，決心推行，可是司馬光、蘇東坡等人卻持反對立場，加上皇太后在他們背後支持，雙方陣營形同水火。改革初步登場，朝廷已呈分裂局面。

王安石面對保守勢力的質疑，說了這樣一句話：「天命不足畏，人言不足恤，祖宗不足法。」他又說：「人習於苟且非一日，士大夫多以不恤國事，同俗自媚於眾為善。」他以這兩句話表達對變法的自信，以及改革的急迫性。

由「天命不足畏」一語，我們可以看出王安石對自己才智與能力的自信，印證了他是一個標準的豫卦人物。

可惜，變法推行三年，民間反對聲浪極大，地方官員也無力執行如此複雜的變法內容，於是亂象百出，變法的美意完全無法落實。最後因為一場春天的旱災，朝野譁然，認為是上天示警，人心浮動不安，加上太后積極介入，改革最終以失敗收場。王安石下野，司馬光上台。

我們今天回顧這段歷史，知道王安石的變法內容十分細密，內容涉及金融貸款、物流運輸、成立國營商貿機構、政府組織精實、新型人才培育等等，每一樣改革都高瞻遠矚，令人欽佩，可惜他有兩個地方沒作好，導致最後一敗塗地。

一是中國太大，各地情況不同，不可能用統一標準變法。例如青苗法，春耕時由政府貸款給農民，秋收後農民再加若干利息歸還政府。此法用意良善，可免農民受富人高利貸的剝削，也可避免富人兼併農民土地。可是各地銀根鬆緊不同，在某地加收一分利息是幫助農民，在另一地則變成盤剝貧戶，驟然以單一標準實施全國，必然激起民怨。

如果當時王安石先找幾個縣實施「試點」，邊實踐邊修正，同時培養地方變法幹部。等到幾個縣的成效得到承認，再慢慢推行全國，民怨現象與朝廷守舊力量的反對，一定可以大幅降低。

第二個問題，在於沒有訓練執行變法的地方人才。原先的地方幹部，都是科舉出身，毫無專業技能，突然要他們實施如此細密的變法內容，先不說有沒有推行的能力，連有沒有理解的能力都成問題。王安石的變法只靠中央人才推動，在地方卻毫無接應，毫無配合，遇到問題也沒有回饋和解決的機制，可見他把變法想得太簡單了。

下野後的王安石，住在南京，雖然仍受朝廷尊重，但他決心不問政事，一心參禪拜佛，遊歷名勝，過著閒雲野鶴般的出世生活。

他有兩首參悟佛理的詩，很有名，詩是這樣寫的：

「知世如夢無所求，無所求心普空寂。還似夢中隨夢境，成就河沙夢功德。」

「身如泡沫亦如風，刀割香塗共一空。宴坐世間觀此理，維摩雖病有神通。」

從這兩首詩可以知道，他退隱後，看淡成敗榮辱，感悟河沙可以在因緣中成為功德，功德也可以在因緣中淪為河沙，兩者如風如露，一空具空。所以我們只有此心可以珍惜，此心之外，並沒有永恆存在的真實。而人生的所有努力奮鬥，雖有高壯低廻的情節，說穿了不過是以夢追夢，不曾醒來。

王安石得到神宗的信任，雷厲風行實施變法，這就像豫卦九四爻的「大有得」，也是他一生成就的最高峰。可惜，豫卦過於自信，過於相信自己的能力，所以孤傲自負，因緣一吉一凶，最後無法成事。

歷史上的變法者，下場都不好。例如商鞅變法，成效很好，但損害太多貴族的利益，後來還是被處死。成功的變法者尚且這個下場，失敗的變法者就更不必說了。歷代變法者中，王安石的際遇屬於最好的。他的改革雖然失敗，但絲毫未受懲罰，不但如此，皇帝依然敬重他的才幹，賞賜大片土地，使他晚年得以過著閒雲野鶴的舒適日子。這就像豫卦的第五爻，「貞疾，恆不死」。名位和權力雖然沒有了，生命卻還很自在。這說明王安石雖然變法沒有成功，可是仍有大福報。

王安石晚年參禪禮佛，不問世事，過著「還似夢中隨夢境」的淡定生活。從詩文中可知，他自比維摩詰居士，把變法的失敗，看成自己與眾生的病，只能慢慢度化，無法急於求成。這就像第六爻的「冥豫」，雖然還是自信自負，但是，對於人生成就的高低，他已經不再堅持什麼了，一切隨順因緣便是。

下野的王安石，開始過著隨卦的生活，沒有真正的目標與方向，這樣也可以，那樣也不排斥，而且無論怎麼選，結果都還不差。從好的方面看，他很隨和，而且有福報。但從壞的方面看，則是缺少力量，過於閑散了。

人處在隨緣飄蕩之中，旅程就會變得很長、很長，長到跟希臘神話奧德賽的返鄉之旅一樣，彷彿沒有終點，處處無家可歸。這個流浪，要一直持續到開出智慧為止。

因為，有智慧才有家，沒有智慧，無論身在何處，都是流浪。

領悟智慧的人，在隨順因緣的同時，也能在每一個飄蕩的剎那轉折，翻身一躍，往上提升，擺脫耽溺。但是，如果沒有智慧，不斷隨順因緣的結果，終究只能依恃福報，在因緣中漂流浮沉，找不到家。

隨，元亨，利貞，無咎。

隨卦，如果心中有目標，那就積極追隨目標；如果心中沒有目標，那就積極追隨有目標的人吧。

「隨」字沒有甲骨文，也沒有金文，所以是一個比較晚出的字。它由較早出現的「隋」字與「辶」（ㄔㄨㄛˋ）字組合而成。「隋」字依《說文解字》的解釋，是「裂肉」的意思。什麼是「裂肉」呢？原來古代祭祀之後，現場會遺留一些派不上用場的祭肉，例如壞掉的肉，或者不能用來祭祀的部位等等，這就叫「裂肉」。

「隨」字是在「裂肉」旁邊，加上代表行走的「辶」字，代表跑的意思。這樣的組合，讓人聯想到小型動物會追隨在大型肉食動物之後，吃牠們剩下來的食物。例如野狗追隨老虎之後，吃老虎吃剩的獵物，烏鴉又隨後吃野狗吃剩的食物。所以「隨」有跟隨、追隨、尾隨的意思。

如果一個僕人跟隨主人去打獵，捕獲獵物後，主人切割部分獵物的肉，賞賜給僕人，這也是「隨」。

廣義來說，無論跟隨的是人、是獵物、目標，或者是某種欲望、某種理想，只要追隨在後，伺機而動，通通是隨卦的內容。但狹義來說，隨卦是指追捕獵物，所以隨卦的卦爻辭多取象自打獵情景。

如果你是豫卦，充滿主動性，你會先決定要捕獵一頭豬，然後再去野豬出沒的地方捕獵。如果你是隨卦，受機緣引導，那麼眼前看到什麼動物的腳印，你就承接這一機緣，尾隨其後，獵捕這頭動物。兩者在機緣上有主動與被動的分別。

隨卦帶有被動性，也帶有消極性，他是看到因緣，然後尾隨因緣，被因緣帶著走。他的基本態度是順從因緣。你要他積極做點什麼事來扭轉因緣，他不願意。你要他完全墮落，沉到因緣的最底層，他也不至於。他有點像戰國時代的「楊朱」：不做好事，不做壞事，只想做好自己的事。

修行是要讓智慧站在比因緣還高的地方。凡比因緣還高的東西，我們都可稱之為「法」。我們站到因緣的上面，這樣才是修行，也才可以從法界得到力量。若全然順從因緣，那就不是修行了。

順從因緣太過，人只能在吉凶、業力、福報中不斷打轉。人若有更高的「法」，吉凶與業力就轉不動你，反而會被你所轉。

總歸一句，邁向修行、向上提升，是生命唯一的歸宿。無論你願意或不願意，都只有這一條路。這就像希臘神話裡的奧德賽，經歷十年特洛伊戰爭，又經歷十年海上漂流，與神魔交戰，死裡逃生，戰果輝煌，但他最後最想得到的東西，仍只是回返家鄉。

修行就是回家，這是一切生命的永恆主題。

隨卦的卦辭是：「元亨，利貞，無咎」我們回想一下，「元亨，利貞」是什麼意思？簡單說，「元亨」是走在一條通暢的道路上，順風順水，充滿福報。這相當於解決了「安身」的問題。「利貞」是內心虔敬專一，信念堅定，潔身自好。這相當於努力於「立命」或「修行」的工作。「安身」是外在的實踐，「立命」是內在的實踐，兩者必須互相支持，互相激發，形成一個善的循環，這樣才能永遠成長，持續提升。

在「元亨，利貞」之後，為何還有「無咎」？我們知道，乾卦的卦辭也是「元亨，利貞」，但為何乾卦沒有「無咎」，而隨卦的「元亨，利貞」卻加一句「無咎」呢？

因為乾卦充滿主動性，積極有為，所以可以開創吉祥的景象。而隨卦則帶有消極性、被動性，所以只能順應因緣地避免過失與罪咎。不過，消極被動並非什麼都不做，而是跟在因緣之後，順勢而動。

初九，官有渝，貞吉，出門交有功。

「官」是官職，也等同於「管」，職務的意思。「官」也可解釋為「館」，代表官署的意思。「渝」是變的意思。「交」是互相、彼此的意思，也有「皆」的意思。

這一爻是說，職務有變化，必須離開原來熟悉的環境，前往陌生的地方。表面上看，這似乎不是好事，但是，隨卦的福報很大，真的做下去之後，才知道這是充滿吉象的好事。此行出門，無論做什麼，或與誰合作，都可以相處愉快，開創生機，成就新事業，也讓彼此獲得成長。

此一爻，剛開始貌似凶象，結果卻以吉象收場，這就是因緣難以捉摸的地方。

但這一爻的生機是如何打開的呢？簡單說，是因為隨卦不排斥因緣的安排，他對環境的變化充滿「接受性」，也有足夠的行動力。

六二，係小子，失丈夫。

「係」等同於「繫」，用繩束縛的意思。「小子」一般指小孩或晚輩，此處指「兒子」。「丈夫」一般指成年男子，此處指「老子」，父親的意思。這句應是古代的諺語。兒子與老子，大小相對，引申為捕獵時成獸與幼獸的差別。整段文字是說，抓到小的，卻跑掉大的。

此爻說明，人的各種追求，未必事事如願，主要是由因緣來安排。例如此爻，雖然付出努力，卻只捕獲較小的獵物。可見，收穫的多少，並不完全由努力所決定，也要看因緣配不配合。

六三，係丈夫，失小子，隨有求得，利居貞。

三爻與二爻結果相反，抓到大的，跑掉小的。

雖說主動追求未必如願，但因緣也有讓你超乎想像的時候。例如此爻，求而得大，不如願的地方只在小處，所以非常幸運。

人的主動努力，無法決定結果。外界的因緣，也無法決定結果。最後的結果，是人的主動性與環境因緣，相互配合而成。人的努力，有時只付出三分，卻得到十分的結果；有時付出十分，卻只得到三分結果。這都是自然的現象，我們不要因此怨天尤人。還好，隨卦有福報，並不會付出十分而毫無所得。

這一爻面對人生的禍福無常，提出一個「利居貞」的建議。意思就是，外界的得失固然無常，但我們的心，卻要有常。不要因為一時的好運，就完全依賴因緣，也不要因為一時的成功，而高估自己的能耐。

隨卦知道人生無法自己作主，因此要與命運虛與委蛇，也要陪因緣遊戲到底。

第一爻的變化，在於打開生命的象限，啟動生機。第二爻追隨因緣，得小失大。第三爻追隨因緣，得大失小。從二、三爻的變化感受中，隨順因緣的人得到「利居貞」的解方。什麼是「利居貞」？就是安住在自己的內在真實之上。

九四，隨有獲，貞凶。有孚，在道以明，何咎？

「隨有獲」是隨順因緣而有收穫。照理說，「有獲」是件好事，為什麼會得到「貞凶」呢？我們說過，凡有「貞」字，就代表那裡有個結，無法直接過去，必須透過領悟，把結解開，才能穿越。

從表面的文字上看，我們找不出「隨有獲」與「貞凶」之間有何因果關係。但如果對比於「隨有求得」的吉象，我們即可看出，「隨有獲」的凶象，應該來自於不求即得與不勞而獲。

如果有人不勞而獲，那就代表整體出現分配不公，賞罰不明的現象。對於不勞而獲的人來說，這也許是吉象，但對整體來說，這卻是凶象。這就是「貞」字需要領悟的地方。

「有孚」是得到他人信任，擁有領導力。「在道以明」是說這種分配不公、賞罰不明的現象，不能等到事後，回到都城裡再解決。必須在打獵的過程中，在返回的路途上，就要立即彌補，重新做出公平的處斷，絕不可拖延。「在道」就是在路上。「以明」就是明其原委，公平處斷。能夠立即改正，迅速補救，這正是有領導力的君王的風範，這樣怎會釀成大錯呢？所以說「何咎」。

這一爻出現「孚」字，表示領導力開始得到重視。原來隨順因緣的人，到了這一爻，終於得到領悟，開始提振志氣，不再受因緣主導，反而以智慧和領導力去開創好的因緣。

「孚」與「明」就是參與因緣的關竅。「孚」是建立人我之間的信任關係；「明」是提升自己的智慧。「孚」相當於安身；「明」相當於立命。兩者如同卦辭的「元亨，利貞」。

九五，孚于嘉，吉。

「嘉」是美的意思。「于」是有的意思。「孚于嘉」就是擁有非常好的領導力與威望。

第四爻的「孚」與「明」是生機躍動，到了第五爻則是展現發展的成果。人不再屈居因緣之下，而是以智慧和領導力翻轉局面，站到因緣之上。

上六，拘係之，乃從維之。王用亨于西山。

隨卦一到三爻，都是消極的隨順因緣，所以呈現吉凶交替出現的情況。第四爻開始，發現問題，積極改革，這就從消極被動，走向積極主動了。

「維」也是「繫」的意思。「亨」是祭祀，也可以等同於「享」，當作饗宴解釋。「西山」是周人開始發展興盛的地方，也是周人祖廟所在。這句話是說，捕得獵物後，妥善綁好，由王獻祭於西山，感謝天地與祖先的保佑賜福。

這一爻是虔誠的祭祀，也可以解釋成犒賞三軍。前者是敬神，後者是敬人。無論敬神或敬人，都是放下自己，把神與人擺在前面，這即是「孚」的表現。因為「孚」對上是得到神明的庇佑，對下則是得到眾人的信任。

隨卦第六爻，算是洗心革面，浪子回頭了。所以親自舉行祭典，也犒勞將士，但神明接不接納他的浪子回頭呢？

持續了那麼久的消極被動，累積下來的問題必定不少。若要真心悔改，一定要徹底清理自己的內心，並重新建立信念與價值。

於是，接下來就輪到「蠱卦」登場了。什麼是「蠱」？蠱是長期累積在內心裡的迷惑與執著。若是真心悔悟，那就讓心中的「蠱」重見陽光吧！

18 蠱卦：習性是一切業力的根源

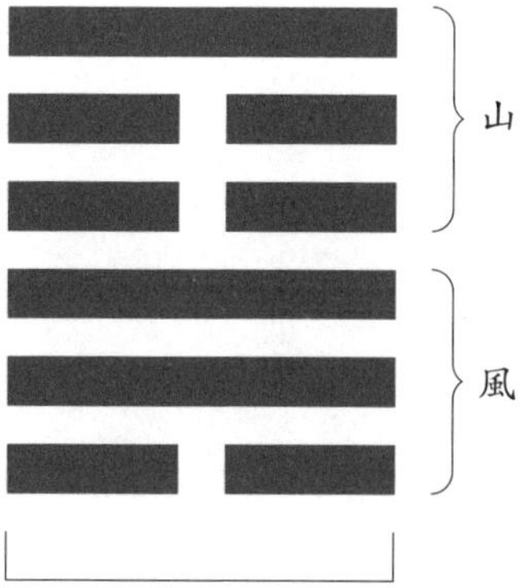

蠱

蠱，元亨，利涉大川。先甲三日，後甲三日。
初六，幹父之蠱，有子考，無咎，厲，終吉。
九二，幹母之蠱，不可貞。
九三，幹父之蠱，小有悔，無大咎。
六四，裕父之蠱，往見吝。
六五，幹父之蠱，用譽。
上九，不事王侯，高尚其事。

《易經》六十四卦，兩兩相對，互為陰陽，等於有三十二組卦。每一組卦的卦象，一正一反，彼此對稱。例如乾、坤一組，代表創造與養育。屯、蒙一組，代表物質生命與精神生命的開展。需、訟一組，代表雙方以利益互相協調，或以正義互相規範。各組的對稱性，非常有次序地前後連續，貫串成天地宇宙的運作規律。

每一組卦的關係，一般稱為「非綜即錯」。也就是不是綜卦，就是錯卦。所謂綜卦，也稱覆卦，即是六爻上下顛倒，第一爻翻上去而成為第六爻，二爻翻成五爻，三爻翻成四爻。所謂錯卦，也稱變卦，即是六爻陰陽互換，陽爻變為陰爻，陰爻變為陽爻。

舉例來說，乾卦六爻皆陽，它的錯卦，即是陽爻變陰爻，成為六爻皆陰，那就是坤卦。乾、坤一組，即是錯卦的關係。再舉例說，謙卦一陽五陰，孤陽落在第三爻，經綜卦顛倒後，孤陽翻轉成第四爻，成為豫卦，因此謙、豫一組，是綜卦的關係。而謙、豫的對稱性，在於謙卦有信仰，而豫卦則信賴自身的能力與智慧。

隨、蠱兩卦也是一組。隨卦上澤下雷，蠱卦上山下風。這一組很有意思，既是綜卦，也是錯卦。與泰、否兩卦的情形一樣。通常，兩卦相錯，就代表兩者路徑相反，但最後則殊途同歸。

舉泰、否一組錯卦為例。泰卦極為通暢，但開展到第五爻的「帝乙歸妹」，代表通暢的背後隱藏著危機，必須謹慎以對。否卦阻礙重重，但努力克服之後，開展到第五爻，代表困難已經克服，前途露出曙光，但要吸取教訓，保持警惕，否則仍會退回之前的逆境。從「福禍相依」的角度來說，兩者即是殊途同歸。又泰卦提醒處於順境中的人，不可怠慢鬆懈；否卦則鼓勵處於逆境中的人，宜於積極奮進。這也可以說是互為表裡。

下面來說蠱卦。

蠱的甲骨文寫成「」，意指器皿上長出蟲子。為何器皿會長蟲子呢？應該是器皿裡裝的食物，久置不食，又未加處理，所以腐敗生蟲了。由此形象引申出來的意義，就是任何事物，如果閒置不用，疏於治理，時間一久，內部必然腐敗變質。

對古人來說，「蠱」就是「腐」，就是變質，就是敗壞。食物放久了會敗壞，同理類推，所有事物放久了，未加整治，也必然會往敗壞的方向發展。

如何防蠱？如何避免敗壞呢？古人認為有兩個方法。一個是保持運作，不要閒置不動。因為運作可以顯示機能，如果機能不順，就知道其中必有問題。第二個方法是去舊更新。因為經常性的運作固然可以防止敗壞，可是也容易累積習性。習性一旦形成，機能雖然依舊運作，但是心態卻越來越僵化，行動越來越墨守成規，於是失去了可貴的創新與應變力量。所以，必須經常保持與新事物的交流互動，同時充滿自覺地變化更新。

習性就是我們被一種固定的行為模式制約了、控制了，自己不但渾然不覺，還自以為是擇善固執，這就是習性。

經常性的運作雖然可以防腐，也可以提早發現結構性問題，可惜不能防止習性產生。而一旦形成習性，要改就很難了。

從這個意義來說，事物的敗壞固然是「蠱」，但在事物順暢運作下養成的習性，一樣也是「蠱」。

敗壞事物的蠱，很容易察覺。養成習性的蠱，則不容易察覺。甚至即使察覺到習性，我們也不願承認它是習性，反而執著認為這才是道理，應該努力維護。這就是蠱之為蠱的厲害之處。

古人用「惑亂」二字解釋「蠱」，所以有「蠱惑」一詞。古人卜到蠱卦，總認為有人把君王迷惑了，讓君王無法分辨真相，所以才造成政事敗壞。其實這是狹義的解釋。廣義來說，認不出習性是習性，反而把它當作道理、理想、價值，盡力維護，這就是蠱，就是迷惑。

春秋時期，有一次秦國想攻打趙國，卜得蠱卦，卜官斷言，出征必贏。想不到，第一仗就失敗了。秦王問卜官怎麼回事？卜官說一堆大道理，結論只有一個，就是繼續打！即使連輸三仗，仍要堅持到底，秋天過後必定大勝。秦王最後相信卜官的話，繼續攻打，結果真的贏了。

當年卜官的一番言詞，內容模糊恍惚，很可能是臨時瞎編出來的一套道理。但是，假設我們穿越歷史，化身為當時的卜官，依照蠱卦本意，我們一樣是要主張堅持戰鬥，不可停止。為什麼？因為蠱卦的真正敵人是內在的習性，而不是外在的對手。所以，此仗的勝敗關鍵，在於能否克服以往累積下來的僵固習性。能克服，就勝利，不能克服，就失敗。

扭轉得了習性，就會勝利，轉不過來，只能認輸。這就是蠱卦的本質。

蠱，元亨，利涉大川。先甲三日，後甲三日。

蠱卦，前人留下的遺產，與承繼者的關係十分糾纏，既是一種恩澤與福報，也是一種沉重的負擔。關鍵全在你承接之後，有沒有能力消化與創新。若沒有能力賦予新的存在意義，在福報中泡久了，負面的業力必慢慢占居上風。

蠱卦的吉，是吉在願意面對長年累積的習性與業力，並加以清理。蠱卦的凶，則是凶在不願面對，也不知如何清理。

清理習性就像排毒。清理的過程十分辛苦，但清理過後就輕鬆了，整個人神清氣爽，知覺敏銳，少去許多不必要的負擔。

回到經文。蠱卦必須面對習性，加以扭轉、克服。所以，經文的「利涉大川」，是要我們不要逃避，勇於面對業力則吉，怯於面對業力則凶。

「先甲三日，後甲三日」這兩句話十分難解，歷代注家也爭辯不休，沒有定論。我們只好採取最通俗的解釋，就是甲日是天干之首，也是一旬之始，適合施行大事。例如頒布政令，或者舉行大祭等。但在實行之前，必須提早三日準備，而在實施之後，又要連續三日觀察後續效應，供作檢討改進之用。換句話說，「先甲三日」是做好準備工作。「後甲三日」是做好核實與檢討的工作。

事前提早準備，事後注意核實，老老實實把一件事從頭到尾做完成，這才是清理習性與業力的正確態度。

初六，幹父之蠱，有子考，無咎，厲，終吉。

蠱卦的卦象，是長子繼承父親事業的情景。父親的事業，既是福報，也是業力。長子只能一併繼承，無法推讓。不過，代代繼承的結果，很容易累積成家族性的巨大業力，想要消除這樣的業力，實在非常複雜，且壓力也極大。一個人的業力，已經不容易承擔了，何況是家族業力。所以卜到蠱卦的人，真的都非常辛苦。

隨卦的消極，類似大企業主的兒子，一般俗稱小開、公子哥兒，或者少主。他們在父親的庇蔭下，事事順心，春風得意，一點壓力也沒有。等到父親老了，必須由他們來承擔家業時，這就進入蠱卦了。

「幹」是作主的意思，也有做事的意思。例如「主幹」、「幹才」等。「幹父」就是繼承父親的事業。「蠱」在這裡是「事」的意思。我也喜歡用「業力」的觀念來解釋「蠱」。因為有「事」必有「業」，有「業」必有「惑」，有「惑」而不加以化解，就會變成「禍」。

「考」有兩個解釋：一是指過世的父親，一是等同於「孝」字。我們採取第二種解釋。「無咎」是沒有過失或災禍。「厲」是危險的意思。「終吉」是過程雖然不順利，但最終仍可完成任務。

「無咎，厲，終吉」三者相連，意思是說，如果有「有子考」，那就「無咎」。如果沒有「有子考」，那就

「厲」。如果沒有，但知事態嚴重，努力彌補，那仍可以「終吉」。

抗日戰爭，對中國來說，也是清理累世業力的蠱卦。沒有這一仗，可能目前中國還處在軍閥割據的分裂狀態，比印度都還不如。

九二，幹母之蠱，不可貞。

在古代，父親的事，大部分是對外的、公開的。母親的事，大部分是私下的、隱密的。公開的事都已經業力重重了，私下的事就更難釐清了。所以說「不可貞」。

「不可貞」在這裡有種不宜探究太深，也不要在理上計較太細的意味。

九三，幹父之蠱，小有悔，無大咎。

蠱卦的一、三、五爻，都帶有積極、進取的性格，但二、四爻則是遇到阻礙，知道不可躁進，所以暫時退讓。如此一張一弛，逐步推進，也應驗了秦國卜官所謂三戰三敗，仍須力戰到底的說法。

第三爻等於第二仗，情況已比第一爻好一些，所以說「小有悔，無大咎」。

其實，在西方有一種企管顧問師，專門幫企業第二代處理接班問題。他們主要的工作就是清理「前朝老臣」，避免他們成為接班障礙。台灣雖然沒有這種顧問師，但父親在安排接班時，也會幫第二代清除老臣。清除的過程，未必顧全公平與尊重，所以常常留下恩怨。有時老臣集體出走，投靠競爭對手，造成接班者的壓力。這就是「小有悔，無大咎」。

六四，裕父之蠱，往見吝。

「裕」是寬裕的意思。「裕父」就是繼承父親事業，但大致沿襲舊制，以較大的包容性，接受現有的一切。換句話說，改革不宜操之過急，有時也必須充滿餘裕，緩緩推進。但是，如果長期包容，完全沒有改變，那也等於換湯不換藥，所以說「往見吝」。「吝」是施展不開的意思。

另一說認為，「裕父之蠱」是指承接父親事業之後，抓不到重點，不知何者當去，何者當留。表面雖然顯出一副寬裕的樣子，其實是不知如何下手整頓，所以說「往見吝」。此說亦可參考。

六五，幹父之蠱，用譽。

「用譽」就是贏得讚許與榮譽。前四爻都很辛苦，一進一退，顛顛簸簸，感覺似乎有整頓不完的事情，以及清理不盡的業力。直到第五爻，這個繼承、整頓與清理才算站穩了腳跟。

第五爻與第一爻，雖然都是「幹父之蠱」，可是第一爻屬於臨危受命，剛剛接手的情況，所以阻礙很多，也充滿危機。但是，第五爻已經歷練過一段不短的時間了，所以方向逐漸明晰，改革也逐漸得心應手。

上九，不事王侯，高尚其事。

這一爻有兩種解釋。一是說，心無所求，潔身自好，繼承父業不是為了表現自己，而是為了盡孝道，完成父親的志願，所以不會發生驅趕老臣的事情，反而更加尊重老臣，與他們同心協力，完成父親遺志。這一過程，至少持續三年。接班人不時向老臣學習請益，直到三年過後，才正式掌權，並安排老臣光榮走下權力台階。

這一種解釋，大約根據《論語》所說的：「三年無改於父之道，可謂孝矣。」意思是說，父親過世後，三年之內，不做人事或施政的重大調整，同時結合老臣之力，努力完成父親生前的志願。如果採用這個解釋，「不事王侯」是指兒子雖然接班，但不做王侯的事，也不認為自己就是掌權者。做事情時，彷彿父親仍在上位，自己只是一個實踐父親遺志的臣子，以此為志向。

另一種解釋是根據伯夷、叔齊的故事。大意是說，孤竹國的君王有很多兒子，大兒子伯夷認為父親比較欣賞老二叔齊，所以請老二繼承父位。老二則認為，依照禮法，應由大哥接位，所以也拒絕接位。最後老大、老二都逃出國境，大臣們只好找老三來接位。這兩位兄弟逃離國門之後，都被周文王奉為上賓。如果採用這一解釋，「不事王侯」就是不擔任王侯的職位，另有志向和抱負。因為實踐了自己的志向，所以孔子稱他們兩人「求仁得仁」。

這兩個說法都可通。但如果要接下一卦的臨卦，我認為第一個解釋會更好。

總結來說，蠱卦告訴我們，福報與業力相伴而生，無法切割。你提升得起智慧，轉化得了習性，業力當下就變成福報。你若轉化不了，反而沉淪下墮，福報就成了業力。

蠱卦的第六爻還告訴我們，切斷聯繫的臍帶，不忮不求，走上自己生命的道路，這也是一種清除業力的辦法。

19 臨卦：最好的領導是價值領導

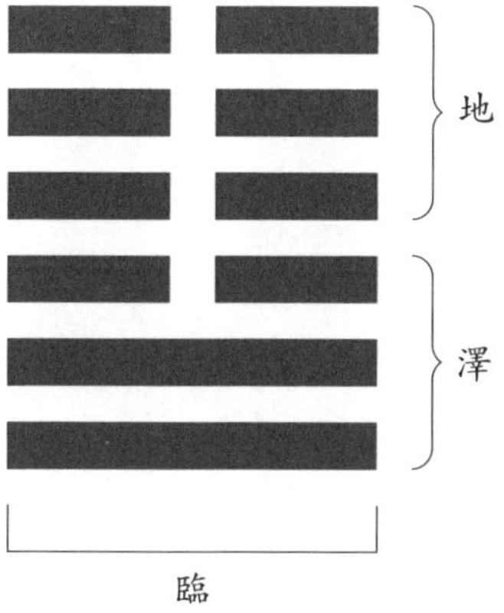

臨，元亨，利貞。至于八月有凶。
初九，咸臨，貞吉。
九二，咸臨，吉，無不利。
六三，甘臨，無攸利。既憂之，無咎。
六四，至臨，無咎。
六五，知臨，大君之宜，吉。
上六，敦臨，吉，無咎。

《易經》對世界的看法，第一個就是肯定相對性，肯定變化。因為在相對、變化的背後，才有階梯般向上開展的道路。過去我們講解《易經》，比較重視個別的卦象，但現在越學越多了，我們也要慢慢懂得相對性的重要。善於結合兩者，才能把握人類生命活動的整體面貌。

六十四卦各有特質，又包含三十二種相對性，有些卦積極，有些卦消極；有些偏向物質，也有些偏向精神；有些向內凝聚，又有些則向外擴張。換句話說，每一卦都各有偏好，都不是最圓滿、最自足、最平衡的狀態。所以，每個卦都想朝向自己所缺少的部分運動。乾卦想朝坤卦的方向運動，坤卦也想往乾卦的地方運動。雙方都想透過這種流動轉化，讓自己達到平衡與完美。

蠱卦第六爻說：「不事王侯，高尚其事」大意是說，繼承大位的人，前三年不敢專權，恭敬對待父親身邊的老臣，彷彿父親還在位一般，只把自己當成一個完成國君遺願的臣子。這樣謙虛而認真的繼位者，首先要向老臣學習治國之道，傳承經驗，保持接班換代的權力和諧。有了這一層鋪墊，才能順利推動新政，進行改革。於是，緊接在後的要務，就是親近基層，訪查民情，獲取臣民的信任。所以，臨卦緊接在蠱卦之後。因為，「臨」就是上位者親近下位者的意思。

臨，元亨，利貞。至于八月有凶。

臨卦的上卦是坤地，下卦是兌澤。地略高於澤，又與澤相親，這就形成「臨」的基本意思，也就是指「親近」。

其次，臨的金文寫成「」。這個字的上半部是人的眼睛往下看，下半部則是三滴水。也有人說，這不是三滴水，而是三個小孩，代表君王的眼睛向下看著他的子民。

《說文解字》提供了另一條線索。他以「監臨」解釋「臨」，又以「臨下」解釋「監」。這等於在說「監」就是「臨」，「臨」就是「監」，兩字意義相通。

「監」的甲骨文與金文，分別寫成「」與「」。拿來與「臨」字對比一下，我們可以看出，「臨」字應該是在「監」字的基礎上，發展出來的新字。因為「監」的圖像意義很明確，代表一個人看著盛在器皿裡的水，這就是「以水為鏡」、「自己看自己」、「省察反省」的意思。後來因為發展出銅鏡，所以「監」加上金字邊，成為「鑒」或「鑑」。《尚書．酒誥》中有一段文字，是周武王引古人的話勉勵弟弟康叔：「人無於水監，當於民監。」大意是說，不要只知道拿水當作鏡子使用，更要知道人民的反應才是施政好壞的真正鏡子。

這一句古代流傳下來的話，正好反映在「監」與「臨」這兩個字的字形上。「監」是以水為鏡，「臨」則是以民為鏡。

原來「監」字的本義就是以水為鏡，觀看自己，改正缺點。到後來意義轉變了，變成「臨」字，也就是透過與他人的接觸，從他人的反應中，看到自己的優缺點。再接著，又發展出「借鑑」的意思，也就是藉由觀察他人的優缺點，作為自己學習改進的參考。最後，再進一步變成「監督」的意思，這時的「監」字，已經不是為了改正自己的缺點了，而是觀看別人，並「監督」別人改正他們的缺點。

「臨」字還保留另一層意思，就是靠近、親近你所要觀察的對象。因為靠近才能看得仔細。因此，「臨」字引申出「面對」、「親近」、「遇到」的意思。例如《論語》說「臨事而懼」，這個「臨」字就是面對、遇到的意思。

綜合來看，臨卦的卦象，大概包含了三個層面的意義：

第一個層面的意義比較簡單，就是自上而下的靠近、親近。例如禮賢下士、探訪民瘼，或者與民同樂等等。這都是上位者主動親近下位者，拉近雙方距離的作為。

第二層意義，就是監看、巡查、考察的意思。上位者到基層巡視觀看，若看到缺點，立刻要求改善，若看到優點，則給予嘉獎賞賜。這種上下階層的賞罰互動，如果使用得當，也可以迅速增進人民對領導者的信任。

此外，還有第三層意義，就是自觀自照、省察反省、自我要求的意思。上位者到基層了解實際情況，便可以知道自己的施政是否有問題，是否需要修正。

古人認為，當一個君王在巡視民情的時候，他所看到的現象，無論好壞優劣，除了反映出人民的實況外，更是反映了這位君王的主觀內在狀態。例如民風奢靡，這不是人民真的喜歡奢靡，而是宮廷先帶領了奢靡之風，或者君王自己喜歡奢靡，人民才有樣學樣，受其影響。同樣地，人民貪婪怯懦或勤懇好義，主要也是反映了君王的內心狀態。

所以，君王在視察中的所見所聞，與其說目的在於督導賞罰，倒不如說是為了自我省察、自我檢視，更為直接恰當。

臨卦的卦辭與隨卦相同，也是「元亨，利貞」。《易經》總共出現六次「元亨，利貞」，分別是乾、屯、隨、臨、无妄與革卦。其中，乾、屯、革可以看成一組。這三卦都有力爭上游、努力不懈的味道。所以，當我們看到「元亨，利貞」時，不要太早高興，因為這不代表一帆風順，有時反而會更加辛苦。另外三卦是隨、臨、无妄。這一組則帶有自我省察的味道。這表示我們要做的事，首先不是向外奔波勞苦，而是向內的反省自照。

「至于八月有凶」這一句，和「先甲三日，後甲三日」一樣，都是兩千多年來無人能解的公案。眾說紛紜，莫衷一是。如果有人把歷代不同見解收集起來，我相信可以寫成一本厚厚的論文。

傳統的解釋，從十二消息卦入手，認為臨卦代表十二月，觀卦代表八月，兩者正好是綜卦。臨卦的陽氣逐漸興盛，觀卦的陽氣則接近消亡，所以說八月有凶。如果這個說法正確，那麼剝卦的陽氣比觀卦還微弱，剝卦代表九月，為何不說九月有凶呢？

另一解釋，認為「至于八月有凶」是指卜得此卦後，歷經八個月，事態將由吉轉凶。但就文法來看，「至于八月」明明沒有歷經八個月的意思，所以這個說法也有硬拗之嫌。

兩個傳統解釋都無法令人滿意，而其他注釋也難以服人。沒有辦法，我只好自己提供另一個新的解釋途徑。

我認為，「臨」字既然有「監」的意思，那就可能與周初的一段歷史有關。什麼歷史呢？就是周武王打敗商紂之後，把自己的三弟管叔，以及另外兩個較小的弟弟蔡叔與霍叔，封在商人舊貴族的周邊當諸侯，臨近監管，防止商人叛變，歷史上稱為「三監」。

武王封完三個弟弟之後，沒隔兩年，自己就過世了，王位由未成年的兒子成王繼位，並由武王的四弟周公輔佐攝政。這個安排令三弟管叔相當不滿。因為論輩分，他比周公大，為何不是由他攝政呢？於是，他結合兩個弟弟及商朝的貴族，一起發動叛亂，史稱「三監之亂」。

為了平定這場叛變，周公領兵親征，戰爭規模不下於武王伐紂。最後，周公花了三年才弭平叛亂。可貴的是，平亂之後的周公，雖然威望如日中天，軍政大權一身獨攬，但他卻無私地將全部權力交還成王，自己專心制禮作樂，從事制度規劃與文化教育的工作。這等於辭去行政院長兼國防部長與參謀總長的職位，轉任研考會主委兼文化部部長。這樣的功業，以及這樣的人格，讓周公成為孔子終生嚮往的典範。孔子曾因為自己很久沒夢見周公，懷疑自己是不是老了，無法再為理想而奮鬥了。這個典故到今天我們仍在使用，把睡覺戲稱為「夢周公」。

我認為「至于八月有凶」這句話，指的就是「三監之亂」。臨的本義是監。而周朝派人監理商人，被監督的沒叛亂，反而是監督別人的發生內鬨，引起叛亂。很可能這場叛亂就發生於八月，所以說「至于八月有凶」。

當然，目前沒有證據證明這次叛亂一定發生於八月。但是，依照古人的生產節奏，八月是秋收的季節，農忙過後，人力充足，此時舉兵起事，應屬合理推斷。

按照這個脈絡來說，「至于八月有凶」應該解釋成：自己內部沒有先整合好，就冒然想去整合他人；自己沒把自己監督好，反而去監督別人。這樣的監管與領導，最後一定會搞出大麻煩。翻譯成大白話就是：刮別人鬍子之前，要先把自己的鬍子刮乾淨。你自己的鬍子都沒刮乾淨，有什麼資格刮別人的鬍子呢？又如何來領導別人呢？

初九，咸臨，貞吉。

「咸」是「感」的意思。古代「咸」、「感」兩字相通。《易經》另有咸卦，代表男女心意互相感通的意思。此處的「咸」，是指上位者與基層的互相感通。

《易經》最重視感通，因為有感通，信息才能流動，生命才有變化提升的機會。我們讀《易經》，不能沒有感通力。我們想把工作做好，也不能沒有感通力。感通力強的人，可以看清趨勢，把握重點，比較適合當領導者。感通力弱的人，最好當副手就好，不要做太多決策。

感通能力，有接收外界訊息與接收內在訊息兩個方面。然而，向外的感通能力，常常建立在向內感通的基礎之上。無法覺察自己內在狀態，無法反省自己內心分裂與矛盾的人，很難擁有準確的向外感通能力。

這一爻的吉，是吉在上位者的反觀自照，洞悉自己的內心。因為理解別人的第一步，就是好好地理解自己。

第一爻的「咸」，也可以解釋為人緣好、容易與人親近的意思。作為一個主管，如果沒有官架子，那麼下屬就比較願意與他溝通，並反應真實的問題。如果官威太大，高高在上，那麼下屬連真話也不敢向他說了，何況解決問題。做好主管的第一步，就是下屬願意向你反應真實情況。

九二，咸臨，吉，無不利。

《易經》通例，凡不同爻使用相同爻辭，其意義必不相同。且爻辭相同時，一般出現在不相鄰的兩爻。此處兩爻相鄰，又都是「咸臨」，讓人懷疑其中可能有傳抄上的錯誤。

合理的推測是，其中一個「咸臨」，可能是「威臨」之誤。因為「咸」、「威」兩字的字形非常接近，意義則相反，很容易弄錯。也就是說，其中一爻是「立威」，是「可敬」。另一爻則是「立德」，是「可親」。

如果不接受這個說法，仍堅持兩爻都是「咸臨」，那麼第一爻的「咸臨」，是指勤於接觸基層，獲得民心，也了解民心。第二爻的「咸臨」則偏重在，掌握民心之後，開始擬訂工作計畫，領導人民，解決關乎民生的重大問題，讓人民生活得到改善。第一爻重點在取得精神面的信任，第二爻的重點則在做出利益人民的具體成績。

《孫子兵法》說，評估戰爭勝敗的五個原則是「道、天、地、將、法」。什麼是「道」？孫子解釋說：「道者，令民與上同意，可與之死，可與之生，而不畏危。」簡單說，道就是上下一心，利害一致，目標一致。

第二爻的咸臨，就相當於《孫子兵法》的「道」。

六三，甘臨，無攸利。既憂之，無咎。

「甘」的意義很豐富，我們簡單歸納成兩種：一是美好、愉快的意思，一是耽溺、沉迷的意思。如果依照第一種解釋，「甘臨」就是上位者盡量滿足下位者的欲求，盡量讓下位者感到愉快、高興。但這種愉快高興，長期來說，未必對整體有利，甚且隱含著巨大的害處。若依照第二個意思，「甘臨」就是耽溺在表面的快樂、舒適中，自我感覺良好，蒙著眼睛過日子，一切等問題爆發後再說。

希臘在遇到債務危機之前，國民五十歲即可退休，然後按月領取優厚退休金，舒舒服服過日子。這個制度曾讓台灣羨慕不已，很想模仿。結果呢？竹籃打水一場空。當時的希臘為何沒有人懷疑這個制度不可能持續呢？有的，我相信一定有，只是懷疑的言論不受歡迎，所以被媒體輿論故意忽視了。

「甘臨」的政治人物絕不願意碰觸棘手的問題，他們只想拖延問題，並把問題甩鍋給別人。所以說「無攸利」。

「既憂之」是看到「甘臨」只會麻痺人心，不能解決問題，所以力圖振作、改變。既然知道憂慮，力圖振作，自然可以「無咎」。

六四，至臨，無咎。

至的甲骨文寫成「」，代表一枝箭射在箭靶上。後來引申為「到」，代表人所在之處，或到達的意思。所以「至臨」就是君王親臨現場的意思。

從前蔣經國很喜歡到各地視察，每到一處，一定問當地首長現在遇到的困難是什麼？然後協調相關單位，現場馬上解決。有一次蔣經國到金門視察，忽然臨時問附近的居民，生活有什麼不方便的地方？對方回答，某處若能修一小橋，省去繞路，那就太好了。蔣經國說，你們提的問題，此地的長官早已注意到，剛才視察時，他已向我報告，所以你們放心，這條橋很快就會建好。其實，那位長官並沒有報告此事，他正站在一旁，臉紅心跳，急忙點頭應允盡快完成工程。

後來，宋楚瑜也效法蔣經國視察的方式，跑遍台灣三百多個鄉鎮，幫各地方解決許多問題，也贏得極高的讚譽。不過，不知為何，這種現場解決問題的視察，現在好像不流行了。

之前有一位行政院院長到某機關視察，官員向院長反應問題，院長生氣的說，你要拿出完整的解決辦法，然後呈文由我來裁定，現在不要跟我反映問題，我是來督導的，不是來跟你們討論問題的。這樣的視察，搶得了新聞版面，卻對解決問題沒有任何幫助。

六五，知臨，大君之宜，吉。

「知」是「智」的意思。國君接近基層的時候，不是一味迎合，而是適時展現智慧，帶動整體效率的提升。這種「智」，主要是把大家帶離問題的相對性與矛盾性，另闢蹊徑，找到新的出路，這才是上位者應該做的事。

我小時候，台北孔廟每年舉行完祭孔大典之後，民眾可以前往祭壇，拔取祭牛身上的「智慧毛」，據說可以帶來智慧，又可使考試亨通等等。此一習俗，傳承了很久，可是，有一次因為拔毛的民眾太多，現場秩序大亂，所以由市長下令，取消拔毛習俗。這實在是最糟糕，也最沒智慧的決定了。

民眾想要有「智慧」，這是很好的習俗，也是很重要的觀光資源，怎麼可以因為秩序問題，說廢就廢呢？如果怕秩序失控，難道不能由義工把「智慧毛」剃下來，用小袋裝好，再供民眾排隊領取嗎？沒聽過有句成語叫「多如牛毛」嗎？牛毛難道還會供不應求嗎？

「大君」即諸侯之君。智慧是君王最應該擁有的特質，故稱「大君之宜」。如果連牛毛之事都搞不定，那就「不宜於大君」了。

上六，敦臨，吉，無咎。

「敦」是「厚」的意思。例如台北有敦化南路，所謂的「敦化」，就是教化的力量滲透得很深，累積得很厚的意思。「敦臨」是說上位者在不在現場，已經沒有差別，因為上位者的教化，已經普及民間，形成氛圍，無論何時何地都發揮著影響力。

成功的企業家有兩種。一種是展現個人聰明才智，為公司賺錢。另一種則是為公司建立一套良好的企業文化，讓公司保持長久的競爭力。前一種屬於「知臨」，後一種則是「敦臨」。

臨卦的第六爻，建立了一種典範，就是他用教化的方式，形成集體的價值觀與「軟實力」。這種實力深藏於每一個人心中，不會「人存政舉，人亡政息」，也不會換了一個領導人就一切歸零。這才是最可貴的領導。

20 觀卦：站到比自己更高的位置來看事情

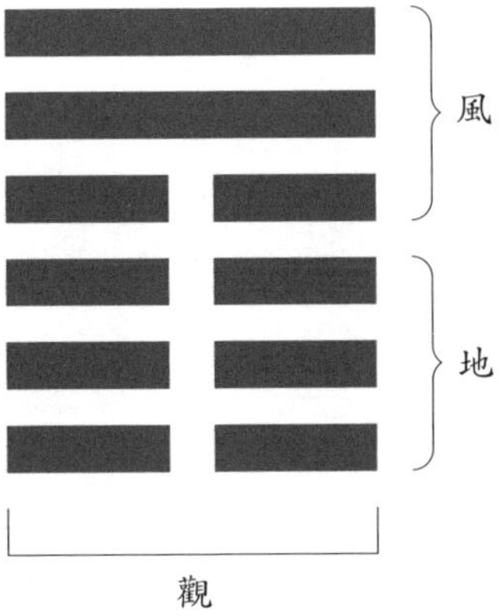

觀，盥而不薦，有孚顒若。
初六，童觀，小人無咎，君子吝。
六二，闚觀，利女貞。
六三，觀我生，進退。
六四，觀國之光，利用賓于王。
九五，觀我生，君子無咎。
上九，觀其生，君子無咎。

臨卦給我們的功課，是在領導別人或督導別人的時候，我們的內心需要先做一番覺察反省的工作，檢視一下自己，有沒有以身作則，有沒有讓自己成為對方學習模仿的對象。

觀卦給我們的功課，是要我們好好向外觀察，看到值得我們學習的對象，便以他為模範，讓自己提升到跟對方一樣的高度。

觀卦的「觀」字，很容易讓人聯想起「觀照」這種修行方法。但其實，真正的「觀照」所對應的卦象，應該是艮卦，而不是觀卦。

所謂的「觀照」，就是靜靜地觀看，不帶評價地觀看。尤其是要看我們內心裡不想被看到的東西。這些東西通常已經被我們用各種心理技巧打包隱藏起來，任誰也認不出來。但是，我們靜靜地觀看，可以慢慢瓦解那個想要隱藏的心，並把所有被隱藏的訊息，在另一個高度，找到重新理解它，也重新接納它或釋放它的方法。這與觀卦的「觀」不同。

我們來看觀卦。

臨、觀是一組綜卦，所以我們可以透過臨卦的反面性質，來了解觀卦。

從卦象上來說，臨卦是由上往下看，代表領導者主動親近基層。這樣的親近，可能是為了解基層所遇到的問題，也可能是為了督導基層的工作績效。而觀卦則與之相反，它是由下往上看，也由內往外看。觀卦類似一個基層幹部，想要把最好的成績展現給上級主管看。這位幹部不斷學習、改進、自我鞭策，無論是不是主管要檢查的項目，都想做出最好的表現。

所以，觀卦的眼睛傾向於看到比自己更高、更好的東西，於是產生學習嚮往之情，並提起改變向上的力量。

「觀」的本義是「雚（ㄍㄨㄢˋ）」，水鳥的意思。甲骨文寫成「」。甲骨文字體上方的兩個口，代表鳥的眼睛，下方則是鳥的翅膀與腳。由於這個字的眼睛形象很突出，所以很多人都認為，這可能不是普通的鳥，而是特指眼睛銳利的猛禽，或者就是指貓頭鷹。

無論是猛禽、貓頭鷹，還是其他的水鳥，總之，這個字強調了一雙銳利的眼睛，可以遠距離看到獵物，飛撲而下，一攫即獲。這就賦予「觀」字一個引申意義，即看得很細微、很準確，使對象無所遁形的意思。

觀，盥而不薦，有孚顒若。

觀卦，看的不一樣，想的就不一樣；想的不一樣，做的也會不一樣。所以，看的方法與角度，決定了感受，決定了目標，也決定了成果。

在卦象上，觀卦用大型祭祀的過程指出「觀」的覺察，如何給人提升的力量。

在古代，祭祀是通神的儀式，程序繁複而莊嚴。過程中，常伴以幽玄深遠的音樂，幫助祭祀者的身心完全投入。當祭祀者虔誠至極，會彷彿感覺神靈就出現在眼前。這時的祭祀者，渾冥忘我，超越語言概念，立足於有形與無形之間。在這個臨界點上，多退一步即落虛無，多進一步即入色身。但在這進退不得的夾縫中，卻又廣大得無邊無際，不可思議。此時的祭祀者，在恍惚中以象傳意，翺翔天地，與神靈往來無礙，並傳遞各種訊息。

旁觀者立於一旁，感受祭祀者的入神狀態。他們雖然自己看不到神明，但在情感上卻已升起強烈的共鳴，完全浸潤在神聖的氛圍中，感動不已。此時，旁觀者感覺自己得到無比的福祐與淨化。

在祭祀者的自觀，與他人的旁觀中，群體的虔誠昇華為一股流動的能量，交織成片，相互感染，最後，人與人的界限消失了。個人跨越了世俗的拘束，融入更大的整體，得到莫大的喜悅、成長與解脫。這樣的「觀」，即是《易傳》所說的「神道設教」。

人類懂得「觀」，懂得敞開自己，放下執著，全然感受，把世界體貼到心上，讓一切訊息自己呈現本末、輕重、先後、高低的自然次序，這即是智慧的本源。

「盥」即「灌」，表面意思是指祭祀者以水淨身的儀式。擴大來說，「盥」是指祭祀的上半場儀式，其內容通常包含三個部份。一是象徵性的淨身。二是以酒澆灌白茅，藉此香氣，邀請鬼神降臨。三是主祭者獻上農作收成，並伴以音樂及舞蹈。全部過程莊嚴肅穆，彷彿神靈即在祭壇前一般。

「薦」是獻上的意思，指獻上牛、羊、豬等牲物祭品。通常進入薦禮階段，神聖氣氛開始減弱，世俗歡樂的氣氛逐漸上升。所以，主祭者做完灌禮，即算禮成，可以離去，不必參加薦禮。

如今的國慶典禮，也分前後兩段，前一段儀式嚴肅，後一段則是較為活潑的表演活動。前一段結束後，司儀宣布「禮成」，總統先離席，其他來賓則繼續觀賞表演。這一安排，即是「灌」、「薦」之禮的遺緒。

「顒」（ㄩㄥˊ）是大的意思。「顒若」即盛大的樣子。「孚」在這裡是指，主祭者透過虔誠的宗教儀式，把族人凝聚在一起，展現極強的向心力。

整句卦辭的意思是說，做完灌禮，即是禮成，主祭者可以不必參加熱鬧的薦禮，這樣更顯得敬神之心隆重且莊嚴。

灌禮的祭品主要是酒或農作物，這些祭品的象徵意義大於實質意義，目的是讓祭祀的焦點，集中在祭祀者與神相通的虔誠專一上。但是，當祭祀進入熱鬧階段，也就是搬出牛、豬、羊等牲物，以及各種令人眼花撩亂的裝飾品等等時，祭祀的焦點，便由與神明的相通，轉移到祭品的豐盛。神聖氣氛就逐漸為世俗的豐收歡樂所取代。

初六，童觀，小人無咎，君子吝。

「童」在蒙卦曾出現過。《易經》的「童」字，有時當僕人的意思，有時當幼小的意思。在這裡，是僕人的意思。

僕人圍繞在主人身邊，整天觀看主人的作為，但他永遠只看到自己想看的，而不明白主人為何要這樣說，這樣做。這就是「有看沒有到」。

西方有一句俗諺，大意是說，每天親近拿破崙的僕人，並不明瞭他的主人為何偉大。這話的意思是說，如果我們只停留在自己的立場、自己的偏好、自己的成見看事情，我們永遠也無法成長。

「小人無咎」是說，對僕人來說，做好分內事情即可，成不成長無所謂，所以即使眼光較為短淺，也不是過錯。「君子吝」則相反，因為君子負有領導眾人的責任，若不求上進，安於卑下的見識，氣度狹窄，久而久之，他就跟僕人沒有分別了。

《易經》對於人的成長與否，有著極為嚴格的標準。

六二，闚觀，利女貞。

六二爻，古代的女子，藏身閨房，從門窗縫隙裡看世界。她們看到的雖然不多，但因為天生的敏感，見微知著，反而可以看得很準確。

「闚」（ㄎㄨㄟ）同「窺」，指從隱密的地方向外看。古代女子無法任意參與各種活動，例如大型祭祀，或者貴賓來訪，未婚女子一般都不能列席。雖然不能參加，但她們仍想知道整個過程，於是躲在窗後，採用「窺視」、「偷看」的辦法來了解。

之前提過的晏子與車夫的故事就是這樣。車夫的妻子躲在窗後觀察，看到先生一副趾高氣昂的樣子，而主人晏子卻非常謙虛，她立刻知道，這個先生沒前途，於是提出離婚要求。這就是「窺觀」。

古人對「窺觀」沒有太多負面評價，反而流傳著很多正面的故事。所以說「利女貞」。這裡用「貞」字，可見「窺觀」是帶有一定智慧的看，跟童觀不是同一個層次。

這一爻，鼓勵君子察納雅言，藉由他人的眼睛，看到自己看不到的地方。

六三，觀我生，進退。

「我生」很難解釋，各種說法都有。傳統解釋認為，「生」是「性」的意思，所以「觀我生」就是覺察我的自性。另一說，認為「生」是指「生民」，所以「觀我生」就是指觀察基層的風俗民情。

《詩經》有「昊天孔昭、我生靡樂」的句子。《尚書》有「我生不有命在天？」的句子。前者的「我生」是指我的生命歷程、我這一輩子。後者的「我生」是指我的命運、際遇。這一爻，我結合《詩經》與《尚書》的解釋，我認為「觀我生」應該解釋為，回顧反省我一生的經歷。

「進退」有兩個意思。一是指合乎禮節。例如《論語》有「應對、進退」，《莊子》有「周旋、進退」，都是符合禮節的意思。另一個意思是用或不用，得志或不得志。受到重用，能力得以發揮，就是進。遭受冷落，不受重視，就是退。這兩個解釋都可通。

整句爻辭的意思可以這樣解釋：回顧自己一生的經歷，有得志的時候，也有不得志的時候，我應當吸取教訓，反省檢討，把這起伏變化，當成人生的階梯，一路調整向上，努力實現心中的理想。

人生一定有順境，也有逆境，我們雖然不一定都能成就外在的事業，但是每一個人都應該成就自己的內在事業。也就是每一個人都應該擁有理想，並實現自己的人生意義。

六四，觀國之光，利用賓于王。

「光」是光輝，既表示外在的場面盛大，也表示內在充滿價值。「觀國之光」是受邀前往大國首都，參加光輝盛大的祭祀典禮，學習對方的文化優點。「賓于王」就是作為君王的貴賓。

無論古今，城市的文明禮節，都是各地爭相模仿的對象。例如「邯鄲學步」這個成語，就是指鄉下人覺得城市人走路的樣子很好看，所以特意跑去學習。此處的「觀國之光」也是帶著學習模仿的心情前往。

這種學習，有時候學得好，青出於藍，有時候學不好，就變成東施效顰了。學得好與不好，關鍵在於能否與我們的內在生命相互契合。如果硬要學一套與自己內在生命無法融合的東西，那就等於牛頭裝在馬嘴上，很可笑了。

九五，觀我生，君子無咎。

這裡又出現一次「觀我生」。根據《易經》的通例，同樣的文辭，出現在不同爻，意思必然不同。

有一首英文老歌叫〈Reflections of My Life〉，可以翻譯成生命的回顧。這首歌回顧的是一場有得有失、有喜有樂的生命過程。最後，歌詞做了兩個結論。一個是「Take me back to my own home」，就是想回到溫暖的家，不想繼續在外面浪蕩漂泊。其次是「I'm changing, arranging, I'm changing, I'm changing everything」，就是他在各方面都想努力改變、調整、提升，不想浪費光陰，白白度過一生。

我借用這首歌來解第三爻與第五爻的「觀我生」。第三爻是處在 changing, arranging 的調整過程。當事人持續努力於自我改變、自我提升。但到了第五爻，當事人已經變成 back to my own home 的狀態，好像已經找到歸宿，也知道自己應該怎麼做了。此時，當事人覺得既對得起自己，也對得起眾生和天地。所以，他不想再流浪尋找，只想自在地過自己的理想生活。這差不多是人找到自己的使命的狀態了。

上九，觀其生，君子無咎。

上九爻的「觀其生」，意指觀眾生，或者觀生民百姓。此時，不是只看自己一生的成就與使命，也要為眾生指引一條光明的大道。這一爻的觀看，不是領導者自己要求自己達到什麼目標，而是領導者希望他的子民也有目標，也有方向。

「觀其生」是要站在天下的高度，看自己的國家該如何提升？以及人民如何提升？而不是站在個人的高度，看自己的事業如何提升？修行如何提升？

個人的提升，重點在精神層面，所以標準比較嚴格。社會整體的提升，重點首先在改善物質條件，然後再進一步提升善良風俗，標準相對寬容許多。

觀卦的第一爻，提醒我們，若心胸不夠開闊，那麼學習的效果也很有限。第二爻要我們重視他者的角度，因為他者的角度最能讓我們看到自己的盲點。第三爻要提高自我要求，給自己設定較高的標準，反省檢討，努力向上。第四爻是開拓視野，向世界學習，也向不同文化背景的對象學習。第五爻是經過不斷向外學習的過程，最後，我們還是要完成自己，讓自己的生命找到意義，讓內心得到圓滿。第六爻是說，對自己的要求可以設定得高一些，但對眾人的要求則要多一些寬容，不宜太高。所謂「嚴以律己，寬以待人」，這樣才能無咎。

21 噬嗑卦：有能力改變自己，才有能力改變他人

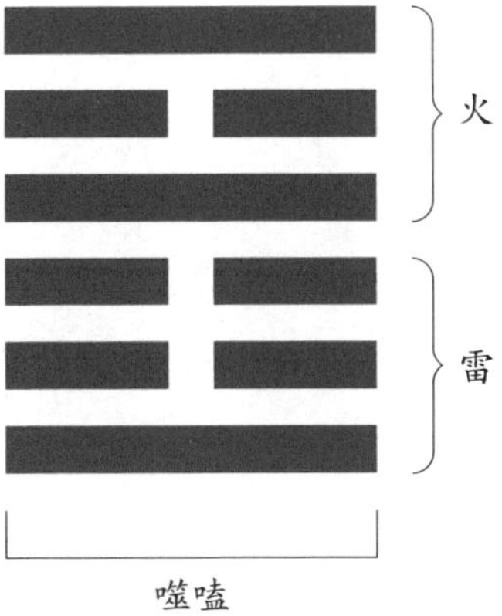

噬嗑，亨，利用獄。
初九，屨校滅趾，無咎。
六二，噬膚，滅鼻，無咎。
六三，噬腊肉，遇毒，小吝，無咎。
九四，噬乾胏，得金矢，利艱貞，吉。
六五，噬乾肉，得黃金，貞厲，無咎。
上九，何校滅耳，凶。

噬（ㄕˋ）嗑（ㄏㄜˊ）的取義，與它的卦形有關。此卦上火下雷，一、四、六爻是陽爻，其餘是陰爻。這個形狀，像是人用上下顎，把口中的食物咬碎。

由咬碎口中食物之形象作引申，則罪犯者受拘束之刑，也符合噬嗑卦的含意。擴大來說，凡事物遇到要接受外力矯正、調整與改造的時候，都適用於噬嗑卦。例如木匠彎曲木料、鐵匠鍛造器具，人的教養、學習等等。

不過，我們要知道，咬碎食物的目的，不是不喜歡這個食物，而是為了更好地把食物消化掉，讓它的營養與我們的身體結合在一起。同樣的，監禁犯人的目的，也不完全著眼於懲罰，而是為了改變犯人的心性與行為，讓他將來重新進入社會之後，可以成為對社會有益的一分子。

「噬」是咬的意思。「嗑」的本字是「盍」，意思同「合」。加上口字邊，「嗑」即代表口中上下牙齒的咬合，所以也有咬的意思。又「嗑」也可以唸成「客」，指用門牙咬破硬物。

我們用口腔咀嚼食物，破壞食物的外型，把它切細割碎，這個過程，是為了方便人體內部的消化吸收。這也是任何外物要進入另一個系統中，或者，任何把異質性的東西變成同質性的東西，中間一定要有的轉換過程。這個過程，我們可以稱之為「同一」或「同化」。

這個「同一」的過程，在古人的心目中，是一件很奇妙，也很神聖的事。

為什麼食物跟你不一樣，但被你吃了之後，會變成你身體的一部分呢？為什麼你所吃的食物會讓你長高、長胖、長肉呢？這件事對現代人來說，毫無神秘可言，但對古人來說，則是生命最深的奧秘。

告子說：「食色性也。」其實，食與色對古人來說，是天地一切奧秘中，最深的奧秘，也是生命一切疑惑中最深的解答。

食，代表異質的東西可以與我合而為一，變成我身體的一部分。色、性愛與生育，代表原本合一的東西，也可以生育出異質的新個體。這兩件事情，一分一合，一正一反，一滅一生，代表天地宇宙的神聖法則。

「食」與「色」是人類文化中最基本的分合變化，人以此為基礎而成就夫婦、成就家庭，成就血緣相連的倫理關係，並以此為基礎而成就人間的一切秩序。所謂「君子之道，造端乎夫婦」，指的就是這件事。

對古人來說，「同一」的過程，充滿宗教情感。他們一想到「同一」，直覺就會認為是指人與神或靈的「同一」。

我們看商代的青銅器與玉器，有很多「虎噬人」的主題。用今天的觀念看，會覺得這種意象血淋淋地，很殘忍。但對古人來說，這卻是一個非常神聖的主題。人被虎吃了，代表這個人成為虎神的一部分。甚至，此人的精神將因此得到提升，與虎神合為一體。

如今，北方人仍喜歡幫小孩戴一頂虎帽，用以避邪。它的象徵意義是說，這個小孩已歸虎神所有，其他邪祟若敢來搶食，將受到虎神的報復。這即是「虎噬人」神聖意象的轉型應用。

「噬嗑」的表面意義是把口中的食物咬碎吞下，但它的宗教意義則是讓個體生命瓦解、消失、滅亡，借此融入整體，與更高的神靈合而為一，並在更高的層次上獲得重生。

這一過程，幾乎與各種宗教的修行歷程完全吻合。世俗意義的肉體、意識，必須透過某種方式完全被破壞、粉碎、清除，彷彿徹底死過一次，之後才能毫無阻礙地與神聖合為一體，並重新贏回生命。

到了周代，社會逐漸理性化，原始的神話意義慢慢流失，「噬嗑」便向下轉型，成為社會刑罰的意義。把犯罪視為「拒絕與社會融為一體」的異質行為。此時，代表神聖性，也代表社會整體的權力者，就會對犯罪者進行強迫性的改造，並重新塑造犯罪者的身體與心靈狀態。

早期服過兵役的人都知道，新兵入伍的第一周，所有訓練的目的，就是全力摧毀受訓者的自我認同、自我尊嚴、自我價值，讓你回到生命最赤裸裸的虛無狀態。為什麼要這樣做？因為他要瓦解掉「你」所認定的、所堅持的、所相信的那個「你」，要打掉你意識中的價值執著，這樣才能重新植入訊息，讓你融入軍隊整體，建立全新的認同。

新兵訓練的過程，就是一個摧毀「自我」的過程，過程有如禪宗的訓練，讓生命完全失去依傍，怎麼做都不對，怎麼反應都要受罰，直接把你逼到牆角，毫無退路，這時你的自我意識被剝得乾乾淨淨，只剩原始的生命本能。

當一個人的自我意識完全被摧毀後，會生出兩個反應。一個是生命潛能被激發出來，生命力量得到提升。這個提升，部份彌補了喪失自我的失落感。另一個是價值感被抽空後，孤獨與虛無的情緒會突然升高。個體此時會急於尋找比他更大、更強的整體來依靠或融入，以消除心中的不安全感。

這兩個反應，彼此矛盾，但又同時存在，同時作用。禪宗的方法是把你逼到這一境地後，仍持續保持這兩個反應的張力，直到把你弄到疲累不堪，無路可走。然後，你的生命突然找到解方，靈光乍現，兩邊同時放下，一切可有可無，只認取意識源頭處的第一念清明。這就稱為「破參」。

在新兵訓練中，當進行到了這一步，也就是你處於極度脆弱狀態，並主動向外尋找強大的認同對象時，他就順勢給你集體性的認同對象，同時用權力來獎賞你，逐步加深你的認同，這樣，整個改造程序就不露痕跡地完成了。

我在新兵訓練期間，很幸運地遇到一位指揮官，他在訓話時，要求我們像少林武僧一樣，用整個身心，接受這一切磨練。我不知道當時他是不是在開玩笑，但是，我很認真地聽進去了。我發覺自己一邊承受痛苦，一邊也感受到生命力量的提升。然後，在生命力提高到某一程度時，我突然明白，兩邊都只是遊戲，其實兩邊都可以一起放下。

噬嗑，亨，利用獄。

人間的刑罰，有如降魔，要真的降得了魔，破得了魔，才能「轉魔入正」，使對方進入正法，貢獻他有益於眾生的力量。如果破不了魔，那就要小心了，很可能你會與對方一起墮入魔道。

「獄」在這裡是指刑罰。早期的刑罰是為了製造痛苦、引起恐懼。但是，只從痛苦和恐懼著手，並無法真正降伏對方，甚至會引起反感，造成隱藏性的長期對立。

要知道，「獄」只是手段，目標在於能否轉化對方內心的價值觀。轉化得了，這個「獄」才是有益有利的，也才可以說是「利用獄」。

初九，屨校滅趾，無咎。

初九爻，校正生命的方向，需要帶一點強制性。限制、禁止、拘束、痛苦，有時皆屬必要。只有在限制中找到自由的人，才能享有真正的自由。在限制中找不到自由的人，一旦擁有自由，只會覺得無聊。

「屨」（ㄐㄩˋ）本來指鞋子，這裡當動詞，是穿戴的意思。「校」是木製的刑具，用來拘束身體，使其行動不便。「屨校」是戴上縛腳的刑具。「滅」是隱沒、看不見的意思。「趾」是腳趾，也可以指整個腳板。因為刑具的體積比腳大，足以遮住腳板，故用「滅」字。

這一描述，表面上是說腳被刑具銬住，其實是指罪行不重，所以只以限制其行動作為處罰。只要犯罪者真心悔改，幾日後便可以還他自由。

六二，噬膚，滅鼻，無咎。

「噬」是咬。「膚」是肉，也可以解釋為肥肉。整句話是說，一口咬下肥肉，毫無阻礙，連鼻子都埋入肥肉堆中了。

頭尾兩爻，都是刑具的意象，象徵對犯罪者的矯正。中間四爻，都是咬食的意象，象徵犯罪者與矯正者的互動關係。

此爻以肥肉比喻犯罪者，表示犯罪者對任何訓誡都不加抵抗，樂於改過遷善。不過，這也可能是太極拳的手法，讓管束者的力氣耗散在無對象可施的虛空中。

誰都知道肥肉軟嫩，容易入口，但吃到肚子後能否消化得來，那便因人而異了。

六三，噬腊肉，遇毒，小吝，無咎。

「腊肉」即臘肉，指經過醃製乾燥的肉品。臘肉在醃製過程，可能因環境潮溼或保存不當而受到汙染，產生毒素，誤食後將引起身體不適。這雖然是件壞事，但情況並不嚴重，下次多加小心，即可避免重蹈覆轍。故說「小吝」、「無咎」。

「遇毒」在這裡是指下位者對領導者的反抗、反撲。但我喜歡把它比喻成老師與學生的關係。

老師絕不是一個安全的職業，相反地，這是非常危險的職業。想不弄濕腳，又想拉起掉到水裡的人，那是不可能的事。老師常常要站在一個更危險的地方，才能拉起一個遇到危險的學生。

這一爻的「遇毒」，我傾向於把它想成是「試毒」。老師與學生的關係，沒有固定的模式，何者優、何者劣，都要反覆嘗試，歷盡挫折與失敗，最後才「神農嚐百草」般地找到一帖對症的藥方。

九四，噬乾胏，得金矢，利艱貞，吉。

九四爻，生命的規訓與調整，每一步都是困難的，每一步都是危險的，但在當下，我們卻又不知困難，不覺危險，勇敢向前。只等到劫波度過，回頭一望，才驚覺自己是如此幸運，竟平安地穿越這麼多難關。

這就像吃乾肉，肉質既硬，肉中又有骨，非常難以啃食，所以吃的時候自然要謹慎小心。

「胏」（ㄗˇ）是指帶有硬骨的肉。「金」是指金屬。在商周時代，指的就是鎳、銅、錫的青銅合金。「矢」是箭。「金矢」是指打獵時留於動物身上的金屬箭頭。整句話是說：啃一塊乾肉，肉中還帶著硬骨，因為很不好啃，所以特別謹慎。這時，咬到一塊金屬箭頭，還好之前每一口都很謹慎，所以沒有傷到牙齒，也沒有吞入腹中，讓人暗中慶幸。感覺既像躲過一劫，又像是意外的收穫。

吃帶骨頭的乾肉，不能張口大嚼，看似受到限制，但也正因為這份小心，讓他發現肉中有一個箭頭。古代金屬的價值很高，所以咬到箭頭，也算是意外的收穫。

「利艱貞」在這裡有一種凡走過艱困，必有回報的意味。也象徵貴族在管理人民時，必須非常謹慎，不可任性。

這一爻是全卦最好的一爻，原因是你避開了對方的骨，又把對方心裡的刺給挑了出來，讓對方得到釋放。

老師與學生的關係就是這樣，如果老師破解不了學生，不但無法讓學生成長，恐怕連老師自己都會一起墮落下沉。如果破解了對方，又讓對方得到成長，其實，老師的收穫有時會比學生更多。

讀此爻，讓我想起宮崎駿卡通《神隱少女》裡面，千尋為河神拔除身上鐵刺的那一幕。

六五，噬乾肉，得黃金，貞厲，無咎。

「黃金」是指青銅，因為全新的青銅是金黃色的。「黃金」開始用來指金子，要等到戰國末期以後，才慢慢成立。

不說金矢，改說黃金，表示這是個不成形的箭頭破片。乾肉無骨，咀嚼時可能失去防備，若肉中帶有不成形的金屬碎片，很容易誤食，吞入腹中，或者咬裂牙齒，所以說「貞厲」。但了解危險之後，提高戒備，也就不會真的發生危害了。

肉中的金屬碎片，象徵著潛藏未發的問題。這一爻似乎在告誡我們，在不知道問題出在哪裡之前，千萬不要出重手，否則只會傷到自己。

三、四、五爻的意象都是吃乾肉。若吃的時候不仔細分辨外觀，則有遇毒的危險。若吃的時候隨意咀嚼，則有咬到金屬的危險。牙齒原是用來「咬破」食物，現在卻反被食物中的金屬「破齒」，這就是「厲」。因為刑罰永遠是一把雙面刃，如果使用不當，既會傷害對方，也會傷害自己。

刑罰，只有在提升了對方的情形下，才不會反過來傷到施刑者，而且還可以讓雙方同時受益。

但能不能提升對方，這絕不是一廂情願的事。電影《臥虎藏龍》裡的李慕白與玉嬌龍，把這層師生關係的危險性刻劃得非常傳神。

最後，如果老師用盡一切方法也「破解」不了對方，那麼老師可以認輸放棄，讓自己在能量上承受部分損傷（俞秀蓮扮演的角色）。或者，他願意死嗑到底，把命都豁出去（李慕白扮演的角色）。無論選擇哪一種，都有難度，也都有危險。

說到底，生命的成長，本來就是一件危險的事。有如履卦所說，行走在老虎搖擺的尾巴旁邊。

上九，何校滅耳，凶。

上九爻，有些人，自尊極高，沒有人調得動，如果這樣，那就放手吧，別管了，隨他去吧。老天的事只能交給老天出手。但老天不出手則已，一出手必然既重且猛，毫無情面可講，也毫無憐憫之心。

「何」（ㄏㄜˋ）等同「荷」，是以肩膀承擔的意思。「耳」指耳朵，但也可以擴大引申為頭部。整句話是說：肩上扛著套住頭部的枷鎖，這表示犯了重罪，枷鎖非常大，彷彿把犯人的頭部都淹沒了。

噬嗑卦的六爻之中，此爻最為凶險。因為經歷各爻的矯正後，依然故我，毫無改變的可能，那就只能使用極端手段了。

噬嗑卦的前四爻都能改造成功，第五爻開始遇到困難，第六爻則宣告失敗，這就是老子說的：「民不畏死，奈何以死懼之？」到了這種地步，刑罰已經無法「破」了，怎麼辦呢？硬的不行，那就來軟的吧！所以，下一卦便由「賁」卦登場。

「賁」是什麼意思呢？「賁」是把各種顏色的貝殼串在一起，色彩繽紛，掛在身上作為裝飾，非常好看。「賁」也是把各種花草放在容器裡作為裝飾，讓人看了賞心悅目，有如今天的插花藝術。

如果你無法用否定的方式改變一個人，那就反過來，換用肯定與審美的方式試試看吧！也許在潛移默化中，觸動到對方某一根筋，改變就發生了。

22 賁卦：理想很豐滿，現實很骨感

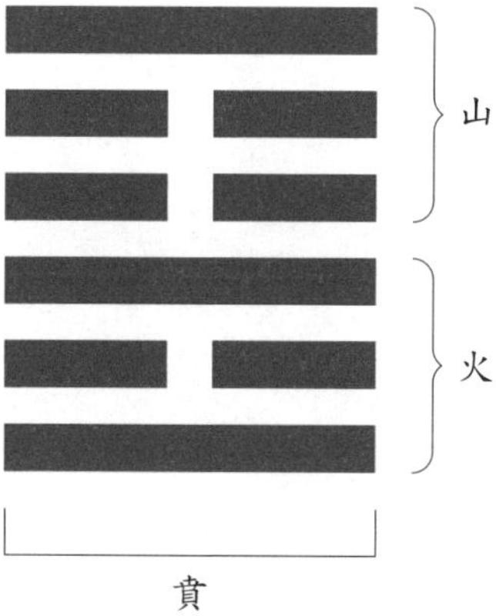

賁，亨，小利有攸往。
初九，賁其趾，舍車而徒。
六二，賁其須。
九三，賁如，濡如，永貞吉。
六四，賁如，皤如，白馬翰如，匪寇，婚媾。
六五，賁于丘園，束帛戔戔，吝，終吉。
上九，白賁，無咎。

「噬嗑」是對方內心裡有生機、有力量，可以開發出來，但被一個東西卡住，動彈不得，所以要使用強力，把阻擋的東西擊碎，這樣才可以讓內在生機順利展現出來。

「賁」（ㄅㄧˋ）則相反，他並沒有被什麼東西卡住，而是內在的生機尚弱，一時還長不出根，發不出芽來。所以，我們不要用強力去擊碎他的保護層，反而要利用外面的獎勵，誘發他內在的生機與力量，讓他慢慢成長壯大。

從前有一位李姓的作家，他要求女兒在美國念碩士，然後跟女兒說，你若能好好取得碩士學位，我就每月給你一筆優渥的生活費，並在畢業後給你買一輛ＢＭＷ的跑車。別人問他為何要這樣做？他說，女兒天資普通，長相一般，又不愛讀書，如果沒有一個唬人的學位，將來很難跟別人競爭。所以，他不惜重金「利誘」女兒取得學位，並認為這個學位是此生送給女兒最好的禮物。這位父親這樣做，其實就是用賁卦的方法，努力改變女兒。

從卦型來看，「噬嗑」與「賁」都是從頤卦的形狀變化而來。頤卦的形狀像人口，上下兩個陽爻代表上顎與下顎，中間四個陰爻代表口腔。噬嗑卦是把頤卦的第四爻，由陰爻改為陽爻，代表人口中出現一物，必須咬破，才能吞入肚中。賁卦則是把頤卦的第三爻，由陰爻改為陽爻，這也代表口中出現一物，可是，這並不是外物，而是口腔中的舌頭。

口中的外物，代表食物，可以咬破吞下。但是，口中的舌頭則不能吃。舌頭雖然不能吃，但卻是言談說話、表情達意不可或缺的器官。把食物吃下去，代表把異質的東西同質化。把語言說出來，某種程度表示把同質的東西異質化。這兩個作用恰恰相反。

所以，賁卦的語言功能，是一種創造，創造出與我們自身不同的新東西出來。例如我有一個朋友，發願要把一本《佛陀傳》翻譯出來。雖然這件事尚未發生，但他先用願力的方式，把這件事創造出來，並先表露為語言，讓這語言時不時給自己「往上提」的力量，然後引導出後續的行動，直到語言與現實合而為一。

這樣來看，「發願」在我們身上所帶來的改變，就是賁卦的修行方法。

一般人相信「因果律」。先有因，後有果。但是，對於修行來說，我們要把因果律顛倒過來，變成「果因律」。也就是，「果」在先，「因」在後。或者說，我們要「以果為因」，也要「以因為果」。例如發願的內容，這是「果」，雖然尚未發生，但我們把它拿來當成「因」，讓它主動發生。

修行人是把未來之果，落實在當下，這即是願力的意義。願力就是把因果顛倒過來，先立一個「果」在前面，隨後再慢慢把「因」給補上。

我們回到卦象上。賁卦遇到的困境不是外部有阻礙，而是內在力量不足，提振不起來，以致毫無長進。所以，我們要提供外部的誘因，引導他的內在力量提振起來。

例如你發願每日誦《金剛經》三遍，為期一個月。可是你念了五天，熱情逐漸減退，念不下去了。然後，你給自己找理由，說念經只是形式，重要的還是我們要心存善念等等。結果，你不但違反了所發之願，又毀謗了自己的願。遇到這種情況，賁卦不會立刻否定你，而會告訴你，念經有很大的功德哦，突然不念，太可惜了。賁卦會鼓勵你說，如果每天念很辛苦，那就改為周六、日念吧。如果不想念三次，至少念一次吧。如果真的沒時間念，那麼把網路上別人誦《金剛經》的聲音播放給自己聽，這樣也很好等等。

賁卦是在無窮無盡的花樣中，找到一種適當的形式，把我們內在的力量召喚出來，並讓此內在力量得到開啟與肯定。

賁，亨，小利有攸往。

賁的金文寫成「」，表示在「鼎」的上面放了許多植物，而且堆得高高的、滿滿的。為何要在鼎上放很多植物呢？也許是祭祀時的裝飾，類似插花或盆景。也許是把各式各樣的農作物，堆在一起，放在鼎上，樣貌豐盛，類似客家人的「盆菜」。

總之，「賁」這個字，本義就是很豐盛，很飽滿的樣子。把東西堆得高高的，外觀很突出，很吸引人。所以，凡有「賁」字偏旁的，都有豐盛、飽滿，或者高大的意思。例如「憤」是情緒很激昂，「墳」是土堆隆起，「噴」

是食物從口中爆滿出來等等。

「賁」也讀成「奔」。例如《尚書》說：「武王戎車三百兩，虎賁三百人。」這裡的「虎賁」是指精神飽滿、身材壯碩的勇士。又如《詩經》說：「皎皎白駒、賁然來思。」這裡的「賁」是指很有風采的樣子。由此可知，「賁」字即使讀成「ㄅㄣ」，而不讀成「ㄅㄧˋ」，它的意思也不脫飽滿、豐盛的本義。

賁卦的意義，取象於各種物品盛大且豐富的組合，所以引申出裝飾的意思。

可惜，賁卦因為太豐富、也太容易得到肯定了，所以，當事人很容易耽溺在賁卦的裝飾表象，陶然自得，卻在後續的行動上付之闕如，變成空歡喜一場。

該有行動而沒有行動，不該陶醉於形式卻陶醉於形式，這即是賁卦要扭轉的習性。

賁卦的亨通，來自於形式的靈活變換，也來自於處處肯定的正面態度。但是，後續的行動如果一直跟不上去，那再怎麼肯定，終究是夢幻泡影。所以，賁卦的亨通，是一種助緣的亨通，而不是本質的亨通。贏得小利沒有問題，但不易有大發展。

初九，賁其趾，舍車而徒。

「賁」是裝飾的意思。「趾」是腳趾，也代表腳踝以下的足部。「賁其趾」是在足部作裝飾。至於作什麼裝飾，文字上沒說明。一般猜測是在足部套上腳環與各種裝飾物，走路的時候，各種裝飾物互相碰撞，發出清脆的聲音，十分好聽。另一種猜測是在足部刺青，例如刺上雲紋、鳥紋或獸紋，讓人感覺走路時可以像飛禽走獸一樣輕快。

清朝時期的台灣，各官署或驛站傳遞公文的工作，大多由原住民擔任。他們習慣在傍晚溫度轉涼以後，套上足飾，用跑步的方式工作。跑步時足飾互相碰撞，叮咚作響，聲音由遠而近，又由近而遠，充滿節奏，給當時來台灣出差的內地公務人員，留下難忘的印象。此事可作為「賁其趾」之旁證。

「舍」（ㄕㄜˇ）同捨，棄的意思。「徒」是步行的意思。「舍車而徒」是說有車不坐，選擇步行。為何有車不坐呢？大概有兩種可能。一是會「賁其趾」的人，大多是升斗小民，社會地位不高，所以沒有坐馬車的資格。二是「賁其趾」給當事人一種浪漫的錯覺，認為自己健步如飛，比乘車還快，所以乾脆捨車而行。這裡我傾向採用第二種解釋。

這一爻暗示兩件事情。一是外在的花樣、形式並非真實，不可高估其成效。二是花樣固然不可當真，但花樣的確可以把我們的內在力量提起來，這份被提起來的力量，卻是真實的。

六二，賁其須。

「須」同「鬚」，鬍子的意思。「賁其須」就是修飾自己的鬍子。為何要修飾鬍子呢？也許林肯的故事可以給我們一點啟發。

林肯本來沒有留鬍子。不過，他在競選美國總統的時候，收到一封信，寄信者是一位小女孩。信中表示，非常希望林肯能當選總統，又說，她有四個哥哥，如果林肯能把鬍子留起來，她就能說服哥哥投票給林肯。此外，她還解釋，男人留鬍子會更好看，而所有的女人都喜歡鬍子，她們也會讓丈夫投票給留鬍子的人（當時美國女性並無投票權）。林肯收到信後，如獲至寶，立即留起鬍子。正如小女孩所說，林肯最後成功當選了美國總統。

顯然，在古代社會裡，鬍子代表了男性的美感和雄風。用不同的形式修飾鬍子，也代表了自己的身分地位。

《韓非子》裡有一句話：「目失鏡，則無以正鬚眉」。《莊子》裡也有一句：「水靜則明燭鬚眉」。可見，古代男子也要照鏡子，而且對鏡整理的除了禮服、禮帽是否穿戴得宜外，更重要的是對鬚眉的修飾。

另外，《荀子》也有「伊尹之狀，面無須麋（眉）」的說法。荀子用沒有鬚眉來形容一個男人長相不體面，沒有男子氣概。可見，鬍鬚的修飾，對古人來說，既代表了身分地位，又決定了別人對他的第一印象，實在是太重要了。

對鬍子加以修飾，除了表現美感與地位以外，還有其他實質用途嗎？其實並沒有。荀子以伊尹為例，說他連鬍子和眉毛都長不出來，完全不符一般人對男子的審美標準，但這毫不妨礙他成為一位偉大的政治家。

由此可見，若要給人留下好印象，鬍子的修飾是必要的。雖然一個人外觀美不美，和他有沒有能力、智慧或德行，並無直接關係。但是，俗情如此，我們又怎能與之相背而行呢。

反過來說，一個有能力、有智慧、有德行的人，他的整體外觀，一定是美的。只從鬍子來看，伊尹是醜的。但是，從言談、舉止、儀態、品味、氣質、志向等等整體來看，伊尹的美也必然會受到多數人的肯定。又例如晏子，身材矮小，只從身高標準來看，他是醜的。但是，從整體來看，他的宰相地位，加上他的謙虛、氣度、智慧、禮儀等等，他也是美的。

九三，賁如，濡如，永貞吉。

「如」就是如其所是的樣子。「濡」是沾濕、浸濕的意思，也可以引申為用水清潔某物。「賁如」是指修飾得很美觀。「濡如」是指物體沾濕後，顯現出光亮潤澤的樣子。

但是，修飾的是什麼東西呢？沾濕的又是什麼東西呢？這有三個說法。一是指鬍子、眉毛、頭髮等。二是泛指身體。表示以水清潔身體，並比喻為對自身德行、威儀的修飾。三是泛指一切事物。表示任何東西都應該修飾其外觀。三說皆可通。

這一爻的重點在「濡」字。「濡」固然也是一種修飾，但它和一般的修飾不同。「濡」的修飾隱含著用清水洗去多餘的東西，讓原本的毛髮發出光澤，而不是加上不同的裝飾，遮蓋了原有的毛髮。

「永貞吉」在這裡表達一種價值取向，就是增加外在裝飾的人工美，不如減少裝飾，直接呈現原本事物的本色美。

我們要先認識自己天生擁有的本質、本色美，再以此為基礎，添增人為裝飾，這樣才是最完美的裝飾。千萬不要在沒有本質美的地方，硬撐起一種人造美感，那樣就假了。

第一、二爻都強調修飾外觀的重要，第三爻則除了修飾之外，也注意到本質的重要性。

六四，賁如，皤如，白馬翰如，匪寇，婚媾。

「皤」（ㄆㄛˊ）是白、素的意思。「皤」字在先秦時代很少出現，除了在《左傳》出現一次以外，就是《易經》此爻。但到了漢代，此字出現的機會就大大增加了。

「皤」的造字，一邊是「番」，一邊是「白」。「番」是反覆、多次的意思。所以此字有白之又白的意思，也有許多白色的東西聚集在一起的意思。例如「皤皤」二字連用，通常用來形容老年人的滿頭白髮。

這裡的「皤」是形容「白馬」的毛色。其實，白馬的毛色光潔潤澤，正符合九三爻「濡如」的本質美、本色美。白馬即使沒有太多裝飾，只憑毛色自然散發的光澤，這樣就夠美了，也夠令人心動了。若能再加上裝飾，錦上添花，那就更能增添熱鬧與喜氣了。

「翰」本來是指毛色美麗的雉。又因雉鳥能夠高飛，進而引申為高或快的意思。此處的「翰如」是形容白馬的高大，或者形容白馬潤澤亮潔的毛色。「匪寇，婚媾」是說，迎娶的隊伍聲勢浩大，遠看有如賊寇，近看則一團熱鬧，都為喜事而來。

這一爻是說，白馬的美不僅美在裝飾，更是美在自然散發的精神與毛色。同樣的，迎娶儀式的美好，不能只好在外面的熱鬧，還必須好在內心洋溢的喜氣。

六五，賁于丘園，束帛戔戔，吝，終吉。

「丘園」的字面意思是山坡上的園子。與上一爻聯繫在一起，這個「園」應該是指為了新婚而蓋的新房。「賁于丘園」即裝飾這個新房。

「束帛」是捲成一束的布料，在古代常作為餽贈的禮物。「戔」（ㄐㄧㄢ）是少的意思。凡有「戔」偏旁的字，都有少或薄的意思。例如殘、淺、盞、箋、錢、賤等。錢之所以有薄的意思，是因為以銅為錢幣，厚度較薄的關係。「戔戔」就是非常少。

這一爻是說，夫婦新婚，在山上園子成立新家，因為土地不夠肥沃，財力有限，所以回贈賓客的禮物顯得微薄，但夫妻同心耕耘，未來景況一定會慢慢好轉。其實，裝飾也是要花力氣、消耗資源的。這一爻是資源不足，裝飾了新房，就無力再照顧回贈賓客的禮物了。只好等待將來，耕耘收穫之後，再作彌補了。

這爻暗示，裝飾畢竟是次要的事情，夫妻同心，努力耕耘，才是成家後最重要的事。

上九，白賁，無咎。

上九爻。簡單、樸實、端正才是最好的裝飾。所有花俏的東西，久了都會讓人疲勞。只有簡單的東西，有生機的東西，可以含蘊長久的精神。「白賁」是指取消一切外在的裝飾，完全回歸由內而外的本質美、生機美。這樣真誠純粹，如實呈現，雖然不夠華麗莊嚴，但是回到真正的自己，坦坦蕩蕩，自自在在，又有什麼不好呢？

綜觀賁卦的六爻，可以知道，外表的裝飾固然可以誘導出內心的力量，但最好的裝飾，其實是呈現本質的美好。最好的裝飾，是使本質的特色得到最好的呈現，而不是反客為主，把裝飾當主體，反而把本質淹沒了。

賁卦第六爻，走向「白賁」，也即是掃除一切離開本質的外飾。這樣嚴格標準下的裝飾，其實已經不是裝飾了，而是讓本質與裝飾合為一體。裝飾即本質，本質即裝飾。

23 剝卦：我們人生最重要的東西是什麼？

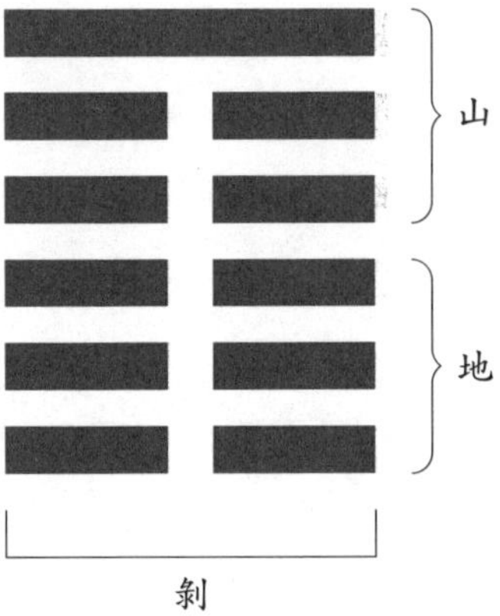

剝，不利有攸往。
初六，剝牀以足，蔑，貞凶。
六二，剝牀以辨，蔑，貞凶。
六三，剝之，無咎。
六四，剝牀以膚，凶。
六五，貫魚以宮人寵，無不利。
上九，碩果不食。君子得輿，小人剝廬。

賁卦重視形式，有好的一面，也有不好的一面。

從好的方面說，形式豐富一點，對內在力量的確有提升、引導的作用。例如我們學習書法，每天臨摹名家法帖，這就是形式的模仿。剛開始，我們寫得不好，但是，長時間反覆練習，我們會熟悉這個名家的字體形式。雖然，這個形式不是我們的，但是，我們模仿之後，也會影響我們自己的字體，產生提升的作用。甚至，我們還可能突破模仿，找到屬於自己的表現風格。這就是用一個超前的形式，教育自己、提升自己，最後再從這個形式脫繭而出，完成轉化，並開始創作屬於自己的形式的過程。

賁卦往好的方向發展，就是超越了自己原有的格局，也提升各方面的能力。但是，賁卦也有不好的一面，那就是形式與本質背道而馳，越走越遠，最後兩個都變成假的。

形式若失去了提升的功能，變成炫耀自己，並迎合他人好惡的面具，這樣的賁卦就只是虛假外殼，不值得肯定了。

當本質與形式，兩者保持一個等量齊觀的高度，這個時候，本質的表現，自然成為形式；而形式的表現，也直接引向本質。於是，形式不再是裝飾的意義，而成為本質的自然顯露。到了這個地步，形式才能說是「白賁」。

「白賁」不是要去除所有裝飾，而是去除一切不必要的裝飾。什麼是不必要的裝飾？凡遠離我們真實相信的事情，就是不必要的裝飾。一個人若能自信地放下不必要的裝飾，就越能看到真實的自己。

因為裝飾永遠帶有兩面性。既想凸顯本質，也想遮蓋本質。既是真的，也是假的。既希望有些地方被看到，又希望有些地方不被看穿。

所以裝飾需要知音來看。唯有知音可以不被這正反兩面所迷惑，既看到對方想表達的，也看到對方不想表達的，還進一步看到對方渴望表達，卻無力表達清楚的東西。

年輕一代的人總想尋找知音，但常常忘了成長。但如果你忘了成長，那麼，你也將永遠遇不到知音。

因為，真正的知音，一定是在成長的道路中，彼此遇見對方。

人生最幸運的事，就是有一個理解你的人，他能看穿你的掩飾，卻也接納你的掩飾，同時，又耐心等待你放下掩飾，成長為真正的自己。因為他接納你的掩飾，你才可以因為這份接納，安心地放下掩飾，然後把力氣用於成長。

掩飾其實是不必要的事情。放下掩飾，不要假裝成某一種樣子，我們就長大了。

下面我們來講剝卦。

「剝」這個字，由「彔」（ㄌㄨˋ）與「刂」組合而成。「彔」的甲骨文寫成「」，代表井上取水的轆轤。所以凡有「彔」偏旁的字，大多有旋轉、取得、獲益的意思。例如「祿」、「碌」、「睩」（ㄌㄨˋ）、「錄」等。

「彔」的本義是用轆轤把井裡面的水取出來，「剝」的直觀意義是把繩子割斷，讓水桶掉落井中。所以「剝」有脫落、分裂、破開、傷害的意思。

《荀子》有一段話說：「不剝脫，不砥厲，則不可以斷繩。剝脫之，砥厲之，則劙（ㄌㄧˊ）盤盂，刎牛馬，忽然耳。」這裡的「劙」，是切割的意思。「盤、盂」都是銅器。整句話是說，冶煉金屬刀劍的時候，要敲打剝脫表面不好的成分，再反覆鍛鍊，這樣的刀劍，其鋒利可以切開銅器，甚至輕輕一劃，瞬間就把牛馬殺了。「剝脫」在這裡就是把雜質去掉，把鐵煉成鋼的意思。

脫落不必要的東西，脫落多餘的東西，讓事物逐漸回歸純粹，逐漸呈現其最有價值的部分，有如煉鐵成鋼，這就是剝卦的寓意。

剝，不利有攸往。

剝卦要人去除一切看似美好的形式，逼人放下一切次要的東西，只保留最核心、最本質的東西。

這個剝落的過程，最先會從財貨開始，讓我們學習放下。然後是我們安居的地方，例如工作、社團、名聲等等。再來是最親近的人，例如父母、配偶、子女、親友等等。接著是健康與自由。等這些全部被迫放下、被迫失去之後，等到我們無依無靠，孤獨無助之後，我們才會感受到，自己的內心，其實還有一個無法失去的東西。我們才會知道，原來內心裏始終有一個真實的東西。只有感受到這個東西之後，我們才真正知道「我是誰？」

剝卦，如果問事業，當然是壞卦。如果問感情，當然也不會有好結果。但如果問修行、問讀書、問生育，那都是好卦。

此處卦辭的「不利有攸往」，是針對現實條件的剝落萎縮而言。但是從理想面來看，此處有剝落，彼處必有成長。如果我們剝落之後，完全沒有成長、沒有提升，那就是剝得不明不白，徒然吃了許多苦，卻什麼也沒學到。

初六，剝牀以足，蔑，貞凶。

古代的「牀」與現在的「床」，完全不是一個概念。舉例來說，三國時代的曹操有個「床頭捉刀人」的故事。大意說，一位匈奴使節來訪，曹操覺得自己身高不及對方，有失體面，就找來一個高頭大馬的部下，假裝是曹操，自己則冒充一名護衛，提刀立於一旁。事後，派人打探對方觀感。匈奴使節說，魏王器宇軒昂，但是身旁那位捉刀人，恐怕更是一位英雄。曹操聽後，先是一陣高興，後來覺得不對，便派人半路埋伏，把這使節殺了。

故事雖然精彩，但要特別探究的是，為何護衛要站在床頭？難道曹操是在寢室接見使節？當然不可能。可見這個床不是睡覺用的床。

原來現代觀念的床，是唐朝末年才逐漸普遍起來。在此之前，床是類似於榻榻米的空間，離地架高，主要用於會客。

唐朝以前，「床」相當於現在的客廳，所以尺寸都很大。一張在湖北出土的戰國時代木床，長約二米三，寬約三米，高約三十公分。會客時，如果賓主有尊卑之分，那主人就扶几端坐在床上，客人則站在床下，或者跪坐在單人的榻上。例如孔子講學，老師坐在床上，學生會每人自備坐榻，在床下排隊坐好。如果賓主的身分地位相當，那主人就會邀請客人一同坐在床上。

晉朝還有一個「東床快婿」的故事，大意是說，某位官員想挑選女婿，派門生去王導家中拜訪，觀察王家子弟哪一位比較優秀。門生回來後說，王家子弟知道是來挑女婿，各個故作矜持，想表現最好的一面，「唯有一郎在床上坦腹臥，如不聞」。當然，最後雀屏中選就是這位東床快婿。這裡的床也不是指睡覺的地方，因為在寢室坦腹而臥，一點也不奇怪。正因為此床乃是會客場所，所以坦腹而臥才顯得非常特別。

「剝牀以足」就是床腳脫落了，或者腐朽了。「蔑」有兩個意思。一是等同於「滅」。一是當作輕視、忽視的意思。我這裡想提供第三種意思，就是清代的段玉裁在註釋《說文解字》時提到的，蔑是細的意思。所以細的木頭也稱為蔑。

如果「蔑」是「滅」的意思，那麼這句爻辭就是指，床腳完全壞了、腐蝕了。如果當作「輕視、忽視」，那就是說，部分床腳已出現毀損的跡象，主人卻忽視不顧。如果當「細」的意思，那就是指，床腳只壞掉一小部分，但很可能會四處蔓延。三說皆可通。我傾向採用第三種解釋。

床腳是整座床的支撐，任何一處的支撐壞了，床就傾斜，無法使用了。這比喻外在的物質條件，是人立身處世的支撐。外在失去支撐，人的內在信念是否還能維持，這是一大考驗。君子與小人的分野，就在這個考驗上，分出高下。

六二，剝牀以辨，蔑，貞凶。

「辨」是床架的意思。也就是聯繫足與足之間的橫梁。「足」與「辨」都是床的主結構，缺一不可。第一爻是床足壞了，第二爻是床樑裂了，這表示床已經不成床了，它的體面、氣派、高貴，隨時可能倒塌崩壞。

如果床架壞了，那麼整張床就剩一張床面而已，等於只剩一張蓆子。如果走到這一步，還要繼續留戀這張床嗎？當然要離開這張床了。

六三，剝之，無咎。

六三爻，讓所有已敗壞的部分徹底死去，讓所有該脫落的部分脫落殆盡，捨棄一切能捨棄的，破釜沉舟，重新歸零。如果你在最壞的情況下仍未被徹底打敗，那就證明未來一定可以重返光榮。

這一爻的「剝」，指的是把已經敗壞的「足」和「辨」通通去掉，只保留床面，當成蓆子來用，這樣反而乾脆，而且也是一種暫時安頓的辦法。

例如有一個薄荷糖的廣告，說一個美麗的女人穿著高跟鞋，結果拐了一下，一隻鞋的腳跟斷了，走也不是，不走也不是。這時，她乾脆把另一隻鞋的鞋跟也掰斷，變成平底鞋，這就脫困而出了。

對於已經剝落的東西，如果還繼續留戀、自憐、放不開手，那就是對自己的二度傷害。不要抱殘守缺，要全心迎向未來，這才顯得瀟脫，別開生面。

六四，剝牀以膚，凶。

「膚」在這裡是指床面。第三爻的瀟脫，把床腳、床架一起丟掉，只留床面，這不失為一個安身的好方法。但到了第四爻，這一暫時安頓的床面也被剝奪了，連個安身之處也沒了，怎麼辦呢？

身若無處可安，「命」還立得住嗎？這又是另一場考驗。

剝卦就是一場又一場的考驗和考試，反覆檢視你最後要成就的那一陽爻，究竟是真的，還是假的。如果是真的，過程中無論失去什麼，通通值得。如果是假的，這個過程就是無謂的磨難了。

六五，貫魚以宮人寵，無不利。

這一爻的解釋，向來紛雜，缺少共識。下面我採用最傳統，也最簡樸的解釋。「貫魚」就是用一根繩子，把許多魚依次串在一起。有句成語叫「貫魚之次」，就是出自這個典故。「以宮人寵」就是「以寵宮人」的倒裝。「宮人」是指宮中的嬪妃或侍妾。

整句爻辭的宗旨，在於建立輕重緩急的次序關係。也就是說，在不斷失去身外之物的過程中，我們才逐漸明白，什麼是重要的，什麼是次要的，什麼是不重要的，這就是建立次序關係。

如果沒有真正的失去，我們就無法分辨價值的先後次序，無法明白生命中什麼是有意義的，什麼是沒有意義的。

「貫魚」的「魚」象徵欲望。「貫」則象徵心中有一條明確的價值中軸線。「宮人」則象徵各種誘惑與欲望。

如果我們心中有一個價值次序，那麼所有的東西，例如財富、名聲、權力、事業、健康、親情、愛情等等，就能各自顯示它們的分量，各自找到位置，形成先後次序，然後安於各自的定位。能用這種方式面對所有事物，便不會迷失方向，也不會衝突傾軋，自亂陣腳。

一到四爻，每一爻都在脫落。到了第五爻，之前的所有脫落，現在要總結出一個成果。這個成果不在外面，而在心中。是什麼呢？就是存在於你心中的真實信念與價值次序。

你想追求什麼呢？你願意放棄什麼呢？誰比較重要？誰是次要？它們的價值次序孰先孰後？你能夠清楚分辨嗎？這就是第五爻的真正意思。

生命最悲慘的情況，是外在的東西脫落殆盡，什麼東西都失去了，但內心仍然一片空白。

剝卦是用所有外在的東西，換得內心一個最真實的基點，一個ground，一個可以安定生命，又擁有價值的地方。擁有這個真實的基點，萬物在我心中便可以重新擺設，各就各位，各安其所，不再互相衝突，互相傾軋。

上九，碩果不食。君子得輿，小人剝廬。

「碩」是大的意思。「碩果」就是很大的果實。這個果，比喻的不是世間的成就，因為世間的成就都可以脫落，脫落到底之後，最終成就出來的，必然是法界的「道果」。

這個「道果」，當然不是拿來吃的。因為所有可以吃的果，都是次要的果，也都可以脫落。這個第六爻的果之所以碩大，正因為我們放下了一切次要的果，全心培養，它才成為不可估量的「道果」。

這就像一棵果樹，我們如果保留每一顆果實，這樣營養就會分散，每顆果實都長得很小。如果我們在結果時，捨棄其中七八成，那麼留下來的果實就會長得又大又飽滿。這就是「碩果」。

「道果」不是拿來吃的，但它給人的好處真是源源不絕。好像「五餅二魚」，可以享用不盡。只不過，這份享用，只有通過考驗的君子能夠體會。如果不是君子，面對這份「道果」，也會棄之如敝屣。

「輿」是車的意思。象徵君子得此「碩果」，可以往來無礙，通行四方，得生命之自由，處處皆可以安身立命。

「廬」是指搭建於田邊的簡陋草棚，作休息或住宿之用。春夏農忙，農人有時就近住在廬中。「小人剝廬」是說，小人只在乎物質收穫，輕視精神價值，所以碩果在前，他也茫然無知。即使遭逢逆境，也無法看到比逆境更高的東西，所以在連番困頓之下，最後一無所有，連僅剩的草房也保不住了。

面對剝卦，小人是一剝到底，徹底地一窮二白。君子則是外面剝光了，內心卻修出「碩果」、「正果」、「道果」，讓一切複雜的東西，都清澈明亮，次序井然。由此回頭再把生命曾經失落的東西，一件一件恢復成原本的樣子。於是，復卦就登場了。

24 復卦：一個好的起點比什麼都重要，因為它決定了終點

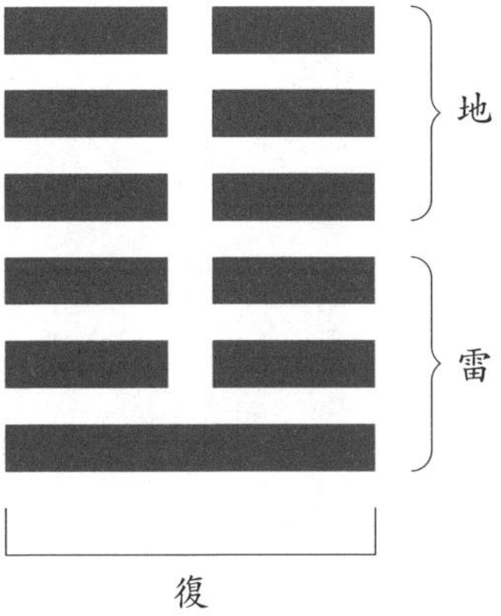

復，亨，出入無疾，朋來無咎，反復其道，七日來復，利有攸往。
初九，不遠復，無祗悔，元吉。
六二，休復，吉。
六三，頻復，厲，無咎。
六四，中行獨復。
六五，敦復，無悔。
上六，迷復，凶。有災眚，用行師，終有大敗，以其國君，凶，至于十年不克征。

剝卦走到第六爻，外在的東西脫落得乾乾淨淨，什麼錢財、地位、名分、人際關係等等，所有可以失去的東西，我們通通放手讓它們離去。此時，從旁人的眼光來看，我們命運悲慘，損失巨大，但是，從靈性的角度來看，我們清楚地知道，只有這些東西脫落後，一個真實、可貴、純粹的東西才會呈現出來。而這個呈現出來的東西，再也不會脫落，再也無法被奪走。因為它就是我們內在最真實的東西。

這份真實的東西，會讓我們知道自己是誰，也會讓我們知道什麼才是最重要的價值，更會讓我們知道未來的道路該往哪裡去。

這份真實的東西，讓我們失去外在有形的福報，卻贏得真實的自己。這份真實的東西，彷彿是神明降下的恩

典，讓我們喜出望外，激動莫名，也會讓我們因為充滿感恩之情而流淚不止。

當我們得到這樣一份珍貴的禮物，並體會到這份禮物的意義，以及它的神聖性，那麼無論之前我們遭受何種損失，何種委屈，何種痛苦，此刻通通得到補償，也通通得到平衡。

人的一生，會發生很多次改變，但是，真正根本性的變化，應該只有一次。那就是發現生命的真正價值，找到真實的自己，看見自性，親證本心。這就是剝卦第六爻所指的「碩果」。

人生一世，憂苦喜樂，各有遭遇，但最後能否不虛此行，不枉此生，關鍵不在你成就多大事業，留下多少遺產，或者葬禮是否風光盛大，而在你的生命是否結成「碩果」，是否證明了自己的意義與價值。

因為，所有生命在回歸天地的時候，世間的東西一樣也帶不走，只能脫落殆盡。就在這最後離去的一刻，有人心懷「碩果」，卻有人滿懷遺憾空虛。生命就在這份差異中，見出真章。

下面我們來講「復」卦。

「復」的本義是先前往他處，然後再返回原處的意思。

復卦是生命找到了一個堅實的基點。有了這個基點之後，一切都是真的。沒有這個基點時，一切都是空洞的，都是假的。

有了這個基點時，無論我們去哪裡，背後都有一個「家」在支持著我們。沒有這個基點，無論我們身在何處，都只是一個沒有根的流浪者。

復卦是我們人生有一個真實的出發點，而這個出發點也是我們心靈的「家」。

如果沒有一個「家」，沒有一個心靈的居所，沒有一個與生命緊密相連的源頭，那我們就不知道身在何處。如果我們不知道身在何處，我們也不會知道我們想走去哪裡，也無法知道我們的方向與目標。

這個「家」，這個「源頭」，指的既是剝卦的第六爻，同時也是復卦的第一爻。

因此，「復」不是待在家裡不出門，而是每一次的出門都知道回家，也記得回家的路。因為，家是生命的根源，是一個充滿能量，也源源不絕提供生機的地方。我們在外面的耗損或傷痕，都可以在回家後，得到撫慰與治療，並得到新能量的補充。

我們會一次又一次地回到源頭，因為那裏是一切美好的誕生地，是意義的起點，也是能量的來源。如果我們曾經有過傷痕，那麼我們只能回到源頭，並再一次從那裡出發，從那裡得到成長。

我們只能因為再一次得到成長而獲得療癒，無法因為只是平撫疼痛而得到療癒。

我們每個人，都可以，也都應該建立一片自己的精神家園。你可以沒有房地產，沒有左右逢源的人際關係，沒有很高的薪資，但不能沒有這片心靈的「秘密基地」。

復，亨，出入無疾，朋來無咎，反復其道，七日來復，利有攸往。

復卦是一種重新開始的決心。

生命處在重大的關卡時，有時需要發生一個斷裂、跳脫與捨棄，以此告別過去，了無牽掛，展開全新的旅程。因為，生命在遇到重大關卡時，若一再委屈調適，一再放慢腳步，一再等待機會，其實這是在拖延並製造新的問題，而不是在解決問題。

斷裂就是在此時此刻，擺脫過往，一刀兩斷，重新開始。告別需要勇氣，斷裂也需要決心，它代表一個新的起點，找到一個重新站穩腳跟的地方。

斷裂，會為我們開啟一段新的旅程，但是，旅程又會使我們生命得到成長與啟發。奇妙的是，這份成長與啟發，又會帶領我們，慢慢回到生命的源頭。於是，斷裂便不再是斷裂，而是另一種回到根源的方法。

「復」既要走出去，又要走回來。只知出去，不知回來，這樣的生命會迷失路途。只知回來，不知走出去，這樣的生命也將因為缺乏歷練而失去力量。

「出入無疾」是指出門在外，不會染病。「朋來無咎」是指在外與人往來，不會得罪於人，犯下過失。這兩句話若作對語看待，則「出入」是指外出所遇到的風霜雨露，或舟車勞頓。「朋來」則是指在外與人的交往應對。

「反復其道」就是出入往來於各條道路上。把這些帶你走向世界，也帶你回家的道路，來回地走，把路況摸得一清二楚，讓路途中的風險降到最低。「七日來復」是指從出門到回家，只花七日，不宜再多。

「出入無疾，朋來無咎」是說給旅人聽的安心話，這不是復卦的重點。復卦的重點在「反復其道」。「反復其道」是指每個人都應該有一條他所熟悉的道路，他知道這條道路會帶他前往哪裡，他也有能力克服這條路上所發生的問題，使得這趟旅程，既可實現自己，又可助益他人。

「七日來復」說法很紛雜，有人從天文曆法上找解說，什麼黃道十二宮，太陽日照角度等等，非常複雜。也有人認為這是古代蘇美人七位星神輪流值日的神話，傳至東方的結果。其實，「七日來復」沒有那麼複雜。簡單說，就是往返一趟，七日完成。本意就是要人不要走太遠。因為走得太遠，就有迷失方向，找不到回家的路的危險。

從修行的角度來說，我們所實踐的事情，必須跟我們的智慧相稱。實踐如同出門遠行，智慧如同從異地返家，所行的遠近，必須與回返的能力相當，這樣才能保持心與行的一致，不會脫離太遠，產生分裂。這即是「七日來復」的本旨。

無論任何事情，外在的開展，必然要與內在的覺察深度，有一個相稱的關係。你「放」的幅度大小，也必須跟「收」的能力大小，有一個適當的比例關係。

這就是說，「去」與「返」的能力必須相稱。不能拼命往遠處跑，卻迷失了回家的路。正反兩種力量，都要具備，才能保持互相校正的關係，這才是完整的復卦。

初九，不遠復，無祇悔，元吉。

「不遠復」與「七日來復」的意思類似。但在距離上，似乎又比「七日來復」更近一些，更保守一些。「祇」（ㄓ）字有些版本寫成「祇」（ㄑㄧˊ）。前者是恭敬的意思，後者是土地神的意思，也引申為大。若採用「祇」

字，那麼「無祇悔」就是不認真、不恭敬則有悔的意思。如果採用「祇」字，那就是沒有太大的悔恨的意思。兩個解釋都可通，我個人傾向於後者。

六二，休復，吉。

「休」是善、好的意思。「休復」就是好好地回去。在恰當的時間，得到恰當的收穫，然後正確地選擇回返的道路。回返之後，重新整頓自己，也準備下一次的出門，展開另一趟旅程。

若一個人選擇長期漂流在外，過著不生根卻浪漫自得的日子，這種人一般稱為「蕩子」。

台灣早期有位文學家，叫作翁鬧。他非常天才，也非常浪漫。因為在台灣生活得很苦悶，所以跑去東京，以唸書為名，其實是想靠寫作在日本文壇闖出一番名號。可惜他的作品並未受到重視，沒多久，手上的積蓄就花光了。後來他找到一份工作，但因為寫情書給女同事而被公司開除。這樣一個充滿理想的文學創作者，失業之後，三餐失去著落，生活全靠朋友接濟，最後病死在東京。這就是走過了頭，迷了路，回不去了。

六三，頻復，厲，無咎。

「頻」同「顰」，是蹙眉、煩憂的意思。「厲」是危險。整句話是說，想回去又不想回去，猶豫不前，悶悶不樂。這樣舉棋不定是危險的。若能放下三心二意，選擇回去，那就可以無咎，避開過失了。

有一次我和朋友同遊東京，對方帶我去上野吃「一蘭拉麵」，然後跟我說，這家店是十年前他的前女友帶他來的，如今又來，頗為傷感。我跟他說，你若是今年與女友分手，我就帶你去喝一杯，幫你紓解鬱悶。但是，十年前的分手，至今猶在感傷，像是找不到家的孩子，這樣就太不應該了。

有一種回家，身體雖然回來了，但心還留在外面，彷彿遊魂。這樣很危險，更違反養生之道。

六四，中行獨復。

「中行」是在路途之中的意思。「獨」字透露此人原本是隊伍的一員。人在隊伍中，卻決定獨自離開隊伍，歸返家園，這表示他不認同眾人的目標。所謂「道不同不相為謀」，所以下定決心，走自己的路。

只要有家可回，「中行獨復」就是好爻。但如果無家可回，那就必須承受一份沒有著落的孤獨感，那這一爻就很悲慘了。

例如屈原，他就是內心裡沒有自己家的人。他的理想是外在的政治事業，但並沒有事先建好內心的家園。所以，當外在事業落空之後，他就無路可走了。這是真正的「無家可歸」。內外通通落空，是人生最悲慘的境地。

這一爻的「獨」字特別重要。凡是他人無法知道只有我們內心知道的地方，就是我們的「獨」。如何面對自己內心的「獨」，就決定了我們是怎樣的人。

一個人若無法在四十歲以前，養成一種一個人也可以愉快度過一天的能力，那就代表，他還不是一個成熟的人。

一個人若無法在四十歲以前，學會至少三種一個人也可以自娛的嗜好，那就代表他缺乏智慧。一個人若常常害怕孤獨，那就代表他的心中沒有真實的東西。

六五，敦復，無悔。

「敦」是深厚的意思。「敦復」就是打從內心深處想回去，沒有懷疑，沒有猶豫，也沒有遺憾。無論此行成功或失敗，有得或有失，該回去就回去，所以說「無悔」。

只要在方向上沒有懷疑，沒有三心二意，行動上就可以從容自得。因為你知道目標就在那裏，遲早可以抵達，所以早一天到，晚一天到，雖然有感受上的差別，卻沒有價值上與方向上的不同。

上六，迷復，凶。有災眚，用行師，終有大敗，以其國君，凶，至于十年不克征。

人的一生，都會經歷兩次的誕生。一次是精神的，一次是肉體的。肉體的誕生，最後仍會走向死亡；精神的誕生，則可以無畏肉體的死亡，得到永恆。

因為，人若在精神上建立了自己的家園，建立了自己的世界，便不會過於擔憂肉體是否長存。

「迷復」就是迷失路途，找不到回家的路。「眚」（ㄕㄥˇ）是過失的意思。

這一爻是說，如果已經迷路了，怎麼還可以興師用兵呢？當然不可以。領導者必須馬上下令，撤退到安全且熟悉的地方，這才是正道。如果繼續逞能行軍，終必大敗，不但危及國君，乃至國家十年之內都無法恢復元氣，無法再次用兵。

生命應該要奮鬥，但是，沒有方向的奮鬥，或者在奮鬥中迷失了方向，這都是凶，絕不會有好結果。人生的奮鬥，無論成功或失敗，最後都要找到回家的路。如果找不到回家的路，即使功成名就，靈魂依然孤獨落寞。

這一爻，把難聽的話都說到底了，警告領導者不要剛愎自用，迷不知反，不然後果十分嚴重。延續這一警告，下一卦登場的就是「无妄」，繼續叮嚀，不要有妄想，不要意氣用事，一切都要以真實為依歸。

25 无妄卦：不是你做不好，而是因為你想太多

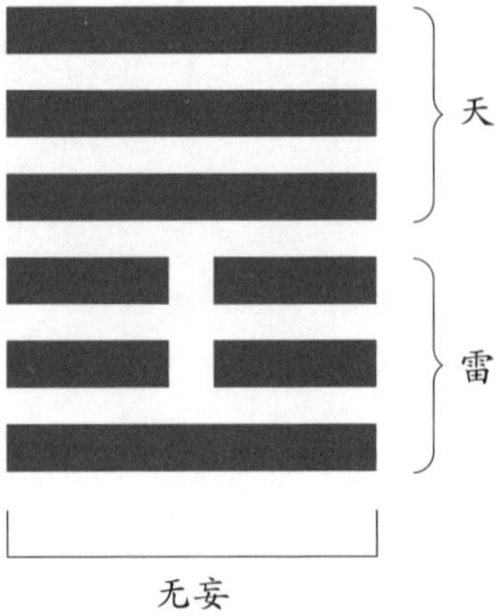

无妄，元亨，利貞，其匪正有眚，不利有攸往。
初九，无妄，往吉。
六二，不耕穫，不菑畬，則利有攸往。
六三，无妄之災。或繫之牛，行人之得，邑人之災。
九四，可貞，無咎。
九五，无妄之疾，勿藥有喜。
上九，无妄，行有眚，無攸利。

復卦的關鍵，在於卦辭中「反復其道」這句話。

「反復其道」的意思是說，人應該走出去，到異地闖蕩歷練，但是，不可以跑到太遠的地方，否則會迷失回家的路。

我們要不斷開啟旅程，又要不斷地踏上回家的路。每一次遠行，既是探索未知的世界，也是反覆熟悉回家的道路。遠行的能力，永遠要跟回家的能力相稱。因為，如果我們不知道家在哪裡，我們也無法知道我們的目的地在哪裡。

如果只有遠行的能力而沒有回家的能力，那麼我們只能一生在外遊蕩，失去歸宿，沒有家園。這種遊蕩而不歸的狀態，就是復卦第六爻的「迷復」。

有一部老電影，王家衛拍的《春光乍洩》。片尾，那位遊蕩而無所歸的男主角，偷偷去拜訪朋友的父母，他終於明白，那位朋友之所以能夠真正得到自由，是因為他的心裡有一個家。而他自己，一輩子追求自我，卻又無法得到自我，原因則是他沒有家。這就是「迷復」。一個沒有家的人，一個不知道家在哪裡的人，永遠寂寞，不可能得到自由。

下面來說无妄卦。先來說這個「无」（ㄨˊ）字。

這個「无」字沒有甲骨文，只有篆文。可見它是一個比較晚出的字。《說文解字》說它是一個「奇」字。「奇」字的意思是說，它有自己獨特的用法，而且有特定的出現場合。例如在漢代，五經中只有《易經》使用這個「无」字，其他四經都使用「無」字。雖然「无」、「無」兩字的意義幾乎完全相同，但是在《易經》裡，用「无」就很自然，而在其他經書裡，用「无」就有一點奇怪。

「无」字的來歷是什麼呢？《說文解字》說它與「元」字相通。那「元」字是怎麼來的呢？我們在講「元亨，利貞」時說過，「元」的甲骨文寫成「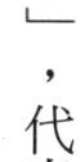」，代表人的頭部，也代表事情的發端、開始、源頭。

為什麼人的頭部可以代表發端、開始呢？因為人類在出生的時候，頭部先出來，所以就有開始的意思。又因為小孩的頭部占身體很大比例，所以「元」又有大的意思。

但是，這些意思都和「无」沒有關係啊？為何《說文解字》要說兩字相通呢？我猜想，很可能因為「元」與「兀

（ㄨˋ）」的甲骨文很類似，大約寫成「」。而「兀」同「髡」（ㄎㄨㄣ），也就是古代把頭髮剃掉的刑罰。去掉頭髮，頭上空無一物，這不就在意義上與「无」關聯在一起了嗎？

「無」的金文寫成「」，本義是指祭祀的舞蹈。所以，「無」就是「舞」的本字。祭祀時的舞者，身上、手上都戴滿裝飾物，也化滿了妝。他的舞，是跳給神明看的，但是，我們卻看不到神明。這個「看不到」是「無」的第一層意思。祭祀結束之後，舞者身上的裝飾物自然也要卸下，回歸於日常。這個「卸下」是「無」的另一層意思。

我們可以這樣理解：「无」來自於剃掉頭髮的刑罰，把頭髮從「有」變成「无」，其中帶有法令的權威與強制。而「無」則來自於敬神儀式的舞蹈，儀式結束之後，卸下充滿裝飾性的「有」，回歸於日常的、平凡的、自然的「無」。

「无」類似於噬嗑卦第四爻，以強力破除對方的「有」。「無」則類似於賁卦第六爻，讓充滿裝飾性的東西卸下來，回歸本質。兩者都可以視為與更高的本源合為一體的意思。

道教的符咒喜歡用「无」與「炁」，而不用「無」與「氣」，原因就是「无」帶有命令的性質，比較有力量。

下面再來說「妄」字。

「妄」的金文寫成「」。上面是「亡」字，下面是「女」字。什麼是「亡」？它的字形代表人手上拿著盾牌，應該是指打敗仗之後，朝反方向逃亡的意思。所以「亡」的本義是「逃」，之後才引申出「失」、「忘」、「滅」等意思。

「妄」字由女與它頭上的「亡」字組成。從直觀判斷，這應該是指女人的頭跑掉了、不見了，以致無法正確思考，以致做出錯誤的判斷。當然，此字明顯帶有歧視女性的嫌疑。

用大白話說，「妄」就是不真實、虛矯、或者有非分之想。「无妄」就是告誡人要回到實情，不要想太多，擔心太多，也不要過度美化，一廂情願，更不要自以為是，意氣用事。

《莊子》有一句話：「傳其常情，勿傳其溢言。」所謂的「常情」，就是平常的真實感受。「溢言」就是刻意美化、加油添醋，或者扭曲失真的語言。我們在作思考或表達的時候，要盡量回歸自己的真實狀態，不要過度美化，也不要過度標榜自身的價值。這就是「无妄」。

无妄，元亨，利貞，其匪正有眚，不利有攸往。

凡是妄想，無論善事惡事，結局都是災難，最後一步也走不出去。

其實，偏離正道就是「妄」。《心經》裡有一句話叫「遠離顛倒夢想」。所謂「顛倒」，就是以偏為正。而「夢想」就是「妄想」。

「妄想」有兩種。一種是外在的「非分之想」。也就是你知道這不是你應得的，但你仍想得到，所以想盡辦法，削尖腦袋，努力求得。另一種「妄想」是追求一種冠冕堂皇的目標，但其實內心是「不真實」的狀態。

第一種妄想很好分辨，第二種妄想則很容易讓人越陷越深。

各種宗教經典裡講的每一句話，提示的每一個法，都是正確的、崇高的，也都是令人嚮往的。但是，問題在於，哪一句話、哪一個法，才與你的真實狀態相應？

在一座菩提樹林裡，每一片葉子都代表一個法，千千萬萬，數也數不清。但真正與你相應的法，可能只有一片葉子。

很多很好的道理，把人帶回真實。但更多很好的道理，把人帶離真實。

初九，无妄，往吉。

初九爻，人所能做的最聰明的事，就是臣服於宇宙自然的運作法則。能這樣臣服，即不起妄想。

離開真實，即是「妄」。第一爻的狀態，尚未受到現實的汙染，所以容易保持无妄。對一般人而言，片刻間回到真實，已經是不容易的事了，何況「无妄」還要我們時時回到真實，並持續安住在真實中，不要離開。

不要想太多，憑著一顆簡單樸實的心，慢慢往前走，這樣一定很吉祥。

六二，不耕穫，不菑畬，則利有攸往。

「耕」是犁田的意思。「穫」是收割田中的作物。「菑」（ㄗ）是初耕的生地，雜草、石子還未清理就緒的狀態。「畬」（ㄩˊ）指耕種三年之後的熟田。

沒經過辛苦的犁田，就有不錯的收穫。初耕的生地，產量竟然和耕過幾年的熟田差不多。這些雖然都是運氣，但只有致力於開墾的人，才能遇上這樣的好運氣。

心無妄念的人，當好運自動來找你時，不必拒絕，安心接受即可。當壞運自動來找你時，也只需正常應對，不必驚慌走避。

有一則禪宗故事是這樣的：「昔有婆子供養一庵主，經二十年。常令一二八女子送飯給侍。一日令女子抱定曰：正恁（ㄋㄣˋ）麼時如何？主曰：枯木倚寒巖，三冬無暖氣。女子舉示婆，婆曰：我二十年，只供養得箇俗漢。遂遣出，燒却庵。」

故事中的出家人，在色誘之下，說自己槁木死灰，要女子死去這條心。其實，能這樣反應已經很不錯了，只是老婆婆花二十年供僧，她顯然有更高的期待。

當貌美女子投懷送抱之時，出家人應該如何應對？是拒絕，還是接受？或者，不能拒絕，也不能接受。如何才能「无妄」呢？那位老婆婆認為，不要刻意表現出一種道貌岸然的樣子，這才是「无妄」。可惜那位出家人，只會表現一副道貌岸然的樣子。

如果問我，我會覺得，一位修行了二十年的出家人，怎能被少女投懷送抱這種小事，給嚇住了呢？怎麼可以拿一套「道理」來抵擋呢？你的「自性」哪裡去了？你的「般若智慧」哪裡去了？你的「棒喝」哪裡去了？你應機說法的能力哪裡去了？所以，在老婆婆的眼中，落入俗套，也是「妄」。

人在「妄」中，無法真正享受「得」，也無法真正承受「失」。

六三，无妄之災。或繫之牛，行人之得，邑人之災。

「无妄之災」的成語，典故就出自這一爻。「行人」是旅人，「邑人」是在地人。這一爻是說，一條牛，沒綁好，跑掉了，被旅人順手牽牛，因而使在地人蒙受損失。

二爻是无妄之喜，三爻是无妄之災。兩者對比，不是要說意外的收穫有多好，意外的損失有多不幸。相反地，它想告訴我們，如果我們「无妄」，那麼無論是喜是災，都可以安然接受，不必過度難過，也不必過度高興。如果我們「无妄」，無論時運如何，我們的心都不會被變化的命運所控制。

韓非子說過一個故事，他說，若有人無緣無故打你一拳，你一定跟他拼命對搏。但如果是風吹落一瓦片，打到你的頭，你一定不會跟瓦片拼命。因為人心有妄，瓦片无妄。我們會與有妄的人動氣，卻不會與无妄的對象計較。

莊子的故事就更傳神了：一個船夫，看到另一艘船緩緩靠近他的船，連忙呼叫要對方小心，免得碰船。沒想到，對方充耳不聞，兩船還是撞了一下。這讓船夫火冒三丈，拿起木棍就要上前理論。結果，上了對方的船後，才知道這是一艘空船。剛才相撞，是被風吹的。

若我无妄，對方也无妄，則一般情況下的損失，都可以不加計較。若一方有妄，一方无妄，這就比較麻煩，要靠一點修養才能平撫。假如雙方都有妄，那事情就不得善了了，只能硬碰硬，看看誰的手段厲害了。

九四，可貞，無咎。

第四爻，呼應第一爻，省略无妄二字。

我有一位長輩，很年輕就守寡，獨自扶養幾個小孩長大，可惜幾個小孩出路都不好。她的女兒，離婚後帶回兩個小孩請媽媽照顧。這位長輩認命把孫子養大。孫子到了高中，跟人未婚生子，又把小孩丟回家給她帶。有一次我媽媽去看她，這位長輩，已經快七十了，揹著曾孫，手提鐮刀，剛從山上採完竹筍回來，看見我媽，快樂到快步走過來歡迎。

是什麼力量，讓我這位長輩連續照顧三代人的小孩呢？你如果說是道德感，或者責任心，或者親情母愛等等，我都會認為你是呆子。

其實，只是因為无妄。她沒有想那麼多，該怎麼過日子就怎麼過日子。在我們凡人眼中，覺得她的日子很苦，毫無希望。但是，在她无妄的想法中，日子若不這樣過，她也不知道還能怎樣過。而且，也因為她這樣想，所以這位長輩的身體非常健康，生活也非常快樂。

這世上有很多痛苦，其實是我們的妄念創造出來的，本質上並不存在。所以，无妄真是我們最好的保護傘。不是老大罩著你，而是有個老天罩著你。

九五，无妄之疾，勿藥有喜。

九五爻，你所擔心的事情，百分之九十都不會發生。真正放下憂慮的人，百分之九十的疾病，不必吃藥也會好。

依照卜卦經驗來說，大部分卜到无妄卦的人，要不是太堅持某種原則，意氣用事，就是把事情想得太複雜，太鑽牛角尖。再不然，就是把事情想得太好或太壞，失去平衡，偏離中道。

无妄可以勿藥，但有妄就要對症下藥。不過，病中有藥，藥中有病，若執著一藥，服用久了，也可能另生一病。最終，還是要回到无妄。因為，无妄讓我們知道，不是所有的病都要服藥，也不是所有的藥都可以治病。

上九，无妄，行有眚，無攸利。

「眚」（ㄕㄥˇ）是災、過的意思。這一爻的「行有眚」，是有妄造成的過失。人有妄，所以業力纏身，自己的左腳絆倒自己的右腳，怎麼都走不出去。而无妄則是「條條大路通羅馬」，跨出去的每一步都是「履道坦坦，幽人貞吉」。

无妄卦的一到六爻，都是矯正人心的棍棒。你偏左了，就把你往右打，你偏右了，就把你往左打。打到後來，百煉成鋼，你的復卦就可以走得真真切切，穩穩當當。

26 大畜卦：在人生的十字路口上蓄勢待發

大畜，利貞，不家食，吉，利涉大川。
初九，有厲，利已。
九二，輿說輹。
九三，良馬逐，利艱貞。日閑輿衛，利有攸往。
六四，童牛之牿，元吉。
六五，豶豕之牙，吉。
上九，何天之衢，亨。

剝卦是層層脫落身外之物後，看見生命內在的真實價值。復卦是從生命內在真實價值出發，逐步向外開展，一邊累積新的經驗，一邊落實此內在價值，把內心的價值和外在的經驗整合為一。无妄卦是生命逐步向外開展的過程中，每一階段都不忘自我省察，確定自己依然在這條真實的道路上，依然與這份內在真實價值形影不離。

剝、復、无妄這三卦，象徵生命開展的三個歷程。剝卦是放下不重要的東西後，獲得最重要的東西。復卦是擁有一個最重要的東西後，堅定地朝著自己設定的目標前進，而在前進的過程中，那些次要的東西也重新被他擁有。无妄卦是以平常心對待各種得失。對於得到的東西，能夠感恩知足；對於尚未得到的東西，能夠放下焦慮；對於失去的東西，也能夠淡定接受。

接下來的大畜卦，便是花朵逐一盛開之後，慢慢結成美好的果實。「大畜」是在不知不覺的過程中，累積了各方面的資源，等到我們發現時，會驚訝這些資源已經豐富到滿溢而出的地步了。

這些累積，不是「大畜」自己的成就，而應該看成前三卦的成果。就好像「大有」卦的資糧齊備，也是前面幾卦累積出來的福報一樣。

講大畜卦之前，我想先跟大家分享管寧的故事。

管寧是漢朝末年山東濰坊一帶的人。當時黃巾賊流竄，天下大亂，讀書人都想逃到安定的地方避難。大多數人會選擇逃往南方，但他不想離開故鄉太遠，就跑去遼東安身（大約在今日遼寧省遼陽縣）。到了遼東，當地官員安排住宿，同行友人認為，逃難異鄉，流離失所，似乎可以放下身段，不必過於講究禮儀。管寧反對這種看法，認為越是危難，越要砥礪志氣，整治威儀，這樣才不愧作為一個讀書人。由於與友人意見不同，管寧便搬離宿舍，獨自住在鄉下，作息自律如常，讀書正襟危坐（跪坐），絕不盤腿，以致十數年後，「榻上當膝皆穿」。

文天祥〈正氣歌〉裡有一句：「或為遼東帽，清操厲冰雪。」指的就是管寧。管寧一生在政治上毫無功勳，也沒有傳下著作，但在人格與操守上，卻無愧為一代宗師。

管寧的聲名逐漸傳開之後，已經稱帝的曹丕（曹操的兒子），一定要他從遼東回來當官。而管寧也感覺遼東政局不穩，即將發生叛變，所以答應曹丕的邀請，但是堅辭「太中大夫」的官職。啟程當日，遼東太守親自送行，管寧細心地把二十幾年來太守送他的財物，打包好退還給太守。

管寧在亂世中逃難，這等於經歷了剝卦。別人都逃向富裕的江南，他卻選擇坐船去氣候寒冷的遼東。到了遼東，別人都接受官方接待，住在城市的宿舍裡，他卻跑去鄉下獨居。他總是用最嚴肅的態度，過最辛苦的日子，並在艱難與失去中，看到內在最真實的東西。這就是剝卦的寫照。

日子辛苦的時候，他無比莊嚴地過日子。日子寬裕後，他仍然無比莊嚴地過日子。無論環境好壞順逆，他都牢牢站穩在生命的基點上，一步一步向前走。最後，皇天不負苦心人，他的學生越來越多，名聲也逐漸傳播天下。這就是復卦的寫照。

遼東太守敬重他，經常送他禮物，二十幾年後離開，他全數還給對方。曹丕要他回來作官，他願意回鄉，但堅辭官職。之後魏明帝（曹叡）又再次請他出仕，他仍婉謝。管寧的名望是刻苦講學、整飭威儀的結果，他雖然因此名揚天下，但絕不允許自己藉此聲名，在官場飛黃騰達。這又是无妄卦的寫照。

「大畜」就是大大的積累與儲藏。而這份累積則來自前三卦的刻苦自勵與廣結善緣。「大畜」承接這個巨大的累積，將如何善用呢？如何完成自己的使命呢？當事人心中是否有與此積累相應的志向、目標或願景呢？這就是大畜卦的功課。

《紅樓夢》裡有一個故事，說有個賴姓總管生了個兒子，這小兒子一出生賈家就免除他的奴才身分，讓他可以讀書。長大後，這總管家又湊了錢，幫他捐了功名，後來又捐了一個官職。這年輕人因而志得意滿，有些忘其所以起來。這年輕人的祖母告誡他，要不是你上兩代人，兢兢業業在榮國府工作幾十年，如此積攢福報，到了你這一代開花結果，免了你奴才的身分，才能得個官作，別把這全當成自己一人的造化。

這不是天上掉下來的禮物，也不是你憑聰明伶俐賺來的機運，而是上兩代人如履薄冰地在賈府裡周旋，得到足夠的信任，才獲得的結果。

古代人的累積，是靠幾代人一脈相承的「相續心」，持續努力幾十年，最後開花結果。現代人慢慢失去這種耐心，所以現代人的心是「生滅心」，無法前後相續。今天有了，明天可能就沒了。這個月這樣想，下個月可能又轉移目標了。這樣斷斷續續、忽明忽滅，找不到一件事可以真實且長期地累積，這是現代人心性上的一大弱點。

大畜，利貞，不家食，吉，利涉大川。

資源的累積已經足夠，但需要一個領導者來規劃全局，將資源做最好的運用，既向外拓展，又帶動整體的提升。

大畜卦雖然未必真的繼承什麼可觀的財富，但是，至少各方條件都已經具足。例如要開一家新公司，在資金、人才、技術、市場等方面，都已有了規劃與準備，也就是處在一種蓄勢待發的狀態。但是，真的做下去，能不能成功呢？這就不一定了。雖然條件俱足，但是要面對的困難也不小，如果掉以輕心，還是可能失敗的。

「不家食」是指不在家裡吃飯。但為什麼不在家裡吃飯呢？這有兩個說法。一是去當官了，受到重用，食朝廷的俸祿，所以不必在家裡吃飯。另一種說法是，因為辛勤耕耘，以及努力開墾荒地，所以沒時間回家吃飯，只能在野地搭建草屋，吃睡都在那裡解決。這兩種說法都可通。前一種說法強調新事業充滿開展性，後一種說法強調創業的辛勞。

「吉」，是因為主觀努力已經累積得很充分，所以前景一片看好，成果也令人期待。「利涉大川」是指遇到困難要當成好事，因為困難不但可以突破，而且突破之後還可以更上一層樓。

初九，有厲，利已。

大家都看好的事情，常常是還沒正式發動，許多人就急於卡位，自亂陣腳。才剛剛跨出第一步，就已明爭暗鬥，露出敗象了。

「有厲」就是眼前看到危險。「已」是停止。「利已」就是利於停止。整句爻辭是說：看到危險，最好立刻停止，不要再前進了。

為什麼第一爻會出現危險，忽然喊停呢？因為累積很多，局面大好，所以看到好處的人都忙著卡位，準備坐收漁利。這一爭搶，局面就壞了，所以要喊停，重新在人心上下工夫。

另有一種說法是，「大畜」的目標遠大，自然困難也會比較多，所以一開始遇到危險是正常的，當事人必須提醒自己，放慢步調，小心應對。我比較喜歡前一種解釋。

九二，輿說輹。

好的領導人，善用資源將大家團結在一起，成就大業。不好的領導人，手握資源，卻讓大家離心離德，最後一事無成。

「輿」是指車子。「輹」（ㄈㄨˋ）是車子承載貨物的地方，也就是車板。「說」（ㄊㄨㄛ）同「脫」，脫落的意思。車板脫落，輪子與車身分家，這樣就無法載貨了。

車板為何脫落呢？這也有兩個說法。一是指前進得太急切。例如受延攬當官，急著有所表現，但因為對業務還不熟悉，結果經驗不足，反而把事情搞壞了。又或者說，豐年收成，大批的農作物要靠車子運到倉庫，結果車子走太快，或者一次載貨太多，造成車板脫落的情況。另一種說法是，車輪與車身分家，代表內部不和，立場不一致，也就是第一爻的情形沒有解決，又繼續蔓延。這兩種說法都可通。

由一、二爻可以看得出來，大畜卦剛起步的時候，很容易發生問題，而問題常常出現在兩方面：一是內部矛盾、失和，互相傾軋。二是操之過急，「呷緊弄破碗」，缺乏耐心。

大畜卦的形勢一片大好，但是剛開始的道路並不太好走。除了有一、二爻的內部問題要解決，接下來還有第三爻的外部矛盾要面對。

九三，良馬逐，利艱貞。日閑輿衛，利有攸往。

大畜卦的資源豐富，容易引來他人的覬覦搶奪，所以要加強團結，提升自身的力量，做好保衛的準備。

「逐」是追逐。「良馬逐」這裡是指訓練馬匹，消除其野性，使之服從駕馭指揮。這個訓練過程不易，卻無論如何必須達成，所以說「利艱貞」。「日」是指每日。「閑」等同於「嫻」，熟練的意思。「輿」是車子，這裡是指駕車。「衛」是守衛，指執干戈保衛社稷的軍事訓練。

整句話的意思是強調，擁有資源還不夠，必須同時擁有與此項資源相稱的實力才算數。沒有實力的人，擁有過多的資源，其實是災難，不是福報。

第三爻的重點是防範外部矛盾。用在個人修行上，是指面對考驗時，自己有沒有突破難關的力量。

永遠一副慈悲的模樣，逢人說好話，處處施惠，笑口常開，這在修行上只是一個很小的面向。人生永遠離不開考驗，修行永遠要檢驗自己的力量。

六四，童牛之牿，元吉。

要善於累積能量，也要很有自覺地節制能量。有力量還不夠，還要讓力量成熟，可用可藏，收放自如。

「童牛」就是小牛。「牿」（ㄍㄨˋ）是綁在牛角上的橫木。小牛在成長的時候，性情不穩定，稍受刺激，就會用角頂撞。為了防止人或其他牲畜不慎受傷，主人會用一根橫木綁在牛角上，等待小牛逐漸成長，性情穩定後，再把橫木去除。

人有力量還不夠，還要學習如何掌握這個力量。要用到動靜得宜，收放自如，絲毫沒有勉強，這樣才算工夫到家。

這一爻提醒我們，在累積力量的過程中，我們也要學習如何正確地使用自己的力量。在不知道如何正確使用自己力量，或者在他人尚不習慣你所擁有的力量時，最好有所節制。這個綁在牛角上的「牿」，就象徵著節制，也象徵著學習。

大畜卦是把前三爻的問題都處理好了，然後才有後三爻的大吉大利。

六五，豶豕之牙，吉。

「豶」（ㄈㄣˊ）是指閹豬。公豬性情不穩定，喜歡用牙頂撞，但閹過後就會好許多。另一種說法，認為「牙」同「互」，是柵欄的意思。意思是說，剛閹過的公豬，性情不穩定，關在柵欄裡，這樣比較安全。兩說皆可通。

第四爻強調發展與累積的過程，必須節制能量，避免浪費，也避免闖禍。與第四爻相同的地方是，當我們還未學會如何正確使用自己的力量時，一定要對自己的行動多所節制，才不會造成反效果。

上九，何天之衢，亨。

「何」有兩個解釋：一念「ㄏㄜˊ」，一念「ㄏㄜˋ」。前者相當於「何其」，有讚嘆之意。後者等同於「荷」，承擔的意思。我們採用前者的解釋。「衢」是四路交會的地方，表示四通八達的意思。我們也常用「康莊大道」這句成語。五路交會稱為「康」，六路交會就稱為「莊」，加上四路交會稱為「衢」，古人用來表達道路四通八達的意思就齊全了。

整句話的意思是說，向天際延伸而去的道路啊！四通八達，真是壯觀啊！

但是，回頭一想，如此四通八達的道路，哪一條路才是我真正應該選擇的呢？未來的道路是如此遙遠，我的終點、我的目的地，究竟在哪裡呢？

內在的力量有了，自我管理的能力也成熟了，但未來的道路才剛剛開始，任重道遠，充滿挑戰。

電影《臥虎藏龍》，女主角玉嬌龍說，當她知道自己的功夫超越師父碧眼狐狸時，心中感到巨大的不安。因為前程茫茫，看不到路，以後只能靠自己，再也沒人可以為她領路了。

此爻的「何天之衢」，也是同樣的心情吧！

27 頤卦：心中有靈龜，行動則要像老虎

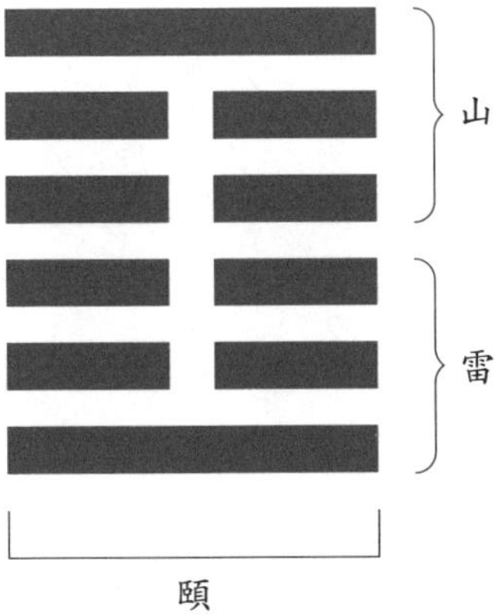

頤，貞吉。觀頤，自求口實。
初九，舍爾靈龜，觀我朵頤，凶。
六二，顛頤，拂經，于丘頤，征凶。
六三，拂頤，貞凶。十年勿用，無攸利。
六四，顛頤，吉。虎視眈眈，其欲逐逐，無咎。
六五，拂經，居貞吉，不可涉大川。
上九，由頤，厲吉，利涉大川。

很早以前，有一部美國電影，叫做《十字路口》（*Crossroads*）。故事講一個熱衷藍調吉他的小男孩，為了尋找一首失傳的藍調樂曲，找上一位老人。據說，這位老人是唯一學過那首歌曲的人。不過，老人開出條件，要小男孩帶他去密西西北十字路口（Mississippi Crossroad），否則別想學那首歌。於是，老少兩人相伴，走了一段既刺激冒險，同時也充滿溫馨回憶的旅程。直到有一天，老人吐露真相。原來他年輕時曾把靈魂賣給魔鬼，以此交換超凡的藍調演奏技巧。如今老人年事已高，魔鬼就要依約來取走靈魂了。小男孩為了幫助老人取回靈魂契約，就和魔鬼談判。魔鬼開出條件，除非小男孩的演奏技巧贏過魔鬼代言的吉他手，否則契約依然有效。小男孩只好硬著頭皮和那名吉他手比賽。原本以為毫無勝算，想不到，小男孩回歸自己原來所學，彈奏一曲融合了古典音樂的藍調，魔鬼因為不會古典樂，因而認輸，老人就也順利取回他的靈魂。

這部已經超過二十年的電影，不知為何，一直讓我念念不忘。這個故事，對我來說，就是一個從大畜卦轉進到頤卦的過程。

原先，我們熱烈追求一樣外在的東西，一首失傳的樂曲，我們期望有一位經驗豐富的老師能為我們帶路。但是，走到最後，真相大白，這首歌根本不存在！我們不可能追求一個不存在的東西，而這個老人也根本不是你的老師。

夢想常常是假的，但是，沒有關係，只要過程是真的就可以了。不是夢想讓我們提升，而是過程中的歷練，讓我們提升。只不過，沒有夢想，也不會有過程。

大畜卦是內在的條件具足，頤卦是向外追求。而這個追求，你無法假手他人，你只能自己帶領自己，獨自面對問題，獨自修行，獨自邁向終點。

老師與學生，其實是一個遊戲的關係。表面上是老師在帶領學生，實際上，他們只是在旅途中互相作伴，誰也沒有帶領誰。這場旅程的最終遭遇，不是老師傳授什麼給學生，而是想成為老師的人，終究不免要和魔鬼進行比試，看看自己從旅程中鍛鍊得來的是不是真實的。

老師的真正任務，是要帶領學生，或者鼓勵學生，去跟他們各自的大魔王打一戰，正面對決，藉此看到他們累世所學習到的，是真的還是假的？是繼續被卡關，還是得到突破？

誰通過魔鬼這關，誰的東西才是真的，誰也才是真正的老師。

頤卦就是要面對魔鬼，實際檢驗，以此確定，自己真實的分量。同時看清楚，自己內心裡，哪些東西是真的？又有哪些是假的？

從卦形來看，頤卦上山下雷，一、六爻為陽，中間四爻皆為陰，其形狀有如人的口腔。另外，根據《說文解字》的解釋，「頤」是「頷」（ㄏㄢˋ）的意思，也就是下巴。所以有句成語叫「頤指氣使」，意思是態度高傲，用下巴指揮人做事。

但也有人認為，「頤」不單指下巴，而是「口車輔之名」。什麼是「口車輔」呢？原來，「口」是指口腔，「車」是指牙床，「輔」是指包住口腔的臉頰。說簡單一點，「頤」就是「口車輔」，而「口車輔」就是嘴巴上下內外的合稱。

既然「頤」是指嘴巴，而嘴巴又是負責飲食的器官，所以「頤」就引申出「養」的意思。例如成語有「頤養天年」，韓愈也有賦提到「頤神而保年」的句子，而北京又有「頤和園」。其實，「頤神」就是「養神」，「頤和」就是「養和」，兩者都是「養」的意思。

但是，在實際卜卦的驗證中，我覺得用「養」來解釋「頤」，常常牛頭不對馬嘴，無法符合現實。經過多年的修正，我認為應該把「頤」看成「欲」的意思，而把「養」的意思當成第二層的補充，這樣才比較符合問卦者的情境。

頤，貞吉。觀頤，自求口實。

「頤」的意義帶有兩面性，傳統的說法是「養」，但從卜卦實證上卻更適合以「欲」來解釋。似乎「養」是從正面立說，「欲」則從反面立說。現代社會與古代社會常常反轉顛倒，適合以反面取代正面，才能適應現況。

頤卦的吉，是吉在「觀頤」。他想滿足欲望，但又不願意隨隨便便滿足欲望，所以看著欲望，仔細體會這個欲望真正要的是什麼。

對於頤卦，古人常常用一句話作為訓誡：「慎言語，節飲食。」因為禍從口出，病從口入。口是禍福的門戶，所以要嚴於把關。這種說法很正面，但是，現代人聽不進這套道理。因為，整個近代文明，是建立在承認欲望之上。所以，我們無法跟欲望對立，我們只能認識它、分辨它，看到它的真實性與虛假性，這就是「觀頤」。

一個真實的欲望，在長期的開展下，很容易能成為我們的願望、志向與目標。所以，如果飲食是你的真實欲望，那麼你應該慢慢成為一個烹飪高手，或者一個對美食有高度品味能力的人。

「自求口實」就是自己尋找食物，滿足欲望。這象徵著，我們應該好好對待自己的欲望，並把欲望培養成我們長期的願望、志向與目標。

如何把欲望培養成長期的願望、志向與目標呢？這裡牽涉到三件事情。一是這個欲望是不是真實的，是否能成為我們長期的願望、志向與目標？二是我們的智慧、才能與行動力，足不足以滿足這個欲望，並達成我們的目標？三是如果我們無法達成目標，那是應該提升能力呢？還是應該降低目標？

重點在於，欲望必須是真實的，這樣才有長期的發展性。其次，我們的能力也必須在欲望之上，這樣才能擁有主動權。如果我們的力量落在欲望之下，那樣我們就無法控制欲望，反而要被欲望所控制了。

初九，舍爾靈龜，觀我朵頤，凶。

「舍」（ㄕㄜˇ）同「捨」。「朵」是動的意思。「朵頤」就是嘴巴咀嚼食物。古人認為烏龜帶有靈氣，能通神，故稱「靈龜」。為何烏龜帶有靈氣？這一方面是烏龜特別長壽，另一方面則與龜殼的形狀有關。原來龜殼背部彎曲如蒼芎，腹部平坦如大地，符合「天覆地載」、「天圓地方」的信仰，古人因此相信，龜殼能傳達天地的信息，故帶有靈氣。

靈龜在這裡象徵我們長期的願望、志向與目標。所以，全文意思是說：放著自己最有價值的志向不管，卻只關心別人追求了什麼欲望，想拿自己的欲望跟別人相互比較，這實在是本末倒置啊！

龜殼中間是空的，口腔中間也是空的。龜殼充滿靈性，口腔卻充滿欲望。但是，善用我們的口，可以表達我們的心，善用我們的心，也可以表達我們精神性的追求。所以，代表欲望的口，也未嘗不能慢慢成為靈龜。

由此可知，靈龜不在身外，每個人的心中都有自己的靈龜。我們人生繞了一大圈之後，最終一定會回來與心中的靈龜打照面，認它做為你最親的良師。

六二，顛頤，拂經，于丘頤，征凶。

往下幾爻，都是《易經》千古難解的公案。這幾爻，從來沒有人能給出完全合理的解釋。大家只要上網一查就知道，各種說法都有，爭議層出不窮。所以，下面幾爻，我們盡量擺脫傳統的解釋，以占卜經驗來說明內容。

「顛」是「頂」的意思。「顛頤」就是欲望升高到頂點。也可以解釋成目標理想非常高。「拂」（ㄈㄨˊ）是違逆、逆反的意思。「經」是路的意思，也通「徑」。《莊子》有「緣督以為經」，即是指督脈之路徑。「拂經」是不走正路、不用正確的方法。為何不用正確的方法呢？因為能力、智慧不足，所以不知道如何使用正確的方法。「丘」是高的意思。「丘頤」是欲望、目標很高的意思。「于丘頤」是征於丘頤的省略。「征」在這裡有強取的意思。

全文是說，欲望、目標非常高，但是智慧與行動卻力有未逮。此時若不做調整（降低目標或提升能力），只知強予奪取，這樣反而會帶來危險。

有欲望，必然要有行動。行動的真正意思，不單單為了滿足欲望，同時也是為了理解欲望，以及檢驗自己的力量，最後則形成志向與目標。

如果越滿足欲望，卻越不知道自己究竟要什麼，那這就不是欲望了，而是無盡的深淵。無論你給它什麼，都餵不飽它。

六三，拂頤，貞凶。十年勿用，無攸利。

六三爻，不正視自己的真實欲望，一味節制禁斷，這樣做事太退縮。長年如此，整個人就壞掉了。既無法與人和諧相處，也無法與自己和諧相處。

「拂頤」是指故意與欲望唱反調。為何要這樣呢？因為我們能力不足，無法滿足欲望，所以乾脆反對這個欲望。其實，正確的做法應該是，提升我們的能力，或降低我們的欲望，怎麼會是否定欲望呢？

否定欲望是一種很常見的酸葡萄心理。能力不足，摘不到葡萄的人，就會說葡萄酸，或者說摘葡萄的人都是傻瓜。

欲望想要的，你不但不給，還反過來壓抑或挫折這個欲望，這顯然不是個好方法。行動的方向與欲望的方向對立，這等於是把人生導引到矛盾的道路，完全無法認識真正的自己。

如果你把力氣花在不是欲望真正想要的地方，這樣的生命既無成就感，也很難成長。所獲得的經驗與智慧也無從累積。「十年勿用」是說十年內都無法有作為。

不知道要把自己帶到哪裡去的欲望，是人生最大的負面力量。

六四，顛頤，吉。虎視眈眈，其欲逐逐，無咎。

六四爻，心中雖有強烈的欲望，卻知道如何將欲望昇華為創造力，並引導成為人生應該追求的目標。經過充分的沉澱與準備，然後全力追求，志在必得，這樣的人生，非常吉祥。

這一爻的「顛頤」，層次顯然與第二爻的「顛頤」不同。第二爻的「顛頤」是欲望很高，可是能力很弱，無法企及。所以既無法滿足欲望，也無法有所作為。但這一爻的「顛頤」，行動力很強，不但可以滿足欲望，也知道自己真正想要的目標是什麼。「老虎」則象徵智慧、能力與行動力。

「眈眈」就是「眈眈」，眼睛下視的樣子，也是老虎面對獵物時，準備撲上去的狀態。「逐」是追的意思。「逐逐」就是隨時準備撲上去攫取獵物的樣子。

人在面對自己的時候，要像「靈龜」，充滿覺察，因而能站穩在生命的基點上。人在面對欲望的時候，要像老虎，目標明確，行動力十足，充滿餘裕，這樣才能不被欲望所迷惑。

六五，拂經，居貞吉，不可涉大川。

「拂經」是不走正確的路，原因是能力不足以走正確的路，故選擇走不正的捷徑。如果要冒這樣的風險，那還不如停留在熟悉的「家」中，暫時放下過於高遠的目標，好好提升自己的能力，所以說「居貞吉」。

這一爻的「拂經」顯然也不同於第二爻的「拂經」。第二爻是不知道自己能力不足，所以陷入混亂，不知如何走上正確的道路。而第五爻則已經知道自己能力不足，所以不再好高騖遠，放棄原先追求的道路，返回家中，慢慢增強自己的能力。所以說「不可涉大川」。

上九，由頤，厲吉，利涉大川。

頤卦前三爻都不好，因為內在沒有理想、志向（靈龜）來引導欲望，外在也沒有能力與方法（經）來滿足欲望，所以怎麼行動都沒有好結果。

第四爻是內外皆俱足，內有靈龜、外是老虎，內有理想、外有力量，所以大吉。第五爻則是內在有理想，但外在沒有方法與力量，所以一動不如一靜，「居貞吉」且「不可涉大川」。第六爻，應該是第五爻的反面，內無靈龜，外是老虎，也就是理想、信念不紮實，但外在則有謀有力。這種情況吉凶參半，但勉強來說，還是可以向外發展，所以「利涉大川」。

「由」的甲骨文寫成「」，是油燈的意思。燈能照明前路，人則跟在燈後而行，所以「由」有「從、順」的意思。「由頤」就是順從欲望而行。「厲吉」有兩個解釋，一是說先危險後吉祥，一是說有危險也有吉祥，憂喜參半的意思。兩說皆可通。

人最理想的狀態，是內心裡有靈龜，而外在行動則像老虎。也就是內心有志向、有理想；而外在有力量、有節制。

第六爻的「由頤」，是外在有老虎之力，但內心的靈龜卻不夠穩定。靈性忽明忽滅，信念時有時無。在這種情形下，順著欲望而行，有時候是對的，有時候卻是危險的。

28 大過卦：人要經歷「大破」，才能得到「大立」

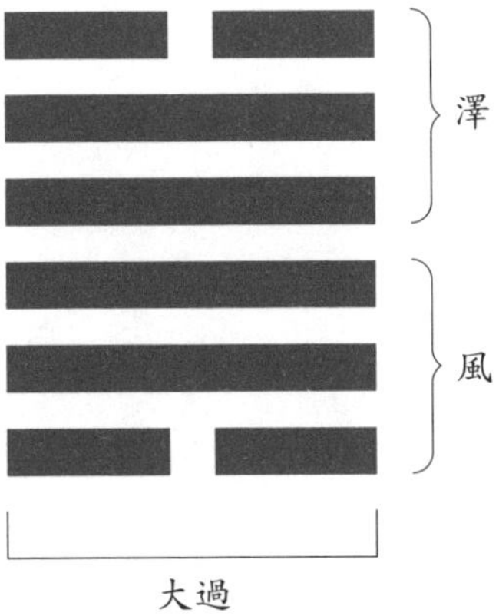

大過，棟橈，利有攸往，亨。
初六，藉用白茅，無咎。
九二，枯楊生稊，老夫得其女妻，無不利。
九三，棟橈，凶。
九四，棟隆，吉。有它，吝。
九五，枯楊生華，老婦得士夫，無咎無譽。
上六，過涉滅頂，凶，無咎。

大過卦有點類似剝卦，必須完全放下，才能有真正的收穫。

我小時候看過一部電影，片名叫《天涯何處無芳草》（*Splendor in the Grass*）。裡面引了一句華茲華斯的詩：

不可能找回失去的時光，
以及芳草的華麗、花朵的輝煌，
但不要悲傷，我們可以在餘留的灰燼中，
找到新生的力量。

這片子雖然是在我出生前拍的，但我小時候對這句詩卻難以忘懷。尤其女主角因為與男友分手，當她在課堂上唸完這首詩時，悲從中來，突然崩潰大哭。這一幕，讓我眼眶也跟著泛紅。好，這不是重點，重點是，當表面美好輝煌的東西流逝之後，你有沒有看到背後新生的力量？這才是重點。

我們的人生，會經歷許多次與美好事物告別的時刻。在那傷感的時光流逝中，我們若沒有看到新生的力量，只看到美好事物的消逝，那就代表我們的剝卦還沒有走到盡頭，還要進一步剝落。必須等到我們看到新生的力量之後，剝卦之苦，才算結束，然後一個全新的局面才會展開。

大過卦就是，看到眼前的東西已經枯萎，隨後即將流逝，但是你仍然放不開手，仍然繼續泡在那份淒美中，不斷消耗能量，無法行動。

其實，人處在大過卦中，比處在剝卦中，更不易看清楚自己。

因為大過卦的環境，是一群表面光鮮亮麗的假東西，組成一個龐大的結構。這些假東西互相依靠，彼此滋長，結合緊密，所以很難脫落。唯一擺脫它們的方法，只能是全部打掉，而且越徹底越好。

所以，缺乏大決心的人，沒有大魄力的人，很難跨越大過卦。

剝卦尚帶有被動性，所要求的主要是承擔力。而大過卦則是壯士斷腕的行動，不但須要強大的主動性、積極性，且又需要擁有重頭建設、從零開始的雄心與手段。

剝卦尚可用「熬」的方式慢慢度過，大過卦則是要一股作氣，無所畏懼，戰鬥到底。其中的任何時候，只要稍有退卻，稍顯無力，那就可能被舊結構吞噬消滅，落入萬劫不復的境地。

「過」是逾越的意思。凡是離開常態，或者逾越界線的作為，都稱為「過」。

從商代留下來的甲骨卜辭來看，古代君王離開日常居住的城邑，率領軍隊到各地視察、遊覽，或者兼有行軍、野營的訓練性質，這種活動即稱為「過」。

所以，「過」的本義是君王離開宮室，率領部隊，在邊境附近活動的意思。這種活動，後代稱為「巡狩」。「大過」則是逾越的程度太大，做得太超過。例如行動的時間太久，荒廢朝政，或者耽溺於田獵，影響生產等等。總之，一件事情做得太過分了，都會造成難以收拾的後果。

此事亦有歷史故事作為借鏡。夏朝的國君太康，沉迷打獵，四處遊弋，每一次離開都城的時間都長達數月。於是，有窮國的首領后羿，便趁機占領夏朝都城，取代太康，成為國君。這件事在歷史上稱為「太康失國」。這裡所謂的四處遊弋，其實就是大過卦的「過」。

后羿取得政權後，並未記取前人教訓，照樣過著「大過」的生活，四處遊樂，享受田獵。於是，他身邊的大臣寒浞，便發動政變，自立為王，事後還把后羿父子一併殺害了。

太康沉迷於「過」，大大逾越常度，最後造成不可收拾的後果，把先人的祖業都丟失了。后羿重蹈覆轍，不但失國，還惹來殺身之禍，更是「大過」之尤。還好太康的姪孫少康，積極聯絡舊部屬，終於以弱勝強，擊敗寒浞，重新奪回夏朝政權。歷史上稱為「少康中興」。

從這段歷史來看，「大過」實在是一場嚴酷的考驗。剛開始要淘汰一批措手不及的人，之後又要淘汰一批消極逃避的人，最後則是要試煉那些勇敢承擔的人，考驗他們能否重啟生機，開創新局。

考驗的內容至少有三項。一是承擔的決心與能力。二是能否革除舊習，以全新的態度面對問題。三是能否創造新局面，建立新的秩序與價值。

當「大過」發生時，原有的穩定結構必遭破壞，我們第一個要認清的事實就是，不要再留戀過去了，因為，過去已經回不去了。

「大過」很危險，因為它是一場殘酷的考驗。但「大過」也充滿吉祥，因為危機會激發創造力，推動歷史，開啟智慧。凡是平常很難改變的事，遭逢「大過」之時，要破要立，當機立斷，凶象通常都能立刻翻轉。

所以「大過」之後，正是施展抱負，啟動新局的最佳時機。

大過，棟橈，利有攸往，亨。

「棟」是房屋的主樑。「橈」（ㄋㄠˊ）是彎曲的意思。看到房屋主樑彎曲，知道這是很危險的事，因而離開房屋請匠人來處理，這當然是一件好事。

看到危險的徵兆，立刻避開，並加以處理，這是正確的應對方式，所以大過卦得「亨」。但是，在卜卦的實際案例上，卜得大過卦的人，都無法立即採取行動，避開危險，反而不斷告訴自己，情況並不嚴重，還有時間轉圜，還可以繼續留在屋中，所以最後導致危險。

大過卦就是一再迴避真相，一再拖延事實。等到最後，見到了黃河，掉下了眼淚，所有業力同時兌現，逃無可逃，只好一邊承受悲慘的後果，另一邊還得放下一切，重新再來。

古代名醫扁鵲有個故事。當別人稱讚他醫術高明的時候，他總謙虛地說，自己的醫術不如兩位哥哥。因為他的二哥，懂得在病人微恙的時候，就著手預防他惡化成大病。大哥更厲害，在未發病之時，就知道如何預防發病。而扁鵲自己則是治療病人眼前的疾病，所以不如兩位兄長。

不過，正因為扁鵲治療大家都看得到的病，所以他的名氣大過兩位哥哥。

我們遇到大過卦，心裡要知道一驚，因為我們的病，已經錯過了預防期，也錯過了初期徵兆，而是直接進入中末期症狀。不動用極端的手段，恐怕已無法見效了。

初六，藉用白茅，無咎。

「藉」是蓆子的意思，也可以指墊在某物下面的東西。「白茅」是一種香草。古代在祭祀時，常將白茅墊在祭品底下，表示莊嚴隆重。有時餽贈禮物時，也以白茅包裹，表示情真意厚。

「藉用白茅」這句話有兩層意思。一層是說，不必什麼物品都需要藉用白茅，但如果有人時時處處都這樣做，如此慎重其事，雖然稍嫌過度，也不是壞事。另一層意思是說，白茅雖然不是稀奇難得之物，但墊在物品之下，卻讓人的情意與物的隆重馬上得到提升，這樣出一分力，得三分功的事，何樂而不為呢？

這句話讓我想起日本人的「包巾文化」，任何物品都要用特別的布包裹起來，以顯慎重。送人的物品更是如此，即使妻子幫丈夫準備飯盒，也是這樣慎重地包裹起來，讓他在吃的時候，多了一層情意的滋味。

日本的茶道也有這樣的情況，用充滿敬意的精神、莊嚴的舉止、祥和的氣氛，以及一套樸拙的茶器，把茶的價值提升到最高，這也是「藉用白茅」的美學。其實，日本的藝術風格，常常借用「大過」的極端手法表現。例如枯山水、浮世繪等等。

九二，枯楊生稊，老夫得其女妻，無不利。

九二爻，年過四十的男人，娶得少女為妻，這樣雖然有點過度，但只要你情我願，依然可以獲得親友的熱烈祝福，甚至還會讚揚這個男人是老樹發新芽，非常吉祥。

《水滸傳》作者施耐庵在他的自序中有這樣一句名言：「人生三十而未娶，不應更娶；四十而未仕，不應更仕；五十不應為家，六十不應出遊。何以言之？用違其時，事易盡也。」這裡的「不應為家」指的是生小孩。「事易盡也」是說這些好事的後續效應對當事人來說，並不持久，幫助也不大。

施耐庵之所以這樣主張，主要原因是古人平均壽命很短，只有約四、五十歲。例如到遠方出遊，這是為了讀萬卷書，行萬里路，把書中的知識跟現實的遊歷結合起來。可是，人過六十，體力已衰，這時已經沒有辦法作大學問了，所以遠遊的幫助已經不大了。更何況，體力衰弱，又如何盡興遠遊呢？當然，現代人身體情況比古人好，旅遊事業又很專業，所以遠遊未必要以六十為限。

「稊」（ㄊㄧˊ）是嫩芽，同「荑」（ㄊㄧˊ）。這一爻是說，老夫配少妻，有如讓年老的枯楊重新發出嫩芽，提振起生命力，這樣非常有利。

老夫少妻即使在古代，也是一種過當、過度的形式。但是因為男人過了四十歲，仍有生育能力，所以只要夫妻雙方兩情相悅，經濟能力沒有問題，這也未嘗不是一件好事。

就《易經》的立場來說，事情沒有絕對的是非，能提振生機、開啟智慧的就是「是」。不能提振，甚至還反向把我們往下拉的，就是「非」。

九三，棟橈，凶。

正樑彎曲，代表房屋承受過大的壓力，無法持久，隨時有倒塌的危險。此時無暇再講道理，更不能浪費時間討論原因，必須立刻行動，馬上離開此屋。

卦辭的「棟橈」之所以「亨」，是因為知道離開。此爻「棟橈」之所以「凶」是因為不知道要離開。

第一爻的過度，屬於禮多人不怪。第二爻的過度，是為了激發生機。這兩件都是好事。第三爻的過度，則是看到危險不知躲避，那就很糟了。這裡似乎想告訴我們，大過卦是有積極行動則吉，無積極行動則凶。

九四，棟隆，吉。有它，吝。

「隆」有盛大、高、厚的意思。「棟隆」就是換上更厚實的大樑。另一說，認為「棟隆」是大樑向上彎曲，承受力更強，也可通。「有它」是指有意外。

第四爻的行動是更換更結實的主樑，以此重建新局。但若在重建的過程中，眾人無法團結一心，不斷枝節橫生，頻出意外，那就不好了。

二〇二〇年，新冠疫情在武漢傳播，大陸官方用徹底封城的方式，又配合種種果斷的措施，阻止疫情蔓延，花了三個多月把疫情完全控制。以當時的情況來看，這就是「棟隆之吉」。

九五，枯楊生華，老婦得士夫，無咎無譽。

「華」同「花」。老婦少夫的組合，古人多不贊同，主要原因是這種組合無法生育下一代，等於費力做一件沒有生機的事，所以較難得到他人的祝福。

九二爻的新芽，長大後可以生生不息，繼續創造新生命。第五爻的花卻只是好看而已，並無繁衍能力。所以等到花期一過，那就什麼都沒有了。

「無咎無譽」是說，只要雙方情願，別人固然不會公開指責，但也不會公開讚譽。

大過卦是大破大立，但是所立起來的新東西，也必須有其價值。如果新立起來的東西，毫無生機、毫無智慧，那這個「破」的意義，也不大了。

上六，過涉滅頂，凶，無咎。

「涉」是涉水渡河。「過涉」是指河水過深，超過可以涉水通過的高度。另一說，「過」當「誤」來解釋，指做出錯誤判斷，以為河水不深，所以遭遇滅頂之災。「滅頂」是蓋過頭頂的意思。

經文既有「凶」，而後又有「無咎」，這是什麼意思呢？一般的解釋是，此卦先呈現凶象，當事人在凶象的警示下，極力彌補，所以最後得到無咎。其實，「凶」與「無咎」分指兩件事。若不知回頭，也不知反省，如此執意過河，那就「凶」了。若能幡然醒悟，斷然回頭，那就「無咎」了。

29 坎卦：在逆境中，絕對不能犯的三個錯誤

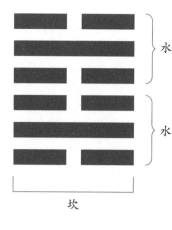

坎，有孚維心，亨，行有尚。
初六，習坎，入于坎窞，凶。
九二，坎有險，求小得。
六三，來之坎坎，險且枕，入于坎窞，勿用。
六四，樽酒，簋貳，用缶，納約自牖，終無咎。
九五，坎不盈，祇既平，無咎。
上六，係用徽纆，寘于叢棘，三歲不得，凶。

大過卦的重點，是主體結構已不堪負荷，正面機能無法展現，於是造成崩壞的局面。大過卦是你不必用力推倒，只須放手，便自然垮掉了。如果還需要用力衝撞才能垮的，則屬於革卦。

無法放手，只因你仍心有不捨，惜於舊情，所以不忍離去。但無論如何不捨，也依然無法以生機回報，依然不斷的耗損你的能量。消耗久了，連你原來僅剩的生機，也一起賠進去了。

面對大過卦，因為力量不夠、準備不夠，或者決心不夠，走不過去，那就轉為沉淪，往下陷落，這時的局面，就會變成坎卦。

「坎」是凹陷的意思。此字沒有甲骨文，它的篆文寫成「」。偏旁「」，即是「陷」的意思。「陷」有甲骨文，寫成「」，代表人掉落陷阱或危境之中。

在八卦中，「坎」代表流水、危險與陷阱。人若被大過卦的負面力量擊敗，往下陷落，那就如同掉入陷阱，處於危險之中。而「坎」卦所代表的危險，非同小可，想要翻轉而出，絕非易事，必須付出極大的代價才有可能。

傳統的算命先生，若卜到「坎」卦，一定會搖頭嘆息，表示處境危險，十分不利。這種理解的方式很正常，只不過，我們還需要做幾點補充。首先，「坎」的危險常常是長期性的，而不是短期性的。其次，處在坎卦之中，我們的力量微不足道，完全無法與之正面對抗。

短期性的危險通常比較容易應對。例如行事謹慎一點，欲望收斂一點，凡事不要計較，遭受損失就當成繳學費，忍一忍就過去了。但是長期性的危險就比較難對付，因為這不是忍一忍就能過去的事。

而且，長期的危險，也最能考驗一個人的定力、素質、耐心與智慧。例如你陷在「坎」中，該忍的你忍了，該努力、該付出的你也都做了，但是惡劣的環境依然都沒有改變。這時候，你可能開始變得心浮氣躁，怨天尤人，行事失去原則。如果你這樣做，不但無助於改善困境，反而進一步加深了「坎」的危險性。

正確面對坎卦的方式，首先，不是想著如何打敗坎卦，相反地，我們必須學習如何臣服於「坎」，並學習如何和「坎」一起生活，學習如何在「坎」中自我教育，長養實力，累積資源，然後非常有耐心地，等待環境產生變化。

當環境產生變化了，「坎」卦的形勢沒有那麼凶險了，而我們的力量也增長了，這時再奮力一躍，即可脫困而出，改變原有的不利局面。

「坎」的負面意義是危險，但我們不要忘了，「坎」也有很強的正面意義，那就是在險境中、困境中，我們才可能完全被打醒，才可能提起本能的力量，扭轉習氣，激發潛能，自我教育。

此時，我們從過去的虛弱、糾結與無知中跳脫出來，反轉而成為承擔、耐心與智慧，以此重新接引成長的契機。

我讀中學時，整天K書，準備聯考，期間唯一能安慰心靈的娛樂，就是聽鳳飛飛的歌。記得她有一首〈沒有泥土那有花〉的歌，其中有四句歌詞經常縈繞在我心中：「人在苦難中長大，風風雨雨不要怕；愛在冰霜裡成熟，迎風搖曳多瀟灑。」這四句話，美得像首詩，對我當時準備聯考的枯燥生活，常有一種提振與鼓勵作用。對我來說，這即是一種坎卦的經驗。

坎卦與師卦不同，雖然師卦也是遇到困難，危險重重，但這種困難可以正面應對，也可以扭轉克服。可是坎卦不一樣，它的困難過於巨大，所以只能順從，無法對抗。

人處在坎卦中，要做到下面這三件事，絕對不能在這三件事上犯錯。首先，要懂得人在屋簷下，不得不低頭的道理。其次，必須學習放下自己原有的價值與堅持，放棄對立，完全臣服，更不要怨天尤人。第三，還要努力學習與你不認同的對象一起生活，學習不要害怕，不要排斥，只是接受，只是承擔。

除了臣服與順從，我們在內心深處，還必須有一個長期的目標。我們把這個目標藏在內心中，完全不對外顯露。我們要像敬奉神明一樣，敬奉這一目標，因為，這是我們生命的真實基點，我們將在這裡重建自己的價值。

最後，在經歷過這場嚴酷的考驗之後，我們將成為一個全新的人。

這就是這件事最奇妙的地方：我們放下自己，臣服他人，但是最後卻重新贏回真正的自己。

我大學時看過一部電影《滅》（*Runaway Train*），是黑澤明所寫的劇本。故事說一個監獄裡的大哥，計畫逃獄，另一位年輕囚犯，視這位大哥為偶像，說他看到大哥敢於正面衝撞典獄長，這種無畏的勇氣是他生命學習的目標。大哥聽到這句話，不但不覺得被奉承，反而非常生氣，一拳把小弟擊倒。大哥正色告訴這個年輕囚犯，這不叫勇氣。所謂的勇氣，是心甘情願作卑下的事，例如在餐廳裡掃地、洗盤子，看到地上黏著口香糖，願意主動跪下拿一塊小抹布，耐心地把污垢除掉。這才是勇氣，這才是他應該嚮往的人生目標。

當時我看到這段對白，情感澎湃而複雜，卻完全不知如何理解。但現在我理解了，因為這就是坎卦的修行。

如果我們在大過卦中不能脫胎換骨，那麼到了坎卦，透過外在的臣服，以及內在的修行，我們也應該要脫胎換骨了。

坎，有孚維心，亨，行有尚。

危險的處境，是最好的老師。危險可以讓你放下習氣，專一心志，逼出全部潛能，認真應對眼前問題。經歷一場生死交關的危難，你所學得的技能，你對生命的體會，將比讀一百本書還要深刻，還要有用。

「維」是繫縛的意思。「孚」在這裡是指內在真實的信念。「有孚維心」就是真實信念與內心緊密結合在一起。這個「孚」，一時之間無法被人理解，但是沒有關係，我們仍要充滿耐心地守護，因為這是我們內心裡的長期目標。

「尚」是「賞」或「償」的意思。「行」在這裡是指承擔坎卦的辛苦過程。「有尚」是說承擔坎卦的辛苦並不會白費，因為它們都會轉化為經驗與智慧，會在生命的另一個維度上，補償我們的付出。

只要有苦的地方，背後就有「法」。所以我們不要白白吃苦，凡吃過苦，就要得到背後的「法」，這樣才能「功不唐捐」，也才能感受到苦的意義。

當苦的意義被理解時，這個苦就不苦了，就得到解脫，不再糾結了。

俄國大文豪杜斯妥也夫斯基（Dostoevsky）說得好：「我只害怕一件事，就是我怕我不懂自己所受的苦。」這句話一般人看不懂，但從坎卦的角度來理解，就很好懂了。

初六，習坎，入于坎窞，凶。

坎卦，傳統上稱為「習坎」。「習」字在這裡有兩層意思。一通「襲」，也就是兩層疊加的意思。古人穿衣，分裡外兩層，疊加相映，既美觀又莊重。所以「襲坎」就是雙重坎陷，表示非常困難的意思。二是學習、嫻習的意思。所以「習坎」是指熟悉此艱難之後，也能慢慢從中得到學習，增進能力。「窞」（ㄉㄢˋ）是凹陷的意思。「坎窞」即坎中有坎，陷中有陷的意思。

坎卦很兇險，第一爻就陷入嚴重的困境，掙脫不出。如果此時不知服從，還硬要掙脫反抗，還要堅持自己的尊嚴，那就連第一爻都沒機會過關，當下就被淘汰出局了。

如何度過此危險劫難呢？兩個重點。一要完全的臣服，放下一切堅持。二要在心中供養一個長期的目標，且絕不對外顯露。

九二，坎有險，求小得。

臣服是有形的，表現於外的，包括你的態度、舉止、語言，通通要表露出順服的樣子。但是，信念是無形的，那是你的價值、你的意義，你的生命基點。這個真實的價值埋得很深，讓人看不到，所以異常清淨，彷彿內心裡的一塊淨土。但它作用起來，又非常深遠，能成為關鍵的指導力量。

「求小得」是指求小事可成。當然，反過來說就是不可求大事了。人與險難相處，要對險難保持敬意，凡事謹小慎微，多所節制，不可以有大欲，但也不可以完全無欲。我們要以卑微的方式呈現自己的小欲，並在滿足小欲之時，表現出極大的滿足感，這才是明哲保身之道。

六三，來之坎坎，險且枕，入于坎窞，勿用。

「之」是往的意思。「來之坎坎」就是往來都很困難、危險。「枕」即「沉」，深的意思。「勿用」就是不要施展、不要對抗，不要反擊。對方要你做什麼，你就做什麼。要知道，臣服不是目的，臣服是為了完成自身的改變，也是為了接引新的生機與力量。

此爻重點在「勿用」，也就是完全臣服，沒有堅持，一切以取得對方信任為依歸。

這已經是第三爻，仍繼續強調臣服的重要性，可見坎卦之凶險。

六四，樽酒，簋貳，用缶，納約自牖，終無咎。

這句爻辭的解釋，歷代都有爭論。朱熹認為應該斷句為「樽酒簋，貳用缶（ㄈㄡˇ）」，王弼的斷句是「樽酒，簋貳，用缶」。為了不節外生枝，我們採用解釋相對簡單的王弼斷句。

「樽」是祭祀用的酒器，「簋」（ㄍㄨㄟˇ）是祭祀時用來裝祭品的禮器。如果是貴族的正式祭祀，這些器物都會使用青銅材質，次一級，也會用木器或竹器。但對落難的人來說，雖然用不起正式的祭器，也不妨服從現實，改用民間的陶器、瓦器來祭祀。只要內心虔誠恭敬，神明也會接納祭品。

「納」是收，「約」是取的意思。凡有「勺」（ㄕㄠˊ）的偏旁，一般都有取的意思。例如「酌」、「杓」（ㄕㄠˊ）等。「牖」（ㄧㄡˇ）是窗戶的意思。「納約自牖」是說，不是公開正式的祭祀，所以無法使用大堂，只好在窗戶邊擺設祭壇，讓祭品從窗戶進出。

這一爻的意義有點晦澀。傳統的解釋是，只要心誠意正，形式上雖然簡陋，還是可以得到神明的庇佑。不過，這一「重精神，不重形式」的意涵，與坎卦有何關係呢？

我認為，這一爻的背後，應該有一個歷史故事的典故，很可能是指周文王在被紂王拘留期間私下進行的祭祀活動，所以既無法使用正式的祭器，連祭品也要從窗戶送入。

另外，我也嘗試換另一種角度來解釋此爻。根據來自《論語》的「與其媚於奧，寧媚於灶。」古人在家中祭祀，有主神，也有小神。主神在「奧」，小神在「灶」。小神位階雖低，但管理日常飲食，與人最為親近，又擔任善惡考核工作，與人的利害最相關。所以，主神固然要拜，但小神也不可馬虎，甚至祭小神要比祭主神更加盡心才好。當然，孔子十分反對這種諂媚小神的做法。但正因為孔子的反對，才更反襯出，這種諂媚，是當時的風尚，大部分人都這麼做。

第四爻要講的，就是這種諂媚小神的作法，不但無可厚非，甚至在危難中這種作法也是可取的。

大陸有一部老電影，叫做《芙蓉鎮》。故事講一對男女，屬於黑五類，在文革中結婚，為了避免旁人眼紅指責，兩人在新房外貼一副對聯自嘲：「兩個狗男女，一對黑夫妻」。橫批則是「鬼窩」。這種刻意把臉抹黑的作法，卻是諂媚小鬼，保全自己的高明智慧。

九五，坎不盈，祗既平，無咎。

這一爻也是歷代皆有不同的解釋。「盈」是滿的意思；「祗」（ㄓ）應該是「衹」的誤寫，通「坻」（ㄓˇ），小土丘的意思。「既」同「幾」，接近的意思。

「坎不盈，祗既平」的意思是指，拿凸出來的土堆，去填凹陷的坎坑。此時，凹陷的地方雖未填滿（不盈），但凸出的土堆卻已接近剷平。言下之意，險境雖然減輕不少，但也尚未完全解除，還要再耐心苦熬一段時間。

外在的危難，剛開始雖然很強，但是，隨著時間的變化，危險必定會逐漸減弱。相反地，我們內在的信念力量剛開始不足，卻隨時間而不斷增強。兩相消長之下，這困難終究是會被我們克服的。

上六，係用徽纆，寘于叢棘，三歲不得，凶。

「係」即「繫」。「徽」是用三條小繩纏成的大繩。「纆」（ㄇㄛˋ）是用兩條小繩纏成的大繩。「寘」（ㄓˋ）同「置」。「叢棘」是指古代的監牢。外圍種植黎棘，防範囚犯逃跑。

這一爻延續第五爻，眼看險難已經減輕，便決定衝撞險難，與之對決，結果以失敗告終。原因是，自己的力量尚未真的培養起來，而對方的力量也未大幅衰退，所以衝撞失敗，被繩索五花大綁，關入監獄三年之內無法翻身。

這一爻是退回到原點，重頭再把困境走一遍。

坎卦的苦，無法憑空跳躍而過，只能忍受再忍受，吃苦再吃苦，最後把所有的苦全部熬過去，才能出頭天。因此，坎卦是一場沒有捷徑可走的劫難。必須咬緊牙關自我惕勵，等待劫數渡盡之後，才能看到新的生機，如春燕般回頭再來築巢。

30 離卦：保持優勢的秘訣是擁有超乎常人的耐心

離，利貞，亨。畜牝牛吉。
初九，履錯然，敬之，無咎。
六二，黃離，元吉。
九三，日昃之離，不鼓缶而歌，則大耋之嗟，凶。
九四，突如其來如，焚如、死如、棄如。
六五，出涕沱若，戚嗟若，吉。
上九，王用出征，有嘉折首，獲匪其醜，無咎。

坎、離是一對錯卦，所以我們可以從坎卦殊途同歸的一面，理解離卦的性質。

坎卦是陷入長期的大困境，為他人所支配。而離卦則是支配者，也是規則的制定者，因為要管理眾多弱小的成員，所以要面對的是長期的小麻煩，也就是紛擾的、煩心的，有如記帳一般的日常繁瑣事務。

離卦面對的是長期而瑣碎的煩惱，但並非大困境。離卦的能力足以駕馭這些繁瑣，也有權力建立規則，但也需要用正面積極的態度，管理好這些令人煩心的日常事務。這一點和坎卦的臣服完全相反。

離卦有另一層意思，就是遭遇突發性的變故，也就是短期的大困境。因為離卦是力量強大的一方，雖然遭逢變故，只要力量沒有徹底喪失，結構沒有全部崩潰，憑著原有的實力，仍可以在短時間之內，恢復元氣，重新出發。

日常煩雜的事務比較不成問題，只要保持耐心，解決相對容易。然而，突發性的重大變故則會把原有的秩序全部打亂，無論是分手離別，或者財物上的損失，承受的震撼力極為強烈，並不容易面對。這個關卡，就是離卦給我們的功課。

所以，離卦帶有兩面性。一面是瑣碎的日常事務，另一面則是突如其來的變故。

面對坎卦困境的方法是：外在要柔順，有接受性。內心則要強韌，有自己長期追求的目標。而面對離卦功課的方法則是：外在要強韌，要有紀律，要做好目標管理。但是內心要懂得變通，要有接受性，能靈活調整。因為兩者面對的困難性質不同，所以應對的方法也不同。

如果你的力量，遠遠小於對方，那就要用坎卦的方法渡過難關。如果你的力量遠遠強過對方，那麼就要用離卦的方法，給對方立規矩，並隨時觀察對方，一旦對方超過界線，便要予以警告，並略施薄懲。《孟子》有句話說「唯仁者能以大事小」，這個以大事小，就接近於離卦。又說「唯智者能以小事大」，這個以小事大，就接近於坎卦。

離，利貞，亨。畜牝牛吉。

水火對人類生活有極大的貢獻，但水火也最無情，對人類也能產生極大的危害。人生的智慧，即是在最危險的事物中，學會如何與危險共處，找到對彼此都有益的關係。只有我們真正接受危險，並以智慧應對，危險才會成為我們最好的導師，教導我們如何行於險中而不受其害。

「離」的甲骨文寫成「」，意指用網子捕鳥。這個意思，後來被「罹」字代替，也就是遭逢變故的意思。「離」的左右偏旁，一邊是「隹」（ㄓㄨㄟ），鳥、雉的意思；一邊是「离」（ㄌㄧˊ），指鳥頭人身的山神。

從前中學國文課本裡，有《列子》的〈愚公移山〉一文。裡面有一句話說：「操蛇之神聞之，懼其不已也。」這個「操蛇之神」就是鳥頭人身的山神「离」。

離卦的「離」，一方面指遭逢重大變故，也就是「罹」的意思。另一方面則指日常事務，每天都要處理，逃避不了，讓人感到繁瑣。

「畜」（ㄒㄩˋ）是養的意思。「牝（ㄆㄧㄣˋ）牛」即母牛，象徵當事人外在強大，內在柔順且充滿耐心。

離卦的「亨」，是因為離卦的力量充沛，能夠訂立規則，掌控全局。離卦的「吉」，則是因為二、五爻，以柔順的陰爻主導全卦。二、五的陰爻，代表離卦的領導充滿彈性，不是用暴力強迫的方式管理，而是軟硬兼施、威德並用地引導對方自願接受規則。

初九，履錯然，敬之，無咎。

「履」是指行動、實踐。「錯」是交錯，「錯然」就是雜然紛亂的意思。「敬之」是指謹慎地、有序地處理眼前紛亂的事務。

坎卦代表水，離卦代表火。水以居下為險，火以居上為險。所以坎卦第一爻為凶，渡過第三爻後，逐步無咎。而離卦第一爻只是無咎，度過第三爻後，反而逐漸凶險起來。

坎卦是放下自我，遵守對方訂立的秩序，離卦則相反，是要擔當起制定規則的責任，掌控全局。而所有的規則秩序，總是在創立之初，顯現宏偉的氣勢，但行之日久，就變成了繁瑣的日常事務。所以，離卦要順利運作，首先要耐得住「煩」。也就是要不斷溝通、不停叮嚀，保持穩定，常做局部修正，把實質性的大問題，切割成瑣碎的、事務的、形式的小問題，再來分層次、分先後、分性質地尋求解決。

舉例來說，請問台灣要不要設立核電廠呢？若冒然宣布要設立或不設立，在社會共識不足的情況下，都必然引起軒然大波。若依照離卦的做法，就是先把大問題切割成許多小問題。首先，要成立各種徵詢意見的委員會，還要成立環評會，還要開上百場公聽會，再來做問卷，也要針對各種產業、重大投資計畫、學者、文化工作者等等，進行各種意見收集，並提出各種研究報告。整個過程，至少先搞兩年，撒出十億經費，把所有贊成與反對意見通通引出來，讓他們暢所欲言，最後再摸清楚各方底細，擁有了最多與最全面的資料。這時，你要總結出設立或不設立的結論，就都可以了。此時，即使有反對意見，你也已經知道該如何化解、如何溝通，或者如何局部修改計畫，減少反對的聲浪。

如何耐得住煩，把原則性、實質性的價值問題，轉化成妥協性、形式性的規則問題，這就是離卦的做事態度。

六二，黃離，元吉。

「黃離」可以解釋成黃色的火焰，也可以解釋成黃色的鳥羽，兩說皆可通。如果是前者，那就代表火焰與可燃物必須互相匹配，不可分離。引申為權力者不貴在強大，而貴在得到四方的支持。如果解釋成後者，則黃紅色的鳥羽代表了貴族的地位。意指貴族應善用自己的信譽與號召力，建立普遍秩序，而不是憑強力征服他人。

離卦兩陽包一陰，這兩陽只是表象，一陰才是精神所在。陽的硬力量需要配合陰的軟實力，才可能主導全局。只有征服的強力，缺乏陰性的軟實力，絕對無法長久。

這一爻的大吉，是因為外在有硬實力，內在有軟實力，交錯搭配，所以大吉。

九三，日昃之離，不鼓缶而歌，則大耋之嗟，凶。

「昃」（ㄗㄜˋ）是太陽西偏的意思。「離」在此處代表陽光。「缶」是裝酒的陶器。「耋」（ㄉㄧㄝˊ）是老人的意思。「嗟」是嘆息聲。

整句爻辭是說，太陽西偏，光線慢慢黯淡，如同人到中年氣力有所下降。這種衰退是自然的現象，我們應該接受。但是，我們也應該提起精神，把握時光，別浪費了仍有可為的生命。

人最壞的情況，不是衰老，而是於衰老中失志喪氣，怨天尤人，每日以飲酒麻醉自己，那樣就一點希望都沒有了。

這一爻，表面上是因為失去力量而凶，實則是因為失去志氣而凶。只知飲酒歡樂，這有何希望呢？又如何能不哀聲嘆息呢？

「鼓缶而歌」是古代關中一帶的習慣，敲擊桌上的瓦器，唱著嘹亮的歌聲，抒發志向，或者激勵士氣。這就是提起精神的力量，用以彌補肉體力量的減弱。

九四，突如其來如，焚如、死如、棄如。

「如」是樣子的意思。「突如」就是突然。「焚如」就是燃燒的樣子。「死如」就是死傷遍地的樣子。「棄如」就是一片廢墟的樣子。

整句爻辭，應該是指村落在夜裡遭到盜匪洗劫，死傷慘重，形同廢墟。

離卦與坎卦相反，越是往上，凶險越大。

六五，出涕沱若，戚嗟若，吉。

「涕」可以是眼淚，也可以是鼻水。例如「感激涕零」，這是指眼淚；「涕淚縱橫」，這是指鼻水。「沱」（ㄊㄨㄛˊ）原指江河的支流，這裡是指水很多的樣子。「戚」是憂愁、悲哀。「嗟」是嘆息。「若」是樣子。

整句爻辭是說，遭逢重大變故，親人死亡、財物損失，讓人忍不住痛哭流涕，憂愁悲傷。

這一爻是全卦的主導，所以痛哭與悲傷的人，應該不是指受難者，而是指上位者、領導人。上位者因人民的傷亡損失，痛哭流涕，憂愁悲傷，這才蘊含著「化悲憤為力量」的翻轉契機。此卦的吉，即是吉在這一翻轉。

身分地位不同，哭的意義便不同。一般人的哭，大多是示弱，上位者的哭，則有團結人心、聚集力量的特殊效果。

從前有一陣子很流行EQ的說法，也就是情緒管理。這個情緒管理，不能只是管理使情緒保持穩定，也必須是管理使情緒敢於流露，敢於抒發真情。

該哭的時候哭，該笑的時候笑，像個小孩子一樣，情緒往來無礙，這樣的人更容易保持青春，充滿活力。

上九，王用出征，有嘉折首，獲匪其醜，無咎。

「嘉」是嘉許、獎賞的意思。「折」是斷的意思。「折首」即斬下對方首級。「匪」是非的意思。「醜」一說是類的意思，一說等同於「酋」（ㄑㄧˊㄡ），即首領的意思。兩說皆可通，此處採後說。

整句爻辭是說，君王化悲憤為力量，團結眾人，向盜匪宣戰。征戰中斬下敵人首級者，皆獲獎賞，最後雖然沒有捕獲敵人首領，但已重挫對方實力，這樣不會有過失。

離卦的硬實力，表現在一、六兩爻，離卦的軟實力，則表現在二、五兩爻。兩者互相附著，不可分離，這才是完整的離卦。

31 咸卦：人生若只如初見

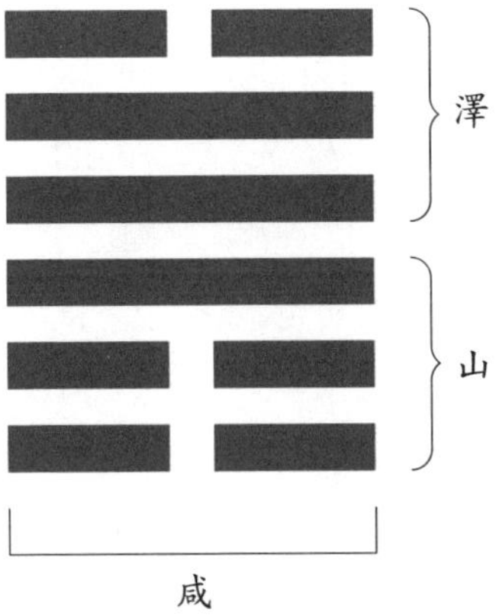

咸，亨，利貞，取女吉。
初六，咸其拇。
六二，咸其腓，凶，居吉。
九三，咸其股，執其隨，往吝。
九四，貞吉，悔亡。憧憧往來，朋從爾思。
九五，咸其脢，無悔。
上六，咸其輔、頰、舌。

通常講完坎、離兩卦，就會有人詢問「雙修」的問題。我通常會建議大家去參考荷蘭漢學家高羅佩的《房內考》一書，可以了解古人為何認為透過坎離互換，或者稱為「採補」（即是採陰補陽、採陽補陰之術），可以成就修行。

高羅佩的研究，最有趣的地方在於，他認為這種「採補」的方法是先由中土傳至印度，再由印度回頭傳至西藏，經過一番改頭換面，再傳入中土。

然而，透過男女性行為的體位變化，希望得到坎離互換的結果，這一路的修行法，自古以來就不被視為「正路」。尤其到了現代，更被指責得體無完膚。不過，房中術盡可去除，但「雙修」的理論，依然引起大家的好奇。

其實，「雙修」的「雙」，不是指男女，而是指陰陽或坎離兩種相反的性質。把人內在本有的兩種相反互斥的東西，以身為爐，修成一體，讓他們彼此互換互濟，這就是「雙修」。所以，就道家立場來說，「丹道」一定是「雙修」，無法單修一個「陰」或單修一個「陽」。

總歸一句，跨越內在陰陽的矛盾與衝突，並從中得到提升的能量，這才是雙修的要旨。把男女比喻成陰陽，這只是直觀的聯想，連修行的第一步都還沒跨出去。

下面我們說咸卦。

如同一般人的印象，咸卦是一個桃花卦，代表少男少女彼此存在的自然吸引力。引申意思則是第一眼的好印象，或者充滿發展機會的人際關係。一般人說「得人緣」、「有親和力」、「給人留下好印象」，講的就是咸卦。

離卦的第六爻是一場復仇戰爭。爻辭「有嘉折首」，意指獎賞砍下敵人頭顱的戰士。可是這一幅殘忍的戰爭畫面，如何轉成人見人愛、面帶桃花的咸卦呢？

我們先從甲骨文來了解。「咸」的甲骨文寫成「」，右邊是一把大斧，左邊是一個「口」。這個「口」，可以指人頭，也可以指村莊。總之，這是一個帶著殺戮性質的字眼。面臨死亡的威脅，眾人只能臣服，沒有第二條路可走。所以，「咸」又有「皆」的意思。

但是在《易經》中，「咸」主要是「感」的意思。也就是「少男少女自然的吸引力，或者互相感應的能力」。咸是如何從一個殺戮的字眼，慢慢變成男女彼此天生的吸引力？又變成與性欲難分難解的「感」字呢？

這裡，我們無法用文字的表象來解釋，只能用生命深層的心理反應來解釋。

先提出一個問題，我們對殺戮的深層心理反應，與我們對原初性欲的的深層心理反應，這兩者是完全相反、完全不相干的呢？還是它們有著深刻的內在相似？

說得更簡單一點，為什麼在我們的日常語言中，充滿了把性與死亡合在一起使用的例子呢？例如「欲仙欲死」、「愛著比死還慘」、「不愛會死」等等。其他例如「殉情」，這也是一種性與死亡難分難解的關係。

從深層心理學來說，所有生物都恐懼死亡，在死亡的陰影下，所有生物都必須屈服。但有一種力量，可以超過死亡，那就是天生的性愛力量。性愛的力量可以把我們從死亡陰影中解放出來，這就是為何會發生「殉情」的原因。

我想起自己念大學時，曾暗中喜歡一個文學院的女孩子，當她第一次主動找我講話時，我感覺自己心臟快要停止跳動，甚至覺得自己喘不過氣來，好像馬上要暈倒一樣。這個情欲受觸動的描述，入情入理，非常真實，但若換一個角度看，這又何嘗不是一個即將赴刑場犯人的生理切身反應呢？

當然，兩者仍有恐懼與喜悅的差別。但是，就其內心觸動之強度與深度來說，似乎來自同一個內在根源。《老子》有「寵辱皆驚」之說，「寵」與「辱」的性質截然相反，但「驚」的深度與位置，卻是一致的。

在我們生命最深的地方，深到意識都無法自我作主的地方，性與死亡同時具有絕對的主宰力量，或者更公平地說，性的力量還略勝一籌。

在最深層的心理反應中，「咸」的殺戮意味，與性欲的原始快感，亦敵亦友，互相跨界，既衝突又連結。於是，「死」的意象與「生」的意象常常只有一線之隔，成為藝術家最常使用的對比手法。大家可以在網路上查看南宋畫家李嵩的〈骷髏幻戲圖〉，就是此一手法的代表作品。

法國有一則〈美女與野獸〉的童話。大意說，一位富商有三個女兒，有一天，這個商人希望送給每個女兒一項她們最想得到的禮物。其中兩個女兒都想得到稀奇珍寶，唯獨最小的女兒，只想得到一朵白玫瑰。

商人為了滿足小女兒的心願，偷了野獸培育的白玫瑰。野獸十分生氣，詛咒商人死掉。但在知道原委後，野獸息怒了，反而送他很多財物；但是詛咒的法力無法收回，只能延後一個月，一個月後，商人仍然要結束性命。商人回來，將此事告訴最小的女兒，這位女孩便自願替父親受死。

一個月後，小女兒來見野獸，野獸對她一見鍾情，用盡辦法追求她，但小女兒不為所動。一段時間後女孩得知父親病重，要求回家探視，野獸同意她的請求，並說，如果一周內沒回來，女孩就會死去。結果女孩在家裡待了一個月，並沒有死去，後來女孩才知道，原來是野獸代她承受了魔咒，正逐漸死去。女孩趕來探望野獸，傷心之餘，承諾只要野獸不死就願意嫁給他。這時，氣息奄奄的野獸竟變成一位英俊的王子，原來他是受了巫婆的詛咒才變成野獸，必須出現一位真心愛他的女孩，這個魔咒才會打開。最後，童話以喜劇收場。

野獸，在這童話裡，一直以「死亡」的恐懼形象出現。少女，則是以「情欲」的喜悅形象出現。到最後，這兩者必須真正地結合，生命才能得到本質性的提升與改變。結合後，「死亡」與「情欲」，「野獸」與「女孩」一起得到提升，恐懼消失了，愛也成熟了，雙方得到的，遠比當初放下的還要多。

咸，亨，利貞，取女吉。

「取」同「娶」。咸卦上澤下艮，澤代表少女，艮代表少男，少男少女相互感通，彼此吸引，這將有助於少女婚後的生活適應，讓她更願意融入新的家族，所以說「娶女吉」。

初六，咸其拇。

米開朗基羅有一幅〈創造亞當〉的濕壁畫，內容是在天空中，上帝與亞當的指頭，彼此輕輕碰觸。透過藝術家敏銳的心靈，我們看到，兩指輕碰，即是一個全新世界揭開序幕的契機。

指頭是身體的末梢，由指頭來碰觸陌生的或未知的事物，可以讓我們既滿足好奇，又保有安全感。現在我們對初識的朋友，常以握手表示好感，也是出於同樣的心理。

我小時候，男生常常故意捉弄女生，引起女生反擊，或以手打，或以腳踢，其實，在適度的範圍內，這都屬於打情罵俏、互相試探對方的遊戲。

這一爻，即是少男少女的彼此試探。

六二，咸其腓，凶，居吉。

「腓」（ㄈㄟˊ）同「肥」，小腿肚的意思。無論古今中外，大部分的文化都把手掌視為公領域，但小腿的部位則介於公領域與私領域之間，帶有曖昧性。例如，在某些勞動的場合，小腿和手掌一樣，都是公共的、公開的，允許彼此接觸的，但在某些場合則又帶有私領域性質，不許他人碰觸。

我念小學的時候，有一次跳土風舞，男生女生必須牽手，當時有些同學不敢牽手，就被老師曉以大義。另有兩手勾連轉圈的動作，因為要碰觸彼此小手臂，老師就不會勉強那些無法接受的同學。

這一爻的凶，是因為雙方陷在曖昧之中，輾轉反側、朝思暮想，乃至一副魂不守舍的樣子。「居吉」的「居」是留在家裡，不要繼續進入曖昧關係的意思。

這一爻，很有意味。表面說不要曖昧，心裡還是想繼續曖昧。所以，這個凶，其實是天下所有情種的在劫難逃。

古代的長輩若看到子女為情輾轉反側，都會明快地建議別再曖昧下去，要不整頓生活，結束相思，要不前去說媒，把女方娶回來。無論哪一種，確定下來，才是吉祥。

九三，咸其股，執其隨，往吝。

大腿與臀部，是人類最強烈的性象徵，碰觸到這些部位，就已經沒有曖昧可言了。要不往前一步，滿足情欲，要不立刻回頭，不做非分之想。再沒有第三條路可走，也再沒灰色地帶可以藏身。

「股」是大腿。「執」是握取。「隨」是指與股相隨的臀部。整句話是說，少男碰觸少女的大腿，進而希望產生性行為，可是一想到未婚生子，無法得到雙方家族的認可，所以又猶豫了起來，情況進退兩難，十分難辨。

古代的政治家，以天下沒有「曠男怨女」為最大的仁政。這其實是富有深意的。人類的性欲，表面看只是一種欲望，實際上是包羅萬象的各種欲望的綜合體。其中除了肉體的性欲，還涉及尊嚴、勇氣、審美、禮儀、利害、權力、戰鬥、謀略、榮譽、挫折等等複雜的心理。一個人一生如果真正愛過一次，此生即可無憾。因為你已經把生命中所有可能的複雜情感，通通經歷過一次，還有什麼比這件事更豐富、更激動人心，也更有價值的呢？

人不一定會在事業上成功，也不一定受人敬重，可是每個人都有機會經歷一場過程精采且豐富的戀情。而且，這場戀情對生命成長的啟發，未必輸給那些做大事、成大名的人。所以，情感是讓眾生得以平等的好事。

九四，貞吉，悔亡。憧憧往來，朋從爾思。

這一爻有兩種解釋。一是發乎情、止乎禮，向對方反覆表達堅貞的情意，而對方感受到這份情意之後，也會做出真實的回應。二是指媒人穿梭兩邊，溝通雙方家長的意見。

「憧憧」（ㄔㄨㄥ）是搖曳不定的樣子，也隱含著頻繁的意思。「憧憧往來」是說，雖然剛開始彼此不明白對方的心意，但經過頻繁接觸，慢慢了解之後，雙方的心意也就達成一致了。所謂的瞭解，可以指男女雙方的瞭解，也可以指雙方家長對這門婚事的看法。「朋」是朋友、伴侶的意思。「思」是助詞。

這一爻的「吉」，是指本來無法確定的事情經過來回交往溝通，終於能夠確定下來，不再讓雙方陷入痛苦猜想之中。

我常覺得，在愛情上，你若不清楚界線何在，對方也不會清楚。若你清楚了，對方也只能跟著清楚了。有時候，我們對不清不楚的曖昧關係充滿審美的想像，這部分我們看《紅樓夢》就可以知道。但是，在現實上，似乎更多人希望清楚，所以流行「表白」儀式。只不過，一次的表白就能破除曖昧，讓一切確定下來嗎？我不認為。最後還是要回到「憧憧往來，朋從爾思」，每一個不確定，都要反覆再三加以確認。這個過程很辛苦，必須充滿耐心，是不折不扣的修鍊。

九五，咸其脢，無悔。

「脢」（ㄇㄟˋ）傳統解釋為背脊肉，但我感覺應該是指女性乳房才對。因為「每」的甲骨文寫成「」，

原意是哺乳的婦女。也有人認為，「每」是指婦女晚上卸下髮飾，準備就寢。無論前者或後者，合理推測，當「每」字加上「月」字邊，理應指乳房，或者身體上多肉的部位。

這一爻是說，男方已經提親，雙方多次溝通已經取得共識，此時少男少女彼此擁抱愛撫，可以沒有過失，也沒有什麼可擔心的了。

上六，咸其輔、頰、舌。

「輔」是牙床，「頰」是臉頰。這一爻，應該是指做完愛了，也互相愛撫了，然後臉龐互相摩娑，又輕咬又親吻，情話綿綿，難分難解。這當然是吉。

咸卦是陰陽天生的、本能的吸引力。這個力量，是宇宙創生萬物的根源性法則，非常可貴，無法阻擋。但是，這層力量，主要是為萬物的豐富多元，提供物質與肉體上的基礎，至於，人類的精神性開展，則無法全靠老天安排，而必須自己負起責任。

32 恆卦：因不曾努力而一事無成，是最羞恥的事

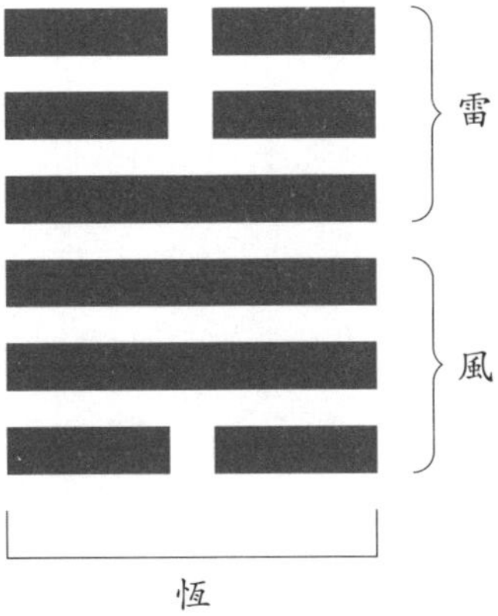

恆，亨，無咎，利貞，利有攸往。
初六，浚恆，貞凶，無攸利。
九二，悔亡。
九三，不恆其德，或承之羞，貞吝。
九四，田無禽。
六五，恆其德，貞婦人吉，夫子凶。
上六，振恆，凶。

咸卦的力量，固然作用於少男少女，但同樣也作用於我們與更高的真理之間。男女的愛欲充滿各種身體與心理的反應，同樣的，人與真理之交流，也必須是「有感的」。人與真理的相感相愛，既要有激情，也要換得生命訊息。我們不可能只對真理產生「客觀的理解」，而不同時感受到被真理擁抱、滋潤與呵護的感動。

一個被愛欲觸動的男女，情感澎湃湧現，靈魂如同被詩人附身，語言的駕馭能力突飛猛進，彷彿再多的語言都不夠他差遣。每一個呈現眼前的現象，都帶著神秘的啟示，無論如何用心感受，也領悟不完。這種詩情畫意的觸動，屬於少男少女之間的交感，也屬於人與真理之間的交感。

浸潤在真理中時，你也應該化身成為詩人，有著述說不盡的感激，以及取用不完的靈光。

現在社會流行「有感」、「無感」這個詞語，其實這就是典型的咸卦情境。例如一個非常認真，非常有政績的政治人物，但因為他的言行與表現，始終讓人民「無感」，那必然會影響他的支持度。這表示此人缺乏卡里斯瑪（charisma，魅力），也就是缺乏咸卦的魅力。民主政治下的政客，如果無法用咸卦打開民眾的心懷，即使他的政策非常正確，也得不到相應的選票。

施政者與人民互不投緣，無法交感，會造成極大的政治危機。同樣的政策，由有魅力、有風采的政治人物來推動，會大受民眾的歡喜；但由沒有魅力與風采的人來推動，民眾可能覺得很討厭。即使政策的內容完全一樣。

咸卦的力量就是這麼主觀。充滿野性，任性決斷，常常毫無道理可講。由此可以知道，所謂的現代民主制度，走的就是咸卦的道路。

如果這個咸卦的愛，能夠帶來提升，那麼所有的任性、張狂、害羞、忌妒都是值得的。相反地，如果咸卦的愛不能帶來提升，那麼無論我們的愛有多深，最後等待我們的，只會是更加孤寂難熬的磨難。

如果我們受異性力量吸引時會變成一個詩人，變成一個比過去更好的人，那麼我們受到更高真理的吸引時，我們也將變成一個詩人。

歌德在《浮士德》裡，寫下這句話：「永恆的女性，引領我們上升。」當然，歌德是以男性的立場寫下這句話，如果去除這種「男性中心」的思想，這句話的真正意思應該是：「永恆的愛，引領我們上升。」或者說，「永恆的咸卦，引領我們上升。」

我年輕時曾與朋友聊天，提起歌德這句話，席中一位女性當場翻臉。她說，為何要女性永遠扮演引領男性上升的角色，女性自己也要上升啊，女性也要有自己的生命境界啊，為什麼男性不能引領女性上升？

當時我嚇一大跳，想不到幾句古人的話語，竟引來如此強烈反對。這件事，當時我以為是女性主義作祟，但兩、三年後，我才明白，這事與女性主義無關。生命的提升，是兩個人的事，如果只有一人提升，只有一人在改變，那關係絕對無法持久。

接下來我們講恆卦。

當咸卦在身體與心理兩方面，都達到頂點之後，恆卦就適時出現了。恆卦要面對的功課是，如何持續這份美好感受，以及如何確定這份美好的感受是真實的。

人類是很奇妙的動物，如果你在身體的感受上，達到一個很高的位置，那麼你便會希望在精神上也能相對達到一個巔峰。不然，兩者就會失去平衡。如果身體與精神失去平衡，我們立刻會湧現一種負面感受，懷疑身體感覺是否只是無根的夢幻或遊戲，缺乏真實的基礎。

人類的情感普遍相信，凡是真實的東西，必須具有「可持續性」，甚至是「永恆性」。所以咸卦之後，首先要面對的，就是「真實性」的考驗。

如何滿足人類情感中的「真實性」要求呢？通常可以從兩方面得到滿足。首先是在精神上得到境界的提升、意義的感悟、視野的擴展。或者，更簡單一點說，就是我們的智慧得到成長。世界上，最真實的得到，或者說，得到後就不會失去的東西，不是財富、不是名聲，也不是愛情，而是智慧。我們若在美好感受之後，伴隨智慧的提升，那這份美好感受，必然是真實的。

其次，我們會想用一個外在的形式，占有這份感受，讓它不要離去。例如，男女交往之後，弱勢的一方會要求強勢的一方提出各種承諾與保證，遵守各種規則，甚至要求制度性的保障。

老實說，形式的占有，與智慧的提升，屬於兩種高低不同的境界。因為，占有並不等於得到。例如尼采就說，女人常常要求男人承諾永遠愛她，事實上，這種承諾是不可能的。因為，愛不愛是感受，無法承諾。結婚或離婚，這是行動。行動可以承諾，但感受性的東西無法自我控制，所以無法承諾。

雖然「真實性」有兩條路可走，但是大部分人都會選擇第二條路。與其得到智慧，他們更喜歡用承諾、用保證、用制度、用風俗、用道德、用信仰，甚至用金錢，一層又一層地占有這份感受。

「恆」是常、久的意思。甲骨文寫成「」，代表月亮朔望圓缺的變化。月亮的圓缺變化非常規律，恆久不變，所以稱為「常」。

「恆」還是古代神話中代表月亮的女神。神話大致內容是這樣：帝俊（又稱燧人氏、葛天氏，乃三皇之首）是宇宙第一個男神，不知過了多久，終於又誕生了兩位女神，分別是「羲和」與「恆」。三位神交感，兩位女神便懷孕了。羲和生下十個太陽兒子，掌管天干；恆則生下十二個月亮女兒，掌管地支。後來恆又生了一名兒子，叫作夸父，負責閏月。

後來，不知過了多少年，又誕生一位叫華胥氏的女神，她也生出一對兒女，就是伏羲與女媧。「胥」有互相、皆的意思，所以「華胥」就是華族、華屬的意思。

恆卦的本性不是不變，而是非常規律的變化。在規律的變化中，咸卦的少男少女，往前一步，結為夫婦，組織家庭，再進一步生兒育女，為人父母。如此的轉變，就是把咸卦的偶然性，套入恆常的規律中，讓他們開花結果，成熟完善，引導他們認取自身的價值和責任，並走向人生的立命之路。

用口語來說，恆卦就是「既然做了，你就要負責到底」。如何負責？那就是納入社會普遍認可的規則中。因為在一套公認的價值系統中，每一樣偶然性的行為都可以得到定位、得到意義，也得到保障。於是，一個偶然性的存在，就可以在形式上成為必然性的存在。某種程度來說，這也是一種「尊嚴」的需求。

恆，亨，無咎，利貞，利有攸往。

恆卦的亨，是因為穩定、有規律、有節奏，利於事物的累積與開展。但問題是容易養成依賴的習性，同時也降低了創造力。

我一位朋友的兒子，認識有錢人家的千金，雙方交往密切，甚至開始討論婚嫁問題了。但對方父母提出一個條件，希望未來的女婿先到家族開設的公司工作。其實對方是想藉此考核未來女婿的能力。朋友的兒子於是辭去自己喜歡的工作，轉往對方公司上班。半年之後，他逐漸認清，對方家族的事業並非他擅長，而且生活在富貴家族中拘束很多，讓他難以適應，最後決定與女友分手。

與豪門聯姻，得到生活的保障，這是很多人求之不得的事。但是，豪門有豪門的規矩與習性，未必每個人都能適應。在現代，人各有志，財富並非人生追求的唯一目標，我們還是應該考慮一下，自己長期想追求的東西是什麼？

初六，浚恆，貞凶，無攸利。

恆是一種穩定、規律的狀態。這種規律，可以蓄積實力，養人志節，但是，太過安定，毫無刺激，也容易讓人感到沉悶，進而因循怠惰。

「浚」（ㄐㄩㄣˋ）是挖深、疏通的意思。傳統解釋認為，「浚」有苛求的意思，所以「浚恆」就是以嚴苛的規則、標準要求別人。這對於剛剛培養出感情的男女來說，一時難以適應，所以說「貞凶」。

我的看法略有不同，我認為「浚」應該當作沉浸、耽溺解釋。「浚恆」是指過度依賴、耽溺於結構性的保護之中，不思長進，不求提升。

九二，悔亡。

這一爻能夠無悔，是因為汲取第一爻的教訓後，知道結構性的保護，目的不在保護本身，而在藉由這樣的保護，支持一個長期性、持續性的目標與追求。如果失去了嚮往與追求，那麼結構性的保護就是耽溺。

反過來說，在完全不必承擔風險的環境中，一個人既無法培養責任感，也無法獲得磨練與成長。所以，生命不能只在愛中成長，也必須在風霜中歷練，如此才可以無悔。

禪宗《碧巖錄》裡有一則公案，一位出家人問雲門大師：「樹凋葉落時如何？」雲門回答四個字：「體露金風。」樹凋葉落，是指秋天到了，天氣涼了，那我們要做什麼事呢？雲門回答很瀟灑，什麼都不做，就是讓這身體好好感受天地的秋意。「金風」就是秋風，因為秋天的五行屬金，所以稱「金風」。樹葉要承受秋風，人也不要太保護自己，太與環境隔絕，也必須親自跟這秋風對話，好好感受它想教我們的事。

九三，不恆其德，或承之羞，貞吝。

「恆」也有專注的意思。譬如修行，總要一門深入。一個修行人，每天掃同一棵樹的落葉，撞同一口鐘，用同一個桶子打水，做同樣的雜務，一個動作一聲佛號，日復一日，若沒修出一個成果，絕對不要輕言回頭。

修行人最怕東沾一下，西碰一下，沒有目標，飄搖不定，美其名為不執著，其實是內心裡沒有真實的東西，這樣何時才能有成就呢？

最羞恥的事，莫過於花了時間、花了力氣，最後抱怨連連，又一事無成。

「恆」在這一爻，是「久」的意思。是指長時間專注在一件事情上。「德」是心中真實的東西。掌握不住內心的真實，就是「失德」。人若長期沒有真實的方向，結果必然白白浪費生命，最後既慚且愧，悔不當初。

九四，田無禽。

「田」是田獵。「無禽」就是田獵毫無捕獲。

第三爻是努力不深，常常半途而廢，所以沒有收穫。這一爻則是努力了，但一樣沒有收穫。兩者的結果雖然相同，但意義卻完全不一樣。

努力不夠而毫無所獲，這是自己造成的結果，所以是恥辱。但付出努力卻沒有成果，這是運氣不好，即使毫無所獲，也沒有什麼可羞恥的。只需耐心等待，獵物還是會出現的。

六五，恆其德，貞婦人吉，夫子凶。

「恆」有穩定性與保障性，但缺少開創性。對古代的婦人來說，穩定與保障比開創重要。但對男子來說，開創才是目的，穩定只是手段。所以此爻對婦人吉，對夫子凶。

穩定與保障只是手段，不是目標。它是為了幫助我們追求更高的目標。如果把穩定與保障當成目標本身，那就「夫子凶」了。

上六，振恆，凶。

「振」是拯、濟、助的意思。「振恆」表示在第五爻「婦人吉」的基礎上，進一步提振「恆」的力量。這樣的提振，因為主要是著眼在制度性的保障上，而非長期的嚮往與目標，所以得「凶」。

另一說認為「振」是不穩定的意思。時而恆，時而不恆，變來變去，故得凶。這樣解釋也可通。

吉祥的恆卦是要進入一種有秩序的運動節奏，有如長途慢跑，身體的呼吸要與腳的步伐及手的擺動達成一種和諧的韻律，這樣才能以一種最節省能量的方式做最持久的運動，最終達成目標。如果呼吸來回不安地變動，步伐忽快忽慢，那就很難抵達終點了。

第六爻，表示不安於恆卦的規律想要脫離，但脫離得了嗎？那就要看下一卦了。下一卦是遯卦，「遯」就是逃走的意思。

33 遯卦：如果逃不掉，那就迎向前去吧！

遯，亨，小利貞。
初六，遯尾，厲，勿用有攸往。
六二，執之用黃牛之革，莫之勝說。
九三，係遯，有疾厲，畜臣妾吉。
九四，好遯，君子吉，小人否。
九五，嘉遯，貞吉。
上九，肥遯，無不利。

恆卦是生命朝著某個既定方向，慢慢地前行，持久地承擔。咸卦則隨興所至，碰撞激發，永遠充滿著好奇與力量。前者類似於坤卦，後者類似於乾卦。

任何事業，在開創階段，都必需帶有一股激情，不按牌理出牌，充滿不切實際的想像，勇於突破現狀。但在闖出局面之後，又必需建立組織、考慮長遠利益、加強制度規章、深化管理，對任何改變都抱持謹慎的態度。這就是一個從激情走向保守，從咸卦走向恆卦的自然過程。

咸卦的成功，因為盲目衝動、勇於嘗試，不怕失敗。恆卦的失敗，則因為太有方向感、太懂得衡量得失、也太保守固執了。這兩者的成敗，一消一長，互為因果。沒有誰對誰錯的問題，只有如何整合，如何彼此協調搭配的問題。

告訴大家一個奇妙的感受。有一天早上我似醒非醒時，腦中浮現一首英文老歌的旋律，歌名是〈蒼白的淺影〉（*A Whiter Shade of Pale*）。當腦中浮現這個旋律時，我忽然感到一股莫名的悲傷。醒來後，我躺在床上，拿手機查這首歌的原唱，結果出現上個世紀七十年代的倫敦街景。沒想到，那股悲傷，竟然隨著畫面一直放大，好像整個世界都要沉沒到這股悲傷之中。我只好趕快起床。

後來，我試著回想這件事，想知道那股悲傷是什麼。其實，這是很抽象的感覺，是很難說清楚的東西。只能這樣勉強描述：那份悲傷，是我對一切美好事物都將流逝不返，都將衰亡告別的哀嘆。或者說，那份悲傷，是我在內心裡，對往昔曾經美好的時光與景物，所舉辦的一場追悼會。

我們一邊悲傷，也一邊成熟。我們一邊抵達恆卦，成為一個大人，也要一邊呵護著內心那個咸卦的小孩。他們倆人必須和解，必須手牽著手，一起在夕陽的河畔邊散步，我們的生命才能真正地得到圓滿。

話說回來，恆卦固然會壓抑咸卦的開創性，但他仍然具備非常可貴的自律性。我們學習任何事物，必定要經過一段累積、凝聚、內化的過程，也就是要經歷一段恆卦的過程，否則根本無法成事。就像古人染布，要反覆浸染，讓顏色滲透到纖維內層，染好後還要用醋把顏色定住。沒有這些恆卦的步驟，驟然遇水，布色就褪去一大半了。

我們在工作中，在生活中，若能持續對手邊的日常事情，有參悟、有體會、有提升，如此累積十年以上，並從中逐漸形成一種真實的生命信念，這就是人人可行，而且最踏實、也最深入的修行路徑了。

因為，工作、生活、生命這三者，若有真實的價值在其中，那必然會融為一體，共同成就，難以分割。

下面來講遯（ㄉㄨㄣˋ）卦。

「遯」字很好理解，右邊是「豚」，代表小豬，左邊是「辶」（ㄔㄨㄛˋ），代表走、跑。小豬很敏感，容易受驚，嗅覺又好，稍有風吹草動，或感覺環境氣味不對，馬上就逃走。所以「遯」有逃、退、避、藏的意思。

遯卦接在恆卦之後，因為恆卦第六爻「振恆」，露出不安於位的狀態，所以接下來的遯卦，就是想逃、想藏，不想留在體制中，也不想繼續忍受形式的制約綑綁。

遯卦與否卦，只有第三爻不同，其他各爻都一樣。這兩個卦都有施展不開的意思，但是狀態不同。否卦是主觀上想施展，但客觀上施展不開。遯卦則是主觀上不想施展，但客觀上卻有個讓你得以施展的環境，於是你半推半就，結果也沒施展得很好。

遯卦為何不想有所表現呢？我們一般都認為，能夠發揮所長是好事，不能發揮則是壞事，但是遯卦卻選擇不想發揮，而且還不算是壞卦，這是什麼道理呢？

原來，遯卦的標準和別人不同。遯卦無論在道德上、美感上、價值上、人品上，標準都比世俗更高。所以邀他在世俗的舞台上發揮所長，對他來說，這不是真正的發揮，而是屈就。

遯卦，是別人給你舞台，但你看不上這個舞台，或者不喜歡給你舞台的人，所以覺得不舒服，寧可不發揮，逃到自己覺得舒服的地方。我們可以說遯卦的人有潔癖，也可以說他搞自閉，但他的不舒服卻是真實的。原因無他，就是他的標準比一般人高。

對於這種採取高標準的人，寧可逃世，不願為世所用，古人稱為「隱者」。

李白的〈將進酒〉詩裡用了一句：「古來聖賢皆寂寞，唯有飲者留其名。」我總覺得李白故意玩了「隱者」與「飲者」的同音雙關。其實，聖賢是留名而寂寞，隱者則是不留名卻不寂寞。只有李白這位飲者，既留了名，又不寂寞。好處全讓他得了，真可說是遯卦的第六爻「肥遯」。

標準高的人，都有一個不同於常人的「內心世界」。別人的內心世界常受環境左右，但是遯卦的內心世界堅強且自足，不太受環境影響，而且還常常反過來影響環境。

我當兵的時候，認識一位中校，他家種了一大片檳榔園，有一陣子檳榔價格很高，他休假時就回家睡在檳榔園裡，提防小偷來採。開會時，這位中校十分敢言，不怕得罪人。私下喝酒的場合，他常說，他敢說真話，別人不敢，不是他厲害，而是他家的檳榔樹厲害。因為如果他在軍隊裡混不下去，大不了回家種檳榔，但別人沒有這份資產，只能小心翼翼、畏首畏尾。

所以，遯卦不但要有一個自足的「內心世界」，還要有物質條件的憑藉，這樣高尚起來，才有底氣。

孔子有個當官的故事，也和遯卦有關。

有一次，魯國權臣陽貨要孔子出來當官，但孔子不欣賞陽貨的為人，所以避不見面。後來陽貨送孔子一隻「蒸豚」，依照禮儀，大夫送士大禮，士必須親自登門答謝。但是，孔子也很聰明，叫學生埋伏在陽貨家門外，等他外出，趕緊通報，孔子就趁陽貨不在家，跑去回禮。結果陽貨半途折返，在門口撞見孔子，場面很尷尬。陽貨就把孔子拉到一旁，既是關懷，又帶一點責備的口氣說：「世道這麼壞，你還只顧保全自己名聲，不肯出來當官，這樣對嗎？你口口聲聲要實現政治抱負，但始終沒有行動，現在年紀都多大了，時間還會等你嗎？」這兩個問題都打在孔子的痛處，孔子只好回答，好的，好的，我會好好考慮出來當官的事。但是孔子最後還是沒有出來當官。這就是遯卦。

遯，亨，小利貞。

「小利貞」就是「小事吉」的意思。此處的「亨」，不是外在的亨通，而是內在的亨通。什麼是內在亨通？就是內心真實無偽，豐盛自足，往來無礙。

初六，遯尾，厲，勿用有攸往。

「遯尾」的「尾」是末尾的意思。「遯尾」是指接近末端才走。意思是說，一個人若有心離去，就應該早一點行動。不要留到最後，等對方認定你會留下來時，你卻選擇離去，撒手不管，搞得大家都對你有意見，這樣很危險，於公於私、對己對人，都沒有好處。

我另有一個解釋，大家可以參考。「遯尾」是指把尾部隱藏起來，頭卻仍然露出來，也就是半遮半露，讓人分不清你真正的想法。

有些人既想得到「無求」的美名，又想得到理想的舞台，於是半推半就，似有若無，等人提高價碼，拱你出場，這是最愚蠢也最危險的方法。

六二，執之用黃牛之革，莫之勝說。

「革」是皮繩的意思。用牛皮繩索把豬綁住，這頭豬是不可能脫逃的。「勝」是能的意思。「說」（ㄊㄨㄛ）同脫。「莫之勝說」是不能脫逃的意思。

不能脫逃，如何是好？那就別鬧彆扭了，大方一點，該上場就上場，該出手就出手。明明逃不了，還要繼續逃，那只能損人損己，兩敗俱傷了。

「黃牛」是祭祀用的牛，比一般的牛講究許多。所以這個「黃牛之革」，背後隱含著禮遇的意思。也就是當事人雖然不願上台，但是對方仍以很好的條件邀請當事人。

我曾卜得此爻，事由是去韓國參加一個出版人的會議，還要發表一篇小論文。我本來不願意去，卜到此爻後，知道推卻不掉，只有硬著頭皮參加。準備論文雖然辛苦，但會議過程頗受禮遇，我也從中得到不小的學習，最後賓主盡歡，圓滿結束。

《聖經》裡也有一則這樣的故事。上帝要約拿去一個地方宣告神即將降災於該處，約拿覺得太危險，不肯去，於是坐船往相反方向走。途中，海上掀起巨浪，同行的人覺得不尋常，判斷有人得罪了神，於是抽籤，發覺是約拿，而約拿也承認了，於是眾人把他投入海中。接著，上帝派大魚把約拿吞入肚中，讓他反省三天三夜，約拿懺悔後，大魚把約拿吐上岸，讓他繼續執行神給他的任務。當然，最後他圓滿達成任務，當地人也都悔改，神也同意取消降災計畫，結局皆大歡喜。

九三，係遯，有疾厲，畜臣妾吉。

「係」同繫，綑綁的意思。這一爻的綑綁，與上一爻的「黃牛之革」略有不同。上一爻是主觀上不想去，客觀上無法拒絕。這一爻是主觀一分為二，一部分想遯去，遠走高飛，另一部分則受情感牽絆，無法瀟灑放下。這樣進退兩難，身心分裂，是最糟糕的處境。

「疾厲」是指有立即的危險，另一說是指重大的危險。「畜」（ㄒㄩˋ）是養的意思。這一爻是說，既然情感放不下來，那就別走了。這樣牽腸掛肚的個性，其實不適合當個隱者，反而比較適合當臣妾，忠心服侍主人。

感情的問題，常常是彼此作為對方的臣妾，這樣說不對，那樣說也不討好，處處有雷，非常難辨。

九四，好遯，君子吉，小人否。

前三爻都是想遯卻遯不了，因為下卦是「艮」，想動卻動不了。第四爻以後，開始走上卦的「乾」，飛龍在天，這就無牽無掛了。

「好遯」是因為準備妥當了，所以遯得毫無阻礙。既不得罪人，眾人也樂見其成，與主人也仍保持良好情誼。最重要的是，「君子」如其所願，走上他自己選擇的道路。

可是為何「小人否」呢？因為小人並不是真的想遯，他最多是做個樣子，仍希望主人慰留他，想藉此抬高身價。但小人這個算盤，在這一爻是注定要失敗的。

九五，嘉遯，貞吉。

「嘉遯」比好遯又高一層。不但遯得高遠，無牽無掛，逍遙自在，完成生命的修行，而且在眾人眼中，也成為羨慕和學習的對象。「嘉」是美的意思。孟子說：「充實之謂美」，這一遯，真是自我充實之旅，也是自我成長之旅，難怪讓人羨慕不已。

「嘉」既是充實之美，也就帶有感染性，會成為眾人羨慕嚮往的對象。換句話就是，人雖然走遯，卻留下了好名聲，令人懷念。

上九，肥遯，無不利。

「肥」是養大養壯的意思。有人解釋為「自肥」，這也很好。

真正的遯，心情絕不蕭索落寞，而是帶著一種充實感，可以處處遇到生機，時時得到長養。所以善遯的人，真是一種「自肥」，把自己養得好好的，光華外露，既充滿力量，又可不斷向上提升。

進一步說，當自我充實到了十分豐厚的地步，除了可以影響他人，也可以提供幫助，讓其他有志者也同時受益。因為，遯卦到了極點，人的精神氣都養得十分飽滿，不但具有智慧，也充滿了福報。而這些滿滿的福報，便可以用來利益眾生。

只不過，生命到達一個高峰後，心又安靜不住了，手又犯癢了，所以熱切想找事來做，不停想對他人做出貢獻。於是，下一卦，「大壯」出場。這個大壯，氣勢十足，就是「肥遯」養出來的成果。

34 大壯卦：理不直，氣也壯

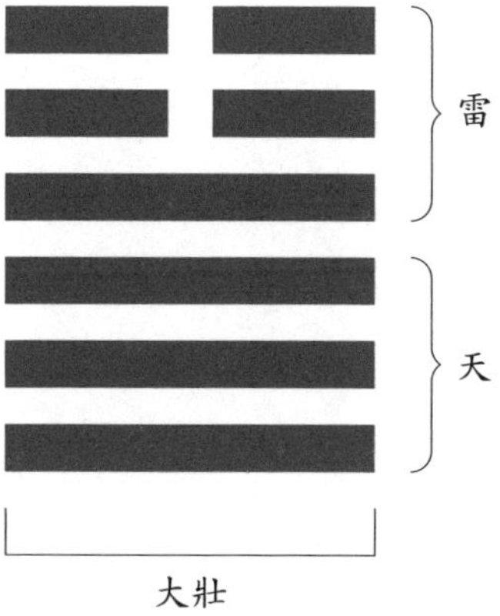

大壯，利貞。
初九，壯于趾，征凶，有孚。
九二，貞吉。
九三，小人用壯，君子用罔，貞厲。羝羊觸藩，羸其角。
九四，貞吉，悔亡。藩決不羸，壯于大輿之輹。
六五，喪羊于易，無悔。
上六，羝羊觸藩，不能退，不能遂，無攸利，艱則吉。

相對於遯卦與否卦，大壯與泰卦也有類似的可比性。泰卦的情況是內外皆通，主觀想發揮，客觀也有舞台。大壯卦則是，主觀準備好了，躍躍欲試，但客觀的舞台卻還沒搭建，燈光也還沒準備好，所以大壯卦固然可以發揮，但環境的準備不足，將使成果大打折扣，不如預期。

這樣看來，遯卦是想逃走卻被綁住，無法真正逃走；大壯卦則是想要大展身手，可是環境無法配合，以致於無法大展身手。兩卦都有無法「淋漓盡致」、「暢所欲為」的意味。

從前我們講泰、否兩卦，不斷提醒大家：「泰卦沒有想像中那麼好，否卦也沒有想像中那麼差。」這一邏輯，同樣適用遯與大壯兩卦。「遯卦沒有想像中那麼壞，大壯卦也沒有想像中那麼好。」

有人卜到遯卦，上網查解釋，讀後覺得很悲觀，好像抽到下下籤，但事後應驗，其實沒有那麼壞。也有人卜到大壯卦，上網查解釋，讀後滿面春風，好像抽到上上籤，事後證明，也沒有好到那個地步。

我認為這兩個卦都是好卦，屬於中上籤。但是卜到遯卦，你若不肯勉強任事；卜到大壯卦，你若過於盛氣凌人，那好卦就會變壞卦，這兩卦的負面因素就會一起暴露出來。

遯卦的大部分情況，是我們有逃避之心。所以，我們的功課就是理解自己為何想逃？並觀照自己這顆想逃的心，是從何而發，又想躲藏至何處？

如果這個逃，是有計畫的、有目標的，是為了自我充實與提升，那就屬於遯卦的四、五、六爻：好遯、嘉遯與肥遯。如果這個逃，說不出個所以然，只是心煩氣躁，不耐沉悶，那就應該走遯卦的第二爻，「執之用黃牛之革，莫之勝說」，勉強任事，勇於承擔，那麼心中許多習性便可在這勉強中得到化解。

下面講大壯卦。

遯卦以小豬為象徵，大壯卦則以公羊為象徵。小豬沒有安全感，也缺乏自信，所以遇到事情，第一個念頭就是「逃」。公羊則相反，性急固執，勇於衝撞，所以遇到事情，第一個念頭就是迎向前去，想把所有困難阻礙通通「頂」回去。

「壯」的金文寫成「」。左邊的「」，是床的意思，也有人說是築牆用的版。右邊是土，也有人說是士，男子的意思。我認為「壯」這個字，應該和古代的「版築」工法有關。什麼是「版築」呢？古代築牆先把兩片版固定，中間留下牆壁厚度，版外用木柱支撐，然後在兩片版中間填土夯實，如此一層層填土，再逐步增加版

的高度，最後即可築出一道結實的土牆。因此，「壯」字的本義，應指結實的土牆，或者指強壯的築牆工人。附帶一提，「築」的本義，是搗實的意思。

「大壯」的表面意思是大而強壯。落在卦象上，則是力量十足、氣勢強盛的樣子。「大壯」的強盛，源自於內在的自足、飽滿、充實，也就是遯卦第六爻「肥遯」，透過自養與提升，累積出來的底氣。

大壯的「氣」與「力」都十分飽滿，可是「理」與「勢」卻未必對自己有利。成語說「理直氣壯」，大壯卦則常常給人「理不直，氣也壯」的感覺。不過，他的「理不直」倒不是無理，而是氣盛於理，咄咄逼人，或者屬於得理不饒人的情形。

大壯的氣勢，常常是在「有理」的推波助瀾下，更加不給對方留餘地。但這種過度的強硬，有時會無限上綱，讓人不顧現實，硬幹到底，反而引起不必要的反彈。

即使在形勢不利的情形下，大壯也常常未加考慮，橫衝直撞，等遇到反彈，闖出禍端，才知道問題的嚴重性。

「莽撞」是大壯卦的罩門，大壯卦最易在這個地方失去理智，引來危險。不過，大壯卦也不是一個失去理性的狀態，只要適當加以提醒，也能自我收斂，迅速調整。所以，大壯卦固然一時莽撞，但隨著過程的調整，事後也常常能夠逢凶化吉。

總歸一句，大壯走在一條自信滿滿的道路，所以顯得堂堂正正，無所畏懼，也特別有力量。

人會底氣十足，無所畏懼，原因是他的內心有一個真實的東西，有一個對他來說非常重要的東西，也願意全力保護的東西。

大壯，利貞。

大壯卦的主調，可以用「底氣強壯」來形容。但底氣究竟從何而來呢？這一點決定了各爻的吉凶。如果他的底氣來自於莽撞的好惡、盲目的自信，不顧現實、逆勢操作，那就凶了。如果底氣來自於理智的評估、清晰的自省，或來自於覺察與承擔，那就是吉。

《易經》的每一卦，通常都可以找到一個爻，做為整體的代表。例如遯卦以第二爻的「黃牛之革」為代表。大壯卦則是以第四爻的「壯于大輿之輹」為代表。

大壯之利，不是利在壯，而是利在真實無偽。

有一個川普的故事，值得一說。川普代表共和黨競選美國總統的時候，身邊缺乏謀士，一位共和黨高層建議班農（Steve Bannon）去幫他。班農說，他不喜歡川普，也不看好川普，所以不想幫他。那位高層說，至少你去找川普談一次，若真的不對盤，再拒絕不遲。於是班農去拜訪川普，並質問川普一個尖銳的問題，就是為何川普之前捐給民主黨的錢，遠多於捐給共和黨？川普毫不掩飾地回答，我是地產商，沒有良好的政治關係賺不到錢，之前是民主黨當政，我當然捐給他們多一點，可是，這幫王八蛋拿了錢不辦事，老子只好自己下來幹了。這個回答既粗俗又真實，讓班農嗅到一股特殊的政治魅力，覺得有搞頭，於是答應幫他助選。

大壯的氣，若能進一步懂得守氣、養氣的方法，不要隨便把氣向外散掉，那就可以如孟子所說：「我善養吾浩然之氣」。因為氣若能向內聚，並在一個固定的方向上長期累積，心就容易進入更深的真實狀態，並在其中得到涵養滋潤。

初九，壯于趾，征凶，有孚。

「趾」是腳指頭。指頭是人體的末梢，對身體主要部位的影響最小，所以我們通常以指頭碰觸新事物，一方面作為試探，一方面也獲得感受，方便判斷與回應。因此，「趾」代表初步的接觸，在互不理解的情形下，帶有試探的性質。

這一爻之所以凶，原因是初步的接觸不宜盛氣凌人，應該平等對待，彼此尊重。如果一開始就急於在氣勢上壓過對方，自然會引起反彈，還沒交到朋友就先樹立敵人。

我們平常會說某個偶像「人氣」很高，又在政治議題上說「民氣可用」。其實，凡是「用氣」，都屬於大壯卦的範圍。在娛樂圈與政治圈，大家習慣先講「氣」，後講「理」與「勢」。甚至，表面講理，其實心裡已經被氣所綁架。這就陷入大壯第一爻的危險之中了。

九二，貞吉。

九二爻的吉，是經歷第一爻的凶險教訓後，重新做了調整，將心比心，收斂氣勢，所以得吉。

九三，小人用壯，君子用罔，貞厲。羝羊觸藩，羸其角。

「罔」有兩個意思。一同網，是網羅的意思，引申為法網，或進一步解釋為誣罔，也就是陷人於罪的意思。

若只做網羅解釋，這張網應該是捕獵的網。意思就是，小人以力氣捕獵，君子則運用智慧，張網捕獵，以逸待勞。因為獵捕老虎、野牛之類的大型動物，若只憑血氣之勇與之搏鬥，那是很危險的。所以說「貞厲」。這個「厲」的危險，是針對小人而言，不是針對君子。

若這張網是法網的比喻。那麼「小人用壯，君子用罔」的意思就是：小人（平民）橫衝直撞，一意孤行，既不知節制，也不顧後果；而作為官吏的君子，則以法網告誡小人，不可觸法，否則將拘捕治罪。

「罔」的第二個解釋是不要、不可的意思。例如《尚書．大禹謨》有：「罔失法度，罔遊于逸，罔淫于樂。」這個「罔」就是不可的意思。用在此句，「小人用壯，君子用罔」的意思就變成，小人一意孤行，不顧後果，君子則應該三思而行，不可如此莽撞。如果君子莽撞了，那麼結果就是「貞厲」。以上幾說都可以通。

「羝（ㄉㄧ）羊」就是公羊。「觸」是撞的意思。「藩」（ㄈㄢˊ）是圍籬的意思。「羸」（ㄌㄟˊ）同「纍」，指粗大的繩索，引申為拘縛的意思。「羝羊觸藩，羸其角」的意思是說，公羊用角觸撞圍籬，結果反被圍籬絆住，掙脫不開。

小人鬥氣，不用腦筋，常常違逆形勢而行，最後反而陷入危險。君子思慮周全，「持其志勿暴其氣」，比較不會遇到「羝羊觸藩」這樣的危險。

九四，貞吉，悔亡。藩決不羸，壯于大輿之輹。

這一爻是大壯卦的精神所在，值得好好體會。「藩決不羸」的意思是說，把圍籬撞倒了，原本被纏住的羊角也掙脫獲得自由了。「于」是如的意思。例如豫卦的「介于石」，也是如的意思。「輿」是車子。「輹」是車身。「壯于大輿之輹」的意思是說，這股衝決的力氣，就像載滿貨物的大車向前衝撞，體量巨大，誰都無法阻擋。

大壯卦的吉，都吉在「志」上；大壯的凶，都凶在「氣」上。志是真實的心，氣則受制於情緒感受。但有時候，志想提升，卻提不起來，進退不得，十分難受。這種時候，就要倒過來借用氣的力量，讓志一衝而過，這就順了。

有句成語叫做「強詞奪理」，一般都認為這是句負面的話。但落在這一爻，這句話應該正面理解。因為強詞就是「壯于大輿之輹」，目的是為了把「理」奪過來。如果奪過來的理是真實的，那這個強詞就強得恰到好處了。如果奪過來的不是理，只是氣，那這個奪就沒有必要了。

馬英九的母親過世時，當時馬的民調聲望很低，民進黨議員陳歐珀，跑去家祭靈堂鬧場，當天媒體評論，認為陳的鬧場是為了搏取新聞版面，行為並不可取，卻也未加指責。到了晚上，郭台銘發表意見，他大罵陳歐珀「比禽獸還不如」，因為忠孝節義、人理倫常，絕對高於政治立場。又說「每個人都是媽媽所生，把屎把尿帶大的」，人家母喪家祭怎麼可以鬧場，這不僅對往生者大不敬，也未顧及國家元首尊嚴。此話一出，各媒體都以頭條報導。這就是用氣，把理給奪回來。

如果郭台銘不發這個氣，以馬英九低迷的聲望，根本沒人願意幫他講話，這個理就淹沒了。因為這個理並不屬於馬英九，如果只屬於馬英九，那就是氣，不是理。正因為這個理適用於所有人，所以郭台銘才可以把這個理奪回來。

有時候，理的高度到了，氣卻不足，這樣的理會失去說服力，也無法贏得尊敬。理的高度在那裏，氣的強度也隨後跟上，這樣的理才能顯現出應有的光輝。

六五，喪羊于易，無悔。

「喪羊于易」其實是個歷史故事。二十世紀初，因為甲骨文研究興盛，這段歷史才被北大教授顧頡剛揭露出來。在此之前，研究《易經》的人都不知道這是段歷史典故。

商民族的第七代首領王亥，據說是牛車的發明人，也是歷史上最早從事大規模人工飼養牛羊的人。他曾趕著大批牛羊，到「有易」這個地方進行貿易，或者放牧。後來不知何故，得罪當地國君，對方要求王亥用一部分的羊群賠罪，王亥照辦了，這才免去一場紛爭。

旅卦另有一爻「喪牛于易，凶」。很可能王亥後來又跟有易國的君王鬧翻了，不但牛被對方搶奪，連性命也一起賠掉。後來商人出兵征伐有易，誅殺其君，幫王亥復仇。

這一爻講的是王亥故事的前半部，有「人在屋簷下，不得不低頭」的味道。王亥收斂氣焰，賠償了事，不吃眼前虧，這是最好的收場方式。

上六，羝羊觸藩，不能退，不能遂，無攸利，艱則吉。

「遂」（ㄙㄨㄟˋ）是順、進的意思。「不能退，不能遂」就是進退不得的意思。「無攸利」是指往下將遇到逆境，無利可得。「艱則吉」的意思是說，承受艱困，反省過失，重新調整應對之道，情勢即可轉危為安。

此處的「不能退，不能遂」，似乎又陷入九三爻「羝羊觸藩，羸其角」的窘境，但是心理狀態則略有不同。九三爻是陷入無可回頭的困境，即使反省也沒有用了。本爻雖然受到挫折，卻還稱不上是困境，所以有反省調整，重新出發的空間。所謂「艱則吉」，是表示受此挫折後，反而激發起解決困難的積極性，所以得吉。

遯卦的功課在「黃牛之革」。大壯卦的功課則在「艱則吉」。

經過這一爻的反省修練，大壯卦就不再以氣為主導了，轉成由「志」做主導。於是，晉卦登場了。這是一個既有氣力，又有智慧，又走在人生正確道路上的卦，自然無往而不利。

35 晉卦：旭日東升，勇往直前

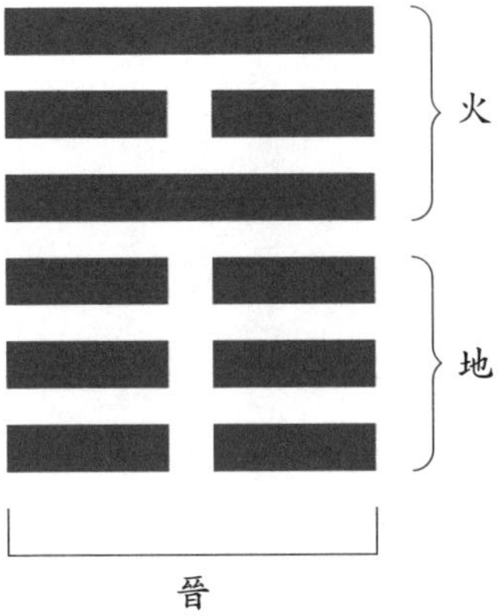

晉，康侯用錫馬蕃庶，晝日三接。
初六，晉如摧如，貞吉。罔孚，裕，無咎。
六二，晉如愁如，貞吉。受茲介福，于其王母。
六三，眾允，悔亡。
九四，晉如鼫鼠，貞厲。
六五，悔亡，失得勿恤，往吉，無不利。
上九，晉其角，維用伐邑，厲吉，無咎，貞吝。

大壯卦是生命力很強旺，所以表現出一股很強的「氣」。如果有人卜問身體健康，得到大壯卦，那就代表元氣十足，絕對沒問題。日本有家藥廠取名為「大壯製藥」，大概就是這個意思，要讓買藥的人覺得，吃了這家的藥，身體就會變得很健康。

但是，大壯卦的問題是，氣常常強大得有點過頭了。這個氣，雖然出自真實的生命力，可是氣的表現，未必與整體環境匹配得宜。如果氣的表現幅度，經常超越生命所能承受，那這個氣的表現，就不是生命力的自然流露，而是一種人為的耗損。

大壯卦一方面鼓勵人，要善用發自真心的強盛之氣，正面迎擊困難，突破重圍。另一方面也提醒人，志與氣之間，要有主從之分。我們要用志來領導氣，不可讓志被氣所支配。

下面講晉卦。

大壯卦的第六爻，因為氣太盛，超過生命的真實狀態，所以遇到困境，進退不得。還好他在困難中，懂得反省，收斂氣焰，調整改過，所以翻轉成為晉卦。

晉卦重新整合了內在與外在、志與氣、行動與規範，達到有力量又有節制的狀態，然後重新出發。這個調整就是「艱則吉」的結果。而且，這一次的出發，就像「旭日東升」一樣，穩步前進，不卑不亢，無畏無懼。

「晉」的上卦是離，代表太陽；下卦是坤，代表大地。日出大地，這就是「旭日東升」的景象。太陽昇起，有穩定的節奏，不疾不徐，既不隨外物搖擺，也不怕浮雲遮蔽，因為它很清楚自己的道路。

晉的甲骨文寫成「」。要了解這個字，我們必須先談談「格物致知」這個成語。根據錢穆先生的考證，「格」是古代射箭儀式中，箭手站立的位置。「致」則是箭靶。所以由「格」到「致」，就是箭從出發點射出，最後成功抵達終點的過程。

這件事情的寓意是，每個射箭手站立的位置都一樣，就好像我們生命的出發點都一樣。而每個射箭手的目標也是一樣的，就好像我們生命的最終目標也是一樣的。但是，為何有些人射箭成績好，有些人就不行呢？為何有些人可以成就德行或事業，有些人卻無法呢？原因就在於每個人的用心不同、努力不同、投入的學習時間不同。原因在自己身上，不在別人。因為有這一層「反求諸己」的寓意，所以射箭成為古代貴族與「士」必須學習的基本能力與教養。

「」這個甲骨文，上面是兩支箭，下面則是箭靶。這個形象代表箭已射出，正朝著箭靶的目標前進。所以《說文解字》說：「晉，進也。日出萬物進。」意思是說，晉就是前進。太陽出來了，慢慢上升前進，萬物受到太陽照耀，也跟著活躍起來，一起奮進不懈。因為太陽也如同箭矢一般，一旦升起，就不會停下來，直到日落西山，完成目標為止。

所以，「晉」是一個朝向既定目標前進的過程。有自己的目標和節奏，不受外物干擾，勇往直前，不達目標絕不終止。

大壯卦有時應該勇往直前，有時卻必須收斂，這是因為大壯卦的志與氣有分裂，所以大壯卦的勇往直前，有時會失去分寸。至於晉卦，則可以一路勇往直前，不必收斂，原因是晉卦的志與氣整合得很好，所以晉卦的勇往直前總是符合時機，有力有節，恰到好處。

失去平衡的大壯卦，容易因為氣盛而產生危險。相反的，失去平衡的晉卦，則容易因為氣弱而產生分裂。所以處在大壯卦的時候，要戒氣強；處在晉卦，反而要戒氣弱。氣太強或氣太弱，這都是「不中」，也就是沒射到箭靶。所謂「過猶不及」，指的就是這件事。

平衡的晉卦就是兩者兼備，氣也強，思慮也周密，又同時具備行動力。人在一生當中頂多遇到兩三次晉卦的機運，如果遇上了，千萬不要退縮，不要想太多，更不要氣弱，一定要好好把握，一路勇往直前。只要你敢往前走，敢往前飛，成就必定不可限量。

晉，康侯用錫馬蕃庶，晝日三接。

這句卦辭，背後也是一段歷史故事。「康侯」就是康叔，在周文王的十個嫡子中排行第九。周武王打敗商朝，成為天下共主之後，擔心商朝舊部不服，所以把兩個弟弟管叔、蔡叔分封在朝歌附近，就近監管。後來武王過世，成王即位，因為成王年紀小，所以國政由周公代理。管蔡兩人覺得不公平，就聯合商人一起叛亂，史稱「管蔡之亂」。周公率軍東征，花了三年才平定亂事。事後，大家討論，商人這塊地方，要找誰來監管呢？選來選去，覺得九弟康叔最可靠，所以成王就封康叔在朝歌附近，也就是後來的衛國。

康叔排行較小，可能因此較受母親寵愛，所以其他哥哥都封侯了，他還是留在國中，擔任大司寇的職務。這相當於司法院長兼法務部長再兼警政署署長的職位。所以六二爻才有「受茲介福，于其王母」的描述。總之，管蔡之亂後，康叔不負使命，的確把衛國治理得很好，直到孔子的春秋時代，衛國仍是非常重要的國家，也是孔子周遊列國時，停留時間最久的地方。我想，衛國應該算是孔子的第二故鄉吧。

「錫」是賜的意思，另一說是貢的意思。「馬」指馬匹，也可以指車與馬。「蕃庶」是眾多、豐厚的意思。「晝日」是白天的時間。「三接」是說君王多次接見諸侯，表達深切的信任、慰勞與嘉獎的意思。

整句卦辭的意思是說，康侯得到君王許多賞賜，包括車馬等，非常豐厚，而且一日之內，又是接見，又是慰勞，又是餐宴，充分表達了君王對康侯的信任與器重。

由這句爻辭可以知道，晉卦代表「領命」，也就是「使命在身」。卜得晉卦的人一定要全力以赴，勇往直前，不要擔心害怕，要抱定不達成任務絕不中止的決心。即使中途遇到困難，也不可以畏首畏尾。因為，你不是為了自己的利益做事，而是為了更高的使命，替老天作事。何況老天還給你充分的資源，充分的信任，你還有什麼好擔心的呢？

初六，晉如摧如，貞吉。罔孚，裕，無咎。

「晉」是進的意思。「摧」一說是退，一說是「崔」，高的意思。從卦象來說，初爻經營不易，應該是退的意思比較合理。「罔」是無的意思。「罔孚」就是新官剛剛上任，尚未得到眾人信任，只好一個人埋頭努力。

我們要理解，當時的商族，先是敗於武王革命，後來與管蔡結盟，試圖恢復，卻再敗於周公的戡亂，此時，他們對於周人，可以說失望透頂，毫無信任的可能，所以說「罔孚」。「裕」是寬裕。為什麼寬裕呢？因為康叔得到朝廷最高的信任、支持與授命，所以沒有後顧之憂，而且資源充足。有人認為「裕」是寬大為懷的意思，也可通。

整句爻辭的意思是說：穩步前進，即使遇到困難，暫時緩一緩，退後幾步，也無須在意，因為這只是暫時的退後，不必多久，即可繼續勇往直前，非常吉祥。

晉卦這個「裕」字，非常好。表示資源比別人多，後臺比別人硬，所以一時的困難根本算不了什麼，不須多久，即可突破難關。

從前蔣經國從俄國留學回國，蔣介石讓他先跟著吳稚暉讀書，沉潛幾年後，再派他去治理贛南（江西南部）。贛南是共產黨井岡山革命的根據地，蔣介石派兒子前往治理，這與當年周公派九弟康叔前往朝歌，治理商族舊部，有類似的因緣。結果，經國先生不負眾望，在贛南的政績頗受好評。他有一個創舉，每周六固定與民眾見面，親自接受民眾申訴，遇到問題立即解決。若有人當眾檢舉貪污，他立即查辦，予以重罰。曾有一位婦人，欠債甚多無力償還，請蔣經國幫忙。他當場回絕，說，你的私人債務要自己還，我不能幫忙，但你在還債期間，如果無力撫養子女，這個政府可以幫忙。有人研究當年蔣經國為何有如此出色的政績，發現他收到的稅收可以全部留在贛南使用，而其他地區則至少有三成要上繳中央。這就是資源比別人多，後臺比別人硬，符合此爻所說的「裕」，所以做起事來雷厲風行，收效很快。

六二，晉如愁如，貞吉。受茲介福，于其王母。

「介」是大的意思。「王母」是君王的母親，另一說是祖母。

這一爻仍處在獨自埋頭苦幹的階段，所以還要繼續與困難搏鬥，臉上還無法抹去「愁容」。可是沒有關係，因為後台很硬，所以困難一定可以解決。

康叔與武王是兄弟，武王排行第二，康叔排第九。爻辭裡的「王母」，指的應該是武王的母親「太姒（ㄙˋ）」。太姒生了十個兒子，可是民間傳說卻相信她生了九十九個兒子，加上路邊撿了一個雷震子，總數一百，所以民間稱她為「百子娘娘」。吉祥畫中的「百子圖」，即淵源於此。《詩經》裡有：「大姒嗣徽音，則百斯男。」這裡的「徽」是美的意思。「音」是指名聲。民國才女林徽因，本名徽音，就是取自太姒的典故。可惜徽因女士只生一個兒子，並沒有生九個兒子。

也許康叔比較得到母親的寵愛與支持，所以此處說「受茲介福，于其王母」。

六三，眾允，悔亡。

「允」是信的意思。熬過前面獨自努力那兩爻，這一爻終於把局面打開了，感化了這個地方的人民，也獲得他們的信任。這時回頭一看，過去的埋頭苦幹，艱辛奮鬥，通通不再苦澀，反而變成甜美的回憶。「悔亡」就是無悔，也可以理解為一切努力都非常值得。

晉卦的下卦為坤，一、二爻處在地中，還看不到陽光，所以比較辛苦，第三爻升出地面，好日子就在眼前了。

九四，晉如鼫鼠，貞厲。

「鼫」（ㄕˊ）是一種跟兔子差不多大的老鼠，也有人說就是田鼠。《詩經》有一篇〈碩鼠〉，文中有「碩鼠碩鼠，無食我黍」，黍是小米的一種，可見碩鼠就是田鼠，而鼫鼠也等於碩鼠。

這一爻是說，既然得到眾人支持，為何還跟田鼠一樣，不敢光明正大前進，反而開始患得患失、畏首畏尾起來？這樣反而會帶來危險。

六五，悔亡，失得勿恤，往吉，無不利。

「恤」是憂懼的樣子。「失得勿恤」就是不要患得患失，也不要以得失作標準，決定何者該做，何者不該做。為什麼？因為晉卦是「有命在身」，最終一定會成功，所以千萬別被一時的小得小失綁架，失去前進的動力與勇氣。

在晉卦裡面，你不必討好誰，只要勇往直前，毫無退縮，最後努力完成使命即可。其他的擔憂，都有老天幫你扛著。

我們一生當中，能夠得到晉卦的機會，最多兩三次而已，所以得到晉卦，一定要好好把握，千萬不要蹉跎，不要氣弱，一定要奮力前進，好好做出一番成績。

上九，晉其角，維用伐邑，厲吉，無咎，貞吝。

「角」就是大壯卦的羊角，與晉連用，便有向外攻擊的意思。「晉其角」是指以武力進攻。「維」是發語詞。「伐邑」就是攻擊他國的城池。「厲吉」一說先危後吉，一說凶中帶吉，或者凶吉參半。兩說皆可通。「吝」是施展不開的意思。

晉卦的前進，走到第五爻，已經到了巔峰，也可以說已經完成使命，可以向老天交差了。接下去的第六爻，繼續前進的目的已經不在「使命」，而在個人的功名成就。因為目的在私不在公，所以不能繼續毫無顧忌地勇往直前了。此時，如果前進失去節制，那就一定會引發爭端，干戈相向。所以說「用伐邑」。

既然開始動用武力，那麼就無法用「孚」來獲得他人的支持，而只能以強力令他人服從。此中吉凶參半，所以說「厲吉」。使用武力時若仍有節制，那就「無咎」。如果全賴武力征服，那就不可行了，所以說「貞吝」。

法國導演魯貝松拍過一部電影《聖女貞德》。故事剛開始，貞德聽到上帝的聲音，要她帶領民眾，反抗英軍。貞德照做了，每一戰都打贏。民眾驚為天人，對她如癡如狂。後來不知怎麼，她不再聽到上帝的聲音，但她還是想繼續帶兵打戰，把英軍徹底驅逐出去。結果她就開始打敗仗，法軍也開始對她有所顧忌，所以製造藉口把她抓起來，送給英軍，最後以女巫的罪名處以火刑。

晉卦第六爻，已經沒有「領命」了。就好像貞德到了後來已經完成使命，但她還不放手。不放手的結果就是大動干戈，吉凶未卜。貞德最後當然是以悲劇收場，但如果她知道放手，放下兵權，適可而止，結果會如何呢？我猜想，若她放下兵權，找個山明水秀的地方，請朝廷為她蓋一座修道院，好好住在裏面清修，一定可以如願的。

36 明夷卦：最大的困難，可以讓生命產生最大的蛻變

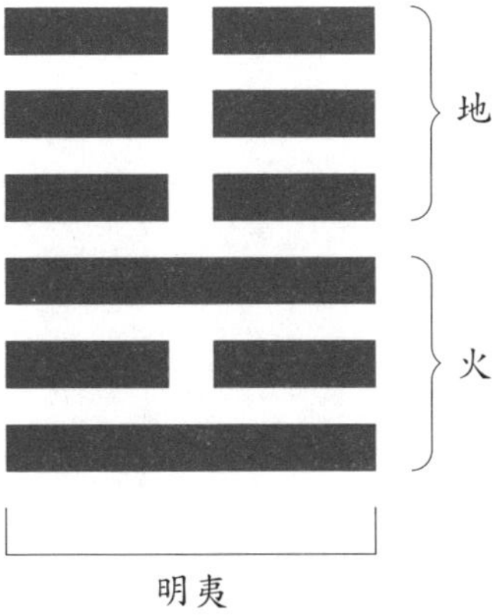

明夷，利艱貞。

初九，明夷于飛，垂其翼。君子于行，三日不食。有攸往，主人有言。

六二，明夷，夷于左股，用拯馬壯，吉。

九三，明夷于南狩，得其大首，不可疾貞。

六四，入于左腹，獲明夷之心，于出門庭。

六五，箕子之明夷，利貞。

上六，不明，晦，初登于天，後入于地。

晉卦的下一個卦是明夷卦。晉卦的卦象是火在地上，明夷卦剛好相反，卦象是火在地下。晉卦若代表旭日東开，萬物上進，明夷卦就是夜幕低垂，萬物消沉。晉卦若代表勇往直前，過關斬將，明夷卦就是寸步難行，自身難保。由此對比，已經可以看出明夷卦的悽慘與黯淡了。

從錯卦的角度來看，「明夷」的錯卦是「訟」。凡是錯卦，必有「殊途同歸」之處。訟卦代表與他人有爭執、衝突、矛盾，甚至直接動手開幹了。明夷卦雖然也與他人有衝突，但是屬於「冷衝突」，而不是「熱衝突」。明夷卦不會直接開打，但是會互不信任，彼此防範，互相卡住對方的發展。看似四面八方都有路，但每一條路都走不通。

除了外在有「冷衝突」，明夷卦的內在也充滿痛苦。因為內心處處打結，原有的認同與環境格格不入，所以非常糾結，非常矛盾。明夷卦與訟卦，殊途的地方在一熱一冷、一外一內，同歸的地方則在矛盾衝突難以化解。

外在與他人的衝突，我們爭的是輸贏、公平、正義。內在與自己有衝突，我們無法爭輸贏，因為輸的一方是自己，贏的一方也是自己。內在的衝突也無法尋找公平正義，因為這是「私」的問題，不是「公」的問題。內在的衝突只能回到內在的信念與價值，重新整頓清理，調整解構。過程中，必然要拋棄許多虛假的價值，承認錯誤，並重建內在的真實。

生命最困難的事情，就是打破自己原有的價值結構，然後重新找到真實的東西，以此為基礎，再重建一個架構。

外在的世界找不到出路，內在的世界分裂矛盾，這就是明夷卦。這是人生很悲慘的階段，四處碰壁，無路可走。而我們受的苦，既沒有人知道，也沒有人在乎。

明夷，利艱貞。

「夷」的甲骨文寫成「」，代表弓箭上綁有繩子，其實就是古代的「矰（ㄗㄥ）矢」。這種特殊的弓箭，尾部綁有細繩，主要用來射鳥。所以有人認為，「夷」即「弋」的本字。又「夷」也通「痍」，創傷的意思。「明」則代表火，也代表太陽與鳥。

「夷」的本義是射鳥的弓箭，用作動詞則指用弓箭射鳥。又因為鳥是太陽的象徵（古人稱太陽為金烏），所以「明夷」應該與古代的射日神話有關。

古代夏商兩朝，都有崇拜太陽的信仰。例如夏朝最後一個皇帝夏桀，把自己比為太陽，認為太陽亡了，夏朝才會亡。後來人民不滿他的施政，便埋怨太陽為何不早點死去。至於傳說中后羿射下九個太陽的故事，可能是后羿篡奪夏朝王位的神話式說法。

到了商代，開國者為商湯，「湯」即是「湯谷」，原本指十個太陽夜間休息的地方。「湯谷」有一棵大樹，稱為扶桑。漢代人作畫，常繪一棵大樹，此樹即扶桑，一鳥在樹顛，九鳥在其下，表示十日輪流升起，以十為循環，稱為天干。這個神話後來東傳至日本，他們相信自己是太陽的子民，於是也以「扶桑」自稱。

另外，后羿是東方人（河南山東交界處），當時東方部落普遍善用弓箭，尤其懂得用矰矢射鳥，所以古人稱東方部落為「夷」。

從神話的角度來看，明夷可以解釋成太陽被射下來。因為太陽象徵光明與智慧，所以太陽被射下來，那就代表光明受到傷害，智慧不受重視，是非顛倒，價值混亂，世道一片黑暗，也就是古人所謂的「天地閉，賢人隱」的亂世。所以卦辭用了一個「艱」字來形容，表示內心的道路非常難走。

但是，這個艱難與混亂，並非毫無正面意義，如果我們善於體察，也可以從中得到成長的益處。所以卦辭說「利艱貞」。

人在艱難中並非一無所獲，因為艱難可以開啟我們的智慧，幫助我們成長，也為我們準備好未來成功所需的技能。

這種以正面態度看待艱難的教誨，是《易經》非常獨特的人生觀，我們要善加體會。如果能領受《易經》這份教導，那麼我們處在順境中，不但不會驕傲，反而會帶著三分逆境的警惕。若處在逆境中，我們也不會悲觀，反而會帶著三分順境的理想。人要這樣生活，才永遠有向上的生機。

明夷是向外四處碰壁，向內也充滿矛盾，內外通通走不通，那該怎麼辦呢？從修行角度看，人處在明夷卦，必須用一層厚繭，把自己包藏保護起來，放棄一切向外發展的機會，放棄一切想要得到他人肯定的念頭，專心向內求蛻變。而這份艱難困苦，正是我們改變自己的最好養分。

明夷就像躲在地底裡的蟬蟲，必須長久蟄伏，經過數次蛻皮，最後才能羽化變身，成為高鳴的夏蟬。

從悲觀的一面來看，明夷是暗室裡的明珠，優點無人認同，努力全遭否定，動則得咎，躺著也中槍。明夷是多做多錯，不做也有錯，總之就是無論放在那裡都讓人看不順眼。

但是從樂觀的一面來看，明夷卦實在是身心大調整、大轉換、大蛻變、大成長的最佳時機。必須有足夠大的困惑，足夠大的逆境與挫折，生命才願意真正蛻去幾層皮，真正徹底地改頭換面。

所以明夷的困境，正是生命提升與轉化的最好推動力。人在明夷之中，若不知蛻變調整，那簡直是人生最大的浪費。

從歷史典故來看，明夷卦代表了三位遭遇逆境的商朝賢人，他們分別是微子、比干，以及箕子。在《論語》裡，孔子說「殷有三仁焉」，指的就是這三位有德的賢人。

微子是紂王同父異母的哥哥，他勸諫紂王，但紂王不聽，讓他很灰心。本想自殺明志，後來問了卜官，想通了一個道理，就是自己的死究竟能否改變商朝走向衰亡的命運？如果可以，死十次也值得；如果不可以，那不如就走了吧。於是微子離開朝歌，跑去隱居了。

比干是紂王的叔叔，大概是勸諫的口吻比較急切，惹怒了紂王，結果引來殺身之禍。箕子也是紂王同父異母的哥哥，他披頭散髮，假裝發瘋，又在身上澆生漆，讓身體潰爛，以此躲避災難。

大家讀下面六爻時可以想一想，每一爻是在說哪一位古人。

初九，明夷于飛，垂其翼。君子于行，三日不食。有攸往，主人有言。

「垂」是墜、落的意思。「垂其翼」就是翅膀下垂無力，難以高飛。「言」是愆（ㄑㄧㄢ）的意思，代表過錯，也代表指責。

我認為，這一爻是在講微子勸諫不受採納，十分灰心的狀態。「明夷于飛」是指微子一心勸諫，希望正道得到彰顯。「垂其翼」是指紂王不聽微子的勸諫，讓他十分失望。「三日不食」則是形容微子憂鬱難解，茶飯不思，甚至想要以死明志的狀態。「有攸往」是指微子找到出路，最後選擇離國隱居。「主人」可以指紂王，也可以指微子。若指紂王，那就是紂王有過失，不肯改。若指微子，那就是微子對紂王有怨言、有責難。

六二，明夷，夷于左股，用拯馬壯，吉。

「夷于左股」的「夷」是「傷」的意思。「股」是指大腿。「拯馬」是閹馬的意思。

這一爻，環境的困難在於大腿被弓箭射傷，不良於行。受此創傷，還能走嗎？

明夷卦是在艱難與創傷中得到成長。這個傷，不是負面的東西，而是能幫助我們得到蛻變與轉化的助力。「用拯馬壯」是以閹馬為例，公馬雖閹，一時受傷，等傷好了，耐力更甚於前，所以是吉。另一種說法，認為「拯」是救助的意思。左大腿受傷，能得良馬相助，一樣可以高飛而去，所以是吉。此說也可通。

這一爻，我認為也是在講微子，不過，不是想以死明志的微子，而是想通了道理，知道自殺對問題毫無幫助，所以選擇隱居的那個微子。雖然，隱居的生活對一個貴族來說非常辛苦，如同被閹割的馬一樣，但經過一段時間的適應，反而會走向吉祥順遂。

總之，第二爻的明夷知道自己無法改變現實，只好遠離是非之地，找個無人聞問的地方，守護好自己的心，其他通通放下。

明朝滅亡的時候，有一位思想家叫黃宗羲，他深刻反省明朝滅亡的原因，寫了一本《明夷待訪錄》。這個書名的典故就出自明夷卦。意思是說，他現在做什麼都沒用了，明朝不可能恢復，他只能沉靜下來，徹底反省，等待將來的王者從他的反省中看懂歷史的教訓，並重建一個理想的新王朝。後來這本書，果然對清末國民革命的思想產生重大的影響。這一本書，也印證了此爻之吉。

九三，明夷于南狩，得其大首，不可疾貞。

這一爻很難解釋，各書的說法很紛歧。我先提出我的說法，大家再與其他說法互相比較。

「狩」一說是打獵，一說是巡狩，我傾向於後者。「大首」一說是敵人首腦的頭顱。另一說認為，「首」即是「道」的省寫，「大首」即「大道」，意指先迷失路徑，後來又回到大道。兩種解釋皆可通。「不可疾貞」是說一時半刻尚無法斷定吉凶，還必須看後續的發展。「疾」是迅速，立即的意思。

這一爻應該是比干的典故。我認為，紂王可能不愛聽叔叔比干的勸諫，所以派給他一個巡狩的任務，等於把他支開，想不到比干竟在巡狩過程中剿滅了盜匪，立功歸來。但是，這是好事嗎？恐怕不是，因為立功回來的比干，可能勸諫起來更加理直氣壯，得理不饒人，卻不知這樣的勸諫隱藏了巨大的危機。所以說「不可疾貞」。

人在明夷之中，最重要的不是成敗，而是內在的轉化。如果把成敗當成首要，那就完全看錯重點了，也顛倒了吉凶。

六四，入于左腹，獲明夷之心，于出門庭。

這一爻是個逆轉。傷入左腹，這很嚴重，徹底無法飛了。後面又說「獲明夷之心」，這似乎是指比干因為直諫而遭紂王挖心處死的事情。「于出門庭」即「出於門庭」。「門庭」象徵朝廷，「出門庭」是指比干跟紂王決裂，被驅逐出權力核心。

「獲明夷之心，于出門庭」若不想那麼直接解釋成比干剖心，也可以用箕子的遭遇來解釋。箕子眼看比干被殺，知道勸諫無效，但又不忍去國，於是選擇裝瘋，並以生漆塗身，讓全身潰爛，苟存性命於亂世。箕子雖然不在朝廷，卻仍掛念著商朝的興衰，仍希望紂王及時回頭。所以，這一爻可以指比干，也可以指箕子。

微子逃到山裡，不問世事，逃過一劫，符合本卦第一、二爻。而比干選擇直諫到底，符合第三爻，這一爻可以指比干，也可以指箕子。後來武王推翻商紂，欽佩箕子的節操，請他出來擔任宰相，但被他辭謝。傳說箕子後來跑去了韓國，成立了一個新的王朝。

六五，箕子之明夷，利貞。

整個明夷卦，有一個最重要的人物，就是箕子。他看見比干進諫，最後心都被挖出來了，非常難過，可是他身為商朝的貴族，不忍去國，只好裝瘋，讓自己披頭散髮，滿身癩痢，骯髒不堪。箕子一心希望商朝走向正軌，可惜紂王不採納他的意見，他想走又不忍心走，只好留下來裝瘋。他的裝瘋，就是把自己隱藏保護起來，不與外界往來，專心做好內在的調整與改變。武王打敗紂王後，請箕子出來當官，箕子不肯，武王就詢問他治國之道，箕子說了一套道理，最後整理成文字，就是現在《尚書》裡的〈洪範篇〉。

說完這套道理，箕子就離去了，傳說後來落腳在韓國。根據《尚書大傳》記載：「武王釋箕子之囚，箕子不忍周之釋，走之朝鮮。武王聞之，因以朝鮮封之箕子。」所以箕子從前在韓國很受重視，例如平壤有「箕子陵」，傳說為箕子之墓。二戰之後，韓國為了追求國家獨立，無論南北韓都宣稱箕子是偽史，把他從教科書中刪除，不過仍有許多民間學者認為箕子為信史。

上六，不明，晦，初登于天，後入于地。

「不明」就是「晦」，這裡重疊使用，只是加重語氣。也有人說，「晦」是隱藏的意思。外在的環境不好，我們就把自己的真心隱藏起來，不求外在表現，只求內在改變。這樣解釋也通。

「初登于天，後入于地」，是說太陽的運行，先到天上，後來又回到地中。簡單說，就是有白天必然有夜晚，有光明必然有黑暗，凡有上升，也必有下沉。這個循環是自然的規律，永恆不息。

白日黑夜的規律萬古不變，但人的生命卻要善用這個節奏日新又新。

經歷了明夷卦的韜光養晦，理解生命如同太陽，無論升降都有其規律。接下來，就是用這套新的人生觀，重建生命的秩序。那就從建立一個「家」開始吧。所以下一卦，我們講「家人」。

37 家人卦：所有初見都是再續前緣

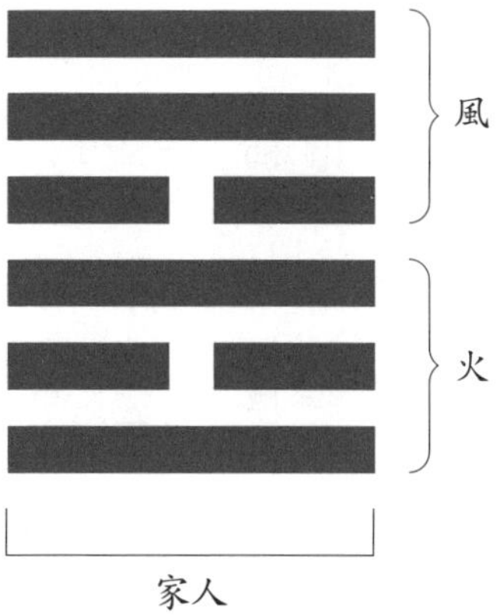

家人，利女貞。

初九，閑有家，悔亡。

六二，無攸遂，在中饋，貞吉。

九三，家人嗃嗃，悔，厲吉。婦子嘻嘻，終吝。

六四，富家，大吉。

九五，王假有家，勿恤，吉。

上九，有孚，威如，終吉。

明夷卦是一個很難度過的逆境卦。它綜合了否卦和遯卦所有不好的地方，可謂「集逆境之大成」。明夷卦的內外都沒有出路，要度過去，只有一個辦法，就是向動物的蛻變學習。透過結繭、結蛹、蛻皮、蟄伏的過程，把自己隱藏在一個很小的安全空間中，完全不引人注意，也不與外界往來，把全部能量集中用於內部轉化，全心全意突破舊有的慣性、價值觀，與思考方式。

整個過程，類似一種精神性的器官移植。必須非常激烈地把更高、更新、更成熟的思維模式與價值系統，塞進原有狹小的頭腦中，然後忍受所有排斥性的痛苦，最後才慢慢平撫適應。

等到吃盡苦頭，內心徹底完成改造，破繭而出之後，一件奇妙的事情會發生，就是無論在精神上或者在體質上，你都會發生跳躍式地成長。

這時的你，彷彿成為一個全新的人，感覺天地煥然一新，萬物閃耀光輝，而舊有的業力因為已經認不出你是誰，因而無處沾附，於是得到脫落。

成長、蛻變、轉化、新生，這是消除業力最好的方式，也是唯一最徹底的方式。

下面講家人卦。

明夷卦是一個人的苦修苦練，過程非常艱辛，轉化也充滿痛苦。家人卦則是給明夷卦一個救濟，給他開一扇窗，讓他不必承受那麼多孤寂與痛苦。方法就是給他一個家、給他一個道場、給他一群朋友，彼此互相支持、互相鼓勵，然後一起成長。

明夷卦是一個人的修行，家人卦則是一個小團體的修行。

我之前看書時，總感覺歷來講家人卦的，都是老生常談，總不脫夫婦成家，男主外，女主內，男剛女柔，乃至引申出君臣父子各盡本分、各安其位的倫理道德思想。並不是說倫理道德不好，而是這些道理大家耳熟能詳，今天再照前人講法，不但無法提升智慧，還可能讓人對這些道理有侮慢之心，等於是反效果，所以苦惱許久，不知如何說明此卦。

後來，突然有個靈感，心想，現實中的智慧如果不夠用，不如直接卜卦，問《易經》自己如何解說此卦。

確定後就連卜七卦。第一卦問整體義，其他六卦問各爻義。得出的結果不但十分吻合家人卦的含意，甚至在幾個爻辭的解釋上，還突破傳統糾結，別開生面，提出創造性的解釋方式。

首先我用意識卦卜家人卦卦辭，本卦得「渙」，之卦為「觀」。

卜第一爻，問「閑有家」何解？得本卦「恆」，之卦「大壯」。

卜第二爻時，問「主中饋」做何解？本卦為「頤」，之卦為「損」。

卜第三爻，問「嗃嗃嘻嘻」何解？本卦得「豐」，之卦為「革」。

卜第四爻，問「富家」何解？本卦為「臨」，之卦為「損」。

卜第五爻，問「王假有家」何解？本卦為「解」，之卦為「師」。

卜第六爻，「有孚威如」何解？本卦得「升」，之卦得「泰」。

下面解卦，我們就兼用卜得的卦象來說明。

家人，利女貞。

卜家人卦的卦辭得「渙」。渙卦後面才會提到，這裡先簡單說明。「渙」就是整個村莊、城市的大搬家。可能是遇到天災或者戰爭之類的問題，才做出這一重大決定。但因為路途遙遠，過程十分艱辛，需要數十日的跋山涉水才能到達。到了新的地方，一切都要重頭建設，如蓋房子、墾農地、掘水挖井、建築城牆等等，工作非常繁重。更重要的，是要稟告祖靈，重新安立神位，請歷代祖先跟隨族人一起到新的居地，繼續護佑子孫。

從渙卦可以知道，家人卦就是建立一個新的「家」。

但是，什麼是「家」呢？家的甲骨文寫成「」，就是在房子下養豬。但為什麼養豬就是家呢？這就必須說明古代的祭祀制度。原來在周朝初年，「家」是一種社會等級，不是任何人結婚就是成「家」，必須是卿大夫這一等級，得到封地，可以祭祀三代祖先，這才稱為「家」。

天子祭祀，以牛為大禮；諸侯祭祀，以羊為大禮；卿大夫祭祀，以豬為大禮。所以養豬是為了拜拜，不是為了吃豬肉。所謂的「家」，是指養豬來拜拜的那些人家，也就是公卿大臣這一級別的人。

《論語》有一句話：「有國有家者，不患寡而患不均。」這裡的有國有家者，都是指有封地的人。國指諸侯，家指公卿。簡單一句話，受封一方土地，可以用豬祭祀的小領主，也就是封建制度裡的基本單位，即稱為「家」。

「家」本來是祭祀等級，後來封建制度解體了，庶人也可以祭祀歷代祖先，於是「家」就失去等級意義，變成人人都可以有個家。或者說，「家」變成新的社會制度下，最基本的生產與生活單位。

以「渙」來解家人卦，意思是說，「家」是安身立命的地方，不是現成的東西，而是需要努力付出、辛苦維護，同時以虔誠之心來經營，才能長養出來的歸屬地。

之卦是「觀」。觀卦代表以身作則、樹立典範，建構一套標準、秩序與價值，讓人可以學習模仿，有所依循，知道歸止於何處。說得更簡單一點，「觀」就是一套價值系統與生活規則。我們平常說人生觀、宗教觀、宇宙觀，都包含在觀卦之中。在家人卦中，「觀」的建立，指的是父母家長的身教與言教。

之卦面對未來，那就表示家人卦的目標，在於傳遞一套基本的價值觀，或者做人處世的規則。這一套規則，各家既有共通之處，也有各自的特色。古人所謂的「家法」，就是強調一種根本性的價值觀。例如《紅樓夢》裡提到林黛玉的家教是「惜福養生」。還有漢朝的宣帝，認為劉家天下的家法是「王霸道雜之」，也就是兩手策略，兼用王道與霸道。

家人卦是一個人「安身立命」的起點。這個起點很重要，這一步如果站得穩，以後每一步都有支撐、有基礎，也都會篤定踏實。但這一步如果沒站穩，以後每一步，無論你怎麼努力調整平衡，總覺得把握不住重心，隨時都有傾斜倒下的危險。

支持著我們成長的「家」，如果給我們的愛不足，那麼我們一輩子都將感覺愛有匱乏。如果給我們的安全感不足，那麼我們一輩子都無法停止恐懼。如果給我們的信任不足，那麼我們一輩子都會缺乏自信。如果給我們的價值示範不足，那麼我們一輩子都無法確立人生的方向。

這就是「家人」，它是生命的起點，但又遠遠不只是起點，其影響足以涵蓋我們的一生。這一起點，如果安放在較高的位置，人生先苦後甜，往後的路會越來越順利。如果安放的位置太低，那人生先甜後苦，往後的路就相對辛苦了。

人生的修行也是這樣，起手處很重要。起手一錯，很可能一輩子都無法回到正道了。

家人卦是在關愛、呵護之下，努力打造出來的庇護之所。使生命得到支持、得到滋養，也得到歸屬感，這就是「渙」。接下來，還要進一步建立基本價值，養成健全的人格，這屬於「觀」。

「利女貞」是說，整個過程中，需要一種強大而穩定的母性力量，這個「家」才得以成立，也才能發展得好。

初九，閑有家，悔亡。

「閑」有兩種解釋：一說是預防的意思，表示居安思危；一說是學習、熟練的意思，表示勤於勞作。我認為後者解釋得較好。

這一爻卜得「恆」卦。「恆」就是「常」。由此可知，「閑」應做「嫻」來解釋比較好。這一爻就是以勤勞操持為日常生活的一部分，無論是打掃清理、燒飯洗衣，甚至餵養禽畜、種桑養蠶等等，無不嫻熟擅長，並且每日操作，永持不失。

之卦是「大壯」，代表這個母性力量日漸增長，最後理所當然的成為「家人」的主導性力量。

六二，無攸遂，在中饋，貞吉。

「攸」是「所」的意思。「遂」同「墜」，也就是犯錯、有過失的意思。「無攸遂」就是無所失，沒有過錯。「饋」是飲食。「中饋」一說是全家人的飲食，一說是大型祭祀所需的祭品。兩說皆可通。

此爻本卦得「頤」，表示「中饋」應該是指全家人的飲食。不過，祭祀之後的祭品，最後也是要吃下肚，所以，這個飲食也可涵蓋祭祀。

這一爻是說，這位持家的母親，率領晚輩，共同準備大型祭祀，以及全家人的飲食，大家一起工作，共食共飲，家人更有向心力，也更加團結。

總之，「中饋」的力量很大，但需要付出的地方也很多。之卦是「損」，表示這是一個犧牲自己，成就他人的過程。

眾人一起吃飯，能夠產生一種奇妙的歸屬感。例如我中學時，每天中午跟同學一起吃便當，互相吃對方媽媽做的菜，所以彼此感情很好。等到念大學，中午大家各自去餐廳吃，感情就有一點疏離。

我常常覺得，若一個人的心中，經常懷念媽媽某幾道菜的滋味，那麼一定是個孝順的孩子。如果一個人的成長過程中，不曾留下對媽媽廚藝的任何記憶，那麼他的家庭關係恐怕很疏離。

一個人在成長過程中，若常跟家人一起吃飯聊天，那麼等他進入社會後，在工作上的溝通協調能力一定不錯，人際關係也一定很好。相反地，成長過程中若不常跟家人吃飯，那麼他進入社會後，一定會有人際關係上的苦惱。

九三，家人嗃嗃，悔，厲吉。婦子嘻嘻，終吝。

「嗃嗃」（ㄏㄜˋ）有幾種解釋：一是嚴酷的樣子；一是大聲的樣子，也有人認為是憂愁的嘆息聲。「厲吉」有人認為是先厲（危）後吉，也有人認為是吉凶參半的意思。我傾向後者的解釋。「吝」是施展不開，受到局限的意思。

此爻本卦得「豐」，「豐」是個外強中乾的卦，外表很豐盛，內裡卻不斷在流失。從這裡來看，「嗃嗃」的傳統解釋都與此卦不相應。我認為「嗃嗃」類似於「赫赫」，是盛大豐富的樣子。「家人嗃嗃」是指家人喜歡顯威儀，擺排場，裝闊氣，不知節儉，在物質上浪費無度。「婦人嘻嘻」則是指在精神上草率隨便，不知莊重，又不知節制。兩者都不好。但物質上的浪費，偶一為之還可以。精神上的放蕩，若不知收斂，那就會越來越壞了。

這一爻主要是說主持家務的人，也跟管理事業的人一樣，既要寬和親切，但也不能不建立明確的規矩。

之卦為革，有整頓之意，可見本爻在物質與精神上，兩方面都有大幅整頓的必要。

六四，富家，大吉。

這一爻本卦是「臨」。「臨」是居於高位，卻主動親近下人，詢問困難，給予獎勵，這是一個領導有方的好卦。由此可知，家人卦的第四爻，就是指母性的力量已經發揮到淋漓盡致的地步了。所以一切都上軌道，呈現一片富足安祥的場面，非常吉利。

之卦為「損」，與第二爻互相呼應。表示第四爻與第二爻是同一個人。充滿犧牲奉獻的精神。

第一爻到第四爻，都是講女主人的美德，既勤勞、廚藝又好，還能樹立端正的家風。在這樣美德的感染下，整個家族自然和樂融融，卻也井井有條。有這樣好的賢內助，男主人的事業也能分得女主人的福德而蒸蒸日上。

家人卦這一爻說明了：傳統上，每一個成功男人的背後，都有一個偉大的，充滿自我犧牲精神的女性。

九五，王假有家，勿恤，吉。

「假」（ㄍㄜˊ）同「格」，「至」的意思。「假」與「格」閩南語的發音十分類似。傳統上認為，「王假有家」是「王至於家」的意思。王來家中，是件大事，讓人手忙腳亂，十分緊張。這樣解釋當然也通，但我們卜卦，本卦得「解」，表示不必擔心憂慮，事情會往好的方向發展。之卦是「師」，表示有一場硬仗要打。

整體來看，這個「王假有家」應該不是「王」親自來到家中，而是指「王」的命令來到家中，有點「接聖旨」的意味。這個命令，顯然與征戰有關。第四爻的富家，表示女主人經營十分得法，第五爻則轉為由男主人表現。

「勿恤」是說不要擔心這趟任務有危險，或者不要掛心家裡的事，因為這是在事業上表現才能、建立功勞的大好機會。

其實，這趟任務也是以身作則，做出示範，給子弟以無言之教。或者，也可以解釋成，趁這趟任務，帶領子弟向外發展，開闊見識，並試煉自己的實力。

五、六兩爻都在講男主人在事業上的成就。而這成就，則來自於女主人持家得法所打下的基礎。

上九，有孚，威如，終吉。

這一爻本卦是「升」，表示第五爻的任務圓滿成功，所以步步高升。之卦為「泰」，表示場面大開，格局已經不是原有的封地可以限量，往後還有更高的發展。

「有孚」在這裡可以指樹立了家德家風。「威如」是贏得眾人尊敬的意思。

家人卦的下一卦是「睽」，分離的意思。為什麼要分呢？因為子弟經過試煉，各有才能，所以應該鼓勵他們自立，各自發展，不要安於既有的家業，徒然坐吃山空。

38 睽卦：相處不容易，但分手更難

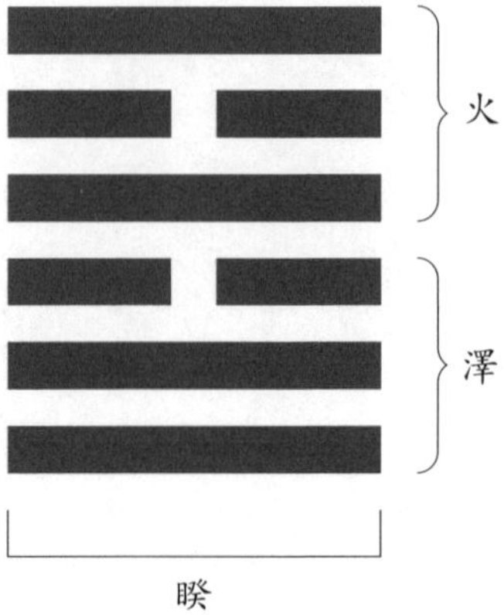

睽，小事吉。
初九，悔亡，喪馬，勿逐自復。見惡人，無咎。
九二，遇主于巷，無咎。
六三，見輿曳，其牛掣，其人天且劓，無初有終。
九四，睽孤，遇元夫，交孚，厲，無咎。
六五，悔亡，厥宗噬膚，往何咎。
上九，睽孤，見豕負塗，載鬼一車。先張之弧，後說之弧。匪寇，婚媾。往遇雨則吉。

「睽」是分離的意思。例如「睽違」、「睽別」都是分離的意思。另一個意思是張大眼睛看，例如「眾目睽睽」。但傳統上對睽卦的解釋，都認為「睽」是乖、背的意思。也就是無法和諧，互相違背。

家人卦的第六爻，代表家人向外開展，成果豐碩。而子弟在開展的過程中，一邊參與、一邊學習，也各自成就一片天地。那麼接下來呢？當然就是分家了，各自面對人生，一展所長。

如果子弟各自成材，為何要把他們綁在同一個地方呢？把子弟留在家中，或許可以穩固家業，但就風險來說，也是把所有雞蛋都放在同一個籃子裡，未必合算。

一般來說，子弟各自發展，每人都會克盡己能，發揮十分的力量。但同居一堂，既難獨立，又受到長幼規則的繫絆，子弟最多只能發揮五分的力量，何況還有為了搶奪家族資源而禍起蕭牆的風險。

所以睽卦的意思，就是分開發展比聚集在一起發展好。

古人的價值觀念，總認為「合」比「分」好。因為團結力量大，既可分擔風險、擊敗對手，又可協力度過困境，增加彼此的安全感。在這樣的觀念下，古人普遍認為睽卦是一個壞卦。

其實，這件事沒有那麼簡單。家人固然提供無私的保護，提供成長所需的資糧，讓人常懷眷戀，可是，過多的安全感，其實會讓人產生依賴心理，妨礙潛能的發揮，也無法培養獨立自主的精神。

家人卦的功課就是，我們什麼時候可以在不安全的地方，在沒有保障的地方，獨自開展理想，並為自己負責，這才算真正的成熟。不然，我們仍然是一個小孩子。我們什麼時候不需要別人給我們安全感，而且可以反過來提供給別人安全感，才算真正的成熟。否則，我們仍然是一個小孩子。

「睽」面對的問題是，知道該分，可是主觀上割捨不下，或者客觀上擺脫不掉，甚至因為顧忌別人的看法，因而無法分開。無論原因為何，內心總是非常糾結。糾結到最後，吃盡苦頭，卻還在原地踏步。

睽卦是兩個人在一起，卻得到一加一小於二的結果。因為他們的內心深處，有不同的價值觀，有不同的做事邏輯，有不同的理想目標，也有不同的生命道路。

如果睽卦的雙方不要太認真，不要想太多，那麼日子還是可以一起過的。問題就在於，睽卦至少有一方是非常認真的，所以彼此的「不同」就會變得非常刺眼，成為難以跨越的矛盾。

兩個不對盤的人，在某種善良意願下，隱藏這份不和諧，不願明白告訴對方，然後彼此蹉跎耽誤，直到所有力量生機都被堵住，前途一片灰暗，這時雙方才願意承認無法合作，甘心散夥，這就是睽卦。

睽卦是一個，雖然不想分手，但最後終須分手的卦。睽卦也是一個，沒有人做錯事，卻也無法一起成就對的事情的卦。睽卦更是一個，吃盡情感羈絆的苦頭，終於捨得放下依賴，獨自面對人生目標的卦。

睽，小事吉。

睽卦不是無法成事，而是無法成就大事。如上所說，處在睽境的雙方，並不是誰犯了錯，只是大家觀念不同、想法不同，所以無法深入合作。但是，對於一般事務性的小事，雙方合作還是沒問題的，所以說小事吉。

從前有一部很有名的韓劇《明成皇后》，這部戲是講甲午戰爭前後，韓國朝廷與後宮的權力鬥爭。劇情大概是皇后聰明過人，想幫忙國君高宗，抵抗擅權的攝政王。但這個攝政王，其實是高宗的親生父親，他並不是貪圖權位，只是過於急切地想幫助自己的兒子，最後卻幫了倒忙。所以皇后、國君、攝政王，三方都非常糾結。而朝廷的大臣，也各有自己的理想與堅持，既有守舊派、親日派、親中派，也有親俄派。其中有人支持高宗，有人支持攝政王，而各派系又交錯有支持皇后干政與反對皇后干政的看法。這麼複雜的脈絡，千絲萬縷，呈現出大時代舉步維艱卻又必須果決向前的矛盾。

我喜歡這部戲有一個重要原因，就是這部戲裡沒有壞人。這部戲裡的每個角色，都有犧牲精神，也都有崇高的目的。雖然每個人都希望朝鮮王朝強盛，但因為彼此的位置不同、價值不同，做事的方法不同，導致必須互相鬥爭。最後，一場甲午戰爭，掃蕩了親中派；再一場日俄戰爭，掃蕩了親俄派，然後朝鮮淪為日本殖民地，明成皇后也遭日軍殺害，高宗則成為傀儡。所有人的善良意志，至此全部失敗。所有人的犧牲奉獻，至此也全部化為灰燼。

這部戲是我看過最好的歷史劇，因為它完全不用好人壞人的簡單邏輯來講故事。而是一群好人共事，最後卻搞壞一鍋粥。所有人都為理想犧牲，最後卻得到最壞的結果。

睽卦就是講這件事，即使一群好人共事，也會得到不好的結果。不如大家分開努力，有人在朝廷、有人去經商、有人去當科學家、有人好好當皇后，母儀天下，作好慈善與教育工作。如果所有能幹的人都擠在一個小朝廷，隨時準備奉獻自己的生命與熱情，那結果就是睽卦：好人與好人互相耽誤，一起成就了最壞的結局。

初九，悔亡，喪馬，勿逐自復。見惡人，無咎。

這句爻辭很簡單，大意是說，馬丟失了，別勞心勞神去找，因為馬兒自己認得回家的路。馬在外頭跑累了，自己會回來。依此類推，若見到惡人，也別勞心勞神對付他，這裡若沒有他想要的東西，惡人自會轉移目標，到別處去。

馬走失了，是人與馬的「分」與「睽」。但在此時，雙方緣分仍深，想分也分不了，所以後來馬兒又自己跑回來了。至於惡人，若與我沒有緣分，也沒有糾結，想合也合不起來，所以不會有過失。

這一爻是說，分合不必強求。緣分未了的，分了還會合；沒有宿緣的，想合也合不起來。

什麼是宿緣呢？家人卦就是宿緣。

《紅樓夢》裡說，賈寶玉前世是天庭裡的一名侍者，看到花園裡有一株小草長得特別可愛，所以每日細心照護澆灌，後來這株小草修煉得人形，就想用一生的淚水，回報這名侍者的恩情。其實，這倆人的關係，就是家人卦的表現。俗話說「冤冤相報何時了」，家人卦則是「情情相報何時了」。情來情去，越報越多，割捨不下，糾纏苦深。

九二，遇主于巷，無咎。

「巷」在古代並非指狹小的巷弄，而是指「里中之道」，也就是住宅區的街道。如果在宮廷裡，則是指連通廳堂與屋舍之間的長廊。

「主」是主人、長官或領導人的意思。通常在某一範圍內擁有支配性地位的人，皆可以稱為「主」。在《易經》中，凡出現「主」字，皆可視為貴人，或者能夠幫助自己的人。「遇」是相遇。「遇主於巷」是說主人要出門而我想去拜見他，兩人行走的方向相反，但運氣很好，還是遇上了。至於拜見的目的，我們無法從上下文知道，合理的猜測，應該是有事請求對方協助。

這一爻是個好爻，因為原本會錯過，卻還是遇上了，顯然宿緣不淺。符合卦辭所說的「小事吉」。這一遇，照理可以得到貴人幫助，紓解眼前困難。只不過，當事人必須知道，這個緣分固然可貴，但終究是「小事吉」，無法憑此一帆風順，高枕無憂。

六三，見輿曳，其牛掣，其人天且劓，無初有終。

「輿」是車子。「曳」是牽引、拖拉的意思。「掣」（ㄔㄜˋ）也是牽引、拉曳的意思。「天」是顛的意思，在這裡是指古代額頭刺青的刑罰。「劓」（ㄧˋ）是古代割去鼻子的刑罰。

「無初」表示剛開始的條件並不好。「終」是指完成任務。「無初有終」可以解釋為：雖然一開始不順利，但只要老老實實，認真負責，做到最後，任務依然可以完成。

另一說認為，「初」是指原因，「終」是指結果。意思是不管原因由誰造成，最後結果你都要一起承受。此說亦可通。

整句爻辭可以這樣理解：人在車的這頭拉，牛在車的另一頭拖，兩邊用力互相抵銷。如果牛不聽人的命令，只管自己努力，這樣工作怎麼可能成功呢？這就像兩人奉命一起做事，結果意見相左，各做各的，搞到最後，事情一敗塗地，長官追究責任，兩人既被刺額，又遭割鼻，都沒有好下場。

牛不聽人指揮，就是牛與人「睽」；人不能互相合作，完成任務，就是人與人「睽」。顯然，這個任務十分重大，並非小事，所以無法得「吉」。「睽」在面對大事時，不但內部互相掣肘，最後還要因為未能達成任務而遭受嚴重的懲罰，真是太不幸了。但這是誰的錯呢？是牛的錯？還是指揮者的錯？不管是誰的錯，後果都要一起承擔。若能以此為戒，知道互相傾軋無法成事，那還可以得到「無初有終」的結果。

這一爻是睽卦的主爻。目的在提出警告，兩人若要共事，就必須分出主從，好好合作。若不能真心合作，還不如不要共事，各奔前程。

九四，睽孤，遇元夫，交孚，厲，無咎。

「睽孤」是因睽而孤。也就是離開原有的團體，陷入孤單的窘境。「元夫」一說是大夫、大臣，一說是原先許配的丈夫。解釋非常分歧，並無令人滿意的說法。若概括性來解釋，「元夫」等同於第二爻的「主」，代表對自己很重要的人。

第二爻的「遇主於巷」，已經得過貴人的幫助了，現在到了第四爻，還想再度求助於貴人，自然不會很順利，故爻辭說「交孚，厲」。意思是說，這次想跟上次一樣，得到貴人的信任與幫助，難度恐怕很大。

「孚」是信任，「交孚」即互相信任。此次求助，成功與否，即在能否「交孚」。若不能重建雙方的信任關係，結果自然是「厲」，將讓自己陷入險境。但若能重建互信，那就可以得「無咎」。

睽卦的功課，根本上是要擺脫依賴眷戀，靠自己的真實力量獨立生活。但這並不容易做到。因為，獨立比想像中困難很多。或者說，獨立，其實是我們一生中最困難的志業。

六五，悔亡，厥宗噬膚，往何咎。

這一爻也是各家解釋不同，讓我很苦惱，只能卜卦請《易經》自己解釋，卜得震卦，之卦為復卦。

震卦是指面對困難時，應該立即採取有效的行動，切不可雷聲大雨點小。從這個震卦，可以合理推測，這一爻的主旨仍在重建與貴人之間的互信。復卦則是想重新回到第二爻。可惜，這樣的期待未必能夠如願。

睽卦主爻在第三爻，表示要分就早點分，要合就要認真地合，不可三心二意，貌合神離。之後的四、五、六爻，都鼓勵人往合的道路走，可見古人在這裡的價值取向是很明確的。

所以，在第三爻的地方，古代人多會選擇合，而現代人則多會選擇分。這也是為什麼古人以第五爻為睽卦主爻，而我卻認為第三爻才是主爻，原因即在此。

下面來說「厥宗噬膚」。「厥」是其的意思。「宗」是宗廟、宗族。「膚」是肉，或指肥肉。「噬膚」就是吃肉。「厥宗噬膚」應該是指參加宗廟祭祀活動，各依身分地位，分得祭肉，或是參與祭祀後的宴樂活動。

從這一爻的「宗」字，可以知道當事人與貴人是宗親的關係。既然是宗親，那麼與其在外流連徬徨，不如回到宗族中，向長輩認錯，尋求協助。切不可為了顧慮面子，而放棄參加大型祭祀活動，同時也失去取得宗親長輩諒解的機會。

參與祭祀活動，即是想重新回到宗族中，盡自己該盡的義務，也得到自己該得到的庇蔭。

睽卦的四、五、六爻，一再出差錯，好像快要合不起來了，但爻辭仍鼓勵當事人，不要放棄機會，繼續追求合的結果。可是，委屈求合，就真的能合嗎？

你說賈寶玉在大觀園裡這麼多紅粉知己，這是在享福呢？還是在受苦？大家是想分呢？還是想合呢？

我認為，賈寶玉是天下最痛苦的人。因為他一直想讓每個人都好好的，想把大家圈在一起，成就每一個人的特質，但又合得矛盾重重，處處留下遺憾，合得讓每一個人都非常痛苦。直到最後，賈府的榮景如泡沫般破裂了，寶玉才恍然大悟，原來「想以合來成就每一個人的好」，這是最不切實際的願望。

上九，睽孤，見豕負塗，載鬼一車。先張之弧，後說之弧。匪寇，婚媾。往遇雨則吉。

這一爻，說法繁多，但都無法令人滿意。我認為這應該是古代結婚場景的描述。「豕」（ㄕˇ）是豬的意思。「負」是伏的意思。「塗」是道路。「見豕負塗」是說看見路上趴著幾頭豬。這些豬應是聘禮。「鬼」一說是鬼魅，一說是異族人。但我認為，應該是指帶著面具的巫師，或者是在儀式中，扮演惡靈的巫師。

「先張之弧，後說之弧」也是古代的結婚習俗。「弧」是木弓。「說」（ㄊㄨㄛ）同「脫」。先張弓，後放下，大概類似台灣新娘在坐上禮車離開父母之家時，會從車窗丟出一把扇子，比喻「離散」，也表示不再屬於這一家族了。

為何此處要提到結婚呢？這是象徵一個人的獨立、成熟與承擔，以及生命進入另一個全新開始的階段。

「遇雨則吉」。下雨對於農人來說，象徵了生機，可是對四處漂泊的旅人來說，則象徵困難。睽卦第二爻與第四爻，想要離家獨自發展，屬於旅人的性質。而第六爻則是成家後的安居，所以遇雨後得吉祥。

第六爻代表成立新家庭，也代表找對了獨立自主的方向。雨後一掃陰霾，大地煥然一新，人生的道路也將重新開始。

老天下了一場大雨，也許可以讓一切重新開始。只是當事人未必知道，這個開始，並非福報，而是考驗。

「睽」的功課就是「孤」。人若對「孤」有恐懼，就會一直追求「安全感」，並強烈希望「被人理解」。但是，我們若不獨立開展自己的生命，我們能希望別人了解我們什麼呢？別人了解的若不是真實的我，只是一個華麗虛假的我，這種了解又有什麼意義呢？

39 蹇卦：一個跛足的人，如何翻過一座山？

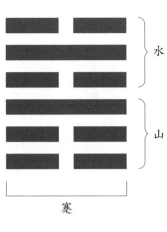

蹇，利西南，不利東北。利見大人，貞吉。
初六，往蹇，來譽。
六二，王臣蹇蹇，匪躬之故。
九三，往蹇，來反。
六四，往蹇，來連。
九五，大蹇，朋來。
上六，往蹇，來碩，吉。利見大人。

睽卦的功課，首先要面臨的是「睽孤」的問題。「睽孤」就是無人理解、無人支持，也無人伸出援手，只能獨自面對所有壓力與困難。這樣的「孤」，眾人避之唯恐不及，沒有人喜歡。所以一遇到「孤」，我們就想走回頭路，想回到過去的美好時光，想回到穩定安全的狀態。問題是，無論過去多麼美好，現在就是現在，誰都回不去了。

孔子回答「孤」的功課，他這樣說：「德不孤，必有鄰。」意思是說：不要害怕別人不認同你、不欣賞你，如果你有真實的內在價值（德），一定有人會看到，有人會欣賞。因為人心永遠嚮往真實，人心也永遠想和真實的東西在一起，所以真實的東西不會孤獨。

需要互相取暖的人，才會感到孤單。擁有真實價值的人，有創造性的人，能自己發光發熱的人，他們會吸引別人主動前來分享，所以不會有孤單的問題。

「真」是非常根源性的力量，因為它是一切創造力與行動力的泉源。

我之前在 YouTube 上看到一段影片。大意是說，一個人到山上，用很便宜的價格租了一間房子，然後自己動手，把它改造成符合自己理想的房子。原先他只是憑著一股熱情，在很拮据的經費下完成裝修，並沒有多想，結果看到影片的人都很喜歡，都來問他住一天要多少錢，最後他竟被催促著成為民宿業者。

台灣也有一位作家叫朱天衣，為了養一群貓狗，獨自住在新竹山上，並花了很長時間打造了一個自己理想的居所。照片貼出來後，朋友大為驚嘆，都想去住。這兩個例子，都是「真」，也都能打動人心，令人嚮往。

下面講蹇（ㄐㄧㄢˇ）卦。

「水山蹇」與「火澤睽」是錯卦，陰陽顛倒，殊途同歸。我們剛講完睽卦，馬上要轉換角度，從相反的面向，再來看一次分合的問題。

「蹇」字沒有甲骨文，但和它字形非常類似的「塞」字有。「塞」的甲骨文寫成「」，金文寫成「」。字形的上方代表屋舍，下方是雙手，中間則是許多「工」字形的東西。雖然我們不知道這「工」字形的東西代表什麼，但從形象上來看，「塞」的本意就是恭敬地用雙手把這些東西搬入屋舍的意思。如果讓我推想，我會認為這間屋舍是祭祀的地方，或者巫師工作的地方。而這「工」字形的東西則是神主，或是巫師祝禱時所使用的道具。

「蹇」的小篆寫成「」，跟「塞」字的差別，只是多一個「足」字。意思指屋子裡東西很多，人員進出不方便，行動很困難。如果允許我進一步推想，我會認為，這個「足」字，很可能代表跛足的巫師（古代男巫師多跛足，甚至人為地把腿打斷，希望藉此破相，激發更高的靈性），巫師經常進入祭祀的地方，但因為屋內堆滿物品，再加上行動不便，所以進出更顯得困難。

《說文》釋「蹇」字為「跛」，符合我的猜測。後代則以「蹇」代表行動困難，也引申為說話困難。但隨著時間演變，又造出「謇」（ㄐㄧㄢˇ）字，專指說話困難。

「睽」與「蹇」這兩個卦在什麼地方殊途同歸呢？簡單說，「睽」是應該選擇分離，但分離的過程卻很糾結、很難走。「蹇」卦是分離後獨自奮鬥，但要承擔的責任非常吃重，也讓未來的道路顯得很糾結、很難走。睽卦是知道要分，但一時之間分不開。蹇卦是知道要獨立，但一時之間也獨立不起來。所以兩者方向相反，糾結之心卻十分類似。

「睽」卦的功課在於，不可因為害怕「孤」而苟合不分。「蹇」卦的功課在於，不可因為害怕困難而放棄獨立。其實，他們的功課也十分類似。

每個人都要在人生的分分合合中，看清自己內在的真實嚮往，找到自己該走的道路，也找到自己最應該去貢獻與發揮的目標。

蹇卦是六十四卦裡的「四大難卦」之一。「四大難卦」分別是：屯、坎、蹇、困。

屯、坎兩卦我們都學過了。屯卦的難，是難在力量太小，經不起風吹雨打，但優點是充滿生機，只要善加照護，等待茁壯，自己的力量起來了，難卦也就不難了。

坎卦的難，是難在外面環境非常惡劣，力量非常強大，完全不可對抗，所以對外必須柔順地服從，對內則必須有明確的志向，努力充實，等待轉機。

蹇卦的難，是難在道路困難，但又必須勇往直前，無可逃避。必須一邊承受打擊，一邊破除困難，逐步前進，才能轉危為安。所以面對蹇卦的難，最好的方法不是逃避，反而是更果敢地向前挺進，努力突破，才有安身之處。

困卦的難，是難在孤軍奮戰，且受到重重包圍，無法突圍求生。必須等找到方向，確立目標，改變做法之後，這個困局才可能慢慢脫離而出。

這四大難卦，難法不同，解決的辦法也不同。如果按照吉凶的程度，我認為困卦和坎卦都很凶險，只不過經歷凶險之後，坎卦的生命成長似乎要比困卦高一個層次。蹇卦和屯卦沒那麼凶險，而且經歷之後，都能得到寶貴的人生體驗，提升我們的智慧。所以，如果讓我排吉凶的先後次序，我會排成：屯、蹇、坎、困。

卜卦得到四大難卦，一般的解卦者都會建議當事人避開，所謂「見險而能止，智矣哉」。但是大家要知道，「險」應該避，「難」（ㄋㄢˊ）則不一定要避。有時候，承擔責任、走過困難，生命才能開竅，獲得真正的成長。因為「興、觀、群、怨」、「喜、怒、哀、樂」，無不是生命成長的寶貴資糧。一味趨吉避凶，畏難求安，生命反而激發不出奮進的力量，也感受不到內心真實的方向。

蹇，利西南，不利東北。利見大人，貞吉。

坤卦卦辭有「利西南得朋，東北喪朋」，意思和此處的「利西南，不利東北」相類似。一方有利，一方不利的情況，也如同蹇卦的跛足，兩腳無法平衡。

坤卦與蹇卦的相似之處，是兩卦都鼓勵人先站穩有利位置，然後朝不利的方向逐步推進，緩緩克服阻礙與困難。兩者不同之處在於：坤卦是服從王者的領導，進退依令而行；蹇卦則是自己做主，依理而行，當進則進，當退則退。由此可見，坤卦的性格偏向柔順從人，蹇卦的性格則剛強不屈。

「利見大人」所指的「大人」，是指謀劃全局的領導者。若以武王伐紂來說，應該是指武王。所以「見」應該念為「ㄒㄧㄢˋ」，表現的意思。

蹇卦精神就是：明明知道前面道路很困難，但還是要一次次地穿越，一次次地投入資源，累積經驗，直到克服為止。

初六，往蹇，來譽。

泰卦有「小往大來」，否卦有「大往小來」。「往」是指付出，「來」是指得回報。同樣的，此處的「往蹇」，是指向前突破的行動充滿困難。「來譽」則是指行動之後將得到讚譽。

傳統解釋蹇卦，都喜歡強調〈彖辭〉中「見險而能止，智矣哉」這句話。但是，綜觀蹇卦六爻，每一爻都在「往」，都在採取行動，完全沒有「止」的意思。這一點請大家特別注意，不要被〈彖辭〉誤導了。

人若有蹇卦的精神，則每一次的變動都隱含著一段重要的成長。人在蹇卦中往來歷練兩三次，必有翻倍的成長，這就是往蹇來譽。

六二，王臣蹇蹇，匪躬之故。

「王臣」指君王身邊的大臣。「蹇蹇」指困難的後面還有困難，困難重重的意思。引申意義為：明知眼前道路困難，但還是繼續前進，努力突破。「匪」即是非。「躬」是自身的意思。「匪躬之故」是說如此承擔困難，勇往直前，並不是為了自己的利益，只是做該做的事。這爻辭有點「戮力從公，鞠躬盡瘁」的意思。

中日甲午戰爭之後，日本原來打算併吞遼東半島，但是遭到俄國反對，於是俄國聯合德、法兩國進行干預，史稱「三國干涉還遼」。後來日本外務部評估，認為若堅持占有遼東半島，俄國可能因此對日開戰，所以主張還遼。

此議引起日本國民譁然，外務大臣陸奧宗光因此撰寫《蹇蹇錄》，說明交涉過程與各方利害之考慮。這本書的書名，就來自蹇卦的「王臣蹇蹇，匪躬之故」的典故。「蹇蹇」二字，表示他盡心盡力為國家謀劃，完全不為個人。

此書原本是為了平息日本國內的反對聲浪而作，但內容卻意外暴露甲午戰爭許多內情。原來這是一場由日方策畫挑起的戰爭，清朝被動應戰，已失先機。而此事也為十年後的日俄戰爭，預埋了爆發的引信。

這兩爻都有「知難而進」的意味。但第一爻帶有主動性，而且解決了問題。第二爻則屬於辛苦的謀劃、協商、準備階段。

九三，往蹇，來反。

「反」字的解釋很多。有人認為是遇到困難後，回返到出發點，重新檢討整頓，再謀他途。有人認為是遇到困難，反對的力量太大，所以無法克服。我傾向於前一種解釋，但覺得不必退回到出發點，只要退到可以看清全局的狀態即可。整句的意思是，前進時遇到困難，應該反躬自省，看看自己如何調整改變，才能克服困難。

六四，往蹇，來連。

「連」字的解釋也很多。一說困難接二連三。一說「連」是需要兩個人一起拉的車子，等同於「輦」（ㄋㄧㄢˇ），引申為同「車」共濟的意思。我覺得兩個意思都可通，但我偏向於後者的意思。

這一爻是說，困難很多，無法獨自完全解決，還好有人挺身幫助，分擔困難，讓困難出現解決的曙光。

這一爻大概是蹇卦最困難的一爻，因為外在的困難很大，而前來幫助的只有一兩人，非常少，不符預期，所以自己要非常努力才行。如果這一爻能夠順利度過，那麼之後的道路就好走了。所以卜到此爻的，一定要盡心盡力面對困難，調動一切可調動的資源，好好應對。

盡心盡力的人，一定不會孤單，老天也一定會招喚志同道合的人來幫忙。這就是「天助自助者」的道理。一個人若肯真心面對困難，一定有人願意伸出援手；一個人若肯真心修行，一定有人願意護持；一個人只要擁有真心，他就在宇宙法則的等級次序中，踏踏實實地佔有一個位置。

前幾年我去山西雲岡石窟看佛，每一尊大石佛的前後左右，都刻了無數的小石佛，每個約有二十公分大小，層層疊疊，重重無盡，數也數不清。我當時就覺得，每一個想修行的人，無論修行時間的長短，或個人的聰明才智如何，只要他是真心的，這裡就一定會有他一個位置。只要真誠修行，任何人在此處都可以擁有一個位置。

九五，大蹇，朋來。

「大蹇」就是大難，非常危險。「朋來」有兩個解釋。一說是禍不單行，大難接連而來。「朋」當串接的意思。一說認為「朋」是朋友，指志同道合的人。我傾向採用第二種解釋方法。

〈正氣歌〉裡面有一句：「皇路當清夷，含和吐明庭，時窮節乃見，一一垂丹青」。「大蹇，朋來」就是「時窮節乃見」，到了見真章的時刻了。

投資學上也有一句話說：「只有等到退潮的時候，才知道誰沒有穿泳衣。」大蹇不來，誰是真的，誰是假的，分不清楚。等大事發生了，有沒有人來幫你，而你有沒有解決問題的氣魄與實力，那就騙不了人了。

想要跳龍門的魚很多，但只有通過考驗的才能變成真龍。

上六，往蹇，來碩，吉。利見大人。

「碩」就是剝卦的六爻的「碩果」。蹇卦就和剝卦一樣，你硬著頭皮死嗑到底，一道難關接著一道難關，一路前進，最後一定會結出美好的成果。這也像唐三藏西天取經，必須經歷九九八十一難，一一克服之後，功德圓滿，「真經」才歸你所有。

最後這句「利見大人」，讓人想起唐三藏完成取經最後見到如來佛時，也被如來佛授記了。不過，唐三藏既然最後被授記成佛，那麼他自己也是「大人」了。所以這個「利見大人」，應該是度盡難關後，自己成為「大人」。

蹇卦的果實，是等你走完全程之後，才一起兌現給你。蹇卦的真經就放在第六爻，不一爻一爻克服，歷劫而往，就無法功德圓滿，取得碩果而歸。

好好穿越蹇卦的人，必能從困難中得到極大的成長。身上所有不成熟的東西，都將受到淬鍊而成熟。所有虛假的東西，也將逐一脫落。原來沒信心的，現在有了；原來沒辦法的，現在也有辦法了。所以下一卦是「解卦」。「解」是釋放、解開。原來糾纏在一起的東西，現在通通找到解開的辦法了。

40 解卦：越擔心越有事，放下擔心反而沒事

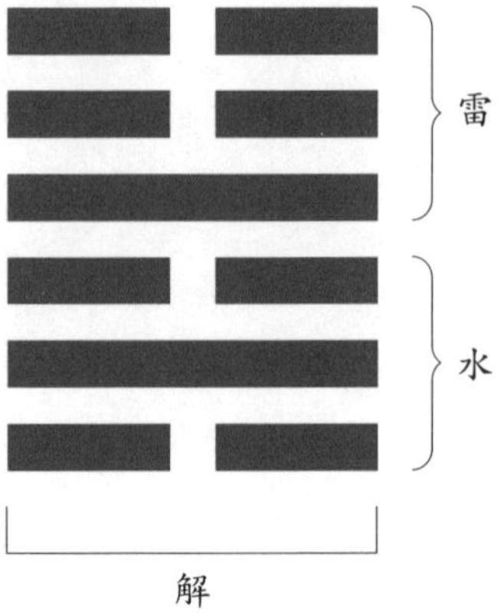

解，利西南。無所往，其來復，吉。有攸往，夙吉。
初六，無咎。
九二，田獲三狐，得黃矢，貞吉。
六三，負且乘，致寇至，貞吝。
九四，解而拇，朋至斯孚。
六五，君子維有解，吉，有孚于小人。
上六，公用射隼于高墉之上，獲之，無不利。

蹇卦是一場難度頗大的試煉，如果過關了，那就證明你可以承擔困難，獨立解決問題，也代表你能授予重任，成就一方事業。

蹇卦的功課就是，環境很困難，可是你要一路堅持到底。當你認認真真走到終點，那份美好的「碩果」，會在終點出現，毫無保留地交到你手上。

韓劇《未生》的片尾曲〈明天〉中有一句歌詞常常縈繞在我心中，歌詞中寫著：「聽父親說：就這樣勇往直前吧！我哭了。」

蹇卦就是「一直往前走就會變好」。當你體認到這句話的真義時，你必定也會同時感受到家人卦的溫暖及睽卦的煎熬都是不可缺少的。因為「愛」、「苦」與「超越」，這三件事是不可分開的。如同家人、睽與蹇這三個卦是不可分開的一樣。

任何事情，只要我們看準方向，真心真意走到底，劫波度盡之後，智慧一定打開，整個生命必然往上一躍，跳到另一個境界。

當生命產生重大提升之後，我們過往許多成功與失敗的努力，會再一次得到整合，得到重組，我們過往的每一件事才會呈現出它們真實的意義。

走過蹇卦，生命通過試煉，上到另一個階段。這時所有的困難，在你眼前都不再是困難，反而成了你的「增上緣」。如果沒有走過蹇卦，空口說是「增上緣」，那也是假的。必須通過考驗的人，才真的可以不把困難當困難。

從通過考驗的人的眼光來看，困難不再是困難，反而成為教育與學習，成為可以回甘的苦味，成為振奮精神的冷水，成為刺激食欲的辣椒。只要有這個轉念，原有的困難就已經消失了一半。

「不把困難當困難」，就是「解卦」的境界。

「解」的甲骨文寫成「」。下面是「牛」，左上方是兩隻手握著一個「角」。一般人直覺認為，這是指用刀把牛角切下來，使「角」與「牛」分離。所以「解」有「判」或「分」的意思。

直觀地看，「解」的意思是把牛角切下來。可是，《莊子》的「庖丁解牛」，這個「解」是用刀把牛身上不同部位的肉與骨分開，並無切下牛角的意思。為了弄清楚這個問題，我們必須看「角」的甲骨文。

「角」的甲骨文有兩個寫法：「」與「」。一個角裡面是空的，另一個角裡面有肉。這是什麼意思呢？原來一般動物的角有兩種，一種是硬角，譬如牛角，剖開後裡面是空的。另一種是軟角，例如鹿茸，取下時是軟的，裡面有肉，還會流血。「解」的甲骨文，上方多出兩點，就是指流血。

但是，取牛角時，照理是不會流血的，因為裡面沒有肉，也沒有血管，但為何「解」的甲骨文要多出兩點呢？從這裡我們就知道，角所指的除了動物的硬角軟角以外，還包括形狀類似角的東西。例如什麼呢？《說文解字》裡說，譬如刀或魚，因為形狀與角類似，也可以稱作「角」。於是我們在《春秋》裡找到一句話：「鼷鼠食郊牛角」。「鼷鼠」是指田鼠。「郊」是郊祭。田鼠為何要吃郊祭拜拜上的牛角祭品呢？老鼠啃得動牛角嗎？而且牛角能當拜拜的祭品嗎？原來，這裡的牛角，指的是形狀像角的牛耳。老鼠吃的是牛耳，而不是牛角。

從上面的說明，大家應該清楚，「解」的本義，不是切下牛角，而是切下牛耳。

問題是，為何要切下牛耳呢？切下牛耳要做什麼？有一句古老的成語叫做「執其牛耳」。什麼是「執牛耳」？在古代，「執牛耳」就是盟主的意思。在現代，「執牛耳」是指在成就、能力與權力上，最能代表或主導某一領域的人。

原來古代各部族，為了保障安全或維護利益，通常會互相結盟，形成利害共同體，同時推選一位盟主，作為整體的代表。結盟時，必有歃（ㄕㄚˋ）血儀式，也就是切下牛耳，滴血塗口，表示同心同德。這位手執牛耳，並讓牛耳滴出血來的人，就是大家的盟主。

所以「解」的本義是切、割的意思，同時也代表一個結盟的儀式。

傳統講解卦，認為「解」包含兩個意思：一個是解決、拆解（讀成ㄐㄧㄝˇ）；一個是釋放、放下（讀成ㄒㄧㄝˋ）。若從「解」字的本義來看，所謂的解決，或者放下，應該是指不同部族在結盟之後，打破隔閡，拋開宿怨，卸下敵對意識，誠心相互交流的意思。

因為，蹇卦走到了第六爻，朋友逐漸增多，困難變得容易解決了，而且在解決困難之後，更多志同道合的朋友前來依附。所以，接下來的解卦，並不是解決困難的意思，而是指解決困難之後，眾人團結在一起，推選一個領導人，形成強大的組織，互相扶持，這樣就不必害怕再遇到困難了。

一個人若有真實的見地，不把困難當困難，而且認為所有困難都有解決的辦法，所有困難的背後都有一個教育的意義，有一個更高的法，那這個人便有一種雍容的氣度，凡事皆有餘裕，也充滿了自由。

相反的，如果覺得困難真的是困難，那就會很侷促，處處謹小慎微，放不開包袱，做什麼事都害怕犯錯、失敗，完全沒有餘裕。

如果你卜到解卦，首先要告訴自己，眼前這件事並不是什麼太困難的事，不必緊張，放開心胸，必有解決之道。若先站穩在這塊磐石之上，其他的事必可迎刃而解。

只要你「放開、放鬆、放下」，解決的方法就會出現，志同道合的人就會出現，貴人就會出現。如果放不開，又緊張又計較，充滿擔心，那困難就真的會變成困難，而且會變得比實際的情況還加倍困難。這叫作「難上加難」。增加的原因，不在外面環境，而在你自己。

你放下了，道路就出現在眼前；你放不下，困難就被放大幾倍。

但是，很奇怪的，大部分卜到解卦的人，都認為問題很嚴重。他們雖然在精神上與實踐上充滿力量，可是心態上卻都放鬆不下來。這份不放鬆，表面上看，好像是在積極解決問題，事實上剛好相反。正因為這份不放鬆，反而找不到正確的解決方法。

解，利西南。無所往，其來復，吉。有攸往，夙吉。

坤卦、蹇卦都是西南、東北互作對比，一方有利，一方不利。但是解卦只講「西南」，不提東北，為什麼呢？有人認為是省略，我想應該不是。原因是解卦的本義是結盟，東北靠近商紂，立場與周武王互相敵對，結盟的可能性很小，自然不必再提。

「無所往」是指沒有結盟的目標，或者沒有結盟的跡象就冒然前往。「來復」是回到原來的地方。「有攸往」是有苗頭、有跡象而前往結盟。「夙」是早的意思。「夙吉」就是越早越好。

整句卦辭的意思是說：西南方有利於結盟，但結盟必須雙方都有意願，有相同的利害關係，不能強勢凌人，脅迫對方服從。如果對方沒有意願，那就不要勉強，不如回來，也很吉利。如果對方有意願，那就趕快結盟，越早越好，不要拖延。

「解」的本義是「結盟」、「同心」、「放下敵對關係」的意思。在這個意義下，「解」就是「結」。也就是透過「結盟」而「團結」在一起，讓原先擔心的問題迎刃而解。

初六，無咎。

這一爻極簡捷。「無咎」就是沒有過失、過錯。即使有，也很容易解決。

初爻心思單純，得失心不重，也沒有利害糾結，所謂「一派天真」是也。此時我們釋放真實的善意，尊重對方，與人為善，在雙方都有意結盟的情況下，自然可以水到渠成，不會有過失。

人的初心，表面上看，有點不現實，缺少心機與算計，容易上當。但是，當兩方都處在樸實的初心狀態下，卻最容易實現最好的結果。

人在初心狀態，所知有限，精氣神卻最為集中。等離開了初心，所知漸多，懂得各式各樣省力取巧門道，精氣神卻已渙散。這即是初心的可貴。

很多事情，必須不明就裡，不知害怕，不懂困難，糊里糊塗去做，才會成功。因為你看得越清楚，心裡就越牽掛，無法隨意，無法放心。一旦你放不下心，生命的創造性就關閉了。

不要懂了再去做，因為懂了之後，你反而不會做了。要趁半懂半不懂的時候，憑一股銳氣與生機，勇於實踐，這樣更能成事。

九二，田獲三狐，得黃矢，貞吉。

「田」是指田獵。「黃矢」是青銅製成的箭頭，而青銅器在古代是貴重之物。

這句爻辭是說，田獵捕得三隻狐狸，屬於中等收穫，不但沒有損失弓箭，還平白撿到別人遺失的金屬箭頭。

有人認為「狐」代表隱藏在暗處的小人。「田獲三狐」是指除去暗處的小人。大家可以參考。

這一爻主要是講：放鬆心情，保持樂觀，順勢去做，不必過度擔心，必然有好的結果發生。因為田獵是快樂的事，並非困難的事，放鬆心情更能有所收穫。

解卦只要樂觀、順勢，願意嘗試新的可能性，結果都不錯。雖然不是大有斬獲，但是獵得三隻狐狸，外加「得黃矢」，一分本錢不花，這樣的福報還不大嗎？

六三，負且乘，致寇至，貞吝。

「負」是背負。睽卦上九爻「見豕負塗」，也有此字。「乘」是乘車。「致寇至」是導致強盜來犯。整句話是說：又背物，又乘車，大量搜刮財物，擁有很多值錢的東西，所以引來強盜搶劫。

解卦是個結盟卦，大家互蒙其利。可是這一爻的結盟，主導者卻只顧自己的利益，不顧其他盟友，那就與解卦的意義背道而馳了。

當盟主的人，如果只在意自己的利益，不管別人死活，這樣就會激化矛盾，引起成員反叛，甚至引來兵災凶險，所以「貞吝」。

有一次，美國前Fed主席柏南克訪問台灣，當時台灣的國發會前主委管中閔問他，美國印了這麼多鈔票，四處亂流，對新興國家的金融傷害很大，這怎麼辦？柏南克回答，這沒辦法，美國是世界最大的經濟體，必須先自救，才有能力救世界。這樣回答其實很取巧，因為世界本來沒有問題，是美國先發生問題，所以擴大成世界問題，並不是世界先發生問題，需要美國來搭救。而且美國救了自己之後，這十幾年下來，也並沒有花錢救世界，反而高喊「美國優先」，這樣終將走上「貞吝」之路。

九四，解而拇，朋至斯孚。

「拇」是拇指。兼指手拇指與腳拇指。擴大來說，則可指手或腳。「而」是爾、汝的意思。傳統的解釋認為，這一爻是指手腳被強盜綁住了，等朋友來解救之後，雙方便可建立信任關係。

另一種解釋是：放開你的手腳，不要保留，不要只看到自己的利益，心中要有大局，要樂於奉獻，願意做有助於眾人之事，這樣就很容易吸引朋友前來結盟，建立互信關係。我傾向採用這一解釋。

我自己最喜歡的解釋是，「解而拇」是指劃開你的拇指，流出血來，以此表明誠信，重新建立盟友間的信任關係。

這一爻應該是針對第三爻的屯積自利所做的反省修正。解卦最怕自私，只想自己，不想別人，那樣就陷入第三爻的「吝」，做什麼事都施展不開，阻礙重重。調整的辦法就是把手邊的資源、錢財散出去，與眾人分享。這樣做事，原來走不通的路，也很快可以走通。

六五，君子維有解，吉，有孚于小人。

「維」有幾種解釋。一說是發語詞。一說是繫縛。一說「維」即是「羅」，網羅的意思。我傾向採用後兩種解釋。

這一爻的意思，應該對照「師卦」的「開國承家，小人勿用」，以及「比卦」的「不寧方來，後夫凶」。

「小人」指的是武王伐紂時，沒有支持武王的人。「師卦」說這種人在革命成功之後，絕對不予重用。「比卦」口氣更重，要這些遲遲不肯表態支持的人當心一點，因為革命成功之後，必會降罪於他們。

此處的「維有解」，就是指武王革命成功之後，對於這些未表態支持的人，或者曾經反對革命的人，採取寬大政策，解除綁在他們身上的繩索網羅。這一寬大的政策，減少了敵人，增加了互信，所以非常吉祥。

從古至今，國際秩序都是這樣建立起來的：作為盟主的大國，既要提供資源利益，也要提供安全保障，循此情勢，小國便樂於遵守大國建立的規則。兩者缺其一，互信便要動搖。現在世界的情況是，沒有一個大國可以同時提供兩者，所以從前穩定的世界秩序，恐怕將來很難再看見了。

上六，公用射隼于高墉之上，獲之，無不利。

「公」是指某位貴族領袖，可能是指周武王。「用」是施的意思。「隼」（ㄓㄨㄣˇ）是鷹鷲之類的猛禽。「墉」（ㄩㄥ）是城牆。整句話是說：武王站在高聳的城牆，張弓射下老鷹，取得獵物，這是非常好的吉兆，做什麼事都很順利。

這一爻與第三爻要比對著看。第三爻是田獵得狐，小得小利，規模有限。這一爻則獨立高牆，張弓射鵰，氣勢非凡，有「得天下」的王者氣象。這等於向世人宣告，天下人都臣服於武王了，若還有梟雄欲起，也要被射下來。

41 損卦：損物質，益精神

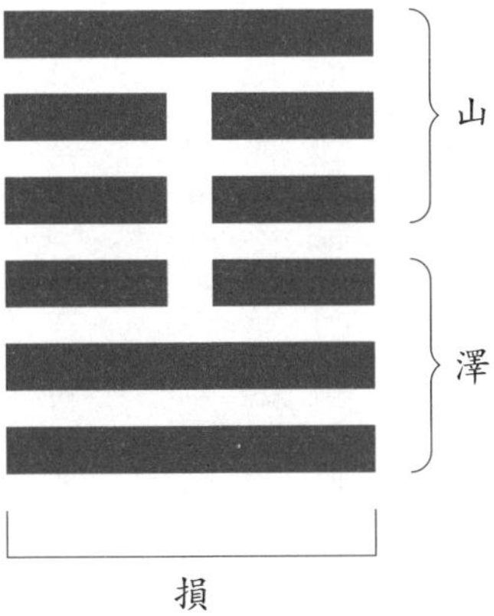

損，有孚，元吉，無咎，可貞，利有攸往。曷之用，二簋可用享。
初九，已事遄往，無咎，酌損之。
九二，利貞，征凶，弗損，益之。
六三，三人行，則損一人。一人行，則得其友。
六四，損其疾，使遄有喜，無咎。
六五，或益之，十朋之龜，弗克違，元吉。
上九，弗損，益之，無咎，貞吉，利有攸往。得臣無家。

如果要用最簡單的話表達解卦的精神，我想可以這樣說：「釋放你內在真實的力量。」因為，你的能力比你想像的還要大，你解決問題的潛力也遠高於你的預期。若過度擔憂，那麼所有想像出來的困難，就會變成真正的困難。你若勇敢承擔，那麼困難便不再是困難，它會變成一個摯友、一個嚮導，會變成解答你人生問題的老師，一面你認識真實自己的鏡子。

對蹇卦來說，困難主要來自外面環境，但是對解卦來說，障礙主要出自內心。主要是我們內心有一個「結」沒打開，所以我們停滯不前。解卦的功課，就是要我們打開自己內心這個「結」。

我們內心的「結」，就像船的「錨」一樣，拋入海中，船就停住不動了。船要前進，固然要克服礁石的阻礙，但最主要的，還是要先收起「心錨」。

下面我們講「損卦」。

有「損」就會有「益」，所以損卦的後面是益卦。從周朝開始，「損益」兩字就經常對稱性地連用。例如《尚書》中有：「謙受益，滿招損」，「益」在這裡是「利」的意思，「損」則是「傷」的意思。

《論語》中有：「益者三友，損者三友」與「益者三樂，損者三樂」。這些用法表示，「損益」兩字是相反的兩面，一好一壞，我們應該選擇「益」而遠離「損」。

「益」的甲骨文寫成「」，是把液體裝入容器的意思。如果把下方代表容器的符號斜向一邊，以及把代表液體的小點畫在容器外，那就會得到「損」的意象。由此可知，「益」的本義是讓容器中的液體增加，作為相對意義的「損」，則是讓容器中的液體減少。

在先秦的典籍中，「損益」兩字若是對稱性使用，通常「損」帶有負面的意思，「益」則帶有正面的意思。但是，如果「損益」兩字連用，通常只代表增減變化，並沒有誰好誰壞的問題。例如《論語》中有：「殷因於夏禮，所損益，可知也；周因於殷禮，所損益，可知也；其或繼周者，雖百世可知也」。「損益」在這裡只是增減變化的意思。

一般來說，當「損」、「益」單獨列舉的時候，我們都認為「益」是得到，屬於好事，「損」是失去，必是壞事。但是就天地宇宙運作的秩序來說，「損益」只是萬物變化更新的現象，兩者必然同時存在，有「益」就有「損」，怎麼可能只求一邊呢？

人心一味只想得，不想失，只喜歡「益」，不喜歡「損」，到頭來都是白費力氣。因為，追求不必追求的東西，逃避無法逃避的東西，都只是徒勞與自尋苦惱。人心就是這樣而生病顛倒。

讀《易經》的損卦，不要只從世俗觀念去理解，也要從修行的觀念去了解。我們要從中學習到，「損」是對人心最大的矯正，也是調整習氣的大好時機。

一個人如果無法感受「損」的好處，那也無法真正在「益」中得到福報。

損，有孚，元吉，無咎，可貞，利有攸往。曷之用，二簋可用享。

「損」是失去，一般人都覺得不好，可是，如果什麼都不願意損失，那麼收穫也將不會發生。如果我們沒有在某些地方付出，我們就無法在另一些地方得到。例如，失敗固然是一種損失，但是，失敗中所獲得的經驗，則是另一次成功的開始。

「孚」是信實的意思。這裡是指精神上的真誠、用心。人若精神上非常真誠，那麼即使形式上有所不足，仍然是吉祥的。「曷」（ㄏㄜˊ）同「何」。「曷之用」是如何施行的意思。「簋」（ㄍㄨㄟˇ）是祭祀時盛祭品的竹器。「享」是祭祀的意思，也可解釋為饗宴。「二簋可用享」是說只要有兩個竹器擺放祭品，即可進行祭祀的儀式。

根據《周禮》的記載及考古的發現，周朝的祭祀是採用偶數的簋與單數的鼎。例如天子用九鼎八簋，諸侯用七鼎六簋，大夫五鼎四簋，一般的士則是三鼎二簋。由此可知二簋是最簡單的祭祀形式。

「曷之用，二簋可用享」有兩種解釋。一是說祭祀的重點在誠心，不在祭品的豐盛，所以只要恭敬虔誠，即使採用較簡約的祭祀形式也沒有關係。另一種說法是，饗宴以簡約為上，不要鋪張浪費，簡單兩樣食物即可。

兩說皆可通。

「損」固然是減少的意思。但是，重點在於，某些地方減少，就必須有某些地方增加。例如，主管把自己的資源分給下屬，對主管來說，資源是減少了，可是對下屬來說，卻是增加。若下屬善用這些資源，對整體部門的績效來說，是大大的提升。這就是因「損」而得「益」。

損卦若能因「損」而得「益」，就是好卦。若不能，就是壞卦。

若從精神與物質分別來看，損卦是指在物質上有所損失，或者在物質花用上必須有所節制、自律，但是，在精神面向上則必須提振、向上，不可軟弱懈怠。這就叫做「損物質以益精神」。

物質上的減損，可能是因為收成不好，也可能是為了救災重建等等，無論是什麼原因，物質上的減損，一定要配合精神上的提振，這樣才能維持人心的平衡。

如果物質上一直減損，精神卻無法提振，那麼物質的減損就會成為一種「苦」，讓人無法忍受。

有時我看到大家嘲笑台灣在五十到七十年代的政治性口號或標語，會感覺有一點難過。因為我們現在過慣了物質富饒的生活，完全無法理解貧困時代的人，為何要高喊這些無用的精神口號。其實原因很簡單，因為我們在物質上已經很空虛了，我們不希望精神上也一樣空虛。不過，如果某些人感覺這些口號也是喊假的，那麼他們的精神將加倍地空虛。

過度嘲諷那個時代，並不會讓我們的精神充實，只會讓我們精神膨脹自大。

初九，已事遄往，無咎，酌損之。

「已」有兩個解釋：一說是完成；一說「已」同「祀」，祭祀的意思。我認為後說的意思較優。「遄」（ㄔㄨㄢˊ）是速的意思。「酌」是酒勺，可以引申為飲酒，或者衡量斟酌的意思。

這句爻辭的意思是說：祭祀的事，精神上絕不可怠慢，要速速前往，盡力籌辦，這樣就不會有過失。至於祭祀的祭品，則可依據實際情形而斟酌減損，不必拘泥。

祭祀的事不可怠慢，其實就是「益精神」。祭品依實際情況斟酌減損，就是「損物質」。兩者必須達到一種內在的平衡。

九二，利貞，征凶，弗損，益之。

「征」就是向外出兵，拓展疆域。「征凶」是指不利於兵事。「弗損益之」傳統上有兩種講法。一是中間沒有標點，把「損益」連在一起讀。另一種是中間加一標點，「弗損，益之」分開讀。

如果連在一起讀，「弗損益之」就是不增不減，維持原樣的意思。如果分開讀，「弗損，益之」的意思是說，不要有損失就等於是增加。因為，出征必然會產生損失，不要有這個損失，其實就等於增加收益了。我認為後者的解釋比較好。

「弗損，益之」在這裡是指：軍事行動會耗損人民的生命與生產力，如果避免軍事行動，則省下的損失，對整體來說，也等於是增益了。

要求他人服從自己的征戰，在精神上是一種驕傲的發散狀態，而不是謙卑與凝聚狀態，所以不符合損卦的精神。放下精神上的驕傲，省去戰爭所帶來的損失，這就是物質上的增益了。

六三，三人行，則損一人。一人行，則得其友。

這一爻的內容，應該是古代的諺語。也可以與《論語》的「三人行，必有我師焉。擇其善者而從之，其不善者而改之。」對照來看。

三人行，我居其中，另兩者為友。遇到事情，三人各自堅持自己的看法，便會混亂分歧，無法形成共識。此時，我不能和稀泥，也不能兩邊討好，必須先放下自己的意見（這就是損），仔細思考分辨另兩人的意見孰者較優，然後作出選擇，支持一方意見，捨棄另一方的意見，這樣就形成二比一的多數結論。

這裡的「損一人」，指的是捨去其中一人的意見。當然，最先要損的，是自己的主觀看法。

若我一人獨行，剛開始，雖然沒有人支持我的看法，但只要我的意見反應了真實的問題，那麼我必然不會一直是孤獨的，因為「德不孤，必有鄰」，一定會出現支持我的朋友，慢慢形成眾人的意見。這就是「一人行，則得其友」。

真實的東西無法討好每一個人，所以必須有「損」，才能顯示其「真」。真實的東西，也不會長久孤單，所以必然有「益」，吸引志同道合者前來同行。所以孔子說「德不孤，必有鄰」。只有「損」或只有「益」，都不會是真實的東西。

六四，損其疾，使遄有喜，無咎。

「有喜」就是病癒。例如无妄卦有「勿藥有喜」，也是病癒的意思。像疾病這樣不好的東西，不必考慮，能損就損去吧！

一般人都講「治病」，好像病是一種實質的東西，你可以跟它對抗戰鬥，然後打敗它。其實，病不是另一個東西，它就是你自己。如果不喜歡這個病，那就改變你自己吧！遠離那些讓你生病的生活方式，切斷這個面向，這就是「損」。遠離了導致生病的生活習慣，身體得到調整，很快就能恢復健康。

德國人有一句諺語：「斷食無法治癒的疾病，用其他方法也治不好。」不吃，即是禁食，或者嚴格的節制飲食。這也是損卦的作為。

病無法真正「治」好，但人可以真正「變」好。

從前有一位老修行人王鳳儀，他不懂醫術，但會用「講病」的方法治癒他人的病痛。他的方法很簡單，就是引導病人看到自己良心虧欠之處，然後痛切反省、悔悟，直到聲淚俱下，甚至出現哭號、嘔吐、昏厥等現象，等這些現象舒緩後，病人筋疲力竭，睡一場覺，病就好了一半。

每一場病，也許都是一個提醒，要我們做出真正的改變，去除不好的習性，也去除長年累積的負面情緒，重新獲得健康。這也是因損而得益的意思。

每一場病，都是一次懺悔與贖罪的機會，當我們真正懺悔了，也就是真正的「損」了，那時，病也就好一半了。

六五，或益之，十朋之龜，弗克違，元吉。

「或」是假設的語氣。「十朋」一說十種。一說十貝為一朋，百貝為十朋，表示很貴重的意思。我認為後者的解釋較好。古人認為「龜」有靈氣，是傳達神明旨意的媒介，適合用來占卜。「弗克違」是不會牴觸違背的意思。

整句話是說，當遇到需要增加花費的時候，只要出於真實與必須，例如救災、築堤，或者水利建設等，那就義無反顧，即使花費巨大，也應果斷行之。因為，這種有利眾生的大事，那怕是在貴重的靈龜前卜卦，神明也不會反對，必然大吉。

損卦的第五爻是全卦的主爻，它的意思非常好：人若對自己保持真實，那就連卦也不必卜了，連靈龜也不必問了，因為你的心念與行動，就已經是在卜卦了。

上九，弗損，益之，無咎，貞吉，利有攸往。得臣無家。

「弗損」即是「增益」，這在第二爻已經說過。但第二爻的「損」，專指用兵所帶來的耗損，此處的「損」則是泛指各式各樣的浪費。「無家」就是居無定所。為何這位大臣會居無定所呢？因為他太忙碌了、太盡責了，所以整天工作，沒時間回家。例如大禹治水，幾年都不回家，即使從家門經過，也沒時間進去看看妻小。

這一爻是說，盡量避免浪費，能節約就節約，把錢用在刀口上，這樣其實就是在增益人民的福祉了。但是，人民多了福祉，大臣卻必須更加辛苦。因為政府節省開支，大臣要用一分錢辦兩分事，只好更加辛苦工作，才能把事情做好。

第六爻充分體現了「損上益下」的平衡觀點。所謂的「損上益下」，在儒家的政治觀念中，就是「藏富於民」。也就是物質性的財富不妨散置於民間，而精神性的價值則必須時時凝聚在政府的團隊之中。

42 益卦：資源越多，越要收斂精神

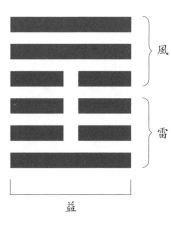

風

雷

益

益，利有攸往，利涉大川。

初九，利用為大作，元吉，無咎。

六二，或益之，十朋之龜，弗克違，永貞吉。王用享于帝，吉。

六三，益之用凶事，無咎，有孚。中行，告公用圭。

六四，中行告公，從，利用為依遷國。

九五，有孚，惠心，勿問元吉，有孚，惠我德。

上九，莫益之，或擊之，立心勿恆，凶。

損卦雖然代表會在財物、名位或權力上有所減損，但是，真正決定最終成敗的關鍵，卻不是眼前的物質損失，而是當事人的精神、理想與努力，是否在財物、名位、權力的減損下，依然提振向上，雄心不減。

例如創業初期，營收不佳，公司虧損，這即是損卦。這時若當事人心灰意冷、失去鬥志，那麼結果必然十分負面。也就是說，如果客觀的物質條件不佳，而主觀的精神力量也隨之變弱，那麼當事人最好盡快收攤，「停損」出場，以免越虧越多。

另一種情況則是，營收固然不佳，物質上固然面臨損失，可是精神上卻充滿鬥志，不斷看到希望。這時若當事人一方面撙節開支，另一方面努力開拓商機，對於已經損失的部分正面對待，樂觀接受，把它們當成「學費」

與「投資」，不使其影響積極的工作態度。若屬這種情況，則一段時間之後，必然逐漸翻轉形勢。

損卦的重點，在於「損物質，益精神」。也就是看到「損」的正面價值，因而可以放下憂慮、提起精神，努力把眼前的事情做到最好。

相反地，益卦的重點則是在物質增益的情況下，如何避免驕傲放縱、自以為是，以及精神上的墮落。

所以，損卦的功課是要在損物質的情況下，提振其精神。益卦的功課則是要在益物質的情況下，防止精神的萎靡。

漢朝時有一本書叫《淮南子》，裡面紀錄了一則孔子讀損、益兩卦的故事。原文是這樣：「孔子讀《易》，至〈損〉、〈益〉，未嘗不憤然而嘆，曰：『益損者，其王者之事與！事或欲與利之，適足以害之；或欲害之，乃反以利之。利害之反，禍福之門戶，不可不察也。』」

這句話的意思是說：孔子感嘆損、益兩卦的意思太重要了，能夠恰當掌握分寸，在當損的時候損，當益的時候益，大概只有「聖王」辦得到吧？言下之意，一般人並沒有能力掌握損益的智慧。因為損益不只反應表面的枯榮，實際情況常常是，你想加益於對方，最後反而害了對方；你想減損對方，最後反而幫助了對方。所以，這種利害相反的情況，決定了人的禍福吉凶，我們一定要仔細分辨。

人類有能力判斷自己的科技文明或經濟發展何時該損？何時該益嗎？雖然現代人都覺得自己可以主宰自己的命運，但是，主宰命運需要很高的智慧，人類真的擁有這樣的智慧嗎？

例如社會的經濟發展，照理來說，越是繁榮時期，政府越應該撙節開支，並增加稅賦，以免景氣過熱，造成通貨膨脹。相反地，遇到蕭條時期，政府則應該擴大支出，並減輕稅賦，以免景氣過冷，造成通貨緊縮。但是，這種損益的道理，當今世界哪個國家做得到呢？絕大部分的國家，都是在經濟繁榮期仗著錢多，不斷增加政府的支出，等到蕭條期來了，更是擴大支出，舉債刺激景氣。這種繁榮期擴大支出，蕭條期也擴大支出的情形，正顯示人類缺乏智慧。長久之下，整體經濟怎能不出問題呢？

二〇〇八年金融危機發生之後，英國女王有一次問皇家經濟學會的會長，為什麼經濟專家這麼多，人才濟濟，卻無法預知何時會發生大型金融危機呢？會長當下被問住了，不知如何回答，最後勉強解釋，因為每個經濟學家都有盲點，所以無法百分之百防止危機發生。

這個回答，其實是搪塞之詞。因為一個經濟學家固然有盲點，但是，十個人或一百人互相修正盲點、共同合作，照理即可沒有盲點，為何還是爆發危機呢？

原來，真正的問題不在盲點，而在系統不斷擴張、不斷複雜化，並且擴張速度越來越快，最後到底會發生什麼問題，根本沒有人知道。

這不是盲點的問題，而是盲目的問題。

我們不是幾個點看不清楚，而是整體都看不清楚，最後乾脆閉上眼睛，只相信眼前的利益，完全無視風險的存在。這即是正確掌握損益之難。

下面我們講益卦。

「益」是增加、給予的意思。也有滿溢而出的意思。甲骨文寫成「」，是把液體注入容器的意思。

「益」卦是讓自己朝向增加、豐盛、富足的方向發展。「損」卦則是朝向減少、節約、克制的方向發展。

從表面來看，益是一個好卦，損則是一個壞卦。但是從動態、發展的角度看，「損」是一個努力減少資源持續耗損的卦，而「益」則是一個想要耗費資源的卦。所以，經過一段時間的發展變化後，損卦可以變成益卦，益卦也會變成損卦。

益，利有攸往，利涉大川。

資源充足的人，如果守著資源不用，那就等於占用別人的資源。因為這個世界的任何資源在某種程度下，都應該視為「公共財」，而不是「私有財」。既然是「公共財」，那就不應該長期被某人所占有，而應該產生「流動」。有進有出，有消長與變化。

所以真正的財富是要看你如何使用財富，而不是看你擁有多少財富。

台灣雖然媒體很發達，學者很多，但常常沒有能力回應世界性的大議題。例如經濟學者皮凱提（Thomas Piketty）的《二十一世紀資本論》，在台灣也引起轟動，媒體報導也很多，但我們只能轉述這本書的內容，少有能力回應這本書提出來的問題。微軟的老闆比爾．蓋茲，他回應皮凱提增加富人稅的問題時就說：我們不能只看到富人擁有財富，也必須看到富人如何使用他的財富。一個把財富用於買豪華遊艇的富人，和一個把財富用於慈善事業的富人，他們財富的社會意義完全不同。

益卦就如同富人，他們都擁有財富，但不同的富人使用財富的方式各不相同，所以吉凶成敗也不能一概而論。

最壞的益卦就是守住資源不放，既不投入於創造，也不與人分享，其次是用於享樂與自我滿足。最好的益卦則是把資源用在增進眾人能力與智慧的提升上面。因為，眾人的能力與智慧提升了，社會整體的生產力與精神力也必然跟著提升。

初九，利用為大作，元吉，無咎。

「大作」就是大作為、大建設。例如修築堤防或灌溉系統，營造城牆宮室等。「元吉」即是大吉。「元」也有根本、基礎、重要的意思。所以「元吉」不只是表面的吉利，也是根本性的吉利。

當資源集中於貴族的時候，透過大型建設，把資源使用出去，讓它產生更大的流動性，這一方面成就了貴族的事業，另一方面也創造了民間財富，彼此相得益彰，所以是「元吉」。

六二，或益之，十朋之龜，弗克違，永貞吉。王用享于帝，吉。

「或益之，十朋之龜，弗克違」與損卦的第五爻一樣。因為損、益是綜卦。損卦的第五爻倒過來，即是益卦的第二爻。所以兩爻的內容一致。

「益」是要有所作為，「損」則是要克制節約。損卦的前四爻都在節約，到了第五爻才累積出一點財富，可以用於作為。但是益卦的資源是一開始就很充沛，所以第一爻就可以做為。第二爻若為所當為，還可以繼續加碼，而且神明一定支持，不會反對。

從實際的卜卦經驗來說，損卦第五爻的資財，是自己節省下來的。益卦第二爻的資財，是前人累積下來，或者由他人所捐獻的。

有人會問，損卦第五爻用「元吉」，益卦此爻用「永貞吉」，有何不同？其實並沒有太大不同。如果硬要做出區別，只能說，「元吉」感覺更吉利一點。

六三，益之用凶事，無咎，有孚。中行，告公用圭。

「凶事」指天災人禍。例如水、旱、蝗災，或者盜匪流寇等。「中行」傳統上都解釋成「依中道而行」，但我認為應該是「行於途中」的意思。「告公」是稟告君王。「圭」是玉的意思。古人遇到大事，必須傳達緊急的訊息或命令時，通常都會「執圭示信」。

電影《臥虎藏龍》中，俞秀蓮要玉嬌龍緊急去鏢局拿藥，也是取下玉簪做為信物，以此取信鏢局中的人。這就相當於這裡的「用圭」。

遇到天災人禍，無需考慮，趕快下放資源，用於救災。若稟告災情或動用資源時，官員仍在半途中，即授圭玉予信者，先快馬向君王報告情況，爭取及早採取行動。

六四，中行告公，從，利用為依遷國。

「從」是君王同意官員的建議。什麼建議呢？就是必須將大批的災民移居他處安頓，這就是「遷國」。「國」是城的意思。整個領地人民的遷移就是「遷國」。「依」是仰賴、倚靠的意思。指安頓災民必須仰賴遷國的辦法才能解決。

三、四兩爻都是突發事件，是大變局的轉折，承擔得起或承擔不起決定了整個益卦的吉凶。人的財富是否具有真實的意義，或者只是過眼雲煙，生不帶來，死不帶去，關鍵就在此時的作為。

九五，有孚，惠心，勿問元吉，有孚，惠我德。

「惠心」是施惠於人的心，也可以說就是「仁心」。「惠我德」是他人受我之惠，因而感謝我的恩德。

這一爻是延續三、四兩爻而來，表示下放資源，圓滿解決災情，並得到百姓的信任與敬重。這種利益眾生的事情，不必問神明，即知大吉。

從修行的角度來說，過多的福報，最好把它視為考驗，而不要視為好運。益卦之所以會轉安為危，主要就是把福報當好運。

恰當的福報是修行的資糧，過多的福報則必然帶來人生的考驗。我們必須通過這樣的考驗，平衡我們的智慧與福報之間的落差。

再進一步說，「惠我德」也是考驗。我們若真的有恩於他人，能逃走最好趕快逃走，不要留名留姓，接受對方的感恩。因為，如果福報找得到我們，業力也會找得到我們。

世界沒有什麼東西可以恆常不變。福報不會永遠是福報，在因果轉換之下，福報也會變成業力。所以，我們若能不讓福報附著，業力也不易上身。

好事不會永遠是好事，如果我們把好事當成理所當然，那麼好事久了也會變壞事。這一爻的「惠我德」，沒有說到究竟處，裡面臥虎藏龍，危機四伏，要小心。

上九，莫益之，或擊之，立心勿恆，凶。

這一爻有幾個說法。一種說法是不但不施惠於對方，還進一步打擊剝削對方。如此存心偏離常態與初心，非常危險。此時的「勿」當「無」來解。

另一種說法是不要一味施惠於對方，因為這會讓對方養成習慣，錯把福報當成應得的福利，如果情況走入極端，還要反其道打擊對方，削弱對方的氣焰。此時的「勿」有禁止的意思。

兩種解釋，各位不妨自己思考一下，看哪一種說法比較對？

損卦是藏，益卦是用。損卦是與內在精神緊密連結，然後有所作為；益卦則是有所作為，然後與內在精神緊密連結。兩者是一體的兩面，必須因時因地而制宜，不能執著偏取。如果偏取，那就變成下一卦的夬卦了。

43 夬卦：一隻飛得太高的孤鳥

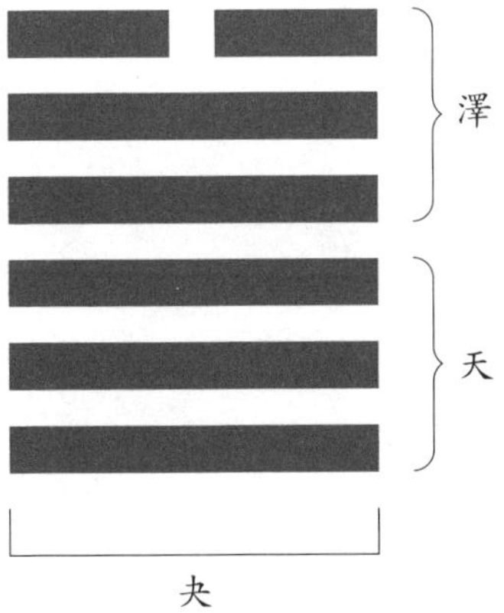

夬，揚于王庭，孚號有厲，告自邑，不利即戎，利有攸往。
初九，壯于前趾，往不勝，為咎。
九二，惕號，莫夜有戎，勿恤。
九三，壯于頄，有凶。君子夬夬，獨行遇雨，若濡有慍，無咎。
九四，臀無膚，其行次且。牽羊悔亡，聞言不信。
九五，莧陸夬夬，中行無咎。
上六，無號，終有凶。

「夬」字國音讀成「ㄍㄨㄞˋ」，但在《易經》中，我們讀成「ㄐㄩㄝˊ」。原因我們下面慢慢說。

「夬」的甲骨文寫成「」，篆文寫成「」。兩字的造型都是手上拿著一樣東西，至於這件東西是什麼？說法就很多了。有人認為是拿一塊有缺口的玉，也就是「玦」，作為「訣別」的紀念物。也有人認為是拿一塊拉弓射箭的扳指。也有人認為是拿網捕獵，故意留一缺口。還有人認為這個缺口是動物在掙扎逃脫時破網而出所造成，所以有「衝決網羅」之說。說法琳琅滿目，令人難以取捨。

如果要我選一個說法，我認為「衝決網羅」的說法比較好。「網羅」原本是用來圍捕獵物的，但因為沒有圍好，獵物強力掙脫，反被突破一個缺口，造成獵物集體逃出。這種形象，在古代一定出現不少次，而且畫面令人難忘，所以為它造了一個字。

把這樣鮮明的形象，移用於河岸的堤防，便有「決堤」一詞。把這個形象，用於衝決的速度，便有「快」這個字。把這個形象，用於脫離困境，獲得自由，便有「快樂」一詞。把這個形象，用於離群遠去，便有「訣別」一詞，以及為了紀念訣別而有的「玦」玉。把這個形象，用於「困於心，橫於慮」的思量長考最終破繭而出，則有「抉擇」、「決定」、「果決」的詞語。用之於容器，便有「缺」這個字，表示容器破了，裡面裝的東西流出來。

明白「夬」的本義，對我們理解這一卦提供了一些幫助，但我們還必須參考夬卦的錯卦剝卦，從其「殊途同歸」的一面再做進一步的理解。

剝卦是一陽五陰，夬卦是一陰五陽，兩者恰相反。剝卦不斷受到外界的打擊、剝奪，不斷失去自己擁有的東西，直到最後，拿得走的通通被拿走了，卻發現還有一個東西是誰也拿不走的，是真真實實屬於我們自己的。就卦象來說，這個真實的東西，就是最上面唯一的陽爻。這一陽，是生命真正的價值，也是真實的自我，更是我們真實的「德」。

所謂的「德」，並不是「道德」，而是指內在真實的東西。這個內在真實，主要有兩方面，一是你的能力與智慧，一是你的價值與信念。這兩樣東西，誰都拿不走，你到哪裡，它就跟到哪裡，甚至跟著你輪迴轉世。如果沒有「剝」，沒有一次次的失去，我們就看不到自己的「德」，也認不清真正的「我」是什麼？更不知道我們人生要往哪裡去。

相反地，「夬」走的是另一條完全不同的道路。「夬」是一陰五陽，下方的五陽，代表夬卦像個明星一樣，一路受人讚美、重視、包容、仰慕，過程非常順利。但是，到了最後，浮現一個東西，那是怎麼努力也跨不過去的坎，也是無論付出多少也得不到的果實。那是什麼呢？那是他此生最大的缺憾，是生命中一個長期的缺角，是拼不齊全的拼圖的空白部分。

夬卦一開始就被承認、被追捧，處處討人喜歡，一路得到肯定，人生上半場處處順風順水，好像沒有什麼是得不到的。直到有一天，好運走到盡頭，開始踢到鐵板，這時，他驚覺到，原來有一些非常重要的東西，無論他多努力，也無論他失敗多少次，永遠都得不到。

那個無法得到的東西，是生命永遠的缺憾，也是永遠無法平衡之處。

「夬」卦一開始的順境，讓他很容易看到自己的價值，但是，等到遇到逆境之後，他才知道，原來之前所認知的價值，並非真正的價值，因為那些價值根本經不起考驗。

「剝」與「夬」卦的目的，都是要發現生命真正的價值，可是兩者走的路徑剛好相反。「剝」是先失去，而後發現自己真正所能得到的是什麼。「夬」則是先得到，而後發現自己真正失去的是什麼。先失去的東西，並不是真正的價值。先得到的，也不是真正的價值。真正的價值，是即使外界價值落空、崩潰之後，也會從自己真實的內心裡浮現出來的東西。

夬，揚于王庭，孚號有厲，告自邑，不利即戎，利有攸往。

「揚」是以高亢的聲調說話。「王庭」即國君召臣子前來議事的廳堂。「號」（ㄏㄠˋ）是號召。「孚號」是以團結、互信為號召，即是呼籲團結，合力對外。「有厲」是有危險。「邑」是封地。「告自邑」是指地方向中央報告消息。報告什麼消息呢？從後面的描述，知道報告的是敵軍來犯的消息。「不利即戎」是說不利於立即開戰。戎是指戰爭。為何不可立即開戰呢？推測應該有兩方面的原因：一是敵方力量強大，二是我方準備不足。「利有攸往」是指我方若「不即戎」，拖延戰事，爭取時間準備，那將有利於後續之戰況。

整句話是說，君臣高聲討論戰爭之事，一致認為國家面臨危險，必須團結對外。此時，前方傳來報告，認為敵強我弱，不宜立刻開戰，必須爭取時間，好好準備，才有勝算。

「夬」卦抱持過去的輝煌事蹟，既過度自信，又輕視敵人，所以面臨危險而不自知。前方將士傳來消息，對戰況做了客觀的評估，但這一評估，並未受到國君與大臣重視，這就是「夬」卦面臨的問題：主觀太強、過於自信，只看到自己的優點，沒有看到自己的不足之處。

初九，壯于前趾，往不勝，為咎。

「壯」即是「大壯」卦的氣盛、自視甚高、輕視對方。「趾」是腳趾。人的腳趾都在步伐行動的前端，所以「前趾」表示立即採取行動。「往不勝」是說往前行動卻不能獲勝。為何不能獲勝？由卦辭知道，應該是敵強我弱的關係。但是，敵強我弱的情況，這是已知的情報，為何還盛氣迎敵呢？這就是「夬」卦的自以為是，過度自信，目中無人的結果。所以結果是「為咎」，意思就是自己招來的災禍。也等於說「自作孽，不可活」。

第一爻因為輕敵而嘗到失敗，但是，夬卦是一定要到無路可走的地步，才願意反省自己。所以，別人是在哪裡跌倒，就在哪裡站起來；夬卦的人則是，在哪裡跌倒，就會在同一個地方再跌倒一次。他會在同一個地方，不斷重複跌倒，不斷重複失敗，直到完全失去自信為止。

九二，惕號，莫夜有戎，勿恤。

「惕」是警惕的意思。「惕號」是呼籲軍民提高警覺的意思。「莫」是「暮」的省字，夜晚的意思。「莫夜有戎」是指夜間可能遭受敵方攻擊。「勿恤」是說只要提高警覺即可，不要過度擔心害怕。

第一爻是盛氣迎敵，結果嘗到敗績。第二爻學到教訓，於是謹慎地採取守勢，在敵強我弱的情況下，顯然這是比較保險的做法。

九三，壯于頄，有凶。君子夬夬，獨行遇雨，若濡有慍，無咎。

「頄」（ㄎㄨㄟˊ）是面部的顴（ㄑㄩㄢˊ）骨。「壯于頄」是說盛氣表達在臉上，引申為自視甚高，瞧不起對方的樣子。

「夬夬」的解釋很多。一說是果決的樣子。一說是迅速的樣子。我認為應該是「自我感覺良好」，或者「自視甚高」、「孤芳自賞」的樣子。

夬卦有很好的能力、有過人的毅力，也有光榮的事蹟，但因為受人追捧慣了，自己也習慣性地催眠自己，所以「自視甚高」，常常以「孤鳥」的姿態存在於眾人之間，所以遇到問題時，失道寡助，很難得到外援。這就是所謂的「獨行遇雨」。

這一爻的「壯于頄」，表示第一次雖然失敗，但當事人不服輸，仍要再打，結果又失敗了一次。這類似輸光錢財的賭徒，仍一直想借錢翻本。但是，翻得了本嗎？除了他自己以外，所有人都知道，他已無機會翻本了。

「遇雨」在《易經》中有兩種意象：有時是指「轉機」，有時也可以指「失意」。這裡應該是指後者。為何失意呢？因為已經沒有人相信他，也沒有人願意伸手幫助他。

「濡」是全身溼透。「慍」是自己心裡生悶氣。全身被雨淋濕，獨自生悶氣，別人則完全不想理會你，這是怎樣的淒涼景象啊。此處的「無咎」，表面上看是沒有災禍，實際上是指在此處若能承認失敗，不要再負隅頑抗，才不會遭致更大的罪咎。

九四，臀無膚，其行次且。牽羊悔亡，聞言不信。

「臀」（ㄊㄨㄣˊ）是屁股附近的肉，廣義來說也包括大腿。「臀無膚」是屁股附近無肉。為何無肉呢？一說是打敗仗，臀部受傷。另一說是平時缺少訓練，大腿不長肉，所以稍做激烈運動，就不行了。兩說皆可通，但我傾向於前說。「次且」是走路蹣跚的意思。

「牽羊」是指投降。因為古代打敗仗的一方，若想求和，就必須由將領牽一頭羊、披髮，一副很落魄的樣子，走到對方陣營謝罪。「牽羊悔亡」是指承認失敗，主動求和，方可無悔。

「聞言不信」有兩種解釋。一說指「牽羊」的下場，乃是當初不採信前方將士的報告所造成。另一說指即使「牽羊」求和了，對方聽我求和之言，仍未必相信我是真心投降。兩說皆可通，但我傾向於前說。

第四爻終於認清現實，願意承認失敗，尋找和解的機會。

九五，莧陸夬夬，中行無咎。

「莧（ㄒㄧㄢˋ）陸」一般都解釋為馬齒莧。這是一種隨處可見的野草，可食也可入藥。但我比較喜歡另一種解釋，也就是「莧」是一種野山羊，俗稱「羱」（ㄩㄢˊ），角很大，善鬥。「陸」則是跳的意思。例如《莊子》有馬「翹尾而陸」的句子。如今閩南語中仍常用此字。「莧陸」是指羱羊在野地裡自適其所適，不受管束，自由自在，洋洋得意的樣子。「中行」是在道路中行走的意思。意指羱羊獨自生活，不與人為伍，自己走自己的路，也可以沒有過失。

這一爻是夬卦最理想的狀況。自己過自己的，孤鳥一隻，在一個小天地裡，不理別人，也不讓別人干涉自己。但是，重點就在於「在一個小天地裡」。夬卦若不想反省，不想遷就他人，唯一的辦法，就是縮小活動空間，在一個小池子裡當一條大魚，但千萬不要跑到大池子裡，還我行我素，目中無人。

上六，無號，終有凶。

「無號」是指失去號召力、領導力。夬卦的驕傲、自以為是，最後的結果就是失去領導力，無人願意再受他指揮，也無人願意再幫他忙。此時，若遇到危險，無論如何請求呼喊，也無人伸手援助，這實在太危險了。所以說「終有凶」。

在順境的時候，一個人過著孤鳥的小日子，相忘於江湖，那倒也很愜意。但遇到逆境的時候，一人的力量有限，必須互相協助，才能度過難關。這時，孤鳥的性格就有一點不切實際了。

夬卦是先得後失，走到後來，發覺原先得到的都不是真的，所以必須徹底悔過，重新認識自己。悔過之後，夬卦就轉為姤卦，認真改善溝通，好好與人相處。這樣能不能扭轉失敗的命運呢？讓我們繼續看下去。

44 姤卦：天上掉下來一個讓人失望的禮物

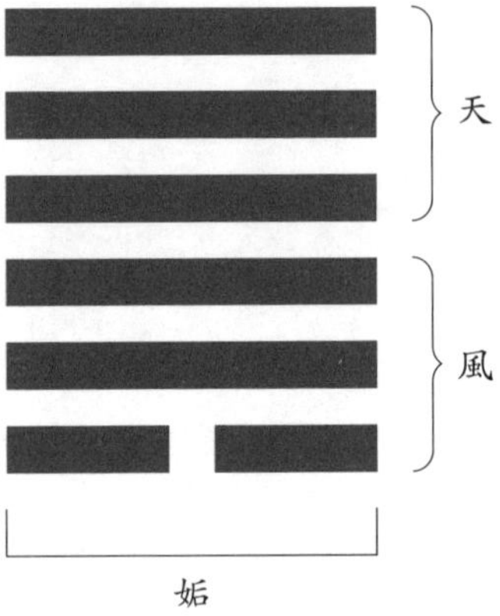

姤，女壯，勿用取女。

初六，繫于金柅，貞吉，有攸往。見凶。羸豕，孚蹢躅。

九二，包有魚，無咎，不利賓。

九三，臀無膚，其行次且。厲，無大咎。

九四，包無魚，起凶。

九五，以杞包瓜，含章，有隕自天。

上九，姤其角，吝，無咎。

個性像夬卦的人，通常都很聰明，能力很強，工作認真，毅力過人，也充滿責任感，甚至有完美主義的傾向，因此很容易受到老闆的器重。但也因為這份福報，讓夬卦的人心高氣傲，很容易看到別人的缺點，也很難承認別人的優點，所以不願意接受別人的指揮，也無力領導下屬，甚至連器重他的老闆也不放在眼裡。這就在無形中，讓他的成就受到很大的限制。

夬卦的限制主要來自過度堅持己見，欠缺溝通能力，不易與人合作，常常陷入孤軍奮戰的狀況，把自己累到半死，又無人感謝他。他對下不易有自己的團隊，對上則常有我慢之心。總覺得自己比上司或老闆厲害，但如果真的讓他當老闆，任何人都知道這將是一場災難。

原來我們有許多缺點，是靠著他人的包容與支持而被隱藏起來。夬卦的自覺性不足，所以看不到這些被包容、被隱藏的部分。等到必須面對自己的缺點時，他又死鴨子嘴硬，寧可碰得頭破血流，也不願承認自己的過失。

從這些限制來說，夬卦是一個自尊心特強，又絲毫不願服輸的卦。夬卦的成功因素在這裡，失敗因素也在這裡。

下面我們講姤（ㄍㄡˋ）卦。

當夬卦走到了第六爻，進入「無號，終有凶」的情況，這時的夬卦已經到了眾叛親離的地步，既沒有朋友，也沒有團隊。他發出的號令無人聽從，因而陷入凶境。所以接下來的姤卦，就要反其道而行，努力彌補自己的弱項，盡量與人結盟，盡量向他人示好，廣結善緣，以期獲得各方支持，努力從谷底翻轉向上，擺脫困境。

夬卦是先易後難，前面一帆風順，到最後遇到考驗，卻一敗塗地，掉落谷底。姤卦接續夬卦，一開始就是劣勢，但在他的經營周旋之下，情況快速改善，似乎又回到一帆風順的狀況，可惜，到最後遇到考驗的時候，依然還是過不了關。

夬卦和姤卦都有一爻孤陰，那是他們生命中很難補齊的一塊缺失。然而，這兩卦都不願意正視自己這一塊缺失，夬卦選擇否認，姤卦選擇遮蓋，他們都不願碰觸這個內在的痛點。所以，這件事就成為他們共同的功課。

如果他們願意虛心面對自己的不足，真誠地與人合作，那麼他們可以成為非常成功的人。可惜，大部分夬卦和姤卦的當事人，自尊心或自卑感都非常強，他們最終寧可失敗，也不願意檢討、承認自己的缺失。

姤卦一開始就知道自己底子不足，所以他很努力，想要透過外在的辦法，彌補這一缺陷。例如努力經營人際關係、結交有力人士、為自己爭取表現機會等等。有時候，他會遇到貴人，讓形勢快速轉好，可是，好運走到最後，終究還是要面對考驗，而這個考驗，姤卦通常還是以讓人失望告終。

姤卦的努力，常常讓人印象深刻。因為只要有機會，姤卦會用盡所有方式，不擇手段地往上爬。而且很奇怪的，姤卦總能遇到比別人更好的機會，他總能吸引目光，得到第一眼的好印象，也總能成為上司賞識的對象。可是，在同輩人的眼中，他卻是一個表裡不一的人。對上一張臉，對下一張臉。

姤卦並沒有堅實的起點，他的基礎並不穩固，他對此感到自卑，所以熱切地想出人頭地，希望用這個方式得到他人的尊重與承認。於是，不管第一步有沒有踏穩，都會使出渾身解數，爭取跨出第二步、第三步。他會不斷排除路途中的阻力，證明自己優於其他人。

可惜的是，姤卦的企圖心，遠勝過他的實力。這就讓對他寄予厚望的人，最後難免落於失望。

我們來看「姤」這個字。

《說文解字》裡並沒有「姤」（ㄍㄡˋ）字，只有「逅」（ㄏㄡˋ）這個字。「逅」是邂逅、不期而遇的意思。所以，有人認為姤卦原本可能寫成逅卦。而「逅」這個字，其實是「遘」（ㄍㄡˋ）字的簡寫。於是，姤卦也不妨視之為「遘卦」。

「遘」這個字是「辵」（ㄔㄨㄛˋ）與「冓」（ㄍㄡˋ）的組合。「辵」是走、行的意思。但「冓」是什麼意思呢？「冓」的甲骨文寫成「」，有時也寫成「」。這個字形，貌似兩魚相遇，因而以「遇」解釋「冓」。

我認為，「冓」的甲骨文，指的應該是捕魚的「魚簍」。這種魚簍兩頭有入口，開口很大，出口則被逆向的竹枝阻擋，簍中放一些餌，魚若游進去覓食，就出不來了。因此，這個字固然可以解釋成「相遇」，但意思並不僅限於「相遇」，恐怕也包含了「引誘」或者「引君入甕」的意思。

「相遇」是隨機的、無心的、被動的。「引誘」則帶有謀劃算計的成分，同時帶著積極的布局，以及從中獲利的企圖心。

另有一種說法，認為「冓」與「構」是同一個字，是指將木材互相交疊，作為房屋或柵欄之用。所以「冓」有「相交」的意思。例如「篝火」即是指將交疊的木材搭高，然後點燃成火堆。其實，用竹條編織魚簍，也符合相互交疊的意思。

以上幾個說法都解釋得通，但我比較傾向魚簍的說法。姤卦的相遇，就像魚兒游進陷阱，固然是機緣巧合，但也是早已隱藏好的危機。

姤卦追求的東西，其實和夬卦追求的東西一樣。他們都想把那唯一不圓滿的陰爻圓滿起來。他們都想在別人眼中確立自己的價值，並贏得別人的承認尊重。這兩個卦裡的那一爻孤陰，象徵他們內心裡有一個很深的缺憾，他們非常努力想要跨越，可是卻一直使用錯誤的方法。

姤卦的人很容易辨認。他們一直充滿行動力，不放過任何機會，常常硬撐出一副體面的樣子，但其實心裡空空的，沒有真實的東西。他無法謙遜，因為一謙遜，他的氣就弱了，他的虛假就暴露出來了。

姤，女壯，勿用取女。

姤卦是《易經》的四大桃花卦之一，為什麼說是桃花卦呢？因為有一種愛情就像姤卦一樣，想用他人的愛證明自己的價值。所以他一直散發魅力與誘惑，無法停下來。如果沒有人愛他，他就會懷疑自己的價值在哪裡？

姤卦的卦辭「女壯」，是指這位新婦急於證明自己的地位，也急於得到肯定，但在過程中缺乏足夠的耐性，做事也不夠踏實，所以無法融入男方的家族中。

「壯」代表氣盛，表示自我意識很強，好勝心也強，所以無法融入夫家原有的家庭秩序。古人希望娶進門的新婦，不要太有個人想法，如果太強調自我價值，不能融入整個大家族，那就會搞得雞飛狗跳、天下大亂。所以說「勿用取女」。「取」同「娶」。

對古代的大家庭來說，「女壯」不是好事，但對現代社會來說，「女壯」未必不是好事。因為很多生命的體驗、嚮往，很多意義的追求、實踐，其實都要帶一點不切實際的自我理想，才能創造出新的局面。不然就永遠困在舊有的格局裡，無法與日新又新的世界互通氣息了。

初六，繫于金柅，貞吉，有攸往。見凶。羸豕，孚蹢躅。

「繫」是縛的意思。「金」是金屬。「柅」（ㄋㄧˇ）有兩個解釋：一說是阻止車輪轉動的煞車器；一說同「尿」（ㄔˊ），是紡車上的轉輪把手。不過，這兩個解釋都有點勉強。

我認為「柅」是「輗」（ㄋㄧˊ）的轉借字。什麼是「輗」呢？原來古代的牛車，有一彎曲的木頭，套在牛身上，稱為軛（ㄜˋ）。軛與車體連接的地方就是「輗」。這個「輗」是一個包裹金屬皮的插榫，一插上後，牛與車就連結在一起了。

《論語》裡有：「人而無信，不知其可也。大車無輗，小車無軏，其何以行之哉？」指的即是這個比喻。當牛與車透過「金柅」連接在一起，這才成為一體，彼此互相成就。如果牛只管走自己的路，車也不願與之連結，那麼牛車分離的結果，就是雙方同時失去自己更高的價值。

這一爻是說，如果一個充滿企圖心的人，他所努力爭取的，不只是個人的成就，而是為了一個讓整體都可以得到成就的目標，那麼這種企圖心將會非常吉祥，而且有未來可期。所以說「繫于金柅，貞吉，有攸往」。

相反地，如果他的企圖心只放在個人身上，並急於顯示自己的不凡，這樣就無法得到他人的認同，甚至妨礙整體的發展，最後讓自己陷入凶險。所以經文馬上反過來說「見凶」。

「羸」（ㄌㄟˊ）同「纍」，繫縛的意思。「羸豕（ㄕˇ）」是把豬綁起來。例如大壯卦有：「羝羊觸藩，羸其角」。「孚」在這裡同「俘」，抓的意思。「蹢躅」（ㄉㄧˊ ㄓㄨˊ）一說徘迴不前，一說跳躍不安。我傾向後者的解釋。

「羸豕，孚蹢躅」是指想把豬綁起來，但是豬又跑又跳，又鬧又叫，誰都抓不住，搞得喧鬧不安。這隻誰都抓不住的豬，就象徵一心凸顯個人價值的姤卦。

豬的跳躍掙脫，固然充滿力量，但其實缺乏真正的方向。姤卦充滿企圖心與力量，但是他只想到自己，不考慮大局，所以最後搞得一片混亂，並不能真正成事。

從前看台語連續劇，常有一種伶牙俐齒又愛計較的媳婦角色，總是大吵大鬧，搞得家族烏煙瘴氣，緊張不安，我就想起姤卦。

九二，包有魚，無咎，不利賓。

「包」是包裹起來的意思，另一說通「庖」，廚房的意思。我傾向前者的解釋。

《詩經》裡有「野有死麇（ㄐㄩㄣ），白茅包之」的句子，意指用白茅香草包著鹿肉，作為餽贈女方的禮物。此處的「包有魚」應該也是將魚包起來，做為餽贈主人的禮物。但是以魚為禮，這是小禮，雖然不至於無禮，但實在撐不起賓客的尊貴，所以說「不利賓」。

「苒」的本義有捕魚的意思，所以此處以魚為比喻。

整句爻辭的言外之意是說，以魚為禮，顯不出賓客的尊貴，自然也得不到主人的重視。這就好像一個人不願意付出代價，也不願意關心他人，卻希望別人對他禮遇尊重，這是不可能的。一般人是想得到多少，就先付出多少。姤卦玩的槓桿比較大，他總希望付出一點點，就能得到很多回報。這一點若被看穿，姤卦就危險了。

九三，臀無膚，其行次且。厲，無大咎。

這句爻辭也出現在夬卦的第四爻，顛倒反綜後，就成為姤卦的第三爻。

這一爻是說，失敗得很慘，臀部受傷無肉，難以前進，這樣很危險。但是，若能稍作收斂，自我意識不要那麼強，仍可以「無大咎」。《易經》常有吉凶相反的斷語出現在同一處，通常這種地方就是所謂的「關鍵時刻」，當事人一個念頭即落入險境，翻轉念頭又可轉危為安。所以遇到這種情況時要非常小心。

從這一爻的結果可以知道，姤卦非常頑強、非常好勝，絕對不肯服輸，有「屢戰屢敗」又「屢敗屢戰」的意志。

九四，包無魚，起凶。

這一爻是說，沒有餽贈任何禮物，卻想去當人家的貴客，這不但會被主人輕視，甚至是對主人的污辱，雙方可能因此引發衝突，非常凶險。

這一爻再一次證明，姤卦做事很有衝勁，野心很大，但是並不腳踏實地，不但實力不足，智慧也不足。姤卦沒有真材實料，所以傾向於用買空賣空的方式，炒作自己的行情。如果無人識破，他的獲利槓桿其實很可觀。不過，這一爻顯然是被主人識破了。什麼禮物都沒帶，只憑一張嘴，說幾句好聽的話，就想來當貴賓，這不但會被主人冷落，甚至還會被轟出大門吧！

古代的社會環境比較純樸，所以常能識破姤卦的槓桿伎倆，但是現代的社會環境複雜很多，這種伎倆似乎頗有運作的空間，所以喜歡走姤卦路子的人就更多了。

九五，以杞包瓜，含章，有隕自天。

「杞」（ㄑㄧˇ）一說是大木。一說同「祀」。一說同「芑」（ㄑㄧˇ），這是一種穀類植物，它的葉子也跟白茅一樣，可以用來包裹禮物，但外觀不如白茅來得講究。我傾向採用第三種說法。

「含」是內含。「章」是玉石。「含章」是內含玉石的璞玉，因為外表包著石皮，所以無法直接看到裡面的美玉。和氏璧就屬於這類含章璞玉。「有隕自天」是指天上掉下來的隕石。這些隕石，可遇而不可求，隕石中也可能夾帶特別的玉石或金屬，外表一時看不出來，但剝開之後，就可以發現真正有價值的東西了。

這一爻的意思是說，懷抱樸實之心，即使只是很普通的瓜果，算不上很好的禮物，但因為我對主人無所求，而且態度謙虛恭敬，主人在與我相處後，也會慢慢發現我的真誠，因而以禮相待，互相敬重。

多年前我曾吃過北京六必居一種稱為包瓜的醬菜，是在大的瓜中，塞入各種豆類，但吃之前並不知裡面會有什麼東西，所以吃的時候會有一種意外的驚喜。我感覺這個包瓜，似乎也有這層意思。

這一爻是經歷挫折之後，姤卦的大澈大悟。人與人不必勾心鬥角，不必互相征服，一樣可以贏得尊重，並實現自己的價值。不必比較高低，一樣可以合作，共同成就理想的事業。

太想成就自己的人，最後常常成為大家的敵人。不想成就自己，只想成就有價值事物的人，最後常常是他人、自己與事業三者一起得到成就。

上九，姤其角，吝，無咎。

這一爻是第五爻的反轉。「角」是動物用來爭鬥的工具。「姤其角」就是放棄以禮相見，轉而互相爭鬥、互相征服。這樣對雙方都沒有好處，路只會越走越窄，所以說「吝」。但是，憑著一股強勁原始的熱情而鬥，若能像動物一樣，鬥而不傷，適可而止，那也可以「無咎」。

夬卦是沉溺在自我感覺良好中，迷失了自己真正的價值。姤卦則是拼命想證明自己的價值，最後四處樹敵，反而迷失了自己的價值。兩條路都走不通，怎麼辦呢？那就是要整合兩者，往更高的地方整合。於是，「萃」卦登場了。

45 萃卦：讓複雜的東西回歸簡單

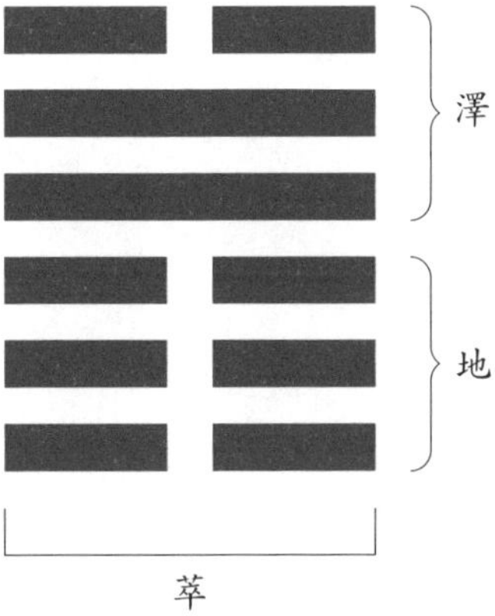

萃，亨，王假有廟，利見大人，亨，利貞。用大牲吉，利有攸往。
初六，有孚不終，乃亂乃萃。若號，一握為笑。勿恤，往無咎。
六二，引吉，無咎，孚乃利用禴。
六三，萃如嗟如，無攸利。往無咎，小吝。
九四，大吉，無咎。
九五，萃有位，無咎，匪孚，元永貞，悔亡。
上六，齎咨涕洟，無咎。

從前有一位王姓女子，與一位章姓立委傳出緋聞，鬧得很大。之後，換成一位鄭姓立委，與這位王姓女子發生婚外情，然後兩人搞失蹤，跑去美國玩。這件事本來沒什麼，因為有緋聞的人實在太多，可以說見怪不怪。但這位立委講了一句名言，他形容女方對他而言是「天上掉下來的禮物」，既唐突又真實，還帶了幾分幽默，因而聲名大噪。

「天上掉下來的禮物」這句話，實在是姤卦最好的註解。也許一百年後，沒有人記得鄭姓立委做過什麼事，但會記得他說過這句話。

從卦象來看，姤卦孤單一個陰爻在下，上面五個全是陽爻。這代表五個陽爻數量既多又偏頗於一邊，缺少變化，習氣很重，忽然遇到一個柔弱的陰爻，剎那間相互感應，天雷勾動地火，所以十分興奮。但是，因為陰陽比例懸殊，雙方實力差距太大，客觀條件也不匹配，所以開始時雖然轟轟烈烈，之後則阻力與負面因素不斷浮現，最後終難如願圓夢。

所以禮物固然是禮物，令人充滿驚喜，但是，這份禮物的底蘊畢竟不足，無法改變現實的結構。

姤卦與歸妹雖然都屬於桃花卦，但是歸妹有實力，姤卦則沒有實力。在逆境中，歸妹有可能挺得過去，改變結構，而姤卦則較難改變現況。

姤卦是一段刻骨銘心的歷程，當事者從中看到自己被點燃的欲望，也看到自己隱藏在深處的弱點。剛開始，當事者被色相迷惑，以為可以透過眼前巧遇的人，填補自己內心長久匱乏的空虛，等到春華夢醒之後，才明白，任何內心的匱乏，只能透過成長提升而補足，無法只是透過一場戀情，就填滿心靈的空缺。

因為，外界的事物，只能給我們興發、鼓勵與陪伴，並不能代替我們的成長。

下面我們講「萃」卦。

「萃」是聚集的意思，也含有把最好的部分集中起來的意思。

「萃」的本字應該是「卒」。甲骨文的「卒」字寫成「」，而「衣」字寫成「」，兩者非常相似，以致有些學者認為，商朝卜辭上的「衣」字，常常是「卒」字的省寫。而在商朝的卜辭中，「卒」字主要是完成、結束的意思。

但「卒」字作為完成、結束的意思，這是怎麼來的呢？有種說法是這樣推演的：原來「衣」這個字，最早不是指人身上的衣服，而是指包裹嬰兒的「胎衣」。因為「胎衣」才是人類最早的衣服。於是，有些學者認為，「」字下面延伸出來的斜線，應該是指臍帶。

同樣的道理，也可以用在「初」字。「初」的甲骨文寫成「」，代表人包在「衣」裡，也就是嬰兒包在胎衣中的狀態，象徵「生命之初」。

至於「卒」的甲骨文「」，下面那個分岔，是指把臍帶剪斷，完成生產的過程。所以「卒」才有完成、結束的意思。

另有一種說法，認為「」字下面那個分岔，指的是把衣服縫起來，或者用繩索把衣服綁緊。為什麼要縫起來呢？因為商代的習俗是，人死後要先用布將身體全部包裹起來，既代表對死者的尊敬，也方便搬運與下葬。所以「卒」有死的意思，並引申為結束。

這兩種說法也許都對，但我還是比較喜歡自己的說法。我的說法是這樣：「衣」字是指衣服的外觀、外形，而「卒」字則是指衣服的製作過程。「卒」字甲骨文下方的分叉，應該是指將做衣服的材料縫合在一起，成為一件完整的衣服。所以「卒」有完成、整合的意思。

我這個說法的根據來自「集腋成裘」這個成語。

什麼是「集腋成裘」？「裘」是皮毛外翻的皮衣，它的甲骨文寫成「」，非常形象，指的就是衣服外面有毛。例如《論語》提到子路的志願。子路說：「願車馬、衣輕裘，與朋友共。敝之而無憾。」可見「輕裘」

可以和「車馬」等量齊觀，都是上流社會使用的物品。「腋」是指狐狸腋下的毛皮。因為狐狸腋下的毛，質地最柔細，色澤也最純粹，所以是製作高級皮裘的材料。可是腋下皮毛面積很小，要製作一件皮衣，必須收集很多腋皮才能完成，於是有「集腋成裘」這句成語。

「卒」就是製作衣服的過程，尤其是指把精挑細選過的材料，縫合成一件完整的衣服。所以「卒」有三個意思：一是完成、成就，意思相當於「遂」字；二是將材料聚集在一起的意思；三是指整合創造，也就是把最好的部分集中起來，並整合成一件新的東西。

先秦《慎子》一書中有這段話：「故廊廟之材，蓋非一木之枝也；粹白之裘，蓋非一狐之皮也。」這裡的「粹白」，指的是非常細緻的、純粹的、沒有雜毛的白毛。

因為「卒」是完成一件高貴的衣服，而這類衣服只有貴族才穿得起，所以「卒」字在古代常常和上流社會聯繫在一起。例如大夫過世稱為「卒」；公卿大夫的子弟也稱為「卒」，或稱為「國子」，相當於現在的「官二代」，或者類似於所謂的「菁英階層」。

在孔子時代以前，菁英人才主要來自貴族。到了孔子之後，民間講學漸成風氣，人才的培育不再是貴族的專利。到了戰國時代，諸子百家爭相出頭，這時的人才培育，已由民間擔任主要角色，於是「卒」字的意義開始脫離貴族，走入民間。到了漢朝，任何務農以外的基層勞力工作，無論是當兵還是打雜，皆可稱之為「卒」了。

至於「萃」字，是在「卒」字之上，再加一個代表草木生長的「艸」字。如果「卒」偏重在聚集的意思，那麼「萃」就是指草木繁盛、生長茂密。如果「卒」帶有完成的意思，那麼「萃」就有開花結果、繁衍成熟的意思。如果「卒」是整合精華的意思，那麼「萃」就是指收割作物之後，挑選最好的部分，作為祭品，舉行感謝神明的祭典。

從萃卦的卦辭、爻辭內容來看，「萃」主要是指豐收後的祭祀。所以「萃」卦的精神，不是簡單的聚集，而是聚集之後還要去蕪存菁，無論在物質或精神上都要提升凝聚，達到「專一純粹」，最後可以「與神相通」，傳達天人兩界的訊息。

在商朝的時候，君王對於較近的先人，例如父祖或曾高祖，會採取一人一祭的儀式，但對於五世或更早以前的先人，則採取合祭的儀式。這種合祭稱為「卒祭」，也稱為「衣祭」或「殷祭」。從「卒」的本義，我們可以知道，這種合祭，除了規模盛大，祭品豐盛之外，也必然帶有精神上的提升意義。

合祭不僅是緬懷某幾位先人的功與德，更進一步的意義是要上溯整個宗族的神聖根源，並標舉此根源的至高精神，以供後人學習仿效。

這就是「萃」卦的特性。一方面是量的聚集，但又必須兼有質的整合，然後進一步注入新的價值，達到精神上的位階提高。量、質與位階三者都要聚集而提升，這才是萃卦。

萃，亨，王假有廟，利見大人，亨，利貞。用大牲吉，利有攸往。

從卦辭來看，「萃」就是祭祀。君王到廟裡主持祭祀，使用最豐盛與最好的祭品，感謝神明庇佑五穀豐登，這樣非常吉祥。

「假」念成「格」，用閩南語發音即可知，兩字發音非常接近。「格」是「至」的意思。

在祭祀的過程中，主祭者是一切的關鍵。主祭者之上是神明，主祭者之下則是四方聚集而來的祭品，以及各類參加祭典的人。主祭者扮演神明與萬民萬物之間的溝通樞紐，能否得到神明的認可，關鍵即在主祭者稱不稱職。此時主祭者所持的精神，就是「凝聚」、「專一」、「純粹」與「提升」。他要讓自己脫離凡界，提升到超越之境，並將這份虔誠感恩之意，直接轉達給神明。做不到這件事，就不是稱職的主祭者。

初六，有孚不終，乃亂乃萃。若號，一握為笑。勿恤，往無咎。

「不終」就是沒有好好完成這件事。「有孚」是「其孚」的意思。「有孚不終」是指主祭者內心的「信」不夠虔誠，所以才會「乃亂乃萃」，一下子專注，一下子分神，無法持續凝聚。「若號（ㄏㄠˋ）」是下達命令，或者提出呼籲。因為主祭者自己不專心，所以即使他下達指令，別人也不當一回事。「握」是「屋」的意思。「一握為笑」就是一屋子裡的人都在笑。

主祭者的內心安靜不下來，祭祀的氣氛就無法肅穆，參與祭祀的人也跟著嘻嘻哈哈，舉止隨便。如果整場祭祀都處在這種氣氛之下，那這場祭祀就很失敗了。還好，這一爻應該是祭祀尚未正式開始，或者只是事前的預演，往下還有機會改善，所以說「勿恤，往無咎」。

心態的高度，最終必然決定事情完成的高度。事實上，「乃亂乃萃」並非壞事，怕的是亂了之後就萃不回來。一個人如果在亂中也能萃得回來，我認為這不但不是缺點，反而是非常好的優點。

「亂」中也能自主，不受環境的影響，那就是最厲害的人物了。

六二，引吉，無咎，孚乃利用禴。

「引」是牽引、拉動，或者延伸的意思。因此「引吉」可以解釋為慢慢導入吉祥。「禴」（ㄩㄝˋ）是春夏的祭祀，此時作物尚未收成，所以祭品微薄。「孚乃利用禴」的意思是說，祭品微薄沒有關係，因為禴祭本來就不講究祭品是否豐盛，而是講究主祭者是否虔誠專一（孚）。只要主祭者虔誠專一，即可得大吉。

六二，萃如嗟如，無攸利。往無咎，小吝。

「嗟」是嘆息。在祭祀的準備過程中嘆息，這是大忌。難道是嘆息神明不夠照顧你嗎？還是嘆息祭祀的工作繁重，讓你不堪負荷呢？無論什麼原因，這都已妨礙了主祭者的心境，無法稱職地與神明溝通。

「萃如嗟如」就是一邊調整心情準備祭祀，卻又一邊唉聲歎氣。這樣的祭祀態度，很難得到神明喜歡。所以說「無攸利」。但因為這個嘆氣雖然不應該，但也算不上大罪過，而且很容易改正，所以說「往無咎，小吝」。

我小時候去彰化鄉下姨婆家過暑假，若不小心嘆一口氣，都會被長輩糾正。鄉下人的觀念是不可以嘆氣，因為嘆氣會帶來更多的厄運。鄉下人是靠一口「硬氣」，支持他們度過各種不如意的生活。

九四，大吉，無咎。

前三爻仍處於調整階段，尚未把身心校正到最正確的狀態。這一爻顯然是已經做到心誠意正，精神凝聚，內外皆無瑕疵，所以大吉。

九五，萃有位，無咎，匪孚，元永貞，悔亡。

「萃有位」是指正式登上主祭者的位置，表示盛大的祭典正式開始。「匪孚」二字，令人無法理解。字面意思是沒有誠心。但是，既然無誠心，如何得以「元永貞」呢？又如何長久得到神明的庇佑呢？

有人認為，「匪孚」是「遍孚」的誤寫，表示滿滿的虔誠。也有人認為「匪孚」二字錯簡誤入，應該拿掉。

我自己認為，「匪」應該解釋為「若非、幸好、要不是」的意思。如此則「匪孚，元永貞」即「幸好有孚，才能得到元永貞的結果」。

一到三爻，說明主祭者剛開始並無虔誠之心，到了第四爻，當他正式穿上主祭者的禮服，站上祭壇，看到整個場景的莊嚴肅穆之後，內心也不由得變得虔誠專一了。

第五爻強調了「位」的客觀力量，也強調周遭環境影響人甚大。「位」的客觀力量，比主觀的虔誠更具收攝力。

「萃有位」也代表你的智慧與才能，完全與你的地位成就相稱。這是非常好的吉象。

人應該用追求成就的力氣來追求智慧，同時又應該用追求智慧的專注力來追求成就。因為成就是「位」，智慧是「孚」，兩者疊合，就是「萃有位」的「元永貞」狀態。

上六，齎咨涕洟，無咎。

「齎（ㄐㄧˊ）咨」是嘆息的聲音。「涕」是眼淚。「洟」是鼻水。「齎咨涕洟」是既嘆息，又傷感，眼淚鼻水一起流下。這應該是向神明懺悔、謝罪、祈求原諒的場面。主祭者請求神明開恩赦罪，原諒其過失，雖然未必符合主祭者應有的莊嚴態度，但是真情流露，也可以得到神明的哀憐，所以「無咎」。

我曾聽一位出家人說，懺悔是最好的修行，也是最快見到功效的修行。懺悔自己的過失，功德遠勝念經或打坐。因為有懺悔，才有真正的提升與改變，而有真正的提升與改變，才可能轉化業力，蒙受福德。

萃是凝聚、整合與提升。萃卦的福報極大，從豐富的祭品，以及尊貴的主祭者身分，即可知道這不是普通的福報。但是，這個福報不會永遠跟隨你，前提是你有沒有能力，召喚最好的東西聚集在一起。其次則要看你有沒有能力，把這些最好的東西整合在一起，成就更高的秩序與意義。

46 升卦：六十四卦裡最好的一卦

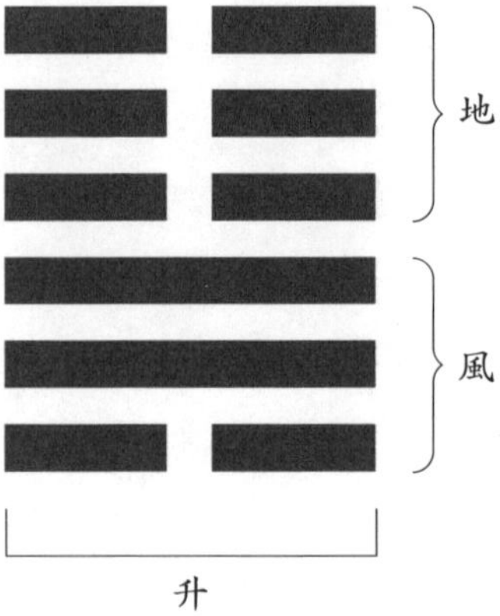

升，元亨，用見大人，勿恤，南征吉。
初六，允升，大吉。
九二，孚乃利用禴，無咎。
九三，升虛邑。
六四，王用亨于岐山，吉無咎。
六五，貞吉，升階。
上六，冥升，利于不息之貞。

前面講萃卦，我們再做一些補充。

從管理的角度來說，夬、姤兩卦，都是失敗的管理。夬卦的能力很強，但是無法忍受他人的平庸，所以只能單打獨鬥，無法帶領組織。姤卦善於溝通，也容易獲得他人信任，可惜能力不足，根基不穩。所以由這兩卦來領導組織，最後都會失敗。萃卦的出現，就是為了跳脫這兩卦的缺失，提升境界，走出自己的新格局。

萃卦代表兩個意思：一是聚集、匯集；二是聚集、匯集之後，要產生質的提升。這兩者缺一不可。如果只有聚集、匯集，那只是綜合了夬姤兩卦的優缺點，並無法扭轉局面。必須產生質的提升，才能脫離夬姤兩卦的舊格局。

聚集是指什麼東西聚集呢？主要是資源的聚集，例如人力、財力、權力、訊息，乃至於經驗的累積，智慧的成熟等等。但是，資源聚集之後，接下來要做什麼呢？下一步當然是規劃與領導，把這些資源整合，發揮最好的效能，達成更高的目標。

在剛開始整合資源的時候，萃卦會面臨一個手忙腳亂，不知從何下手的混亂局面。萃卦的第一項功課，就是面對混亂，理出頭緒，穩住精神，然後慢慢找到辦法，帶領眾人一起往上提升。

從前我聽一位職場前輩說過，人在四十五歲以前，有各種各樣的專業能力區別，例如專長在行銷，或者財務，或者生產管理等等。在這些不同的能力中，有些地方你比別人高，有些別人高過你，大家互有所長，也互相彌補對方的不足。但是，過了四十五歲之後，專業能力的差別越來越不重要，人與人之間的差別只剩一項：就是你能調動多少資源，你有沒有把分散的資源整合在一起的能力，你能不能夠讓資源一加一大於二，你能不能在各種資源之上，看到更高的目標，帶著所有資源一起提升。

例如四十五歲之後，你要當一個高階主管，或者要創業，請問你有沒有自己的人才班底？如果沒有，你能不能在短時間之內把人才找齊？你能爭取多少資源給你的下屬？你有沒有識人之明，能不能把人才安放在正確的位子？你有多少社會關係可以動用？你有沒有整合不同人才成為一個團隊的能力？你的領導力夠不夠？你能不能創造願景等等。這些能力，總合起來，都可以稱之為匯集、調動資源，與組織、運作資源的能力。而萃卦講的就是這種能力。

如果再往細處說，萃卦的可貴之處，不只是把資源聚集起來，而且還要有能力整合資源，創造出更高的價值。也就是說，萃，不只是量的聚集，還要進行質的整合，並產生提升，創造出更高的格局。

我們應該理解，質的提升，才是萃卦的成敗關鍵。

下面我們講升卦。

從世俗的角度來看，我認為升卦是六十四卦中最好的一卦。升卦之所以好，來自於萃卦的第六爻「齎（ㄐㄧˊ）咨涕洟」。為何第六爻要哭泣呢？我們說過，是因為向神明懺悔的關係。

我認為，懺悔是最好的修行，也可以累積最大的福報。所以，懺悔過後，人走上正確的道路，也是提升的道路，於是一路前行，一路向上。

「升」的甲骨文寫成「」，形象是滴著液體的小勺子。因為勺子的開口小，所以知道是酒勺。從水滴的動態感覺，知道它正從酒罈裡把酒舀出來。金文表現得更明白，寫成「」，就是勺子裡有東西。

從酒罈裡取酒，動作由下往上，所以是「升」。若取酒是為了祭祀，那麼取酒之後，精神狀態必須由閑散提振為虔誠，這也是「升」。而祭祀之後，酒成為飲宴的主角，杯觥交錯，禮尚往來，喝到眾人ＨＩＧＨ成一團，飄飄欲仙，這更是「升」了。

升卦六爻皆吉，春風得意，受人注目，廣結善緣，名利雙收。無論是事業、感情、考試、修行，這都是好卦。

升，元亨，用見大人，勿恤，南征吉。

「用」是施展、行動的意思。「見」等同現，是呈現的意思。「大人」是指有德有位的人，也相當於世俗所說的「貴人」。所謂的「貴」，是價值的意思。「南征吉」是指利於向南方開拓疆土。

這句卦辭從史實上說，應該是指周朝從西南向東北征討商紂，打敗商朝之後，南方的部族仍有不服，所以周朝順勢率軍平定南方部族，進一步擴張了疆域版圖。

周武王決定高調革命討伐商紂，這是夬卦，但他也懂得低調爭取盟邦支持，這是姤卦。而革命過程之艱辛，各方資源整合之複雜，則等於是萃卦。推翻商朝之後，聲勢浩大，氣象一新，此時南征，天時人和兼備，馬上變得很容易，這就是升卦了。

由此可知，升卦首先是方向正確，其次是順勢而為，第三則是接收先前累積的所有戰果。

初六，允升，大吉。

「允」是信、實、當的意思。引申為應該、值得的意思。所以「允升」就是內在具備升的條件，外在得以向上高升，兩者相稱，所以升得實實在在，這當然是大吉之象。

九二，孚乃利用禴，無咎。

升卦步步高升靠的不是運氣，而是生命智慧的提升，所以升得很實在。生命智慧的提升，來自於「孚」，也就是對神明的虔誠與真實。人以虔誠之心祭祀，即使祭品微薄，神明一樣給予庇佑。

「孚乃利用禴（ㄩㄝˋ）」在萃卦第二爻也出現過，意思是只要有誠心，即使祭品單薄，還是可以得到神明的庇佑。

但是，萃卦的「孚乃利用禴」，是經歷混亂之後，發覺必須改為虔誠專注、全心投入，才能把事情辦好。而升卦的「孚乃利用禴」，是一開始處在虔誠專注、全心投入的狀態，所以越走越好，越來越順利。

九三，升虛邑。

「虛」在古代有好多種意思。例如它有市集的意思，也可以是山丘、土丘，或者高處的意思，也有空虛的意思。這裡應該是山丘或高處的意思。「虛邑」就是聚落的高處。「升虛邑」應該是指登上聚落的高處，引申意義是獲得封賞，成為此邑的領主。

虛的金文寫成「」。上半部是老虎的意思，下半部是指土地。所以虛的本義應該是指老虎出沒的地方。因為老虎出沒的地方人類不敢前往，所以「虛」引申為無人之地。又因為市集必須在空地上舉行，所以「虛」又有市集的意思。最後是因為老虎出沒之地多在山上，所以虛又有高地的意思。

第一爻是得官位，第二爻是得庇佑，第三爻是獲得分封，成為一片聚落與土地的領主。每一爻都充滿吉象。

六四，王用亨于岐山，吉無咎。

此處的「王用亨于岐山」，跟隨卦第六爻的「王用亨于西山」意思相同。「王」是指周文王，也有人說指周武王，兩說皆可通。「岐山」是周朝的發源地，位於現今西安市的西邊。周朝的祖先古公亶（ㄉㄢˇ）父，就是遷居到岐山之後，才開始變得富強。後來秦朝也是因為得到這塊寶地，繼承了周朝的風水寶地，才得大運，統一六國。「亨」是祭祀的意思。

這句話的「王」，如果指文王，那麼「用亨于岐山」就是指文王費了千辛萬苦，脫離商紂的軟禁，平安回到岐山之後，舉行了大規模的謝神祭祀。如果這句話的「王」是指武王，那麼「用亨于岐山」就是指武王伐紂成功之後，回到岐山祖廟，舉行大規模的謝神祭祀。

這一爻，用在現代人身上，就是指事業成功之後，很自然想做一些事來回饋社會。用在古人身上，則是祭神與謝天。

六五，貞吉，升階。

「升階」即是一階一階往上升，高度越來越高，成就越來越大。

上六，冥升，利于不息之貞。

「冥」是晚上，也可以解釋成昏暗的意思。「冥升」有兩種解釋。一是白天升，連晚上也在升。這類似於投資股票的人常說的一句話：「醒著賺錢，睡覺也賺錢」。第二種解釋是指在昏暗中高升。這種解釋，隱含著可能有失去方向與迷於路途的危險。兩種解釋都可通。「不息」是奮進不止的意思。「不息之貞」就是一直努力，不分晝夜，奮進不已。

「冥升」是福報不斷增加，「不息」是修行不斷深入。但是，危機在於，天色漸暗，持續前進的結果，將有迷路的危險。

我常常說，升卦是六十四卦裡最好的一卦，但是，這麼好的卦，為什麼跟在後面的，竟是六十四卦裡最難的困卦呢？

最好的卦的後面，隱藏了最壞的卦，這件事我們要非常注意。

卜到升卦，不要太過高興，因為升卦的背後，必然有一個反轉。如果你處在升卦的環境中，福報一直上升，但是智慧卻沒有跟著提上來，那麼遇到第六爻，你很可能會反轉下跌。如果你在升卦中，藉著福報的力量，讓自己走向更深的修行，那麼你可以跳過這個反轉，跳過後面的困卦。

因為沒有人可以一路上升，也沒有人可以只升不降。如果遇到了這種升法，你要有警覺，因為最大的福報，也最容易讓人養成最深的習性。等到福報用盡，迷失了道路，運勢便急轉直下，馬上變成困卦。

47 困卦：六十四卦裡最壞的一卦

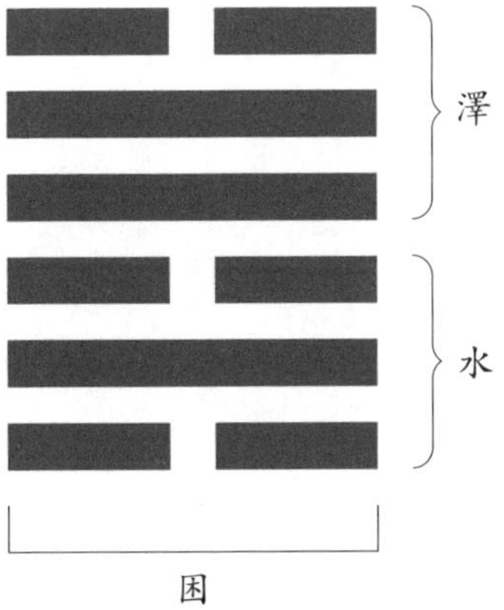

困，亨貞，大人吉，無咎。有言不信。

初六，臀困于株木，入于幽谷，三歲不覿。

九二，困于酒食，朱紱方來，利用享祀。征凶，無咎。

六三，困于石，據于蒺蔾，入于其宮，不見其妻。凶。

九四，來徐徐，困于金車。吝，有終。

九五，劓刖，困于赤紱，乃徐有說。利用祭祀。

上六，困于葛藟，于臲卼，曰動悔。有悔，征吉。

升卦是六十四卦中，最有福報的一卦，但也是最暗藏危機的一卦。因為升卦的福報一用完，緊隨其後的，就是困卦。而困卦是六十四卦裡最艱險的一卦。

我們要問，為何這麼好的升卦，隨後會接上這麼嚴峻的困卦呢？

升卦轉為困卦，類似乾卦九五爻「飛龍在天」轉為上九爻「亢龍有悔」的情況。因為升卦的步步高升，類似乾卦由「潛龍」、「見龍」、「惕龍」、「躍龍」，不斷向上發展，最後成為「飛龍」的過程。不同的是，乾卦每一爻的提升，都走得很辛苦，而升卦每一爻的提升，都走得很順遂。辛苦的乾卦，走到轉折處，尚且要「亢龍有悔」，反轉直下，那麼一帆風順的升卦，走到盡頭，怎能不坐困愁城呢？

升卦的第六爻出現「冥升」，這個「冥」字有昏暗的意思，也就是環境已經改變了，道路沒有之前那麼好走了。這時，當事人如果缺少警覺與謹慎，繼續用之前的速度上升前進，結果就會迷路，或者失足，甚至跌落深谷。如此反轉的景況，比「亢龍有悔」還要慘。

由這裡可以知道，人的習性是不願改變，也不願反省的，總要走到推車撞壁了才肯罷休。人的習性是處在順境中，便失去警惕、放鬆努力，一心認定以後會越來越好。處在逆境中，又過度悲觀，以為今後只會越來越壞。所以股票和房地產，越處於高檔買的人越多，越處在低檔越有人拋售。

投資大師巴菲特有一句很有名的話：「當所有人都貪婪的時候，我害怕；當所有人都害怕的時候，我貪婪。」巴菲特顯然認為，必須看穿人性，才能從貪婪與害怕的情緒中解脫出來，這樣投資才有勝算。

若要我們舉出中國歷史上兩個最強盛的朝代，沒有懸念，大家都會選漢、唐兩朝。但是大家可能沒注意，中國歷史上兩個最混亂，戰爭也最多的時代，其實就是接在漢、唐之後的三國魏晉與五代十國。以西方歷史來說，在最強盛的羅馬時代之後，也是長達五、六百年的中世紀黑暗時代。這是巧合嗎？還是最強盛的時代，必然接續著最混亂的時代？其中的聯繫是不可避免的嗎？

由此看來，升卦的大好，可以看成是一個製造泡沫的階段。而困卦的大壞，緊接在後，目的沒有別的，就是在消除泡沫，恢復平衡而已。

如果你問我，有沒有什麼方法避免我們從「飛龍在天」變成「亢龍有悔」呢？避免我們從升卦轉為困卦呢？有的，方法就是，要用坤卦來續乾卦的命，或者用乾卦來續坤卦的命，而不要用乾卦來續乾卦的命，或者用坤卦續坤卦的命。

下面來說困卦。

「困」的甲骨文寫成「」，代表房子牆壁破損，裡面又長了許多雜草和樹木。推估原因，應是家道中落，房屋破敗，無力整修，所以連樹木都長出來了。「」字的四面留下缺口，以及「木」字有時候會橫倒著寫，正是房屋破敗的形象表徵。所以「困」的本義，是窮困潦倒、破敗不堪、無路可走的意思。

人處在困卦中，山窮水盡，無路可走，我們將如何自處？

我認為人間的權力地位、名利富貴，這些外在的事業際遇有時候可能很順利，但有時候也可能無路可走。然而，我們內心的信念、志向、志業、使命，這屬於一個人的內在事業，這個事業一定永遠豐盛自足，永遠充滿希望，也永遠有路可走。

一個處於困卦中的人，不能再計較利害，不能再怨天尤人，也不能再堅持自己的尊嚴，因為這些都是假的。眼前，只有回到本心，回到真實的信念，回到生命的根基，回到真正的自我，只有回到那裏，重新提振生命的力量，才能順利度過難關。如果不這樣做，那只會把自己逼上絕路，最終以悲劇收場。

困，亨貞，大人吉，無咎。有言不信。

困卦的卦辭很奇怪，一個壞卦，居然可以「亨貞」，還可以「大人吉」，這究竟是怎麼回事？

原來，關鍵在「大人」二字。這個卦，對「大人」來說，困卦困不住他。因為，「大人」的外在事業可能無路可走，但他的內心，卻永遠光明敞亮，永遠開闊自在，所以有亨有吉。可是對一般人來說，外在遇到窮途末路，內心的光明就隨之熄滅了，那就既不亨也不吉了。

「大人」的不受困，意思是說，一個人只有回到真實的本心，找到真實的信念，回到生命的真實道路，才是究竟的脫困之法。「大人」，就是指這個不被困難的際遇所擊倒，並擁有真實信念的人。

「有言不信」這句話非常重要。「言」與「信」這兩個字，只差一個「人」字邊。這個「人」字，即代表實踐的意思。換句話說，「信」若未經過考驗，尚未實踐成真，那就只是「言」。而「言」若加以實踐，使之成真，就變成了「信」。

所以，「有言不信」有兩種解釋方式。一是指這是小人得凶的原因。二是大人之「言」尚未得到他人信賴。故需要一段時間，通過考驗，把「有言不信」的狀態扭轉成「有言有信」的狀態，才能脫困而出。

初六，臀困于株木，入于幽谷，三歲不覿。

「臀」是指屁股。「株木」一說指鞭打犯人的木條，一說指囚籠。我傾向於前者的解釋。「幽谷」是深谷，表示人跡罕至的地方。「覿」（ㄉㄧˊ）是見的意思。「三歲」即三年。

「幽谷」一般解釋為監獄，也可解釋為限制行動的軟禁狀態。三年的監禁，這在商周屬於重罪，也有可能改判死刑，可見情況非常危急。綜觀困卦六爻的發展，我認為這個「幽谷」應該解釋為貶官到偏遠地區比較合理。

困卦的六爻發展，似乎在講一個官員的故事。第一爻是此官員因犯下過失而接受臀部之刑，然後被派往偏遠的地方工作。「幽谷」即是指偏遠的地方。「三歲不覿」則是指在那偏遠的地方至少要待三年。

九二，困于酒食，朱紱方來，利用享祀。征凶，無咎。

「困於酒食」是指喝醉酒。例如《論語》也有「不為酒困」一語。此處的「困於酒食」，是指被派往偏遠地方工作，難免意志消沉，所以經常藉酒消愁，自我麻痺。「紱」（ㄈㄨˊ）同「韍」，指印紐上的帶子。「朱」是君王或貴族使用的顏色。「朱紱方來」可以指上級送來新職務的官印，也可以指蓋上君王大印的公文命令，而公文內容則是另有重用。我傾向於後者的解釋。「征凶」表示這不是一個好差事，而是一個充滿困難與危險的任務。

整句爻辭是說，得罪於君王，被派至偏鄉工作，每天喝得醉醺醺的，藉此忘記煩惱。三年後，君王的命令下來了，給他一個將功贖罪的任務，但這個任務有危險，不好執行，若能祭祀祈福，應可免去此行的災難。

一九四九年，國軍退守台灣，美國政界的「棄台論」甚囂塵上，當時政府高層，人心惶惶，深恐大陸攻打台灣，美國袖手不管。我曾聽一位長輩轉述見聞，說當時蔣經國常常跑去喝酒、聽戲，意志十分消沉。韓戰爆發時，蔣經國正在喝酒，一聽到消息，立刻跑回辦公室，下令各級幹部前來開會，還一邊念著，有救了，有救了。這正是「困于酒食，朱紱方來」的例子。

六三，困于石，據于蒺蔾，入于其宮，不見其妻。凶。

「據」是依、持的意思。「蒺蔾」（ㄐㄧˊ ㄌㄧˊ）是荊棘之類的灌木植物。「困于石，據于蒺蔾」是形容四周被巨石與荊棘擋住去路。此處說「入于其宮，不見其妻」，即指人去樓空的潦倒場面。

這一爻可以翻譯成，前往新職務之前，困卦的主人回家探視，發現道路年久失修，不是被石頭擋住去路，就是被荊棘刺傷。回到家裡，屋舍早已破敗，家人都跑光了，妻子也不在了，只剩他孤單一人。

這一爻非常孤獨、非常無助，呈現一幅窮途末路的慘況。當年屈原寫〈天問〉，大概就是這樣的處境。怎麼辦呢？問問〈舊約〉裡的約伯吧。

約伯從一個什麼都有的富人，到後來變成一無所有的窮人。不但落得孤獨無親，還全身長滿毒瘡。這時，他問自己，對上帝的信仰動搖了嗎？答案是，動搖了。但他仍努力穩住自己，避免失去信心。後來，上帝認為約伯通過考驗，於是又把拿走的東西，加倍歸還給他。

如果你的心是真實的，那麼失去的東西，仍可得回。如果你的心已經迷失，陷入虛無，那就什麼希望都沒有了。

九四，來徐徐，困于金車。吝，有終。

「徐徐」是緩慢的樣子。「金車」是以金屬裝飾的車子，通常指貴族所使用的馬車。

這一爻是說，坐在官方的馬車中，前往新職就任，此時因為看到家宅殘破，所以心情抑鬱，一點喜悅也沒有，只感覺車子開得非常慢，慢到讓人心急，也慢到讓人感到迷茫。

金車也象徵著富貴名利，「困于金車」也就是困於富貴名利，不得自由。因為富貴來自君王的賞賜，所以他可以給你富貴，也可以將富貴奪走。人處在這種朝不保夕的恐懼中，富貴又有何樂趣可言呢？

九五，劓刖，困于赤紱，乃徐有說。利用祭祀。

「劓刖」（ㄧˋ ㄩㄝˋ）是古代割鼻與砍去足部的刑罰。「朱」與「赤」雖然都指紅色，不過，「朱」是礦物性顏料的鮮豔紅色，必須地位較高的貴族才用得起，「赤」則是植物性染料的淡紅色，一般官員即可使用。「赤紱」在這裡是指中階官員的官印，也象徵其職位。「說」是脫的意思。「說」一作悅解，一作脫解，皆可通。

這句爻辭是說，抵達新職，發覺此處人民難以管理，窮山惡水，民風剽悍，盜賊橫行，即使嚴刑峻罰，施以劓刖之刑，也無法遏制犯罪行為。這讓當官的人非常頭痛，不知如何是好。此時，只能祭祀祈福，希望透過移風易俗，讓情況慢慢獲得改善。

九二爻是得不到上位者的信任，九五爻是得不到民眾的信任，兩者都很為難。中階主管就像夾心餅乾，上面要恭敬伺候，下面也不能侮慢得罪，遇到問題，必須非常有耐心，慢慢經營，慢慢化解，無法迅速見到成效。

上六，困于葛藟，于臲卼，曰動悔。有悔，征吉。

「葛藟（ㄌㄟˇ）」是一種藤蔓植物。「臲卼」（ㄋㄧㄝˋㄨˋ）是危險不安的樣子，同「阢隉」（ㄨˋㄋㄧㄝˋ）。「動」是行動。「動悔」是對自己所犯下的過失感到悔恨。「有」是又的意思。「有悔」是悔恨再悔恨，反覆不已。

此處的「動悔」，是為之前的行為感到後悔。主要有兩方面：一是悔恨之前所犯下的過失，導致之後數年的困境，至今仍無法得到解脫；二是悔恨自己用嚴刑峻罰的方式對待人民，所以無法真正做到移風易俗。兩方面都解釋得通，我傾向於前一種解釋。

困卦的六爻中，只有第二爻勉強算是好爻，其他五爻都不好，可見此卦異常凶險。又困卦來的速度很快，但離開的速度卻很慢，情況非常考驗耐性。處在困卦的人千萬不能急，因為越急只會越壞事。困卦之後，劫波尚未度盡，因為還有一個井卦要來磨人。

48 井卦：接通我們內心裡的靈泉

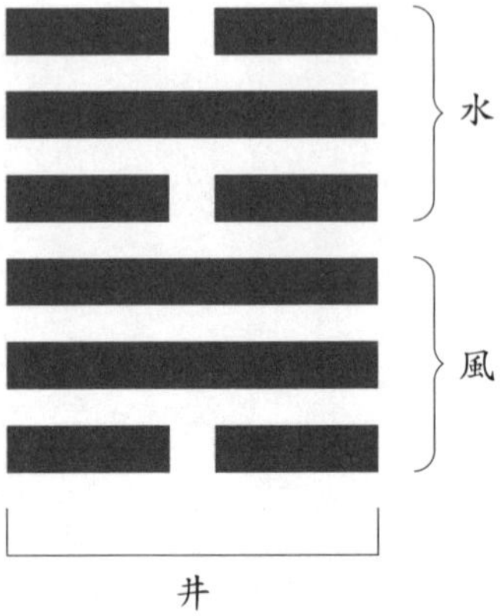

井，改邑不改井，無喪無得。往來井井，汔至，亦未繘井，羸其瓶，凶。

初六，井泥不食，舊井無禽。

九二，井谷射鮒，甕敝漏。

九三，井渫不食，為我心惻。可用汲，王明，並受其福。

六四，井甃，無咎。

九五，井洌，寒泉食。

上六，井收勿幕。有孚，元吉。

人走到困卦，就跟人走到大過卦一樣，過程雖然辛苦，但總體來說，應該以憂喜參半的心情面對。人在逆境中，只要願意反省改變，那麼付出的努力一定會逐漸得到回報。只要我們耐心累積回報的善果，就可以慢慢脫離困境，走向光明與坦途。但若仍不願反省改變，那就永遠也看不到光明了。

困卦的真實意義，是你必須和過去累積的業力，做一次總清算。無論你欠別人多少，別人欠你多少，都要把握這個機會，一次結清，兩不相欠，然後如釋重負，重新再來。

經歷一個困卦之後，人生跌落谷底，接下來就是要從這個谷底爬出來。這時，你毫無外援，甚至還有尚未償還乾淨的債務，於是，需要再經歷一個井卦，讓自己由負轉正，重建孚信，贏回自己的人生。

井卦也算半個困卦，孤苦伶仃，沒有貴人，一切只能靠自己。不同的地方是，困卦一到六爻，沒有一爻可以脫困，但是井卦的困局，卻是倒吃甘蔗，漸入佳境。井卦的壓力，一爻比一爻輕，發展到第六爻，柳暗花明，不但全身而退，竟然還有榮景可期。

下面講井卦。

「井」的甲骨文寫成「」，和現代文字幾乎沒有差別。金文寫成「」，中間多一點。有人認為這一點代表井中有水，也有人認為這一點是指取水的瓶子。

井的字形，傳統上認為出於井田制度，即八戶人家經界清楚，中間共用一井。但近年的考古發現，商朝的井口常以木頭交錯構築，與井的字形相同，所以認為井字應出自井的外觀構造。

挖井是為了取得穩定水源，也是為了長期居住。凡是有穩定水源的地方，就會聚集人群，人群一多，就會聚集名利與權力。追求名利權力的人一多，就會互相爭奪，累積恩怨。恩怨一多，生命就被恩怨綁架、控制，失去自主與自由，然後所有人一起在這個恩怨的大海裡載浮載沉。這一切的源頭，都是由「水」引起的。所以，算命的常說水主財，又說水主情。其實，水不僅主財，名利亦包括在內。也不僅主情，恩怨亦混雜其中。但無論所主者何，只要在這灘水裡泡久了，最後都要以業力了結。

當卜到「困卦」的人願意面對問題，不再閃躲逃避，真心反省改變，並開始向下深耕，開掘自己腳下的「靈泉」時，就會從「困卦」轉變成為「井卦」。

「井卦」就是接通自己的「靈泉」，找到自己的「真心」。整個開掘的過程，就是調整心態，去除習氣，改變言行，確立價值信念的過程。

井卦的開掘「靈泉」，就是重新接通生命內在的價值之源。

當你認真從事掘井的工作，不求他人幫忙，鍥而不捨地獨自下工夫，如此堅持下去經過一段時間，自然可以接通內心的「靈泉」。「靈泉」代表我們內心的智慧，也代表更高的生命境界，此時即使我們還未真正脫困，但就心境來說，我們對於「苦」已經可以「安之若素」了。

人只要心中有「常」、有「安」、有「德」、有「素」，即使環境艱困，我們依然可以「無入而不自得」。

這份「自得」，不是得到什麼禮物，或者得到什麼福報。這份「自得」是指，我們每個人都有自己的內在「靈泉」，若能真切下功夫，從自己腳跟下努力開掘，持之以恆，每個人都可以開出自己的「井」，自己取得生命的「法水」，並開創自己全新的道路。

每個人的內心，都有一口甘醇清冽的井，可以滋潤自己的生命，也可以奉獻給眾生。這口井，不假外求，自本自根，故稱為「自得」。

井必須向下深挖，才能接通水源。我們也必須向心靈深處探求，才能知道自己內在真實的東西是什麼。所以，井卦的根本意義，就是不要花太多時間與外界周旋，而要回到自己的腳下，回到心靈深處尋找答案。

井卦的重點是改變自己，而不是改變別人。只要你有能力改變自己，環境自然會得到改變，業力也不再與你為難。為什麼呢？因為真正的改變必然帶來提升，而人只要向更高的秩序等級提升，即可清除大量業力，贏得一個清淨的身心，讓我們可以用更輕盈的步伐向前邁進。

井，改邑不改井，無喪無得。往來井井，汔至，亦未繘井，羸其瓶，凶。

「邑」是沒有城牆，或者城牆低矮的聚落。「改邑不改井」是說，聚落的人口會增減，村莊也可能遷移，可是井卻永遠都在那裡，恆常不變。「無喪無得」是指無論眾人取水多寡，井水既不減也不增。即使村民多了，井水不會因此變少，村民少了，井水也不會因此變多。

「無喪無得」也相當於《心經》所說的「不增不減」、「不垢不淨」、「不生不滅」。人生的際遇有高有低，有順有逆，隨時會有變化，但自己內在的心靈之井，卻永遠不變，既不少也不多，永遠充足。這即是我們內在最可貴的本性。

「井井」是指從井裡取水。第一個井當動詞，取水的意思，第二個井則當名詞。當然，也可以比照「乾乾」、「夬夬」之例，視之為加強語氣，也就是反覆取水的意思。「汔」（ㄑㄧˋ）是乾涸的意思。「至」是盡的意思，表示見底了。「繘」（ㄩˋ）一說是井中打水的繩子。一說是「穿」的意思，與「掘」相通。我們採用後者的解釋。「繘井」即是疏通井底的水源。「羸」（ㄌㄟˊ）是束縛的意思。「羸其瓶」是指用繩綁住瓶子，投入井中取水。另外，「羸」也有瘦的意思，所以「羸其瓶」也可以解釋為只能取得一點點水。

整句話的意思是說，人來人往地取水，卻無人掏沙疏濬，久而久之，井水乾涸，這時還想放瓶入井取水，陶瓶必然破裂，所以是凶象。

這裡有一個問題，就是井水固然可以充分供人取用，常保不增不減的狀態，可是，井也需要維護保養，如果長時間缺少清理，放任邊坡泥沙滲入，一段時間之後，這口井就會因為淤沙過多而乾涸了。

就一口井來說，使用的人越多，維護保養就必須越認真，這即是「相稱」。「付出」與「得到」兩者必須相稱，事情才能長久。如果一味取用，毫無付出，連水源淤塞也放任不管，這即是不相稱。長期不相稱，導致無水可用，這口井就廢了，這不是最大的凶象嗎？

所謂真實的東西，走到最後，一定要「理想」與「實踐」相稱，「內在」與「外在」相稱，「智慧」與「福報」相稱，「色」與「空」相稱。若不相稱，這個東西就很難保持真實。而無法保持真實的東西，也無法持續存在。

初六，井泥不食，舊井無禽。

「井泥不食」是指井裡滲入大量泥沙，影響水質，無法食用。「舊井」指的是廢棄不用的陷阱。此處的「井」是陷阱，而不是水井。「舊井無禽」是說廢棄不用的陷阱，無法捕獲獵物。

水井需要定期掏洗，清理淤泥，不然就會堵塞。同樣的道理，陷阱也需要布置偽裝，安設誘餌，不然獵物不會傻到自動跳入陷阱。

九二，井谷射鮒，甕敝漏。

「谷」原指兩山間的低地。「井谷」就是把井壁比作兩山，把井底比作兩山間的低地。「鮒」（ㄈㄨˋ）一說是鯽魚，一說是小魚。「射鮒」是指用弓箭射魚。通常這種捕魚法只能使用於淺水區，大概水深不能超過膝蓋，而且水質不能過於混濁。「射鮒」在此處應該是比喻井水很淺，淺到只能射魚，而不是指井裡真的有魚可射。「甕」是裝水或裝酒的罈子。「甕敝漏」是說罈子裂了，會漏水。

這一爻的意思是說，經過初步疏濬，井裡固然已經有水，可是井水太淺，無法取用，所以仍算不上一口符合標準的井。同樣的，裂開的罈子，空有罈子外觀，其實也算不上是個罈子。

井卦是一種漸入佳境的格局，所以，第一爻的井完全淤塞，無法食用。到了第二爻，著手清理淤沙，可是清理做得不夠徹底，所以井水不夠深，還是無法取用。到了第三爻，終於整治完畢，可以正常取用了。

事情沒做出成果，半途放棄，無論之前花了多少心血，都等於徒勞。

九三，井渫不食，為我心惻。可用汲，王明，並受其福。

「渫」（ㄒㄧㄝˋ）通泄，疏通的意思。「井渫」是指井已經疏通完畢，可以正常使用了。「不食」是指此井曾經淤塞，故遭人棄用，雖然現在疏通了，但大家仍保留過去印象，所以無人前來取水。

「惻」是痛的意思，一說悲傷。「為我心惻」是說，井已疏通，力氣都花了，卻還是無人前來取用，此事令人感到心痛。「汲」是取水。「王明」是指聖明的君王。「並受其福」是指提供者和使用者雙方都能獲益。

這一爻是拿井來比喻君臣之間的合作關係，其背景則來自困卦。困卦是一個因為作錯事而受到冷落的官員，這就好像一口井，疏於掏洗，導致淤積泥沙，無法使用。但是，經過深刻的反省檢討，這位臣子已經洗心革面了，如同一口井已經完成疏濬作業，但是，君王卻仍不來取水，與之共商國事，所以這位臣子感到憂心。下一句是說，若君王知道前來取水了，那麼君臣合作無間，便可以把國家治理得很好，讓君臣與百姓一起受福。

六四，井甃，無咎。

「甃」（ㄓㄡˋ）原指井壁，這裡是整修井壁的意思。

清理淤沙，屬於治標工程；整修井壁，防止泥沙滲出，則是治本工程。能夠標本兼治，當然是好事，只不過整修井壁是項大工程，投入與產出之間是否合算，這也必須考慮。

第四爻是在第三爻的基礎上，把事情做到完美。不僅要讓這口井現在能取水，還要讓它長期都能取水。

九五，井洌，寒泉食。

「洌」（ㄌㄧㄝˋ）是清澈的意思。所以「清洌」二字常連用。「寒泉」是指冰涼的地下水。其實，只要深度超過七公尺以上的地下水，溫度一般都會固定在十五度左右。夏天時，十五度讓人感覺很冰涼，所以稱為「寒泉」；但是到了冬天，十五度反而有點溫暖了。所以，如果井打得夠深，水是冬暖夏涼的。

這一爻是說，井挖得深，水既清且涼，每個人都想來此取水飲用。當大家明白必須付出才能得到好水，自然願意遵守規則，定期參與清理的工作。於是，使用的人越多，養護的資源也就越多，這才是永續經營之道。

井卦一到三爻，是無人前來取水的階段。第四爻則是整座井做了徹底的翻修，解決了長期取水的問題。到了第五爻，人人都知道這是一口好井，於是，取用之人絡繹不絕。

這個過程告訴我們，當我們無法打通外在環境，也走不出去的時候，必須把腦筋轉過來，回過頭來打通我們自己的內在「靈泉」。等內在的「靈泉」疏通了，我們與外界環境的關係，也會自然得到改變。

先把自己的內心打通了，別人自然會主動前來與我們相通，而我們所遇到的外在困難，也會跟著往好的方向轉變。這就是「自得」的意思。「自得」的意思不是只有自己得到，自己受益。而是當我們贏得真實的自己時，與我們有緣的眾人都會得到收穫。我們會自然對他人產生貢獻，同時又得到他人的信任，然後困難得到化解，大家一起共成善業，「並受其福」。

上六，井收勿幕。有孚，元吉。

「井收」是指修井的工程完成了。「幕」是遮蔽。「勿幕」就是井修好了，不要加蓋子只讓自己用不給別人用。這句話隱含著無私的意思。《老子》說：「以其無私，故能成其私。」後者的私，其實不是單指某個人的私，而是成就每個人的私。

「有私」的努力，只能成就小事情，只有「無私」，能成就大事情，也只有「無私」，能帶來最大的創新和改變。而當這個創新改變發揮影響力的時候，每個人都能「並受其福」。

井卦的漸入佳境，到了第六爻，讓人我打成一片，處處有路可通，人人都是你通往他處的一條道路。於是，下一卦就是「革」，因為「革」就是要換一條全新的道路來走。

49 革卦：最好不要革命，但也不要害怕革命

革，巳日乃孚，元亨，利貞，悔亡。
初九，鞏用黃牛之革。
六二，巳日乃革之，征吉，無咎。
九三，征凶，貞厲。革言三就，有孚。
九四，悔亡，有孚改命，吉。
九五，大人虎變，未占有孚。
上六，君子豹變，小人革面。征凶，居貞吉。

井卦是一個「補課」的卦。表示我們之前有些必修課沒過關，必須回頭重修。井卦也是一個孤獨的卦，因為別人都過關了，都往前走了，只剩我們孤獨地留在原地。井卦更是一個反省的卦，因為外面已經無路可走，周邊也沒有人願意幫忙，我們只能回到自身，用非常低調謙卑的態度潛心耕耘，只做不說，讓自己得到徹底的改變。

井卦的功課有四項。一是要學習跟孤獨做朋友。二是默默努力，只做不說。三是全心全力向內心探索，由內而外的改變自己。四是只有內在的道路通了，外在的道路才會跟著暢通。

若問我，這四項功課哪一樣最重要，我會覺得，默默努力，只做不說，對井卦來說最為重要。

《論語》裡有一句話叫「默而識（ㄓˋ）之」。《尚書》裡有句話叫「恭默思道」。《國語》裡有一句話叫「三年默以思道」。三個地方都用「默」，意思都是只做不說。

「默而識之」的「識」，是「志」的意思。什麼叫「志」呢？一件事情、一個目標、一個想法，默默存放在心中，引領我們持續向上，這就是「志」。

古人說「詩言志」，卻不說「詩言情」，這裡面是有深意的。有些人詩寫不好，不是因為他沒有情感，而是他沒有純厚的「志」。因為，只有感情其實很膚淺，必須有「志」在後面支撐，才能增加感情的深度與厚度。那些一味強調情感的激烈與氾濫，卻不夠沉潛，也不夠穩定的人，詩一定也寫不好。

相對於井卦的內向低調，革卦就顯得既外向又高調了。因為革卦代表改革或革命，雙方立場對立，無法調和，非有個你死我活的結果不可。

從卦象來說，困卦是一個做錯事的官員被流放外地的卦。井卦則是這位官員努力反省自己，並以良好的績效重新獲得君王信任的卦。而革卦則是這位官員再次被授予任務，成為某項重大改革的負責人。所以，這個革卦有點新官上任三把火的味道，很想力爭績效，讓君王對他刮目相看，這才讓他的行事作風變得有點激烈。

若用武俠小說來比喻，井卦相當於一個受傷的俠客，在山裡隱居修鍊，等到任督二脈打通了，力量飽滿了，便重出江湖，報仇雪恨，並奪回原本屬於他的東西。這個重出江湖，就是革卦。

革卦出現的時候，就是兩種勢力準備一決高下的時候，也是他們以勝敗來決定如何重新分配權力與利益的時候。

這種爭鬥的場面是不可避免的。任何事情久了之後都要面臨變革。如果長期延續舊制，那就會走入蠱卦，造成弊端。所以，任何事情發展到後期，不是你去「革」別人，就是別人來「革」你。雖然這種鬥爭的場面很難看，但是，我們必須視之為自然規律。

最有智慧的人，會在別人來革你之前，自己先改革自己。

雖然革卦必然帶來爭鬥與衝突，但我們千萬不要過於害怕。如果我們過度害怕衝突，一直逃避衝突發生，那就代表我們內心並沒有真實的東西。最後，我們會成為被革掉的那一方。

遇到革卦，如果害怕衝突，反而容易招來衝突。如果不害怕衝突，以敬待人，並適當展現實力，反而可以找到和平解決問題的辦法。

走進革卦，就要有面對衝突的心理準備。革卦的衝突是激烈的，也是傷害性的，因為雙方的矛盾不可協調，只好用激烈的方式解決紛爭。電影《臥虎藏龍》裡面有一句對白很好。玉嬌龍對俞秀蓮說：「朋友本來就是假的，只是我懷疑，當我的敵人你可以撐多久？」這句對白就是革卦的最佳寫照。誰承受不住傷害，誰就敗下陣來。

面對革卦必然產生的傷害，我們要問：你怎麼知道，怎麼確定，自己是對的，而對方是錯的呢？

其實，這件事情，當下無法確定，只能事後印證。可是，革了就革了，無法臨時喊停。開戰就開戰了，必須有一方認輸才行。勝利的一方，即使事後證明他是錯的，而垮掉的一方，即使事後證明他是對的，但是，革卦的傷害已經造成，無法回頭，我們也只能接受現實，莫可奈何了。

正因為如此，所以革卦帶有一定的危險性。

為了避免這種危險性，所以革卦的前三爻，要我們反覆確認「革」的行動是否條件成熟？是否無法避免？同時告誡當事人，「革」的行動易發難收，絕不可輕舉妄動。等到第四爻，事態明確之後，才能開始大膽行動。

二〇〇三年，美國出兵攻打伊拉克，並提出戰爭的主要理由，是伊拉克擁有大規模殺傷性武器。等到美國打敗伊拉克後，卻發覺對方並沒有大規模殺傷性武器，但是，那又怎樣呢？難道把政權還給海珊嗎？當然不會，海珊最後還是被送上了絞刑台。

海珊的確是獨裁，問題是，推翻海珊以後，伊拉克就民主了嗎？恰恰相反，推翻海珊以後，美國製造出比蓋達組織還要恐怖幾十倍的ＩＳＩＳ組織。海珊在的時候，這裡只是獨裁。海珊不在的時候，這裡變成恐怖的煉獄。請問，這場死了幾十萬人的戰爭，意義何在？正當性何在？誰應該為這幾十萬的人命負責？

美國自以為握有真理，於是大肆摧毀他認為不合理的東西。但是，經過他軍事掃蕩後的世界，真的有比較好嗎？這就是革卦危險的地方。美國在中東的革卦，走得一團混亂，生靈塗炭，既消耗了自己的實力，又失去道德的正當性，甚至在地緣政治上也是失大於得，對未來世界的影響十分深遠。

革卦有「殺」的力量，也有「生」的力量。我們為了接引新的生機，有時不得不去除舊有的阻礙。革卦的吉，是藉由「殺」的力量，接引「生」的力量。最後接引出來的生機，遠大於之前的停滯狀態。革卦的凶，則是帶來持久的混亂、仇恨與對抗，並沒有帶來真正的生機。

「革」的金文寫成「」，「皮」的金文寫成「」，一般認為兩者都代表剝下獵物的獸皮。「皮」

是指未經處理的獸皮，「革」則是指經過處理的獸皮。皮是如何處理成革的呢？一般來說，初步處理是用木架撐開獸皮，然後陰乾。進一步處理，則是刮除獸毛，浸泡熱水，然後敲打揉捻，使之柔軟，便於製成其他物件。「革」之所以有「改革」的意思，就是因為對「皮」做了許多加工處理，使之更符合使用需求。

革，巳日乃孚，元亨，利貞，悔亡。

「巳」（ㄙˋ）通「祀」，祭祀的意思。意指必須等到適合祭祀的日子，所有貴族聚集在一起，取得多數人的共識，並得到神明的許可，才能採取改革或革命的行動。如果乾坤獨斷不與人商量，那就會互相猜疑，製造矛盾，改革必敗無疑。

「元亨，利貞」與乾卦的卦辭相同。就是要不斷努力、不斷提升，一直往好的地方發展的意思。凡卦辭有「元亨，利貞」的卦，格局都很大，但過程也都很波折辛苦。

初九，鞏用黃牛之革。

「黃牛」是用來祭天的牛。「鞏」是牢固的綁縛。「革」在這裡是皮繩的意思。這一爻是說，用黃牛皮製成的繩子，牢牢把東西綁住，不使其離散。

黃牛之革，象徵改革的一方需要擴大團結，並形成共識，這樣改革才能減少阻礙。另一方面，也表示被改革的一方，仍具有實力，所以不宜冒進改革。

改革若尚未形成共識，支持改革的人數若仍不夠多，冒然行動，只會引起無法收拾的災禍而已。

革卦的前三爻都不是變革或革命的時機，所以要戒慎小心，不可輕舉妄動。

六二，巳日乃革之，征吉，無咎。

「巳日乃革」，如同「巳日乃孚」。表示在沒有得到大多數人的共識與同意前，不宜採取激烈的改革行動。

這一爻的語氣，要注意「乃」字的作用。它是暗示目前還沒有達到共識，所以行動應該有所保留。但展望未來，只要爭取支持，形成共識，則採取行動可得「征吉」。「無咎」的意思不是不會有錯，而是即使有錯，也是可以彌補或改正的錯誤。

在足球場中，臨門一腳，無論是踢早了，或者踢晚了，都得不了分。但如果遇到對方防守空虛時踢球，此時無論踢早或踢晚，都可以得分。由此可見改革時機之重要。

九三，征凶，貞厲。革言三就，有孚。

有一句流行語叫「重要的話要講三遍」，「革言三就」也大概是相同的意思。為什麼要講三遍？因為要糾合人心，形成共識，所以一講再講，三令五申。改革的事情若沒有共識，沒有一定的支持比例，將來推行就會遇到阻力，處處無法合拍，變成各吹一把號，這樣就危險了。所以說「征凶」。

這裡的「革言」指的是改革的內容、目標與願景。而且，這些「革言」不但要說給貴族與官員聽，更要說給人民聽。因為所有的改革，最後都要落實在人民身上，所以要讓人民熟悉改革的內容，並讓人民對改革有信心。

走過前三爻，我們整理一下革卦的行動條件。一是要形成共識，多數人同意。二是要加強宣導，讓人民理解與接受。三是生機的力量要大於殺機的力量。

九四，悔亡，有孚改命，吉。

這裡有「改命」一語，極為重要。

這一爻的內容，可能是針對武王伐紂的典故而說的。「孚」在這裡是指人民對君王，或者外邦對我邦的信任與支持。「命」是天命，也就是老天要選誰來當萬邦共主的指令。如果周王得到大多數人的支持與信任，那麼原先由商王領受的「天命」，老天也會順勢做出改動。

當然，這個「命」也可以當作際遇來理解。如果這樣，那就是說「孚」可以改變一個人的際遇與命運。電影《一代宗師》裡有一句經典台詞：「憑一口氣，點一盞燈，要知道念念不忘，必有迴響，有燈就有人。」那盞燈就是「孚」，也是真實的志向。不要讓這盞燈熄掉，就是「念念不忘」。燈一直點著，久了之後，這個「孚」與「志」不但會改變自己，也一定會影響他人。這就是「改命」了。

眾人一心常能影響時代的趨勢，也能改變天命的走向。周朝取代商朝，即是天命的改變。這個改變，主客觀的原因非常多，但眾人團結一心，必然是非常重要的關鍵因素。這就是革卦第四爻的意思。

其實，人的「正命」、「使命」是不用改的，只需用心去認出來即可。凡是可以東改西改的，都不是人的「正命」，而是個人後天的「命運」。

九五，大人虎變，未占有孚。

「大人」指君王。「虎變」表示君王帶領的革命像老虎一樣猛烈果決，而且形勢立即確立，讓人既無法苟且，也無法敷衍，只能一同跟隨。「未占有孚」是說不必卜卦，也知道大家的心意一致，立場也完全團結在一起。

上六，君子豹變，小人革面。征凶，居貞吉。

古人用「彪炳」來形容虎皮的紋路燦爛，另用「文蔚」來形容豹皮紋路的醒目。歌手莫文蔚拍過一本《文丞武蔚》的寫真集，照片中的她在身上塗滿豹紋，如果知道這個典故，看到這些照片就會露出會心的微笑。

「君子」指卿、大夫。「小人」指庶民。君子和小人的力量有限，無法掀起全面的革命，只能製造波瀾，助長大人的聲勢。若要由「君子」主導變革，那這場變革的範圍與深度，就要與「君子」的「德」、「威」、「位」相稱。尤其小人革面而未革心，很可能形勢一轉，一發覺勢頭不對，馬上見風轉舵。所以這一爻有「征凶」的危險。

第六爻缺少孚眾望的主導者來主持變革，所以變革的速度、深度與範圍無法跟第五爻一樣，必須非常小心，步步為營，既不可好高騖遠，也不宜操之過急，才能確保改革的成果，所以說「居貞吉」。「居」字即暗示不要妄動。

美國總統川普上台後，宣布退出TPP（跨太平洋夥伴協定）的多邊貿易架構，使得一向緊跟在美國政策之後的日本，突然失去方向，惶惑不安。當時，日本首相安倍即引用「君子豹變」一語，說明日方因應之策。一般記者對此語的解釋是，既然美國為了自己的利益而改變，那麼日本也可以為了自己的利益而做出相應的改變。但是，如果回到革卦第六爻的本義，「君子豹變」應該是指君子沒有扭轉局勢的力量，只能跟隨大人（美國）而變。若大人無意變革，那麼君子也只能在能力範圍之內，做適度的變革。安倍引用此爻，既尊重了美國作為「虎」的地位，也承認日本只能負擔「豹」的工作，在縮小規模的情況下，繼續完成TPP大業。

50 鼎卦：煮一鍋肉，邀大家一起來吃

鼎，元吉，亨。

初六，鼎顛趾，利出否，得妾以其子，無咎。

九二，鼎有實，我仇有疾，不我能即，吉。

九三，鼎耳革，其行塞，雉膏不食，方雨虧，悔，終吉。

九四，鼎折足，覆公餗，其形渥，凶。

六五，鼎黃耳，金鉉，利貞。

上九，鼎玉鉉，大吉，無不利。

德國哲學家尼采，寫過一本書叫《查拉圖斯特拉如是說》。這書是這樣開頭的：長年隱居山中的查拉圖斯特拉，站在山巔，俯瞰人間，忽然覺得無法繼續隱居了，因為他領悟太多生命奧義，心中滿溢智慧，他渴望把領悟到的智慧傾倒給眾生，以便放下心中乘載真理的重擔。於是，他帶著一隻老鷹和一條蛇，從山上走向人群（老鷹象徵從最高的天空看世界，蛇象徵從最低的地面看世界）。

這一段描述，讓我想到井卦。因為一個從井卦裡走出來的人，就像一個長期閉關的修行者一樣，他在很深的內心裡，得到全新的領悟，然後出關，重新回到世間。

當我們對生命有全新的領悟時，我們周遭的世界就會發生改變。因為，我們此時的眼睛已不同於之前的眼睛，

我們的身體也不同於之前的身體，我們感受到的世界也不同於之前的世界。

井卦讓人成長，因為它讓你遇到一個很好的老師。

這個世界上最好的老師不在喜瑪拉雅山的寺廟，也不隱居在終南山裡，而是住在我們心靈的深處。如果你安靜下來，走入內心，真誠地向這位老師請教，一定會得到很好的指導與啟發。

當一個人的內心得到真實的成長，他最想做的事，不是輕鬆放假，不是花錢享受，而是與人分享。如果沒有分享，這個成長經驗會積壓在心中讓自己承載得非常難受。這就是查拉圖斯特拉渴望別人向他索取智慧的原因。

我們在精神上獲得大幅度的滿足或成長後，會很想跟別人分享，這件事很正常。但是，如果我們過度想與人分享，這種過度的傾向其實代表這件事還沒發展成熟，或者，代表我們與這份成長經驗還沒有結合得很好，所以必須透過分享，反覆在內心「再現」（represent）這份感受，藉此讓這個體驗與我們結合得更好一些。

隱居的查拉圖斯特拉想要回到人群，分享他的智慧，這種心情，很容易體會。可是，查拉圖斯特拉下山之後，不是慢慢地尋找有緣人分享，而是直接往人最多的市場走去，希望與陌生的眾人直接分享智慧，這就太過度了，也太急切了。

市場裡的人，對查拉圖斯特拉一點都不感興趣，他們更喜愛圍繞在一位走鋼索的小丑身邊看熱鬧。顯然，小丑的誇張表演比查拉圖斯特拉的智慧更能抓住人心，更能引起注意。而且，小丑非常賣力地演出，甚至比查拉圖斯特拉還賣力。

後來，這個小丑因為表演太投入，不慎摔落地上，一命嗚呼。看熱鬧的人覺得沒戲了，一哄而散，只留下查拉圖斯特拉為小丑收屍。查拉圖斯特拉把死去的小丑背在身上，走向墓地。一路上，他用自言自語的方式，把他所體悟到的真理，分享給死去的小丑。經過此事，查拉圖斯特拉決定回到山中，繼續隱居，等待下一次更適當的時機再下山。

井卦之後的革卦，就像市場裡的熱鬧，因為過度想引起群眾注意，一不小心，竟鬧出人命。這場熱鬧，如果處理得好，也許是一個分享真理的機會，但如果處理不好，也可能反過來成為拆穿真理的鬧劇。

在查拉圖斯特拉下山的旅程中，他說，人的生命必須經歷三種型態的變化：首先必須是駱駝，然後從駱駝變成獅子，然後再變成一個嬰兒。

這三種變化，就相當於井卦變成革卦，革卦再變成鼎卦。

駱駝善於負重，善於承擔與忍耐。這類似於井卦，因為井卦默默工作，負重致遠，等打出甘冽的清泉之後，也希望別人向他索取。而獅子擁有力量，足以摧毀任何阻礙，這就像革卦第五爻的「大人虎變」，眾人風行草偃，無不順從。經歷駱駝的承擔階段，人的智慧與能力都會增進，同時又創造許多新資源，於是就變成了一隻獅子。革卦就是獅子，他要重建秩序，樹立威嚴，摧毀反對者，掃除一切障礙。

接下來，一隻獅子，會變成一個嬰兒。嬰兒就是鼎卦。因為當一個人擁有真正的力量，也沒有敵人之後，他最想做的事，就是遵從自己的內心，成為真正的自己。

所以一隻充滿力量的獅子，在沒有敵手的環境下，會變成嬰兒。

嬰兒沒有二心，只是全然表現他自己，做他自己。想吃就吃、想哭就哭，想睡就睡。嬰兒是全新的生命，沒有歷史、沒有成見，也沒有包袱。無論遇到什麼事，他都依照內心的第一念，做全新的選擇。嬰兒的內心沒有分裂，也沒有目的與手段之分，內外表裡合一。如果他喜歡你，就是真心的喜歡，如果他討厭你，也是真心的討厭。他想什麼就是什麼，任其天性，自在自為。

現在很多年輕人，動不動就說想要做自己，但是，做自己是最困難的事。你必須做過駱駝，別人要你做什麼，你就做什麼，承擔壓力，並鍛鍊出力量。然後，憑著這個力量，你可以轉變成獅子。獅子想要支配別人，但不能僅憑力量，還要運用智慧。最後，你同時擁有了力量與智慧，你才能做自己。

鼎卦在革卦之後，代表改革成功，推翻舊制度，重建新秩序，並創造出新資源，如同一個嬰兒誕生。

這個新生的嬰兒，沒有過往的包袱負擔，手上又擁有大把資源，可以好好做自己，真誠完成心中的理想。

所以，鼎卦的功課，就是教我們在擁有資源與創建新局之後，如何善用資源，並實現自己的價值與理想。

革卦在新舊替換的過程中，比的是力量，所以帶有傷害性。到了鼎卦已經不用比力量了，而是比價值與理想。

在電影《一代宗師》裡，武術界想選出下一代的領導人，一代掌門宮寶森對著葉問說：「我們不比武功，比想法。」如果還在比武功，那就是比力量，仍停留在革卦階段，兩強相爭必有一傷。但是改為比想法，就是從力量轉為智慧，也從革卦轉到鼎卦了。因為在新時代裡，任何功夫都比不上一把手槍，純粹比武爭勝，還有什麼價值呢？

沒有價值的東西，到了鼎卦，就請自動退場吧。有真實的價值，才能夠留下來延續法脈。

鼎，元吉，亨。

鼎在古代既是貴族的烹調用具，也是祭祀時必備的禮器。鼎的材質是青銅。青銅是由銅、錫依一定比例混合而成。無論就材料取得，或者技術門檻來說，製鼎的難度都遠遠高於製陶，所以鼎器成為貴族的象徵，而陶器則為平民所用。大型的鼎，因為十分貴重，所以稱為「國之重器」，或「國之重寶」。

在商代，只有貴族才有資格使用鼎來烹調食物，所以「鼎食」就成了地位與權力的符號。有句成語叫「鐘鳴鼎食」，意思是一邊敲鐘奏樂，一邊列鼎而食，表示貴族或富貴人家吃飯的排場。

鼎又是一種祭祀用的禮器。身分越高，使用的鼎就越大。所以一國之君擁有全國最大的鼎，天子則擁有天下最大的鼎。於是，鼎又成了國家權力的象徵。我們至今仍用「問鼎中原」一語，表示某種雄心壯志。

鼎卦的卦辭很簡單，就是大吉，亨通。為什麼會大吉亨通呢？因為鼎卦代表手中有資源、有名位、有權力，而又願意與他人分享，自然可以促成合作，創造更多的資源，並實現心中的價值與理想。

這就像主人用鼎煮好了一大鍋好肉，邀集賓客共享，你想，客人會不來嗎？當然會來，而且一定賓客齊集，高朋滿座。主客雙方殷切交流，籌謀新局，並創造新的資源，這樣就會有一鍋接一鍋的好肉，持續與眾人分享，這就是大吉亨通之象的原因。

如果一個領導者，手中既有豐富的資源，又善於安排名分與權力，如此無私地分享資源，不是很容易成就心中理想的事業嗎？

例如當初李登輝當總統的時候，因為擔心國民黨內非主流派反對他，李登輝就拉反對陣營裡的李煥來當行政院長，如此把對手一分為二，便大大弱化反對方的力量了。之後為了防範李煥坐大，又找郝柏村來接行政院長，再一次把對手一分為二。最後讓宋楚瑜跟連戰彼此制衡，然後推動廢省，再把宋楚瑜架空，只留一個連戰在身邊。從鼎卦的角度看，李登輝真的是一個善用資源，並善於成就自己的高手。

一個掌握資源、權力、名位的人，除非胡作非為，智慧低劣，否則正常情況下都應該是贏家。鼎卦就是手中握有資源與權力的人，如果能把此資源用於實現價值，並創造更多資源讓更多人才參與其中，那就功德圓滿了。

初六，鼎顛趾，利出否，得妾以其子，無咎。

「顛」是倒的意思。「趾」是指鼎足。「鼎顛趾」就是把鼎翻過來，腳朝天，口朝下。「否」（ㄆㄧˇ）是指不好的東西。「利出否」是說，把鼎翻過來，利於倒掉鼎中的舊食物，這樣才能放入新食材煮出新的食物。「得妾以其子」是說，婢女因為懷了主人的孩子，因而升格為妾。

整句話的意思是說，殘餘的食物如果不倒掉，越放只會越沒有價值。必須倒去舊食，才能重新煮出一鍋美味。這就好像婢女，如果沒有懷上主人的孩子，始終只是婢女，但因為她懷了主人的孩子，帶來新的價值，所以主人將她升格為妾。

這一爻的寓意就在創造新價值與新資源。當舊有的東西無法再創造出新資源時，甚至阻礙新資源的創造時，就成為要被推翻的對象。而新登場的人，也要創造出新的資源，才能擁有正當性。所謂「革故鼎新」，這個「新」，必須帶來新氣象、新力量、新價值，並創造新的資源，才符合自然循環的道理。

九二，鼎有實，我仇有疾，不我能即，吉。

「實」是鼎中的食物。「鼎有實」就是煮好了一鍋食物。「仇」是類的意思，這裡指朋輩。「即」是就的意思。「我仇有疾，不我能即」是說，權力地位與我相當的朋輩都生病了，無法來此和我一起共享鼎食。

這一爻的表面意思是說，一鍋香噴噴的食物，誰不想靠過來分一杯羹呢？但是，有資格過來與我共享的人都不在了，只留我一人獨享。表面看，若有遺憾，其實這種遺憾只是一種姿態。朱熹在註解《論語》的時候，說了一句話：「其辭若有憾焉，其實乃深喜之。」這一爻也是這樣，表面惋惜，背後真正的感受，卻是給自己按讚。因為，與我競爭的對手，都被我打敗了，所以成果由我一人獨享，資源也由我做主分配。

九三，鼎耳革，其行塞，雉膏不食，方雨虧，悔，終吉。

有些鼎不但體積大，而且鼎身厚，加上鼎內的食物，重量極重，如果要移動位置，必須使用長桿，穿過鼎耳，由兩人合力搬動。這個工作很吃力，通常一個人做不來。不過傳說項羽「力能扛鼎」，也就是一人能舉起一隻大鼎，力氣之大，令人佩服。

「革」在這裡是斷裂的意思。「塞」是阻絕。「行塞」表示無法行動。「膏」是肥肉。「雉膏」是指肥美的野雞。「方雨」是此時下了一場雨。「虧」是損失的意思。

這一爻是說，鼎中煮好一鍋美味的雞肉，正要把它從戶外抬到廳堂招待客人，卻發覺鼎耳斷了，無法移動。不但如此，此時又下了一場雨，把整鍋美味破壞了，這種狀況當然很難得到主人的原諒。不過，如果記取教訓，避免再次發生同樣的事，也未始不是一件好事。

這裡要注意「革」字。這表示革卦的問題，並未徹底解決，仍殘存在鼎卦之中。

「耳」是鼎最高的地方，象徵領導者的位置。「耳革」就是耳與鼎分裂，合不在一起。這表示領導人身邊的貴族或者官僚系統存在內部矛盾，還無法很好地整合，也無法創造出新的資源。所以一鍋好湯好肉，放在空地上淋雨，眾人都無法吃了。

這一爻以「終吉」結束，表示這個問題並不難解決。因為自古以來，只要掌握資源的人寬容大度，想要得到資源的人知所進退，雙方即可合作，成就歷史大局。任何一方的傲慢驕縱，都只是讓自己陷入困境而已。

九四，鼎折足，覆公餗，其形渥，凶。

「折足」是鼎足斷裂。「覆」是翻覆、傾倒。「餗」（ㄙㄨˋ）是糜的意思，大約是把很多食材混在一起，煮成粥狀的食物。「形」在這裡是外貌的意思。「渥」（ㄨㄛˋ）是濡濕。

這一爻的意思是，鼎足斷了，鼎身翻覆，鼎裡的肉粥流了一地，甚至造成廚師或主人身體燙傷，所以是凶象。

「鼎耳」代表貴族階級，「鼎足」代表底層的人民。貴族階級之間的利益分配問題比較好解決，只要善於使用資源，自然可以團結人心，展現領導力。但是，貴族與基層人民之間的利益矛盾就很棘手，很難解決，不但可能造成嚴重的危機，甚至將導致整個體系崩潰。

鼎折足，就是底層的崩潰，這種問題常常是長時間累積民怨所造成，所以情況很嚴重，不是一般性地分發資源可解決，而必須使分發出去的資源帶有生產性，能夠創造出新的資源。此事極為不易，所以特別凶險。

俗語說，水能載舟，也能覆舟，不可不慎。同樣的，資源可以成就人，也可以毀滅人，更應該慎用、善用。

六五，鼎黃耳，金鉉，利貞。

一般人都以為青銅器是青綠色，其實不對。新的青銅器應該是金黃色。所以漢朝以前的人提到「金」，都不是指黃金，而是指青銅。漢朝以後，黃金慢慢普及，「金」才用來指黃金。後人稱為青銅，是因為我們現在看到的青銅器都是骨董級的物品，表面已經氧化形成一層銅綠，呈暗青色，因而得名。

此處的「黃」字，正是青銅本來的顏色。「鉉」（ㄒㄩㄢˋ）是穿過鼎耳用來移動鼎身的長桿。「金鉉」是指以金屬裝飾的長桿。

第五爻，鼎耳完好，表示地位穩固；金鉉陪襯，則表示威儀不凡。合起來看，顯然內部分裂的問題已經徹底解決，無論上下，都可以開心地分享這鍋好湯好肉了。

上九，鼎玉鉉，大吉，無不利。

「玉鉉」是用玉裝飾的長桿，在高貴的金鉉之上，若再有玉石的裝飾，那層次又提高了。因為金屬是貴族的象徵，而玉石卻是神明的象徵。所以金屬帶有貴氣，玉石則帶有靈氣。以貴氣運鼎，固然順利，以靈氣運鼎，更增加一層宗教的莊嚴，也更容易糾合人心，完成大業。所以說大吉，無不利。

鼎卦走到五、六爻之後，重點變成「鉉」，而不是「鼎」，這一點要特別注意。因為「鉉」是搬運重鼎的工具，暗示資源的分享、賞賜與發派。鼎所代表的資源，固然非常吸引人，可是鼎的主人若沒有「運鼎」的智慧與能耐，若不知如何調度、運用這些資源，那麼鼎卦也無法成為好卦。

總合全卦來看，鼎卦資源豐厚，所以人人都想靠過來，從中得到他們想要的東西。鼎卦的主人若能善用形勢，引領價值，與人分享資源，便能輕易調動人心，創造利人利己的事業。

51 震卦：一切力量都來自於「定」

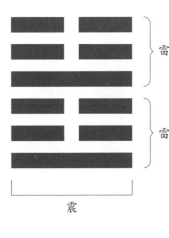

震，亨。震來虩虩，笑言啞啞。震驚百里，不喪匕鬯。
初九，震來虩虩，後笑言啞啞。吉。
六二，震來厲，億喪貝，躋于九陵，勿逐，七日得。
六三，震蘇蘇，震行無眚。
九四，震遂泥。
六五，震往來厲，億，無喪有事。
上六，震索索，視矍矍，征凶。震不于其躬，于其鄰，無咎。婚媾有言。

「震」的甲骨文，寫成「」。字的上半部是「辰」，辰的甲骨文也寫成「」，一般相信這是古代用來翻土的農具。字的下半部是「止」，同「趾」，甲骨文寫成「」，代表腳。下方的兩點，一說是因為打雷而產生的土地震動，一說是指被農具翻動掀起來的小土塊。兩說皆可通。

整個「震」字的組合，應該是在表現春耕的場景。古代的春耕，一般在春雨之後進行，而且春雷又是確立春雨連綿的信號。所以，雷聲一動，就等於向農民宣告，一年的農作勞動正式開始了。

所以，《說文解字》以「震」解釋「辰」。為什麼呢？因為「震」代表春雷，「辰」是春耕用的農具。聽到春雷響了，自然要把農具拿出來用，兩者相伴發生，所以兩字意義互通。又因為春耕是一年開頭最重要的時序，所以「辰」也有時序及基準的意思。例如「時辰」、「北辰」。

「震」字的自然意義，代表打雷，而它的人文意義，則可以有幾方面的引申：一是代表「破土」，也就是當年農作勞動正式開始；二是代表萬物並作，生機勃發的春季降臨；三是雷聲隆隆，給人震撼、驚懼與反省。

傳統的解釋認為，「震」卦接在「鼎」卦之後，是因為「震」代表長子，「鼎」卦代表權力地位，結合在一起即是「長子繼承」的意思。

但我認為，「震」卦接連「鼎」卦之後，代表兩個意思。一是鼎卦的資源不能只取不予，所以在享受資源之後，還要努力創造新資源。「震」卦進入春耕勞動狀態，即象徵勤勉地創造新資源，使資源有進有出，源源不絕，形成正向的循環。二是享用資源的人不能視享用為理所當然，必須像聽到雷鳴而升起戒慎恐懼之心一樣，時時保持警醒，時時「反省」自身的貢獻與享有的資源是否匹配。

《聖經》裡有一句話：「敬畏耶和華是知識的開端」。「震」卦所象徵的驚懼，就是「敬畏」的意思。人必須對更高的事物懷抱敬畏之心，才能自我克制，保持真誠，並願意懺悔改過。

人不能永遠以自我為中心看事情，而必須抱持謙敬的態度，經常從更高的第三方角度，乃至從神明的角度觀看世界，這是一切知識與智慧的開端。

「震」卦的錯卦是「巽」卦。巽卦是使用一種柔軟、溫和、容易接受的方式進入人心。震卦的方法相反，但目的相同。它是用一種威震、強力、令人驚懼的方式直接震撼人心，產生影響。

我小時候如果胡鬧，大人會先用糖果誘導，安靜下來就有糖吃，不安靜就沒糖吃。如果這招沒用，大人就會恐嚇說：「警察來了！再不乖，警察就把你抓走。」如果小孩很小，不知道警察是幹什麼的，就會改口說：「虎姑婆來了！再不乖，虎姑婆就會把你抓走。」有時也會說：「再不乖，叫虎姑婆把你手指吃掉！」在我那個年代，虎姑婆這招百試百效，再頑皮的小孩都會瞪大眼睛，立刻安靜下來。但它的負面影響，就是讓我每一次看到雞腳，腦中就浮現虎姑婆吃小孩子手指的恐怖畫面。

外面的東西要進入我們內心，通常就是這兩種方法：若不是糖果，就是虎姑婆。糖果就是巽卦，虎姑婆就是震卦。前者相當於救苦救難的觀世音，後者相當於賞善罰惡的閻羅王。兩面聯合夾攻，眾生無不誠服。

我大學時跟佛學社的朋友聊天，朋友最常用的一種說服方法，就是問你怕不怕死？問你能不能毫無畏懼地面對生死大事？如果不能，那就來學佛法，因為這是世上唯一能讓人了脫生死的智慧之學。這用的也是震卦的方法。

這個說服的方法百試百效。不過，它也像虎姑婆一樣，可以在第一時間讓你安靜，但並無法解答我們內心真正的疑惑。

震卦訴諸恐懼與強力，讓你看到自己的渺小、無知、脆弱，因而升起敬畏謙遜之心，這部分有其正面價值。但是過度的恐懼，反而讓人退縮，不思振作，只想依附於神明或教主，或者依賴身外的法術與神通，因而失去自身的力量，那就得不償失了。

所以，震卦在修行上的意義，是透過一個外在的震撼，打破我們原有的認知與習性，讓我們緊張起來、嚴肅起來，提起精神、振作力量，認真面對自己的處境，盡心盡力完成自己應該承擔的任務。

如果我們只是受到震撼，感到恐懼，但並沒有振作起來，甚至失去力量，變成一種依賴、迎合、虛弱、無力的狀態，這樣就完全違背震卦的精神了。

震，亨。震來虩虩，笑言啞啞。震驚百里，不喪匕鬯。

「震」是打雷。「虩虩」（ㄒㄧˋ）是恐懼的樣子。「虩」也是一種捕食蠅蟲的跳蛛，俗稱「蠅虎」。履卦第四爻有「履虎尾，愬愬（ㄙㄨˋ），終吉」。「愬愬」即是「虩虩」。「啞啞」是笑聲。「震驚百里」表示影響或動員的範圍極大。「匕」（ㄅㄧˇ）是匙，可以盛飯，也可以盛酒。「鬯」（ㄔㄤˋ）是古代祭神用的香酒，也可以指置放香酒的酒器「卣」（ㄧㄡˇ）。

手持匕鬯的人，應該就是神職人員，或者是主持春耕祭典的君王。「不喪匕鬯」是指這位神職人員，或者君王，因為心裡已經準備好了，所以不受雷雨大作的影響，依然指揮若定，按部就班地做好他該做的事。

整句卦辭可以這樣解釋。震卦以強烈的震撼力，傳遞老天或者君王的命令。剛開始，所有人都緊張害怕，無不仔細聆聽。這樣威猛的訊息傳遞方式，震驚所有人，也激發了所有人的積極性，所以亨通。剛開始，命令有如震耳的雷鳴，令人害怕，但在積極應對與努力執行之後，發覺只要抓到要領，任務並沒有原先想像那麼困難，所以轉驚為笑。

那位手持匕鬯的人，面對轟轟雷鳴，固然也跟別人一樣受驚，但因為他訓練有素，也有很強的抗壓性，所以能保持鎮靜，絕不會嚇到連盛酒的禮器都掉落地上。

小孩子怕雷鳴，雷聲一作，大人就會在小孩胸前輕輕拍打，一邊笑著說「不怕、不怕」。或者大人自己被雷聲嚇到時，一樣會自己拍自己，笑著說「不怕、不怕」。這個「笑」，是事過之後，知道情況不如想像中嚴重，用以緩解緊張情緒之笑，也是自我解嘲之笑。

凡是早期服過兵役的人都知道，軍隊做事的方法，基本就是「震來虩虩，笑言啞啞」。剛開始，命令一定來得很突然，又要求馬上見出成效，於是長官開始罵人，部隊陷入一片緊張氣氛，所有人都全神貫注，不敢懈怠，好像要把所有潛能都逼出來似的。最後，經過一陣人仰馬翻地折騰，有經驗的長官迅速抓到執行命令的要領，於是胸有成竹，作出恰當的處置，緊張氣氛才逐漸緩和。最後，工作成效浮現，圓滿完成上級交代的任務，於是又笑言啞啞，和樂融融。

其實，這種做事方式很容易看出執行者的智慧、經驗與反應能力。如果平時訓練不足，反應能力不佳，必然無法應付各種臨時的巨大壓力，那結果就是「喪其匕鬯」，把吃飯的傢伙都搞砸了。

另外還有一個故事，說曹操請劉備喝酒，喝到一半，曹操突然感嘆地說：「天下的英雄，大概只有你我二人了吧！」劉備一聽，馬上感受到話語中的殺機，心中一驚，酒杯不小心掉落地上。曹操問他怎麼了？劉備回答，剛才雷鳴，嚇我一跳，所以酒杯拿不穩。此舉讓曹操大笑不已，因而放鬆對劉備的戒心。這也是以啞啞之笑，化解虩虩之驚。雖然劉備的驚嚇是真的，但他順勢把自己演成一個害怕雷聲的男子，這種見機行事的能力，則不是一般人做得到的。

人若心中有「主」，有真實的信念，便不易被外界突如其來的擾動弄到不知所措。這就像一個人恭恭敬敬地祭神，他的心思全部放在神明身上，此時突然打雷，固然會令他受驚，但他心神穩定，此驚也不至於讓他拿不穩祭神的酒匙。這就是我們一般常說的「定力」。內在有真實東西的人，才會有這樣的「定力」。

初九，震來虩虩，後笑言啞啞。吉。

第一爻的爻辭與卦辭重複，只多一個「後」字。所以有人認為，卦辭的「震來虩虩，笑言啞啞」可能是衍文。

此爻之吉，是因為內心先有驚懼，經過審視檢查，做了必要的調整，感覺放心了，沒問題了，所以轉驚為笑。另一種解釋，認為是雷聲大雨點小，不值得大驚小怪，所以轉而笑言啞啞。我採取前一種解釋。

震來虩虩與笑言啞啞，一張一弛，交替出現。人不能長期處在高壓力的「震來虩虩」之中，也不能長期處在毫無壓力的「笑言啞啞」之中，兩者必須交替出現，陰陽互濟，才能對我們產生正面的助益。

六二，震來厲，億喪貝，躋于九陵，勿逐，七日得。

「厲」是危的意思。「億」（ㄧˋ）同「噫」，發語詞。「貝」是財貨。「躋」（ㄐㄧ）是登的意思。「陵」是高地。「九陵」是指一重又一重的高地，引申為深山或高山的意思。「勿逐」是說不要再繼續追擊。至於追擊的對象為何，文中並未明示。我猜想應該是遭受盜匪劫掠，造成財貨損失，所以要追擊盜匪。「七日得」是說七日即可得回損失的財貨。何以知道七日即能得回損失的財貨呢？應該是從雙方實力形勢判斷，對方七日內會主動前來請罪求和。

綜觀全文，這應該是一場被盜賊劫掠的過程。一開始，劫掠事件讓人十分震驚，充滿危險，也使我方蒙受財物損失。後來我方發兵追擊，鍥而不捨，追到深山，讓對方備感壓力。此時，因為山區地勢對我方不利，不宜再追，但也不必擔心，評估形勢，估計七日左右，對方會在壓力下，主動前來請罪言和。

這句爻辭，看似凶，實則吉。我方村落因富裕又缺少防範，所以引來盜匪劫掠。這固然是凶，但是追擊盜匪，建立軍功，又擴大了我方的勢力影響範圍，這又是吉。

這似乎告訴我們，事先缺少準備因而受到驚嚇，這固然不是好事，但每一個驚嚇的背後若應對得宜，似乎也隱藏著一份禮物，等待我們去領取。只是有些人懂得領，有些人不懂得領。

六三，震蘇蘇，震行無眚。

「蘇蘇」是害怕的樣子。「眚」（ㄕㄥˇ）是災的意思。

整句話是說，聽到雷聲大作，心中恐懼害怕，此時若能調整心態，抱著「如臨深淵、如履薄冰」的戒慎之心，在驚懼中前行，也可以無災。「震行」即在驚懼中，穩住自己，不斷向前行走。

適當的害怕，會促進分泌腎上腺素，讓人行動敏捷，反應快速，各方面的運作效能都提高。但是，過度的恐懼，效果適得其反，變成慌亂迷茫，心中無主，只能坐以待斃。

大家不要因為害怕而失去自我，只想依附於某個外在的力量、外在的群體、外在的權威等等。那些外在的東西不是我們真正的導師，只是我們的愚昧與貪念。我們真正的導師，一定是覺醒自我們的內心。如果外在的力量可以開啟我們內心的覺醒，我們就要虔誠地感恩他。

九四，震遂泥。

「遂」同「墜」，落下的意思。「泥」是泥淖。這一爻是說，當事人過於恐懼，六神無主，不慎從車上或馬上墜落泥淖之中，因而狼狽不堪。

這一爻也是笑，但不是自我解嘲的笑，也不是化解困難後的笑，而是引來他人瞧不起的訕笑。

六五，震往來厲，億，無喪有事。

「億」是發語詞。「有」是於的意思。「無喪有事」是無損於其事的意思。

這一句，我的解釋是：風裡來，雨裡去，身經百戰之後，已對風雨毫無畏懼。因為經驗豐富，胸有成竹，也做好了萬全的準備，所以，即使雷聲隆隆，情況緊急，也不會影響事情完成。

第五爻，真是心中有主了，也是找到自己生命的方向與目標，所以遇到危險與困難皆可以無懼了。

上六，震索索，視矍矍，征凶。震不于其躬，于其鄰，無咎。婚媾有言。

「索索」等同於「蘇蘇」，也是害怕的樣子。北方俗話「打哆嗦」，即是「索索」。「矍矍」（ㄐㄩㄝˊ）是因為害怕而瞪大眼睛。「躬」是自身。「鄰」是鄰居。「言」有兩種解釋：一是愆的意思，表示批評責難；一是建言的意思。兩說皆可通，但我傾向採用後者的解釋。

「震索索，視矍矍，征凶」是說：遇到閃電雷擊，就害怕顫抖、瞪大眼球的人，若由這樣的人來率領軍隊遠行出征，那就很兇險了。

「震不于其躬，于其鄰」，這句話比較難解釋，尤其「鄰」字無法找到恰當的解釋。一般都把「鄰」解釋為鄰人，但我覺得不通。應該參考《尚書》「臣哉鄰哉」一語，把「鄰」解釋為左右輔臣，這樣比較合理。

如果採用這個解釋，那麼整句話的意思就清楚了。在這句話中，感到索索矍矍、恐懼害怕的，並非君王，而是君王身邊的大臣。這裡的「躬」是指君王自身。推敲這一句爻辭的情境，應該是君王無畏困難，傾向出征，但輔佐的大臣則戒慎恐懼，深深以為不可。

這一爻的「震索索，視矍矍」，顯然是大臣對出征深感擔憂與害怕，認為「以和為貴」才是最好的政策。於是出現「婚媾有言」。「言」在這裡應該是建言的意思，也就是建議採取通婚結盟的方式，來解決爭端，而不要冒然採用征討的方式。

震卦如果想成為好卦，就必須在驚懼中，一方面戒慎小心，一方面又要大膽行動。當事人要懂得善用震卦的壓力與緊張，激發自己的潛力與智慧，習慣在沒有答案的問題中，逐漸摸索出答案。通過這樣的訓練，便能養成「泰山崩於前而色不沮，黃河決於側而神不驚」的定力。

第六爻最後採納群臣的建議，「一動不如一靜」，以婚媾取代征伐，這也是一種從善如流的智慧。這一爻的決斷，就是由動返靜。

這就像縣太爺的驚堂木，猛然一拍，把大家嚇住，屏住氣息，無人敢動，只能等待縣太爺作出決斷，才敢有反應。

總結來說，震卦的震撼，用意在提醒人即時做出改變與調整，而不是故意讓人受到驚嚇。如果你接錯訊息，只感受到驚嚇，那情況必定被動，頂多僥倖躲過一劫。如果你接到正確訊息，藉此調整態度與作為，那情況就會亨通大吉。在吉象中，以先驚後笑最好；其次則是臨事而懼，謹慎對待；若到了被恐懼所控制，那就由吉象轉成凶象了。

因為震卦的第六爻選擇按兵不動，靜觀其變，所以接在後面的是艮卦。艮就是不動如山，定在原處，既不前進，也不後退。

52 艮卦：修行的起點是自己給自己制定規則

艮，艮其背，不獲其身，行其庭，不見其人。無咎。
初六，艮其趾，無咎，利永貞。
六二，艮其腓，不拯其隨，其心不快。
九三，艮其限，列其夤，厲薰心。
六四，艮其身，無咎。
六五，艮其輔，言有序，悔亡。
上九，敦艮，吉。

震卦代表來自外面的震撼力量，這股力量由外向內，瞬間震破存在於人心與外在環境之間的阻隔，讓封閉的內在世界頓時敞開，得以接收外在真實的訊息，並願意調整自己，解決所面對的問題。

為何人心無法接收到外在真實的訊息呢？因為，人會自己製造腦迴路，懶於思考，形成習性；又喜歡啟動心理防衛機制，創造一套自我催眠的虛假訊息，因而迴避了真實訊息。這就叫「分裂」。

過度的心理防衛機制，一直是讓我們產生內在分裂的主要原因。所以，一個人有沒有安全感，是一種很重要的心理品質。一個沒有安全感的人，他的心理防衛機制永遠在高速運行，他的內心永遠是分裂的。

尼采對古希臘的藝術成就，有一句極有見地的名言。大意是，希臘的藝術之所以那麼美，原因是他們知道真實世界太醜惡了，人心無法面對這麼醜惡的真實世界，只好在真實世界的外面，包覆一層美麗的薄紗。這層薄紗，就是希臘的藝術。所以，藝術在尼采的眼中，是一種安撫人心、遮蓋真實、製造幻覺，同時也給人安全感的東西。

尼采認為，希臘藝術的目的，是用來遮蓋醜陋的真實世界，讓人在美好的幻覺中，充滿喜悅、自信與勇氣地活下去。也就是說，藝術是假的。

對我來說，假的東西並非沒有價值，這一點很重要，我們要認識清楚。我認為，假的東西的價值在於，它比真的東西更容易帶領我們走向真實，走向改變與提升。

藝術的「假」，和一般的假並不相同。藝術的「假」擁有一種把我們調整、轉化、引導至更真實狀態的能力。

如果不具有引導我們到更真實狀態的功能，那麼這種「假」就不能稱為藝術了。

藝術的真假好壞，並不在於藝術的內容。而在於是否能提升我們的覺察能力，是否讓我們產生一份向上的生機。如果藝術鈍化了我們的覺察能力與生機，那麼就不是好的藝術，甚至也稱不上是藝術。

如果用這個角度看藝術，藝術就無處不在了。例如，禪坐的時候若無法靜心，身體亂動，或者執著於氣動現象，身體不停搖晃。這時，有經驗的禪師會拿香板打你一下，讓你心頭一驚，知道自己已經偏離了「自我覺察」狀態。這香板的一擊，雖然不是真打，卻也是藝術。

對於震卦，我想再補充一點。就是外在的震，其實是檢驗我們內在的真實性，以及內在力量強弱的絕佳機會。在接受震卦檢驗時，凡是不真實的，或者力量小的，都會被這個震卦的威力所折服，並受其控制。只有真實的，以及強大的東西，可以從震卦中獲取成長的養分，變得更好。

震卦是考驗我們當下是否清楚自己在做什麼的卦。

下面我們講艮（ㄍㄣˋ）卦。

「艮」在八卦裡代表「山」，象徵「止」的意思。這個「止」有兩層意義。一是指如同山一樣靜止不動，所以有句成語叫「不動如山」。另一層意義是如同山一樣擋住去路，形成阻礙，難以翻越。所以從卦象來說，「艮」有靜止的意思，也有限制、阻礙的意思。

從甲骨文來看，「艮」的甲骨文寫成「」。字的上方是一個大眼睛，字的下方是一個人。這個甲骨文，應該是指某種性質的「看」。所以，作為視覺器官的「眼」字，也從「艮」字邊。

那麼「艮」究竟是哪一種性質的看呢？《莊子．漁父篇》裡有一句話：「見過不更，聞諫愈甚，謂之很。」大意是說，看見自己的過錯不願改，聽到別人的勸戒，卻越加我行我素，這就是「很」。由上下文可知，「很」就是與人相悖的意思。大家注意，「很」字也從「艮」。

如果別人都朝一個方向走，而你偏偏要與大家反方向，如此悖逆，就稱為「很」。有時，「很」也解釋為「執拗（ㄠˇ）」。「拗」就是把直的東西弄彎。「執拗」就是硬要做相反的事。對方是直的，你就硬要弄彎它；對方是彎的，你就硬要拉直它。

有這個悖逆的理解，我們再來看《說文解字》對「艮」字的解釋：「很也。從匕目。匕目，猶目相匕，不相下也。」原來，《說文解字》認為「艮」就是「很」。「匕目」就是兩人怒目相視，互不相讓的意思。這個解釋，和台語以「銀」之發音表達怒眼瞪人的意思完全相同。由此也可理解，「恨」、「狠」為何也有「艮」字邊。

綜合上面的解說，我們可以知道，「艮」主要是與人相對而視，互不相讓的意思。你瞪我，我也回瞪你，雙方針鋒相對，隱隱然有股較勁的味道。

這種針鋒相對的看，讓雙方僵持不下，既前進不了，也不願後退，所以引申出「止」的意思。要知道，這個「止」是被動的，而不是主動的，是因為外部限制所造成的止，也就是阻止的意思。再進一步說，當人心長時期處在被動性的「止」之下，久而久之，也會升起主動性的「止」，這就變成了靜止。

所以，「艮」雖然有看的意思，但引申其義，仍與艮卦所代表的「山」的象徵意義相合。也就是包含了阻止與靜止這兩面的意思。

震卦是透過外在的巨大力量，向內打通隔閡。艮卦則是努力保護自己的內在，使它不受外在的影響。這是震、艮兩個綜卦相反的地方。

艮卦的錯卦是兌卦。艮卦是裡面外面都很硬，北方土話叫「軸」，又臭又硬，很難改變。說好聽是擇善固執，說難聽則是頑固不化。兌卦則相反，裡面外面都很軟，北方土話叫「油」，很會打太極拳，笑嘻嘻地，你也很難改變他。兩者都很難改變，但表現的方式相反，所以稱為殊途同歸。

「艮」因為有「看」的意思，所以北宋的理學家，就把這種「看」，理解成「向內看」，再進一步理解成「觀照」。理學大師周敦頤就曾稱讚艮卦說，一個「艮」字等於一部《法華經》。

我們知道，《法華經》號稱「經王」，也是天臺宗認為佛陀圓教的教義所在。拿艮卦與《法華經》等量齊觀，這是把艮卦的意義說到最極致了。

周敦頤會這樣說，自有他的道理。原因是艮卦所代表的「止」，與天臺宗的「止觀法門」，的確有相應相合之處。周敦頤想說的是，如果我們徹底了解「止」的意義，並如是操作實踐，其實就等於在修天臺宗的「止觀法門」。

所謂的「止觀」，也就是「定慧」。「止」是去除妄念，屬於「修定」的工夫。「觀」是以相對不動之心，觀照生滅之心，並從兩心差異對照中興起提升的力量，最後越過關卡，兩心一起放下，成為真實本心。

就「艮」的兩層意義來說。「靜止」一義，接近於「觀照」。「阻止」一義，接近於去除妄念。

當然，就更深的的意義來說，止與觀是不可分的。止是使之能觀，觀是使之能止。兩者到最後一定同時發生，不能再有先後輕重之分。

艮，艮其背，不獲其身，行其庭，不見其人。無咎。

「艮其背」就是停止背部的活動。「不獲其身」是說，雖然背部停止活動了，但全身的活動也不會因此停止。引申意義是說，「背」只是「身」的一部分，背部不動，並不代表手腳或胸腹也不動。但是只要背部停止運動，即使手腳胸腹能動，所動亦有限。

「行其庭，不見其人」的道理相同，是說一個人離開屋室，到院子裡走動，雖然你在室內看不到他，但他的活動範圍畢竟有限，總在大門之內，所以要掌握他還是很容易的。

從這個卦辭來看，艮卦強調的意義是「限止」。只要事情嚴格控制在一定限度之內，勿令逾越，那麼這件事即使不能完全達到預期目標，也不會相差太遠。

《紅樓夢》裡有一句話，大意是金簪子掉井裡，遲早都是你的。因為井的範圍就那麼大，一時之間也許撿不到，但早晚終究還是會撿到的。

艮卦就是定出一個標準或範圍，鼓勵人耐住性子、充分自律，在這個範圍內活動，不要跑出範圍之外，便保證你必有某種程度的成就。

初六，艮其趾，無咎，利永貞。

「趾」是腳趾，引申為腳踝以下的足部，俗稱腳板。「艮其趾」就是限制腳板，不准隨便走動。

第一爻的限止，剛剛開始，看似簡單，卻是影響深遠。因為可以走動與不准走動是本質性的巨大差別。雖然在不准走動之下，你可以站著，也可以坐著，但站與坐的差別，重要性遠遠不及走動與不走動。

任何事物的運作，都有一個「艮其趾」的基本狀態，維持住這個狀態，這件事才算得到定性。例如一個學生，固定時間去學校，固定時間上課，固定時間溫習功課，無論他的學習成果如何，只要維持住這個規律，起碼已維持住基本的學習狀態了。而只要在這狀態中持之以恆，必定有一定的成果。如果一個出家人，早有早課，晚有晚課，禪坐唸佛，言行謹慎，無論他有沒有明心見性，都是一個合格的出家人。這就叫「基本狀態」。

守住這個基本狀態，即可不失敗、不退轉，然後步步前進，所以說「利永貞」。

六二，艮其腓，不拯其隨，其心不快。

「腓」（ㄈㄟˊ）是小腿肚。「拯」是承接的意思。「隨」是指大腿。「其心不快」就是心裡不舒服，不愉快。

為何心裡不舒服呢？因為事與願違。原以為限制小腿行動，很容易做到，想不到因為沒有緊接著限制大腿行動，所以大腿一動，必定牽連小腿一起動，使小腿無法靜止，這樣限制小腿就完全白費，也毫無意義了，所以讓人不稱心、不高興。

這一爻的引申意思是，如果不是限制在關鍵的節點上，那麼無論投入多少工夫，成果還是無法操之在己。

《莊子》裡有一個故事，是罔兩與影子的對話。罔兩就是殘影，也稱半影，是影子外圍的半暗地帶。罔兩必須跟著影子，影子怎麼動，罔兩就跟著動。久了之後，罔兩不高興了，質問影子，你一會兒站，一會兒坐，一會兒走，一會兒又停，這樣舉棋不定，毫無節操，究竟是怎麼回事呢？

影子說，這也不是我願意的。我依附於形體，而形體依附於自然，它們怎樣動我就跟著動。我就像蟬蛻，像蛇皮，只是蟬或蛇的附屬物。但這有什麼關係呢？我因為不堅持自己，不故意與我所附屬的東西對立，隨順自然，才可以無憂無慮、無牽無掛地徜徉於世界。反觀你，竟為站著或坐著這種並不由自己所控制的事而大發脾氣。

這一爻的「其心不快」，就像生氣的罔兩，自己做不到靜止，只好把氣出在別人身上。但是，如果他真正明白，這一切都不是自己可以控制的，那麼即使在動態之中，他的心也是可以靜止下來的。

九三，艮其限，列其夤，厲薰心。

「限」是指腰部。因為人體上下，以腰部為界限，所以「限」即是腰。「列」是「裂」的簡寫。「夤」（ㄧㄣˊ）是背脊肉。「薰心」是火燒其心，引申為憂心。例如《詩經．雲漢》有：「我心憚暑，憂心如熏」。「厲」是危險的意思。

限制腰部活動，為何有危險呢？因為腰背相連，如果上半身不與腰部協調，各行其是，那結果就是扭斷或撕裂背肌，造成嚴重傷害，所以令人擔憂。

《莊子》有一個故事說，中山公子牟自嘆：「身在江海之上，心居乎魏闕之下，奈何？」莊子告訴他，如果你看重自己的性與命，就放得下政治圈的事了。公子牟回答，道理我懂，但無法控制自己的心。請大家注意，無法控制自己，就是做不到艮卦的限止。也就像這一爻，產生內心與行為的分裂。

莊子搖搖頭說，你這樣會很慘。因為內心分裂，對你已是一傷，分裂後，又強迫自己不要分裂，費盡力氣，卻成效為零。這樣自我消耗，是傷上加傷，稱為「重（ㄔㄨㄥˊ）傷」。重傷的人，絕對無法長壽。

這一爻的「厲薰心」就相當於「重傷」。代表內心兩個部份互相撕裂對方，無法和解，所以非常痛苦。

六四，艮其身，無咎。

「身」是整個身體。「艮其身」表示腰與背合一了，都在限止之內，遵守共同的規則，已經沒有分裂的狀況了，這當然是好事。即使還有問題，也是可以解決的小問題，所以說「無咎」。

六五，艮其輔，言有序，悔亡。

「輔」是指兩頰。「艮其輔」就是令兩頰勿動。引申的意思就是管好嘴巴，不隨便說話。「序」是規則、次序、法度、禮節的意思。嘴巴管住了，其實，心在某種程度上也就管住了。人也就不會做出讓自己後悔的事了。

這一爻，相當於孔子講的「非禮勿言」。擴大來說，也等於孔子所說的「克己復禮」。因為「克己復禮」的內容有四條，就是「非禮勿視，非禮勿聽，非禮勿言，非禮勿動」。這一爻雖然只舉出「非禮勿言」，但也可以包含其他三者。

前四爻都是講身體的行動，第五爻則是語言的使用。在「非禮勿視，非禮勿聽，非禮勿言，非禮勿動」中，視與聽帶有被動成分，有時自己無法控制看到什麼或聽到什麼，但言與動則全屬主動，可以自己主宰。

「忍其言」、「止其動」，這是所有修行法門必然要走過的路，無法繞開。

「序」與規則的產生，並不是任意或隨機的規定。「序」是在因緣具足下自動發生的客觀規則，並非人為任意的選擇。對這樣的客觀規則抱持敬意，就可以避免因為自以為是而犯錯。

上九，敦艮，吉。

「敦」是厚的意思。「敦艮」是限止之下，仍能安之若素，不以為苦。也就是在限止中，仍保持一份從容自在。這個境界類似孔子的「從心所欲而不逾矩」，也可以說是「觀」與「止」的合一，所以十分吉祥。

我們如果有超過五十分鐘的靜坐經驗，就能對此有所體會，如何在三尺見方的小小空間中，不言、不動、不飲食、不思慮，不假外求，自足於心，卻從中感受一份安祥的自在愉悅。這即是「敦艮」。

53 漸卦：把一件困難的事，分割成十件簡單的事

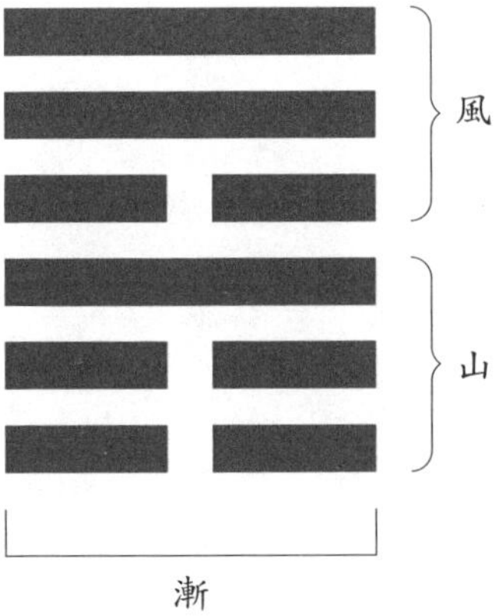

漸，女歸吉，利貞。
初六，鴻漸于干，小子厲，有言，無咎。
六二，鴻漸于磐，飲食衎衎，吉。
九三，鴻漸于陸，夫征不復，婦孕不育，凶，利禦寇。
六四，鴻漸于木，或得其桷，無咎。
九五，鴻漸于陵，婦三歲不孕，終莫之勝，吉。
上九，鴻漸于陸，其羽可用為儀，吉。

艮卦的卦象是兩個山疊在一起，傳統上稱為「兼山」，表示山外有山，層層相疊，也等於群山峻嶺，重重阻礙的意思。

《論語》裡有一句話：「知者樂水，仁者樂山。知者動，仁者靜。知者樂，仁者壽。」這是什麼意思呢？孔子認為，「仁」是以內在真實的價值為主導，具有穩定性；「智」則是兼顧內在與外在的訊息，協調雙方的矛盾，期求達成最好的結果，具有流動性。所以，仁者的頭腦好靜，而智者的頭腦好動。因為山給人穩定安靜的感覺。水則川流不息，一刻不停。所以，仁者喜歡親近山，而智者更喜歡親近水。

當然，最好是有山有水，水養山，山養水，彼此互養。

有一次，一個日本科普節目設計了一問題，他們想知道日式浴場的牆壁使用什麼圖畫作裝飾，最能讓泡澡的人迅速放鬆身心。他們使用各種不同的圖畫如蒙娜麗莎、梵谷的畫、抽象畫，或浮世繪等等，然後測量入浴者的腦波，最後發現，放日本人熟悉的富士山圖，入浴者最能迅速放鬆身心。這即是「山」能讓人安定下來的好例子。

在實際的卜卦中，艮卦代表三個意思。一種是遇到外在的困難，阻擋去路，難以成事。二是內心已有定見，不想改變，也不願再多做溝通。三是指修行的心境，也就是想要遠離外在的干擾，回頭觀照自己的內心，擇善固執，一心成就內在的境界。

下面我們講漸卦。

艮卦是把外界的訊息擋住，讓它無法影響我們的內心。可是，如果外界訊息很重要、很強烈，非要進入我們內心不可，那怎麼辦呢？解決的辦法有三種：一個是震卦，一個是巽卦，一個是漸卦。

震卦之前已經講過，巽卦之後才會提，這裡先簡單說明。巽卦與震卦是錯卦，所以兩者有殊途同歸的性質。巽代表風，我們常說「密不透風」，可見只要有點縫隙，風都可以鑽進去，而風就代表訊息。

針對艮卦外表的阻礙，巽卦改用柔軟的方式，鑽縫找隙，從對方的破綻弱點處，慢慢滲透到對方的內心。而漸卦不是從艮卦的破綻或弱點著手，而是先理解這個阻礙，然後充滿理性地，分階段、循步驟、按秩序，慢慢由低而高、由簡而難，逐步翻過阻礙，進入對方的內心。巽卦是感性的辦法，而漸卦則是理性的辦法。

「卡門」這個故事是這樣說的，有一位青年軍官，本來前途光明，後來認識了充滿魅力又喜歡冒險的女郎卡門，他因為喜歡卡門，於是一點一滴逐步逾越身為一名軍官的界線，最後竟成了殺人犯，與卡門一起逃亡。逃亡途中，卡門又愛上另一名男子。青年軍官本來選擇離去，但因為心情無法平復，只好回頭請求卡門不要拋棄他。卡門當面拒絕，並說了一句名言，大意是：你可以殺了我，但你無法控制我，因為我永遠是自由的。故事的結局是青年軍官殺了卡門，同時知道自己也難逃絞刑的命運。

我年輕的時候讀這個故事，深深為這位年輕軍官感到不值。不過，這正是作者想要達到的戲劇效果。這又讓我想到一句日本諺語：「愛一個人，就要有隨著他一直走向地獄的準備。」而這地獄之門，本來不是目的，只是一步一步走著，逐漸失去方向，沒料想最後就這樣抵達了。這屬於巽卦的改變。

另一種突破艮卦的方法，就是現在要講的漸卦。漸卦不是用柔軟、溫情的方式，而是用理性的、有秩序的、按部就班的方式，先承認對方制定的客觀規則，然後非常合理地把對方的規則分出階段與層次，一步步達成對方期待，一次次通過對方查核，最終進入對方的內心。

巽卦未必需要客觀的規則與秩序，因為即使沒有規則，巽卦也會鑽營出一條自己可走的路。但是漸卦不一樣，漸卦很注重規則與秩序，很理性，也很有規劃。如果失去秩序，他就不知要怎麼走了。可以說，漸卦的核心精神，就是兩點，一是規則與秩序，二是循序漸進。

漸卦的秩序，有三層發展模式。第一層是制定基本規則。例如劉邦打進咸陽，取消秦朝種種苛政，只保留最重要的三章，此即「與民約法三章」的故事。這三章就是舊法雖廢，但仍嚴格禁止殺人、傷人、奪人財物這三件事。劉邦靠著這三條簡單規則，竟也把改朝換代後的社會秩序給穩住了。

有了基本秩序，社會就會循此秩序而自動發展。這個過程必須依靠文化的力量來推動，無法全部仰賴人為。

於是進入秩序的第二層，也就是文化自身是否具備創造一個理性的、協調的、互利的合作機制的能力。如果這個文化體原本就包含很強的理性力量，那麼在進入第二層的發展時，組織必然逐漸擴大，功能也不斷細分且增強。有了理性互利的秩序之後，便進入第三層秩序，也就是追求更高的理想與價值。

例如美國想領導世界發展，想成為世界秩序的制定者，那麼除了必須擁有制定基本規則的實力之外，更重要的是，還要建立一套讓多數人得到利益的理性協調機制。最後，還要進一步提出具有號召力的理想與價值。當然，現在這種理想與價值就是美國式的民主與自由。只不過，這種價值因為美國公開提出「美國優先論」，因而不再普世了，吸引力也沒有過去那麼大了。

建立秩序、維持秩序都要損耗能量。美國這十幾年來，經濟不佳，自然對維持世界秩序有點力不從心。將來如果美國經濟仍無起色，這個二戰後建立起來的世界秩序，恐怕不易再維持。目前美國希望世界秩序仍由美國主導，但是維持秩序所耗費的能量與成本則由各國分攤，這個如意算盤能否打響，其實非常可疑。

漸，女歸吉，利貞。

「漸」是進的意思。但這個進不是一往直前的進，而是曲曲折折的進，古人稱為「之進」。就像阿里山的小火車不是一路從山腳開到山頂，而是「之」字形地往上爬。

為什麼要曲折前進呢？因為漸卦把完成目標的過程分成幾個不同階段，所以每個階段都有自己的目標與節奏，也使用不同的方法，所以必須分開來處理。走一段，調整一段，前進一段，再轉換至下一段。

台語稱一件事情失去節制與分寸為「無斬無節」。這個「斬」，其實就是古代的「漸」，代表秩序的意思。

「女歸」就是女子出嫁。漸卦以女子出嫁為象徵，表示古人認為女子出嫁不應該是感性行為，不能雙方看對眼就結婚，而必須是一種理性行為，遵循禮法，一步一步來執行。例如先說媒，後合婚，反覆打聽了解對方人品與家世後，再接受下聘，之後還要經過四道手續，才能正式迎娶。程序越複雜，表示這件事越是莊嚴隆重，也越受到雙方家族成員的重視。對古人來說，當婚姻成為一個終生的理性行為時，越有助於婚姻關係的穩定，所以說「利貞」。

一位少女，從自己的原生家庭，嫁入夫家，成為對方家族的一份子。這時，她要放下自己原先熟悉的生活方式，完全融入對方的規則與默契。這個轉變與適應的過程固然非常困難，但仍可以透過漸卦的方式逐步克服，最後不但能順利融入，還可以在整個家族裡扮演非常重要的角色。這就是漸卦給人的鼓勵。

初六，鴻漸于干，小子厲，有言，無咎。

「鴻」就是大雁，西方人稱為野鵝，屬於季節性遷移動物。大雁秋天往南飛，春天往北飛，飛翔時在空中形成人字形，秩序井然，所以用大雁來比喻漸卦。

「漸」在這裡是靠近、棲息的意思。「干」（ㄑㄧㄢˊ）同「垬」，也相當於「涯」，指水岸邊。「小子」原是小孩的意思，這裡是指沒有遷徙經驗的小雁。「言」是指責、歸咎的意思。

整句爻辭是說，雁群棲息於水岸邊，沒有經驗的小雁，不懂規矩，又容易遇到危險，所以常常受到大雁的指責、欺負。這種情況，不必抗拒，忍耐過去就好，因為經驗可以慢慢累積，困難也可以慢慢適應。

這一爻，是指初為人婦，搞不清夫家的規矩，所以常常做錯事並受人指責。這種情況，無法避免，忍耐一下，等熟悉環境後即可獲得改善。

對於一個職場的新進人員來說，這一爻也充滿提醒與鼓勵的作用。

六二，鴻漸于磐，飲食衎衎，吉。

「磐」是大石頭。「磐」的位置比水岸高，象徵原先的小雁在群體中的地位已經獲得提升了。「衎衎」（ㄎㄢˋ）是自在、和樂的意思。

這一爻就是菜鳥變老鳥了。新婦慢慢熟悉夫家的生活秩序，應對日常事務游刃有餘，已漸漸融入群體之中，所以顯得自在快樂。

俗話中老鳥、菜鳥的說法，從《易經》漸卦中就已經能看到了。

九三，鴻漸于陸，夫征不復，婦孕不育，凶，利禦寇。

「陸」是岸邊的草原高地。「征」是到遠方作戰。「不復」是不回來的意思。「婦孕不育」是指懷孕卻未順利生產。

這一爻呈現凶象，傳統說法認為這是一陽為二陰所包，形成坎卦，所以凶。這個說法聽起來不錯，但是否每個一陽為二陰所包的爻都不好呢？這就未必了。例如水天需卦的第五爻，明明是一陽為二陰所包，卻是個好爻。所以傳統的吉凶規則，其實並不是通例。

在《易經》的六爻之中，三、四兩爻遇到凶象的機會最多。所以古人說「三、四爻多憂、多進退」，這個規律是有的。原因是三、四爻開始擁有地位與權力，容易與人產生矛盾，兩強相爭，傷害很難避免，所以這兩爻凶象很多。

這一爻的意思是用大雁棲息在岸邊的草地上比喻成結婚數年後的狀況。此時婦人的地位能不能繼續提高，有賴於兩件事：一是生兒子，另一個是丈夫在家族中表現良好，地位提升。當然，如果這兩件事都落空，那麼婦人的地位就會陷入停滯，甚至倒退。

這一爻指出，若丈夫出征，死在外地，讓妻子成為寡婦；或者婦人懷孕小產，長期膝下無子，這兩件事都會打擊婦人的地位，甚至受到家族成員的歧視，所以「凶」。

雖然這兩件事都是凶象，還好這位婦人有德有惠，真誠待人，若真的遇到類似變故，也能善加應對，所以說「利禦寇」。「利禦寇」原指利於抵禦盜匪。此處是引申義，表示變故不知何時發生，只能被動因應，若真的發生變故，在婦人合宜應對之下，結果也不至於太壞。例如《紅樓夢》中的李紈就是類似這樣的角色。

六四，鴻漸于木，或得其桷，無咎。

「木」是指樹木。「桷」（ㄐㄩㄝˊ）就是椽（ㄔㄨㄢˊ）子，指支撐屋瓦的方形條木。這裡是指長得很方整的樹枝。

雁是野鵝，因為鵝腳上長蹼，無法站在圓木上，只能站在方木上，所以說「或得其桷，無咎」。

這一爻是說，大雁棲息在樹上，固然地位又更高了，可是樹枝不容易站穩，一不小心就會從高處跌下來。引申意思就是，身居高位的人要行得正、站得穩，不可犯下嚴重的錯誤。不然，好不容易搭起來的舞台瞬間崩塌，即使想再重搭，環境也未必允許了。

所以，處於高位的人，要謹言慎行，就像野雁也會謹慎地尋找一枝平整的樹枝安穩地站在上面一樣。

漸卦的三、四兩爻雖然都是挑戰，但第三爻的困難是無法預知的，第四爻的困難則可以操之在我。

走到第四爻，環境已經從水邊的雁，提高到站在枝頭上的雁了。如果在大家庭裡，這大概已經屬於長媳或者二媳的地位了。

九五，鴻漸于陵，婦三歲不孕，終莫之勝，吉。

「陵」是山。「三歲不孕」是三年都沒有懷孕。「終莫之勝」有兩個意思。一是說，雖然三年沒有懷孕，但三年過後，終究還是可以懷孕。另一是說，雖然三年沒有懷孕，但是妻子的地位依然穩固。兩說皆可通，我傾向採用前者的意思。

大雁登到山上，已經有統領眾雁的高度與架式了。這時的地位，相當於持家多年的女主人，或者長媳。婦人此時已經不必依靠丈夫的福蔭了，她受人敬重的原因主要來自她的領導力及對家族產生的具體貢獻。所以，無論她此時有沒有兒子，她在家族中的影響力，已不受其他外來因素所動搖。這就像《紅樓夢》裡的王熙鳳，雖然沒有兒子，但仍是賈府裡實際當家的人。

上九，鴻漸于陸，其羽可用為儀，吉。

「陸」一說同於第三爻的「陸」。另一說認為「陸」應為「逵」（ㄎㄨㄟˊ）之誤，「逵」是指四通八達的道路。第三種說法則認為「陸」是「阿」之誤，「阿」是高的意思，指高山。「儀」是威儀，也有法則的意思，後世稱「母儀天下」，典故即來自此爻。

「陸」的三種說法中，我認為第三說較好。原因是漸卦各爻的秩序是一爻比一爻高，所以第六爻應該要到達最高之地。

這一爻是說，大雁棲息於最高處成為群雁的領隊，牠的羽毛豐滿美麗，群雁無不欽羨，也無不臣服。

漸卦循序漸進，從一個什麼都不懂的新婦，逐步學習，逐步適應環境，最後成為一個受人敬重的女主人。如同小雁，從水邊窪地，慢慢努力，逐漸升到高山，最後成為群雁的表率和領隊。

有了漸卦給我們的提示，以後我們遇到任何困難的事情，都要告訴自己，只要分階段、有步驟、有秩序地學習與適應，最後都能循序漸進地解決困難，獲得成功。

54 歸妹卦：一種想顛覆原有秩序的渴望

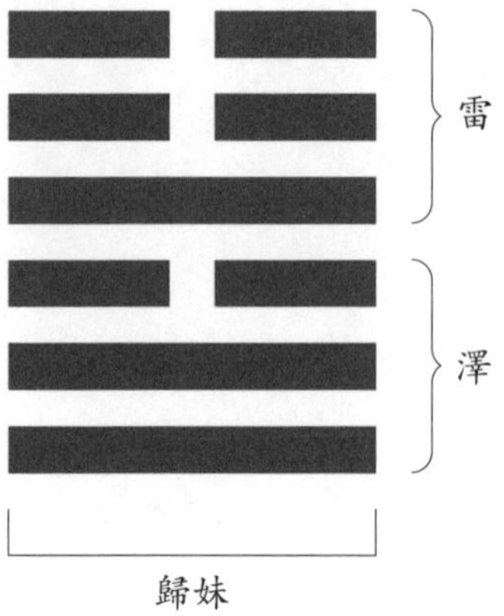

歸妹，征凶，無攸利。
初九，歸妹以娣，跛能履，征吉。
九二，眇能視，利幽人之貞。
六三，歸妹以須，反歸以娣。
九四，歸妹愆期，遲歸有時。
六五，帝乙歸妹，其君之袂，不如其娣之袂良，月幾望，吉。
上六，女承筐無實，士刲羊無血，無攸利。

漸卦是個講秩序的卦，循序漸進，按部就班，處處講究規矩。歸妹則是一個突破既有秩序，拒絕墨守成規，試圖扭轉局面，想要達到後來居上效果的卦。

向來講《易經》的人，都喜歡漸卦，不喜歡歸妹。因為秩序帶來安定與祥和，突破秩序則帶來衝突與變化。傳統觀念認為變化充滿風險，可能變好，也可能更壞，所以一動不如一靜。除非原來的秩序面臨非改不可的難關，否則，老一輩的人都寧可選擇留在原有的秩序中。

問題是，沒有一種人為的秩序可以長期不變。長期不變的秩序必然會逐漸產生腐敗，形成陋規，最後淪為既得利益者的工具，引起反抗。或許，個人可以選擇不改變，但是，世界卻不會選擇不改變。因為，只有改變，才會帶來前進與發展的機會。

因為歸妹卦代表「改變秩序」，古人認為歸妹卦傷害了原有秩序，所以是個壞卦。但是，在現代的商業社會中，許多有益的發明創新，都起源於對舊秩序的不滿，並企圖加以調整，所以我們這一代的人，應該多從正面的角度理解歸妹卦的意義。

依我的卜卦經驗，在工作上卜到歸妹卦的人，通常都自信、理想性高、責任心強，願意承擔超過職位所應承擔的工作內容，而且不計回報。

《易經》有四大桃花卦，都在下經，分別是咸、姤、漸、歸妹，講到歸妹卦時就湊齊了。

咸卦是第一眼的好印象、好感覺，充滿生理感官的激情，常常不顧現實，因而也毫無道理可講。大概類似莎士比亞所說，陷入戀愛的人，眼睛都已盲目。

姤卦是生命非常特別的機緣，好像打開一扇奇妙的窗子，看到一座美麗的花園，然後你神遊其中流連忘歸，突然一個警覺，發覺自己根本還在窗內，連大門都還沒有走出去。有人說姤卦代表一夜情，但我覺得是兩個不同世界的剎那交映，一時天雷地火，但終究要回歸各自的現實世界。就好像《聊齋誌異》裡〈畫壁〉的故事，是一種難以跨越的缺憾，只能在某一時、某一處，得到象徵性的代償。

漸卦代表正緣，是一種長期的投入，也是一種理性的行為，因為雙方都有承擔力，而且緣分具足，所以願意一起面對變化，完成共同的目標。

歸妹卦與漸卦相反，歸妹卦代表顛覆既有秩序，所以是不正之緣，也就是所謂介入他人情感、婚姻的第三者。

不過，顛覆既有秩序，是否一定不好呢？這要依現實情況而定。有時候，秩序產生效率，讓大多數人獲益；有時候，秩序阻礙生機，只保護了少數人的利益。變與不變，主要還要看當事人是得到提升呢，還是沉淪衰頹。

從修行來說，在一切人為秩序之上，一定還有一個根本的秩序。那個根本秩序一定是自發的、天生的、無須思索也無須說明。根本的秩序一定不需要證明，甚至不需要理解。根本的秩序像一條河，你浮在河上，隨流水而行，最後必然抵達大海。

一般人以為，修行有很多道理可講，其實，真正的修行一定沒有太多道理可講。或者，講來講去都只講同一件事情。又或者，講了也等於沒講。但是，雖然沒講，感受卻超過千言萬語。所以《老子》說：「不言之教，無為之益，天下希及之。」

可以講很多道理的，必然是入門的問題，等進去門裡面以後，那說話的機會就不多了。因為大部分的事情會自動發生，然後自動產生改變。我們只要接受並理解那個變化就好。

但是，在還沒進入根本秩序之前，漸卦和歸妹卦仍是我們唯一可以遵循的人為秩序。我們必須透過這兩者的互相對抗，偶爾這邊對，偶爾那邊對的過程，像走路的兩隻腳，交錯落地，然後逐步前進。

卜到漸卦的人，必須站在，而且很自然地站在秩序、規則、程序的一方。作風正派，一步一腳印，按部就班地把過程走完，最後得到還不錯的結果。

卜到歸妹卦的人，喜歡站在突破秩序的一邊，充滿力量，伺機而動，甚至不惜取巧，結果可能成功，也可能失敗，既充滿風險，又不畏風險。

漸卦像種田，一分耕耘，一分收穫。歸妹卦則像開發新產品，從無到有，一分本錢，十分利潤，效益固然可觀，但失敗的機率也很大。

「歸」是女子出嫁。「妹」是少女。所以「歸妹」就是少女出嫁的意思。不過，因為第一爻出現「歸妹以娣」，所以歸妹卦的主體，並不是指出嫁的少女，而是指陪嫁的「娣」。

在古代，陪嫁制度很正常，但在現代，陪嫁就不算正常制度了，所以歸妹卦的意義就朝婚外情與「小三」轉化。

什麼是「娣」呢？「娣」就是這位結婚少女的妹妹，或者她的姪女。「娣」與少女一同出嫁，成為「妾」，這在古代稱為「媵（ㄧㄥˋ）妾制度」。

古代貴族之間通婚，通常帶有邦國或家族聯盟目的。如果婚後無子，導致雙方離婚，不但聯盟隨之破裂，還會留下仇隙。為了防止這種悲劇發生，古人想出「媵妾制度」，就是將新娘的妹妹或姪女數人一起嫁過去，作為男方側室，這樣就能保證未來繼承人一定與兩家人都有血脈之親。根據記載，周朝時的諸侯，最多一次可以有九女陪嫁。

例如《左傳》有一段話說：「衛莊公……無子，又娶於陳，曰厲媯（ㄍㄨㄟ），生孝伯，早死。其娣戴媯，生桓公。」可見媵妾的作用很大，遇到無子，或者兒子夭折，媵妾的兒子即可補上，繼任大位。

歸妹，征凶，無攸利。

漸卦的婚嫁很吉祥，為什麼歸妹的婚嫁就帶有凶象呢？

這是因為漸卦的主體是元配，而歸妹的主體卻是陪嫁的媵妾。對元配夫人來說，秩序越穩定，婚姻越幸福，對她越有利。但對側室來說，元配越不幸，婚姻越出狀況，她們才有出頭的機會。所以，她們的機會，是建立在元配不幸的基礎上，因此得凶。

由於元配與側室的利害相反，一方榮則一方枯，所以很難和平共處。不但明爭暗鬥的戲碼層出不窮，而且在牽涉到繼承者或外戚勢力的問題時，各方常常不擇手段，影響政權穩定。所以大部分的「後宮政治」到最後都是以悲劇收場，這也是歸妹之所以得凶的原因。

歸妹之凶，最典型的例證，就是漢朝開國皇帝劉邦的元配呂后。原來呂后早年跟劉邦一起打天下，吃了不少苦頭，想不到劉邦取得大位之後，竟然寵幸年輕貌美的戚夫人，對呂后不理不睬，甚至一度想立戚夫人的兒子為太子。後來礙於群臣反對只好放棄原議，改封戚夫人的兒子為趙王。劉邦死後，呂后開始找戚夫人算帳，先是將她拘禁，然後設計殺害趙王，再找人砍去戚夫人四肢，並挖去她的眼珠，燒傷她的喉嚨和內耳，讓她又瞎又啞又聾，生活在豬圈裡，稱為「人彘」。呂后有個兒子，不知何為「人彘」，好奇跑去豬圈看戚夫人，結果被殘忍的畫面嚇出病來，一直治不好，沒幾年就死了。

「人彘」的故事到了漢文帝時還沒結束。文帝與竇皇后、慎夫人三人一起去上林苑遊玩。因為皇后與慎夫人關係良好，情同姊妹，所以宮中太監安排兩人坐的位階一樣高。此時，管理上林苑的官員袁盎，堅持慎夫人的座位必須低一階，搞得文帝和慎夫人都很生氣。袁盎說，尊卑主從的規矩如果沒有確實執行，以後一定還會再發生「人彘」的事情。文帝和慎夫人一聽到「人彘」，表情馬上改變，不但稱讚袁盎公正明理，還給他許多賞賜。

初九，歸妹以娣，跛能履，征吉。

「歸妹」是少女出嫁。「娣」（ㄉㄧˋ）是少女的妹妹或姪女，等於是陪嫁的妾。「跛能履」是說雖然跛腳，但也還能走路。此語在履卦出現過，意義偏向負面，但在此卦則意義偏向正面。

這一爻是鼓勵陪嫁的少女，不要灰心喪志，雖然不能成為元配夫人，但畢竟與元配是一家人，可以相互照應。何況，將來若生了兒子，母以子貴，地位自然更加不同。所以是「征吉」。

這一爻鼓勵當事人，盡量往好處想，與人為善，才能實現吉祥。

九二，眇能視，利幽人之貞。

「眇能視」是說雖然少了一個眼睛，但也還能看。同樣的，此語也在履卦出現過，意義偏向負面，但在此卦則意義偏向正面，帶有鼓勵性質。「幽人」是受監禁的人，表示媵妾要遵守種種規矩，很多自由都受到限制，如同幽人。

這一爻與上一爻意義相似，都是鼓勵陪嫁的少女，要用積極樂觀的角度看事情。不過此爻的「利幽人之貞」，還有期望當事人謹守本分的意思。不要失禮越位，更不要與元配爭寵，必須謙卑且充滿耐心地安於媵妾之位，這樣才對自己有利。

古代的媵妾，類似今日的副總統，目的是作為備胎。如果總統健康平安、政通人和，副總統只能扮演「最沒有聲音的人」的角色。這就是「幽人」的悲與樂。

六三，歸妹以須，反歸以娣。

「須」同「嬃（ㄒㄩ）」，也是少女的意思。「歸」是出嫁，「反歸」一說是反歸至女方之家，表示出妻、離婚的意思。如果這樣解釋，那這一爻就是強調正室與媵妾兩者休戚相關，命運一體的意思。不過，我想提出另一種解釋，就是「反歸以娣」應該是指媵妾升格成為元配的意思。

我這個解釋，有沒有根據呢？有的。《左傳》裡有一段記載：「杞桓公來朝……請絕叔姬而無絕婚，公許之。」這段話的大意是說，杞國的桓公到魯國來，向魯文公稟報，說他想與來自魯國的叔姬離異，但不想與魯國斷絕婚姻關係，魯文公允許了，所以後來桓公就把陪嫁的娣，升為正室夫人。

我們要知道，杞國與魯國相比是個小國，所以這門婚事對杞國來說是高攀。正常情形如果正室被出，當初一起陪嫁的娣也應該被出，兩者同進同退，是命運共同體。但是，當女方位高權重，雙方勢力不對等時，就不能這樣處理了。如果真的跟元配無法相處，那就必須稟告女方父母，徵得同意後才能把陪嫁的娣升為正室夫人。

按照這個解釋，這一爻仍是鼓勵媵妾，如果正室失德，或者有重大過失，妾室仍有升格成為正室的機會。

九四，歸妹愆期，遲歸有時。

「愆」（ㄑㄧㄢ）是過的意思。「愆期」就是超過時間，引申的意思就是婚約遇到阻礙，無法如期進行。「時」是待的意思。「遲歸有時」是說婚期延後一段時間，等待外在條件符合的時候，再來確定婚期。

這是一個表示停滯不前，結果不明的爻。內容是說，雙方結婚的條件沒談好，尚有令人擔心或不滿意的地方，所以主嫁與陪嫁者，都必須耐心等待。

這一爻顯然是在強調，主嫁與陪嫁雙方，在出嫁前是命運共同體，一枯同枯，一榮俱榮。但是，在嫁過去之後，是否仍能成為命運共同體，那就因人而異了。

《甄嬛傳》的故事大家很熟悉，無須贅言。另有一部英國電影，片名為《美人心機》（*The Other Boleyn Girl*），劇情也很有此爻的意味。一對姊妹本來感情非常好，但因為亨利八世喜歡她們兩人，所以姊妹開始明爭暗鬥，搞得非常難看，最後姊姊贏了成為王后，但姊妹關係也因此永遠斷絕。這部電影的宣傳文案是：「我們是姊妹，所以生來就是敵人。」這句話正可道盡歸妹卦的不幸命運。

六五，帝乙歸妹，其君之袂，不如其娣之袂良，月幾望，吉。

「帝乙歸妹」在泰卦出現過，這裡不再重複。不過可以強調一點，當初周文王與商朝嫁過來的元配離異，原因很可能是無法懷孕。如果商朝當時就有媵妾制度，那麼商周仍然可以「合兩姓之好」，說不定以後就沒有武王伐紂這段歷史了。

「君」是指小君，也就是國君的正室夫人。「袂」（ㄇㄟˋ）是衣袖。「其君之袂，不如其娣之袂良」是說正室夫人的衣袖服飾，沒有陪嫁的小妾好看。這句話表面是在講服裝，但背後的意思應該是指儀容與氣質。妾妃的儀容氣質強過正室夫人，國君早晚會寵幸這位妾妃，這為何是「吉」呢？

傳統的解釋認為，「君之袂不如娣之袂」表示這位夫人重德而不重華飾，必能以正德領導後宮，所以得吉。而君王也懂得欣賞夫人之德，不會被妾妃的美儀所迷惑。

不過，這樣的吉，恐怕只是理想狀況下的和諧。大部分的現實情形，是無論夫人的德行多高，國君還是會慢慢地寵幸儀容出眾的妾妃，最後則元配與妾妃之間的矛盾仍會爆發。

這一爻的吉，殊為難得，大概只有漢文帝、竇皇后與慎夫人之間的和諧關係可以比擬。不過，正因為難得，所以才更值得懸為理想。

「月幾望」在小畜卦中亦曾出現過。「幾」是接近的意思。「望」是月圓，引申為圓滿的意思。「月幾望」是一種美好的象徵與期望，即祝福人所期望之事皆得圓滿。相當於我們今天講「心想事成」，或者祝福他人「事事圓滿如意」。

所以，此處「月幾望」之吉，是同時珍惜皇后的德與妃子的容，使德容兩者的價值都得到彰顯，並且相處融洽。這個美好的願望能否實現，與其寄望於后妃的德行，不如寄望於君王的福報吧。

上六，女承筐無實，士刲羊無血，無攸利。

「承」是托著。「筐」是裝祭品的器物。「刲」（ㄎㄨㄟ）是以利刃割、刺的意思。整句爻辭是說，女子托著筐，可是裡面沒有祭品。男子殺羊獻祭，可是沒刺到動脈，羊沒有流血。這兩件事在祭祀上都是凶兆，代表神明不會庇佑，以後的婚姻不會美滿幸福。

歷史上最有名的例子，就是晉獻公聽從妾室驪姬的建議，把元配的女兒穆姬（伯姬）嫁給秦穆公，希望以此「永結秦晉之好」。表面聽起來相當堂皇，但這只是驪姬想打發元配女兒的說詞。當時晉獻公找卜官卜了一卦，本卦「歸妹」，之卦「睽」。學過卜卦的人都知道，這代表變爻在第六爻，就是「女承筐無實，士刲羊無血」。卜官結論說，此事為凶，恐怕會引起戰亂，且不得好死。

結果晉獻公不信卜官的話，還是把穆姬嫁過去。獻公過世之後，驪姬擅權，將軍里克叛變把驪姬殺了，請流亡在外的惠公回國。惠公不懂政治，掌權後先把里克殺了，又戰敗於秦國成為俘虜。還好有穆姬（惠公的姐姐）欲以自焚的方式求情，才讓穆公饒恕了惠公。

雖然後來穆姬與穆公感情依然和睦，可是戰亂與不得好死的預言都成真了。惠公失敗之前曾詢問大臣，當初父親如果聽從卜官之言，不讓穆姬嫁去秦國，是否今天的悲劇即可避免？大臣不同意這種論調，認為今日下場，實乃惠公自作自受，不可推諉給父親。

第六爻的意思是有名無實。心不誠、意不實，神明也不庇佑，只是表面圖一個結婚的名份，當然不會有好結果。所以接續其後的豐卦，也是一個外強中乾的卦。

55 豐卦：如何度過人生的午後時光

豐，亨。王假之，勿憂，宜日中。
初九，遇其配主，雖旬無咎，往有尚。
六二，豐其蔀，日中見斗，往得疑疾，有孚發若，吉。
九三，豐其沛，日中見沫，折其右肱，無咎。
九四，豐其蔀，日中見斗，遇其夷主，吉。
六五，來章，有慶譽，吉。
上六，豐其屋，蔀其家，闚其戶，闃其無人，三歲不覿，凶。

歸妹卦的力量很強，很有衝勁也很堅忍，可惜急於求成，有時甚至給人留下「為達目的不擇手段」的印象，所以做事容易遇到阻力。但我們不能因此認定歸妹是壞卦，因為很多時候，僵固的環境需要靠這股衝勁來突破陳腐的秩序。

電影《一代宗師》裡的武術會長宮寶森說：「如果老人死守著規矩，新人什麼時候才能出頭啊？」這句話正好可以為歸妹卦的正面力量作註腳。

如果我們真正讀懂《易經》，就會知道六十四卦沒有一卦是真正的壞卦，因為每一卦都有特定的功能可以對治我們的偏差，也都是一帖調理心性的藥方。同樣的，六十四卦裡也沒有一卦是真正的好卦，因為每一卦都有它的局限，我們若忽略它的局限，過度耽溺於它的好，這也會帶來很糟的結果。

從這個道理延伸，我們也可以說，這個世界並沒有真正的好人與壞人。如果我們只用誰是好人、誰是壞人的眼光看世界、讀歷史，我們永遠也無法理解真正的世界與歷史。因為，在真實的世界與歷史裡，每一個人物都是合理的。只因每個人的價值和觀念不同、身分不同、立場不同、利害關係不同，才產生出各種衝突鬥爭的行為。

當然，如果我們真正了解人生，我們眼中也應該沒有順境、逆境之分，更不會把追求順境當成人生的唯一目標或核心目標。當我們眼中不再有順境與逆境的分別，我們才能明白什麼是人生，什麼是使命，什麼是生命的意義。

下面我們講豐卦。

豐的甲骨文寫成「」，意指裝滿祭祀物品的禮器。下方的「豆」即是禮器。這種禮器通常會裝什麼東西呢？根據各家說法，不出三種答案。一是裝農作物，例如小米、高粱之類。以農作物祭神，意在祈求豐收。二是肉類，因為古人有「觴酒豆肉」、「俎豆之事」等說法，由此推知，「豆」也可以裝肉。三是成串的珠玉。這主要是某些甲骨文的特殊寫法，讓人產生這一推測。

還有一個字，「寷」（ㄈㄥ），意思是屋子很大。因為豐卦的各爻，都有大屋之象，所以有人認為，「豐」卦其實是「寷」卦的省寫。

我認為，「豐」字應該解釋成「大」或「盛」。既可以指屋子很大，也可以指祭祀場面盛大。

豐卦的六爻，都圍繞在祭神與祈福的儀式上。為何豐卦是一個頻繁祭神祈福的卦呢？因為上一卦歸妹卦第六爻「女承筐無實，士刲羊無血」，連續兩種不祥兆頭，表示神明不會給予庇佑。所以，接下來的豐卦，就是要舉行盛大的祭祀，努力祈求神明給予庇佑。

依一般人的直覺，「豐」有豐富、豐收的意思，但這並不是豐卦主要想凸顯的意義。豐卦想凸顯的意義是，神明固然可以給與庇佑，但是，人在這庇佑中，是否有相對反省與付出呢？如果自己什麼努力也沒有，一點提升也沒有，憑什麼神明要一直庇佑你呢？

「豐」與「賁」這兩卦，有可類比之處。過去我們讀「賁」卦時說過，「賁」是在「豆」的禮器中，把祭品堆得高高的，讓它看起來很豐盛的樣子。可惜，「賁」卦是一個儀式周到、祭品豐厚，但文勝其質，實踐力不足的卦，有華而不實的傾向。

如今的「豐」卦，代表在寬大的屋子裡舉行祭祀，但是男主人不在家中，屋內人丁凋零，空有唬人的架子，實力卻已慢慢在流失中。這個卦象，我們可以稱為「豐中漸衰」。

「賁」卦華而不實，與「豐」卦的豐中漸衰，兩者恰成一對。這好像白先勇的小說《台北人》，良辰美景已經過去，故事裡的人物卻還在夢裡留戀往日的風采。

但豐卦若能好好振作，居安思危，度過應得的一段燦爛餘暉，這也算善始善終。若振作不起來，那只好繼續裝睡，沉溺在虛妄的黃粱大夢之中。

豐，亨。王假之，勿憂，宜日中。

「假」即是「格」，用閩南語唸，可知兩字發音幾乎一樣。「格」是「至」的意思。「王假之」一般解釋為君王親臨現場。但我認為應該解釋為君王派人來傳達其命令。「日中」指正午。「宜日中」通常解釋為祭祀適宜在正午舉行。我傾向於解釋為：早上接到君王傳達的命令後，稍作準備，即應趕在正午動身赴命，不宜拖到下午才行動。

「正午」是太陽最明亮且位置最高的時刻，有「大放光明」之象。只不過「正午」的時間短暫，剎那即過，之後就慢慢走向黃昏了。這層意思，就是古人常說的「日中則昃（ㄗㄜˋ）」。「昃」是太陽西斜的意思。引申其意，即勸人好好把握生命的「正午」時分。因為，過了正午，人生又將是另一番景緻了。

《易經》裡的「王」，放在現實世界裡理解，是指位居高層，擁有權力與資源的人。但我們也可以理解為貴人。貴人之可貴，在於他有真實的「志」，強健的行動力，以及豐富的資源。

心中有「志」的人，就可以稱為修行人。人不修行，時光虛度，生活就會感到無聊，覺得日子只是在原地打轉。人若修行，心性時時提升變化，就會覺得時間不夠用，對生命充滿感激。

豐卦之「亨」是因為目前尚處在順境。豐卦的「勿憂」，是指順境固然有結束的時候，但是我們不要過早擔憂，而要好好護持心中的「志」與「願」，努力前行，不必患得患失。

心中若有「志」與「願」，那麼豐卦的榮景便還可以持續一段很長的時間。若無「志」與「願」，那麼榮景就會日漸衰退，馬上要從「日中」走向「黃昏」了。

我從前在台中念書時，喜歡傍晚時去霧峰林家花園散步遊玩。那種美好氣氛，就是豐卦的感覺。雖然最主要的東西已經流失了，但美好的畫影仍徘徊在遊人的心中。

初九，遇其配主，雖旬無咎，往有尚。

豐卦的爻辭非常麻煩，十本書會有十一種不同解釋，完全一個「道術將為天下裂」的混亂場面。不過，如果掌握好大方向，即使字詞的解釋紛雜，也不至於影響我們對卦義的整體把握。

「配」是匹配。「配主」即指女主人。「雖」即「唯」，發語詞。「旬」是十日，意指短期之內。但我認為，「旬」可能是旬始星，在古代這是一顆凶星，據說常見於北斗星的旁邊。所以，「雖旬無咎」可以解釋為男主人剛剛出門十日，近期之內不會有問題。也可以解釋為，雖然出現凶星，但應該還不至於危害到男主人。「尚」是助的意思。「往有尚」是說不久之後可以得到貴人相助。

《易經》泰卦有「得尚於中行」，坎卦有「行有尚」，豐卦、節卦有「往有尚」，這幾處的「尚」都可以解釋成幫助、助益，甚至解釋成口語中的「福報」亦無不可。傳統解釋認為，「尚」即是賞或償，這個解釋也與「助」可以相通。

這一爻似乎是講一個大戶人家，男主人深得君王賞識，奉命在外執行任務，所以訪客只能遇到女主人。這位女主人獨立承擔家業，雖然維持不易，但短期內應可平順度過。

豐卦的趨勢，是由興盛慢慢走向衰敗。第一爻的衰勢剛剛開始，並不明顯，所以憑女主人之志與願，亦可維持榮景，不使墜落。第二爻之後，男主人吉凶未卜，這位女主人因為擔心男主人，所以設壇為其祈禱求福。

六二，豐其蔀，日中見斗，往得疑疾，有孚發若，吉。

「蔀」（ㄅㄨˋ）是用來遮擋陽光的蓆子。「豐其蔀」是說，把遮蔽陽光的蓆子做得很大，讓外面的陽光照不進屋裡。「斗」一說是北斗星，另一說「斗」是「主」的訛寫，而「主」即是「燭」，意指光線照不進來，所以屋裡在大白天亦必須點蠟燭。兩說皆可通。

這一爻的解釋，各書差異很大。我認為，這應該是描述一場巫術的祭祀，目的是為了祈求神明庇佑遠在他鄉的男主人。「日中見斗」是說，寬敞的屋子光線被蓆子擋住，室內闃（ㄑㄩˋ）黑，參與祭祀的人突然由正午的室外走入室內，所以產生一種眼冒金星的現象。「斗」即是指這眼冒金星的感覺。

「往得疑疾」可以解釋成，參與祭祀的人因為過度融入巫術以致產生幻覺，疑神疑鬼、杯弓蛇影，有如起乩，失去正常人的感受與判斷能力。另外，「疑」也有恐懼、害怕的意思。所以，「往得疑疾」也可以解釋成，女主人過度擔心男主人的安危，日子久了，也可能因憂心恐懼而得疾。

「發若」是興起的樣子。我認為，這應該是巫術儀式中，產生靈動或附體現象。「有孚發若」是說，非常虔誠地投入於巫術儀式中，以致產生靈動，或者附體的現象。

最後的「吉」，來得有點詭異。明明是「往得疑疾」，怎麼還說「吉」呢？於是有人找到漢代的帛書《易經》，發覺那個版本並沒有「吉」字。雖然如此，我還是願意朝有「吉」字的方向解釋。

我認為，這一爻是描述祭祀時的通靈情景。祭祀時的黑暗場景，即是為了接通靈界訊息而做的準備。其中的「見斗」，除了眼冒金星彷彿看見北斗星之外，也可以指祭拜斗星，祈福息災。

這一爻的「吉」，是指通靈中接收到的訊息，讓祭祀者相信，遠在他鄉的主人平安無恙，故稱「吉」。但女主人長期擔心男主人，恐怕將來也會因此而得病。「往得疑疾」，固然不好，但因為出發點是對男主人的關心，所以在神明庇佑之下，應該可以「無咎」吧！

通靈之事，對現代人來說或許無稽，但對古人來說，卻是真實生活的一部分。

九三，豐其沛，日中見沫，折其右肱，無咎。

「沛」與「蔀」同義，兩者或許材料不同，但遮蔽陽光的功能則一樣。「沫」（ㄇㄟˋ）即是「魅」。「日中見沫」等於說白日見鬼了。「肱」（ㄍㄨㄥ）是胳膊。「折其右肱」是折斷右手臂。

這一爻的意思是說，用布擋住陽光，在闃黑的大屋子裡舉行祭祀竟然見到鬼魅，驚嚇之中，折斷了右臂。但這件事過去就過去了，只要不胡思亂想，應該不會帶來災害。

這個魅，也可以代表一種惡兆，表示男主人正處於十分危險的境地。而「折其右肱」也可以解釋成，在儀式中，看見男主人折斷右手臂。

從靈界得來的訊息，有時可以使人提升，有時則會產生反效果。我們應該知道，所有來自靈界的訊息，無論其效果是正面或負面，也無論其來源是仙佛還是鬼魅，我們都不要過度執著。因為，這些訊息終究只是閃過眼前的一相，只是暫時的因緣，並非永恆的真實。

人最後一定要知道，我們可以站在生滅的因緣之上，回歸於我們的自性，回歸於道。這是我們最重要的目標，不可糊塗顛倒次序，這才是智慧。

如果我們有緣得到靈界的訊息，既不必過度肯定，也不必過度否定，要以平常心看待。若我們從訊息中得到成長與啟發的力量，那就恭敬使用，並以感恩之心回報。若訊息與我們的成長提升無關，那就千萬不要執著。

人只有不斷提升超越，並感激一切相給我們的成長與幫助，這樣借假修真，才能既在相中，又保持清醒的覺知。

相（幻），就好像藥一樣，用途是用來調整我們的偏差。這樣的藥非常慈悲，我們要懂得感恩。如果這個相沒有調整我們自身偏差的功能，而我們又執著不放，那麼這個「相」就是毒了。

九四，豐其蔀，日中見斗，遇其夷主，吉。

「夷」是常的意思，例如「匪夷所思」。「夷主」與「配主」相對，指男主人。這一爻也是通靈現象，但遇到的是遠在他鄉的男主人。祭祀者從巫術中看到男主人，得知他現況平安，所以「吉」。

六五，來章，有慶譽，吉。

「章」是光采之事。「來」是得到。「來章」相當於俗話說光耀門楣，也可以理解成得到官方的表彰嘉獎。「慶」是喜的意思。「譽」是讚許、榮耀。這一爻的「來章」，可能是表揚男主人的功績。總之，家業未墮，仍在高峰，因而受人讚譽。

我傾向認為，這一爻是指男主人圓滿完成任務但並未平安歸來。所以，只有官方的表彰慶譽，卻沒有提到男主人。

上六，豐其屋，蔀其家，闚其戶，闃其無人，三歲不覿，凶。

「豐其屋」是說，房子的規模仍然很大，從外部來看，仍是一副家大業大的樣子。「蔀其家」是門窗仍用蓆子遮擋陽光。「闚」（ㄎㄨㄟ）同「窺」，偷看的意思。「闚其戶」是從門口偷看其屋內。「闃」是寂靜的意思。「闃其無人」是說大屋內安安靜靜，空無一人。「覿」（ㄉㄧˊ）是相見的意思。「三歲不覿」是說，三年內都沒看到人，表示人去樓空，日漸破敗。所以得「凶」。

這一卦的男主人固然在第五爻完成任務，獲得慶譽之吉，但是「舊時王謝堂前燕」最後終究會「飛入尋常百姓家」。也許男主人完成任務後就過世了，隨後，家道就逐漸沒落了。總之，就像俗話說的，富不過三代，再大的家業，最後還是要走向沒落的。

這是人生光榮的最後一役，像是燦爛的夕陽餘暉，讓人留下永難磨滅的美好印象。

人生是有起就有落，有榮就有枯，有生就有滅，所以不必貪戀執著，要允許美好的時刻自己到來，又自己離開。

我們不要把心放在留住美好上，寧可把心放在創造美好上。

只要我們好好盡力、好好耕耘，走在使命的道路上，人生的場景，會是一幕又一幕的峰巒疊起。也許無法一峰高過一峰，但卻可以視野開闊，沒有盡頭。

豐卦是努力維持舊家的門面，但最後還是走到了盡頭，所以下面就換「旅」卦登場了。舊家日漸破敗那就另起爐灶，到他鄉奮鬥，開啟另一頁的人生吧。

56 旅卦：當你找不到目標時，那就去旅行吧！

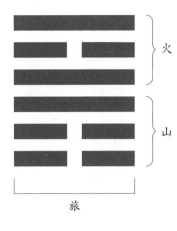

旅，小亨，旅貞吉。
初六，旅瑣瑣，斯其所，取災。
六二，旅即次，懷其資，得童僕貞。
九三，旅焚其次，喪其童僕，貞厲。
九四，旅于處，得其資斧，我心不快。
六五，射雉，一矢亡，終以譽命。
上九，鳥焚其巢，旅人先笑後號咷，喪牛于易，凶。

豐卦面臨盛衰之變，所以不能只注意表面的華麗，而要懂得看到它背後的局限及興衰的趨向。例如過去十年的台灣經濟，表面上很繁榮，匯回國內的資金不斷增加，有錢人越來越多，進口跑車越來越炫，豪宅一棟接一棟蓋，房價翻了一倍又一倍，但實質上，底層的經濟活力卻一直在衰退。

表面上，我們的社會財富很多，房地產因而水漲船高。但實質上，我們的財富是沒有前途的財富，是找不到投資出路，只能投入房地產的財富。這種財富的遠景，其實十分暗淡。我們這十幾年來的房地產經濟，就是一個豐卦的最好例證。有外強中乾，豐中見衰的傾向。

其實，不僅台灣如此，目前整個世界也都處在豐中見衰的境地。例如日本、歐洲，以及美國，都有此傾向。

大部分人感覺現在還不錯，但對未來則充滿悲觀，覺得危機四伏，沒有希望、沒有出路、無處可逃。

我曾經讀過奧地利小說家茨威格（Stefan Zweig）的《昨日世界》（*Die Welt von Gestern*），看到作者回憶二十世紀三十年代的歐洲文化景觀，簡直美好到近乎樂園。既豐盛，又充滿節制。每個領域都有天才型的人物，不斷創造出令人讚嘆不已的作品，以及值得永久傳誦的故事。但是，誰都知道，這段饗宴般的時代結束後，接著就是二次世界大戰的來臨。所以，我一邊看作者在書寫美好的往事，又同時在字裡行間感受到一種寒冬即將襲來的不祥之感。這大概就是豐卦吧。

如何應對豐中見衰的糾結與惶恐呢？首先，我們不能用豐上加豐的方法，繼續妝點門面粉飾太平，因為那只會延遲衰敗，同時製造更深的衰敗。應對豐中見衰的方法，只能用它的錯卦，才能對症下藥。

豐卦的錯卦是渙卦。渙卦就是另起爐灶，用全新的精神，另闢戰場，放棄眼前的套路，斷絕舊有的習氣，勇敢投向全新的創造。

另一個解法，就是用它的交卦。什麼是交卦？就是把上下卦交換位置，例如豐卦是上雷下火，上下交換變成上火下雷，得到噬嗑卦。交卦也是一種反其道而行的脫困之法。噬嗑卦我們講過，基本原則就是「破」，直接針對困難正面進攻，徹底揭穿虛假的外殼，直接打破自我防衛機制，讓自己體露金風，無處躲藏。

面對真實，看起來非常困難，但是，「真實」不會傷害我們。會傷害我們的，反而是不斷迴避真實、不斷催眠、不斷逃避、不斷把責任推給別人，最後無止境的沉淪，然後雙手一攤，無能為力，這才是徹底傷害並敗壞我們內心的事情。

最後提醒大家一句，很多大修行者，都是在豐卦的處境中，立下大願，精進修行。例如釋迦牟尼佛、龍樹菩薩都是如此。他們年輕的時候都過著舒適的生活，但是對未來卻感到惶惑不安，正是對這種落差的深刻感受，才讓他們幡然醒悟，發下修行的大願。

下面我們講旅卦。

豐卦是家大業大，但是無法延續了，怎麼辦呢？只好離家外出，尋找新的發展機會，於是豐卦之後便有旅卦。

古代人的旅行在意義上與現代人完全不同。現在的旅行幾乎等於度假，給人一派浪漫優閒的感覺。但在古代旅行就跟冒險差不多，是一件非常艱難，而且是危機四伏的事，一不小心就會喪命。

我聽過一個故事，有個住在深山裡的神醫，患者必須長途跋涉走半個月的山路，才能得到他的診療。拿到藥後，再走半個月的山路回家。有人問神醫，治病的秘訣是什麼？神醫說，很簡單，連續走一個月的山路，大部分的病已經好了三分之二，剩下還沒好的少部分，再由他的藥方醫治。

從這個故事可以知道，旅行也是一種治療。凡是脫離我們原有的執著，讓我們從另一個角度看自己的方式，都是治療。

我記得曾聽一個朋友說，在德文裡，經驗、經歷（Erfahrung）這個字，用的是旅行（Fahrung）的字根。這表示德文裡也把旅行當成生命經驗的泉源，以及生命邁向成熟的必經過程。

大陸在八〇年代以前，有一個很奇妙的制度，就是每個大學畢業生，都可以得到一筆政府的撥款，供你「壯遊」之用。我認識的大陸朋友年輕時都拿過這筆錢去偏鄉旅行。少者兩周，多者兩三個月，大家都用克難的精神，花最少的錢，經歷最多的事情，回來之後，再沉默寡言的人，都有滿肚子的故事可以告訴別人。

台灣如果要振興經濟，不妨也考慮這個方式，由國家發旅費給大學畢業生，每人兩萬元，讓他們環島一周，在台灣各地壯遊，既可促進地方經濟，又有助於學習成長，豈不兩全其美。

若有人問我什麼是旅行，我會這樣說，旅行，是把自己投入全新的場域，然後看到原本的自己。旅行，是走到最遠的地方，然後親近內在的自己。旅行，是用不平凡的見聞，召喚出被封閉的自己。旅行，是先離開自己，然後再找回自己。

世界所有偉大的人物，無論是修行者還是革命家，都必先經歷一段艱難旅程，先離開自己，離得遠遠的，最後才可以重新回到自己，與最深刻的內心合而為一。

所以，如果你不知道應該為什麼而努力，如果你找不到追尋的目標，如果你不知道如何修行，那就去旅行吧！若能一個人旅行，那更好。

旅，小亨，旅貞吉。

古人認為「在家日日好，出外朝朝難」，所以旅行只能「小亨」，不會「大亨」。旅卦可以得吉，因為旅卦帶著學習與冒險的心，離開熟悉的環境，放下依賴的習氣，透過旅途的鍛鍊，發現更有力量，也更真實的自己。

此處的「旅貞吉」，若把「貞」字當成占卜，那就不需解釋了。但若把「貞」字看成一種毅力、定力，或者堅持到底的精神，那這個「吉」就更有意思了。

初六，旅瑣瑣，斯其所，取災。

「瑣」是小的意思。「瑣」的原意是一種把小貝殼或小玉石串在一起的裝飾物，掛在身上，走路時沙沙作響，十分悅耳。「瑣瑣」的原意即沙沙作響的聲音。引申為緊張不安。如果考慮到貝殼也是古代貨幣的一種形式，那麼「旅瑣瑣」也可以解釋為錢財露白。「斯」是析、離的意思，所以「撕」有把東西一分為二的意思。「所」是住家。「斯其所」就是離開家裡。「取」是招致。「取災」就是招來災禍。

另有一解，認為「斯其所取災」應該連著一起讀，中間不斷句。這樣讀的話，「斯」是此的意思。整句爻辭的意思變成：旅途中若總是一副緊張不安的樣子，這反而會帶來災害。兩說皆可通，但我傾向前者的解釋。

第一爻是剛踏上旅途的情況，經驗與準備都有不足之處，所以心中常懷緊張不安。一個人離開自己的地方，失去保護，什麼事都要重新學習面對的方法。人在異鄉，他人見我勢單力薄，又無經驗，很可能會故意來欺負我，甚至搶奪財物，這種災禍很難避免。

真正的成長，必須在獨立的情形下才能發生。沒有保護、沒有幫助，全靠自己的智慧與力量獨自解決所有問題，並找到自己的生存之道。通過這項考驗，才能稱為成熟。

六二，旅即次，懷其資，得童僕貞。

「即」是就的意思。「次」（ㄘˊ）同「茨」，茅草屋的意思，這裡指旅店。閩南語的「厝」，本字即是「茨」。「懷」是藏於衣內，隱含謹慎小心，財不露白的意思。「資」是財貨，也稱「資斧」。因為商代即有銅製的斧形貨幣，故稱「資斧」。「童僕」即奴僕。「貞」在此處應該是「吉」字之誤，或者漏一「吉」字，否則《易經》全書沒有這樣的文法。勉強解釋，「貞」也可以是忠誠的意思。「得童僕貞」意指得到忠心的僕人。

這一爻是說，旅途中住於客店，必須小心保管財物，並有賴忠心僕人的照護，才能確保安全無虞。財物和僕人都是實力，沒有實力，就無法在他鄉得到應有的生活保障。

旅卦講的是實力原則，不是理想價值。如果是理想價值，那就應該「雖蠻貊之邦行矣」，但現在每一爻都有行不得也的困難，所以知道這是一個講實力的卦。

旅卦有沒有實力呢？大部分的爻都沒有，只有第五爻有，所以旅卦的實力不足。實力不足怎麼辦？那只好人在屋簷下，不得不低頭了。或者說「在家靠父母，出外靠朋友」。需要態度謙遜，行為低調，同時又要依附於一個可以保護你的人。

九三，旅焚其次，喪其童僕，貞厲。

「旅焚其次」是說客店的草房失火了。「喪其童僕」是僕人在火災中喪生了。

客店失火，也許是意外，也可能是遭人打劫，否則不至於「喪其童僕」。若是打劫，必定也會有錢財方面的損失。這一爻可說是稍一不慎，人財兩失，處境非常危險。但縱使謹慎了又如何呢？在人家的地盤，對方若真的要打我的主意，甚至官民連成一氣，好人也是他，壞人也是他，兩手交替運用，我再怎麼小心也鬥不過他啊！

九四，旅于處，得其資斧，我心不快。

「處」是居所。「旅于處」是說客店既已焚毀，只好另尋一處住所。這個住所當然是臨時而簡陋的。「得其資斧」是指火災後清點財物，發覺沒有損失太多。總之，童僕已失，即使財物部分復得，還是讓人「不悅」，所以說「我心不快」。

人在自己的地盤，財物歸自己所有，奴僕也歸自己所有，你想做什麼都可以。旅卦則是走到別人的地盤，若不長眼睛，不夠謹慎，很容易所有東西都歸他人所有。古人說「人離鄉賤」，指的就是這件事。

六五，射雉，一矢亡，終以譽命。

「射雉」是射野雞。「一矢亡」有三個意思：一說沒射中，損失一箭；一說是一箭斃命，表示箭藝高超；另一說是一箭中的，但故意避開要害讓鳥飛走，表示箭藝出神入化。我們採用第二個解釋。「譽」是好名聲。「命」是任命爵位。「終以譽命」是說最後以其高超箭藝而受賜官爵。

一到四爻，或依賴自己的財貨，或依賴自己的奴僕，原以為旅途很好走，但遭逢患難之後，才知道這兩者都不可靠，隨時都會離你而去。那麼在這個世界上，有什麼是不會被剝奪的呢？有什麼是真正屬於自己的東西呢？有的，「德」就是你自己的東西，內在且真實，別人拿不走。

古人說「德」即是「得」，因為這是你真實的能力、智慧，以及信仰價值。無論是否得到他人肯定，它永遠屬於你，沒有人拿得走。甚至，此生結束，你還可以帶著它輪迴到別世。

這一爻，表面上是在講射箭能力受到主人的賞識，其實是在講，財貨奴僕等身外之物皆不足恃，最後決定能不能安身立命的，還在自己的本事與能力。

上九，鳥焚其巢，旅人先笑後號咷，喪牛于易，凶。

「鳥焚其巢」即失其居所，流離無所依靠。「先笑後號咷（ㄊㄠˊ）」與同人卦的「先號咷而後笑」剛好相反。禍福相依，何者為真？何者可以長留？禍可以招福，福也可以招禍，人生若以禍福為依歸，那真是笑也不是，哭也不是。

「喪牛于易」是周朝祖先王亥的故事。這個故事我們之前已經講過，意指人在異地生活，不宜反客為主，過度積累資財，否則容易招來殺身之禍，所以說「凶」。

旅卦走到第六爻，仍然落個「鳥焚其巢」無處安身的窘境，怎麼辦呢？只好把身段壓低一點，聽從實力原則，或者聽從老天的安排，不再追逐自以為是的名利了。所以，下面接著是巽卦登場。巽就是完全的臣服，上面要我怎麼做，我就怎麼做。

57 巽卦：寧作鳳尾，不為雞頭

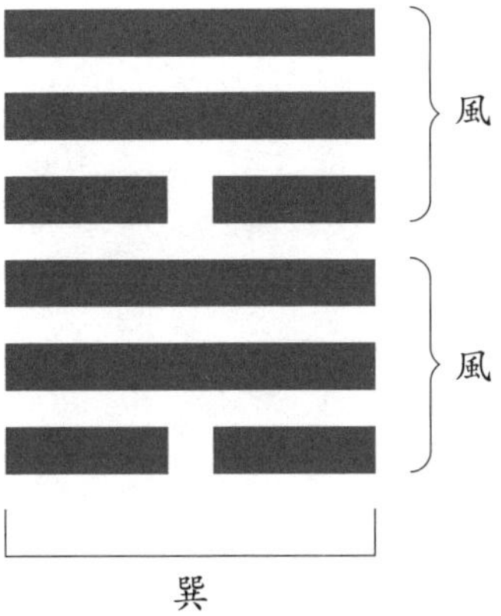

巽，小亨，利有攸往，利見大人。
初六，進退，利武人之貞。
九二，巽在床下，用史巫紛若，吉，無咎。
九三，頻巽，吝。
六四，悔亡，田獲三品。
九五，貞吉，悔亡，無不利。無初有終，先庚三日，後庚三日，吉。
上九，巽在床下，喪其資斧，貞凶。

「巽」的金文寫成「」，是兩人並列之象。我認為這是古代祭典中，執行儀式的低階神職人員的模樣。類似一群人在跳八佾舞，動作協調，整齊劃一，舉手投足都符合祭祀的規矩。由此意象而引申為順服的意思。也有人認為這不是並列之象，而是兩人並跪伏拜，表示完全服從的意思。這樣解釋也通。

〈說卦〉裡說，巽是「入」的意思。入就是融入，表示順從對方，並進一步加入對方的意思。〈說卦〉又說，巽為「進退」，為「不果」。在這裡，進退和不果的意思差不多，都是指舉棋不定、猶豫不決的樣子。因為「巽」沒有主見，凡事捨己從人，所以等到要做決定的時候，會有裹足不前的情況。

還有一說，認為「巽」即是「遜」，兩字同義。而「遜」是謙恭自抑的意思。這個說法最乾脆，省去所有考證。綜合來看，無論哪一種說法，巽的主要意思都離不開順從。

就一般情況來說，你自己沒有意見，常以別人的意見為意見，這就是「巽」。以工作來說，服從老闆的指示，他怎麼說，你就怎麼做，不加思辨，唯命是從，這也是「巽」。就宗教上來說，虔誠恭敬，接受神明的安排與旨意，絕不違背，這更是「巽」。

大家記得比卦嗎？比卦也有順從的意思，那麼比卦的順從，和巽卦的順從有何不同呢？

比卦是一種因應於外部形勢的順從，內心未必真的心悅誠服。例如基於某種利害考慮而依附對方，或者貪圖權力、財富、保護而順從對方，這類受外部條件所左右的都屬於比卦。而巽卦則是比較深的、比較內在，也比較長期的順從。

從消極意義來說，巽卦或許給人一種不願意承擔責任的感覺。其實巽卦不是不願意承擔責任，而是他清楚知道，自己不是帶頭主事的料，所以挑選一個贏得他尊重的領導者，全心全意地順從支持他。

從積極意義來說，巽卦是「君子思不出其位」，守禮守分，知道自己的定位，心誠意專地做好長官交辦的工作，其他絕不多想。

巽卦除了形體語言上的順從以外，還要包括內心對所承受的「命」的虔誠與貫徹，認真專注於完成使命。

「巽」在八卦中代表「風」，象徵「訊息」。所以從前廟會的迎神隊伍中，最前方有報馬仔，又稱報風頭，即類似於傳令兵的功能，把隊伍的訊息傳達給前方。也例如現在政府在提出重大政策之前，會先釋放一點消息，試探輿論反應，俗稱為「吹風」。

「巽」還有避災的意義。例如《西遊記》裡說，孫悟空被太白金星關在八卦丹爐中，用三昧真火燒他，悟空便躲在八卦的巽位，巽為風，可以避開爐中烈火。但避得了火，卻避不了煙，所以燻成了火眼金睛。此後，巽便有躲避災難的意思。俗話有「說風涼話」一語，風涼就是站在巽位，自己不受災禍，卻對受災禍的人說一些不關痛癢的話。

三十年幾前，我初讀奧修（Osho）的書《草木自己生長》（*The Grass Grows by Itself*），看過後深受感動，好幾處忍不住流出眼淚。當然，現在若再看，可能不會那麼感動了。因為那時候我的生命很青澀，處處都有捨不得的東西，稍微觸動生命底層，清理一下記憶，感傷之情就油然而生，所以很容易流淚。當時奧修有一句話讓我印象深刻，他說，修行就是完全的臣服，完全的被動。

什麼是「完全的臣服」？很簡單，就是沒有自我，沒有我執，沒有任何堅持的東西。什麼是「完全的被動」？這也不難，就是完全接受、完全覺知、完全開放、完全清醒，不製造任何多餘的東西，只是接受，只是看，這就相當於「觀」。

這個「完全的臣服」、「完全的被動」，可以視為巽卦的修行。

如果我們服從的是一個外在的東西，例如一個外在的神，或者戒規、戒律，或者權威等等，那麼我們要保持覺知，不然，我們的服從一不小心就會變成一種執著。如果我們的執著很深，那麼當我們看到別人服從的東西跟我們差異很大時，我們可能會很生氣，也會覺得自己受到冒犯。

「服從」在某個階段是好的，它是修行的一個重要部分，可以提供我們很多養分。但是，到了另一個階段，它又會變成不好的，變成「執著」。所以，在適當的時候我們要放鬆這個因為「服從」而造成的「執著」，甚至必要時要破除這個「執著」。

破除「執著」的方法，就是要相信，我們原本在意的差異最終都會逐漸「融合為一」。「融合為一」的意思，不是指差異完全消失，而是說，雖然差異繼續存在，但是這個差異對我們來說已經不重要了。

「完全的臣服」最終會變成「融合為一」。

如果我們的「執著」，不曾變少，反而越來越多，越來越深，那就代表我們幾乎沒有從「完全的臣服」中獲益，也代表我們已經遠離修行這條路了。

巽，小亨，利有攸往，利見大人。

巽卦的服從與坤卦的服從，也常常被拿出來比較。其實，這兩者有層次上的差別。坤卦的服從，是目標與方向上的服從，至於如何達成這個目標，坤卦還是要自己規劃，自己決定的。但是，巽卦的服從，不但是目標與方向上的服從，甚至連具體做法他也無法自己決定，需要「大人」坐鎮指揮。

另外，坤卦有長養周邊事物的能力，所以可以把局面越做越大。而巽卦則沒有這種能力，只能靠長官做大局面，所以是「小亨」。

巽卦的「利有攸往」，取決於是否能「利見大人」。而能否「利見大人」，則取決於巽卦當事人，有沒有智慧，選擇一個有發展潛力的好老闆、好長官。這是巽卦吉凶的關鍵所在。如果選擇輔佐的對象是「大人」，那當然有利。如果選到了小人，那就不利了。

從前雪山隧道還沒開通時，台北往返宜蘭只能走北宜公路。有時候我晚上從宜蘭回台北，山上的車子連成一串，我一定避免成為帶頭的第一輛，為什麼呢？因為山路漆黑，若車燈不夠亮或路況不熟，加上後面的車會按你喇叭，所以開起來壓力很大。我最喜歡開第二或第三輛車，因為只要緊跟前一輛車就好，完全沒有壓力。這緊隨第一輛車的做法，一般稱為「老二主義」，這即是巽卦的致勝之道。

巽卦可以缺乏創造力、缺乏專業能力，甚至缺乏智慧也沒有關係，但是，一定不能缺乏「識人之明」，一定要有挑選老闆的眼光。所謂「良禽擇木而棲」，若挑對人，就要好好跟緊，不要隨便脫離隊伍。如此努力個八年、十年，累積出來的成果，常常比自己創業的收益還好。

初六，進退，利武人之貞。

「進退」有三個意思。一是指合乎禮儀規範的舉止，例如「應對進退」。一是指好壞的際遇，例如「毀譽進退」。一是指舉棋不定。不過，舉棋不定的意思，似乎只在〈說卦〉出現，先秦其他書籍沒有這種用法。這裡我傾向採用第一個意思。

「武人」是指負責戰鬥的軍事人員。「武人之貞」是指軍人應堅持其品德。什麼是軍人的品德？其實就是服從。所謂「軍人以服從為天職」。「巽」即軍人的天職。

整句爻辭是說，軍人的禮儀規範，就是服從，軍人遵守命令，才能利於行事。

九二，巽在床下，用史巫紛若，吉，無咎。

「床」是大型的坐榻。古人尊者坐榻上，卑者坐榻下，平輩則共坐一榻。此處「巽在床下」即表示位卑者在床下，聽從床上尊者的指示。

「史」在古代是負責文書紀錄，或者執掌祭祀與禮儀的人。「巫」則是負責與靈界溝通的人。「史巫」與上一爻的「武人」相對，泛指文官。「紛若」有兩個意思，一說眾多的樣子，一說忙碌的樣子。我採用第二個說法。

整句爻辭是說，文職官員與祭祀人員，恭敬地居於下位，虔誠專注、盡責忙碌，這樣做事結果自然吉祥，不會有過失。

第一爻鼓勵人要學習軍人的勇敢與服從，第二爻則鼓勵人要學習祭祀人員的恭敬與盡責。兩者一文一武，即可涵蓋一切官員。

我覺得一個人如果沒有較高的智慧，或良好的工作技能，那麼至少應該具備「忠誠順從」的品質。因為，「忠誠順從」是一種經常被忽略，但其實非常重要的能力。

九三，頻巽，吝。

「頻」同「顰」，蹙眉的意思。「頻巽」就是外表服從，但心裡有異議，所以蹙著眉頭，若有不甘。這樣做事是不會有好結果的。

在巽卦的六爻中，存在兩好一壞的節奏。一、二爻因為服從而吉祥。三爻則因為不服從，覺得自己的判斷比命令高明，所以對命令不以為然，結果得吝。後面的四、五、六爻，也是這個節奏。

六四，悔亡，田獲三品。

「田」是田獵。「三品」有兩個意思：一指三個種類，一指品類眾多。兩說皆可通，但我傾向第一個解釋。「三品」的獵物，代表中等或中等以上的收穫。巽卦當事人參與田獵，全力以赴，最後得到這樣的成果，雖然不算豐碩，但也沒有讓人失望。

這一爻的意思是說，盡心盡力服從，無怨無悔努力，最後會得到不錯的成果。

第三爻是口服心不服，所以難以發展。第四爻則是心服口也服，所以行事有功，得到中等以上的收穫。

九五，貞吉，悔亡，無不利。無初有終，先庚三日，後庚三日，吉。

這一爻的「無不利」，與坤卦的「直、方、大，不習，無不利」有異曲同工之效。坤卦是說先天的資質好，無論後天是否受到良好的訓練，仍不妨礙其有利的優勢。巽卦的「無不利」，不是依靠自己的資質好，而是依靠挑對老闆，選對值得順從的對象，然後好好付出緊跟不捨，即可「貞吉，悔亡」，遠勝自己努力。

「無初有終」是說開始時條件並不好，但結束時卻有不錯的結果。由此可見，巽卦有吃苦耐勞，堅持到底的決心。

「先庚三日，後庚三日」這句話是個謎，沒有人知道究竟該怎麼解釋。另外，蠱卦也有「先甲三日，後甲三日」。這兩句話每個人的解釋都不一樣，所以大家不要太認真，把每一種答案都當作參考就好。

我自己卜了一卦，問「先庚三日，後庚三日」該怎麼解釋，結果得到隨卦。可見這句話沒有固定解釋，每一種解釋都有道理，也都有局限。

之前我們講蠱卦時，對「先甲三日，後甲三日」的解釋是，在甲日發布命令之前三日，要做好各種命令實施的準備與宣傳，而在發布命令之後三日，要核實實施的效果。所以，「先甲三日，後甲三日」就是把一件事從頭到尾認真完成的意思。此處的「先庚三日，後庚三日」，我認為是指驗收成果時要提早三日讓下屬單位知道，使其有所準備。庚日前往驗收時若有缺點，也不能馬上處分，而要給對方三日，改進缺點。如果無法改正，再給予處分。

上九，巽在床下，喪其資斧，貞凶。

「巽在床下」在第二爻已出現過。《易經》的卦爻辭若重複出現，其意義必有所不同。第二爻的「巽在床下」表示盡責任事。此處的「巽在床下」，可能是伏罪求饒的意思。意即當事人把上位者交辦的工作搞砸了，所以誠惶誠恐地祈求寬恕。「喪其資斧」是指以財貨為自己贖罪，或者獲罪後財貨被沒收充公。故說「貞凶」。

旅卦與巽卦的第六爻都不好，表示為德不卒，到了最後關頭都沒有提升上去，所以落到卦象的輪迴中，繼續修行。

如果服從他人意見的巽卦失敗了，那麼下一卦，就輪到兌卦登場。兌卦是聽從自己的意見，順性而行，還帶一點我行我素的味道。

58 兌卦：所有的失敗，都是不善溝通造成的

兌，亨，利貞。
初九，和兌，吉。
九二，孚兌，吉，悔亡。
六三，來兌，凶。
九四，商兌，未寧，介疾有喜。
九五，孚于剝，有厲。
上六，引兌。

「兌」的甲骨文寫成「」。上面是「八」，下面是兄。「八」是分別、分辨、認識、知道的意思。「兄」不是指兄弟，而是「祝」的意思，是對神明的祈願祝禱。上下合在一起，代表向神明祝禱，也讓神明知道你心中的願望。

所以，「兌」的原始含意應該是指人與神的溝通。由這個本義，隨著文化的發展，逐漸擴展、引申出其他三層意思：

一是指「說話」或「溝通」。原本是向神說話，讓神明白你的願望，後來則進一步擴展成人與人之間的說話和溝通。《老子》有「塞其兌，閉其門」的句子。這個「兌」就是溝通之管道、門戶的意思。

二是指一種內在的喜悅、滿足。也就是你心裡的願望被神明接納了，這會給人一種平安、踏實的感受。推而廣之，我們心中的想法若被他人理解了，或者我們理解了他人心中的想法，這都會讓我們得到一種內在的喜悅。

第三種是「實現、兌現」的意思。也就是你的願望不但神明知道，而且最後神明還幫助你實現了這個願望，這就是實現、兌現的意思。

「兌」在家庭倫理關係中代表少女。因此，兌卦充滿了青春的美善與活力，讓人第一眼就感到歡喜。只不過，兌卦的青春美好因為缺少理性與自制，也缺乏閱歷與經驗，所以容易失控，因而陷入偏頗、耽溺、執著，最後無法自拔。

所以，短期來看，兌卦是有益的力量。但長期來看，兌卦實力不足，必須尋找其他方面的助力，否則還是難以成事。

一個人若長得年輕可愛，又善於談吐，富有朝氣，毫無疑問，很快就能贏得別人的好感與信任。這就是兌卦最初呈現出來的正面力量。可是，真的做起事來，兌卦的實力就不符合期待了。首先，缺乏責任感，其次經驗不夠，再來是好奇有餘膽量卻很小，細心程度也不足，久而久之別人對他的好感會慢慢流失，乃至消耗殆盡。

《論語》有一句話：「雖小道，必有可觀者焉；致遠恐泥，是以君子不為也。」用這句話來形容兌卦，可謂恰到好處。能讓他人得到喜悅之情，這固然是好事，但如果沒有真正的成長，這種喜悅，就是「小道」。過度流連於「小道」，過度滿意於自己帶給眾人的喜悅之情，那麼真正的成長就永遠不會發生。

最好的兌卦，不是給人表面的喜悅，而是給人真實的生命力，給人成長；也透過理解與溝通，給人價值與意義的肯定。兌卦的理想固然如此，可惜在現實上，兌卦的力量不足，洞見也不夠，所以提升不上去。因此，這就成為兌卦必須努力突破的功課了。

人在兌卦之中，最要小心的事，就是不要陷於耽溺之中。只要一陷耽溺，那就等於自己跳進溫水的泥潭中，不但失去了行動力，還感覺泥潭挺舒服的，怎麼也不願意出來。

我們在生活中，若遇到耽溺沉淪，最好的提振辦法莫若禁語一日。這種時刻我們要停止一切外界刺激，不要再耗損元氣，獨自一人靜坐或漫步，時時讓精神向內凝聚，把氣養起來，也把平常累積的習性，有意識地加以清理一番。

兌，亨，利貞。

兌卦的卦辭簡單，只有「亨，利貞」三字，明明白白是個吉象。只不過，這個吉象是剛開始的狀態，未必經得起長期的考驗。

兌卦的六個爻辭，主要是在講人與人的接觸溝通，如何可得吉，如何將得凶，如何可以互相理解，如何可以取得對方的信任。

人與人的溝通方式非常多，有一些非常表面，有一些別有用心，有一些則誠懇深刻，情況各不相同。只不過，一開始就樂於與人溝通，這一定是好事，所以得「亨」。但是，溝通到最後，結果一定圓滿嗎？這也未必。

初九，和兌，吉。

兌卦裡的「兌」字，都有說話或溝通的意思，但也隱含著藉說話溝通以取悅對方，讓對方留下好感的意思。

「和」是和緩平順的意思。第一爻要溝通的事情，一般都是小事。若雙方的態度溫和，溝通的過程很平順，那一定能各取所需，也會互相留下好感，這是吉祥的徵兆。

九二，孚兌，吉，悔亡。

「孚」在這裡是信實的意思。兩人說話，真實誠懇，並無虛假詐偽，這樣彼此信任，應能帶來吉象，也不會留下遺憾悔恨。「悔」有遺憾的意思，也有怨的意思。人若踏踏實實做事、誠誠懇懇待人，無論事情成不成功，我們皆可以無悔。若做事虛假，算計過深，即使事情做成功了，人跟人之間還是會留下怨尤。

一、二爻都是吉爻，之後則凶爻較多，可見兌卦是吉在前面，到了後面，紙包不住火，實力不足的部分就暴露出來了。

六三，來兌，凶。

「來」是對方主動來接近我。如此主動接近，又以美好的語言取悅我，想必有特別的目的。我的反應若符合對方期待，將有損自身利益，而我的反應若不符對方期望，又恐對方背地裡加害於我。兩方面都很為難，所以是凶。

此時的「兌」，不是為了雙贏，而是想騙得對方信任，滿足自己的利益。所謂的溝通，也只是表面裝飾罷了。撕下這層漂亮的薄紙，後面就是赤裸裸的權力與利益的爭奪。

大陸有一句話叫「捧殺」。就是先用花言巧語，把對方捧得高高的，讓對方醺醺然不知自己究竟有幾兩重，完全失去防備，然後再佈下陷阱，狠狠痛宰對方。這也是「來兌」。

孫權殺了關羽之後，擔心吳蜀因此結怨，便給曹操寫信，勸他稱帝，極盡奉承阿諛。曹操雖然老邁，頭腦卻很清楚，史書記載：「操觀畢大笑，出示群臣曰：『是兒欲使吾居爐火上耶？』」這封信，就是孫權給曹操的「來兌」。

九四，商兌，未寧，介疾有喜。

「商」是商量、協商。「商兌」就是透過協商的方式互相溝通，期望得到令雙方都感到滿意的結果。「未寧」是尚未達成雙方一致的看法。「介」是微小的意思。「有喜」是指疾病痊癒。「介疾有喜」是說小病可得痊癒。引申意思是雙方的小歧見可以得到解決。

整句爻辭是說，雙方協商解決問題局面令人可喜，雖然一時無法達成整體性的協議，但對於卡在中間的小問題只要再花點時間，應該並不難找到解決的辦法。

俗話說「凡事好商量」，意思是不要把話說死，也不要讓事情走進絕路毫無迴旋的餘地。只要事情仍有迴旋空間，雙方就會維持和悅的氣氛，不會讓衝突公開化。只不過，能夠商量的大多屬於次要問題，不是核心利益。如果涉及核心利益，還能不能繼續採取「商兌」的態度呢？我想，這只能由實力來決定了。

目前美國與中國之間的衝突，表面上看，似乎可以透過談判協商解決，但實質上則沒有辦法。因為雙方都已碰觸到對方的核心利益，所以，即使雙方談判，也只是為了調整鬥爭的節奏，以及為另一輪的鬥爭贏得起手的優勢而已。

九五，孚于剝，有厲。

「孚于剝」句法類似隨卦九五爻的「孚于嘉」。「于」是有的意思。「孚于剝」就是「孚有剝」，表示其「孚」

已經受到損傷，無法再得到他人信任了。

既然無法得到他人信任，互信的基礎已經不存，那麼無論再怎麼費力溝通說話，不但成效不彰，還可能進一步引發對方的猜忌懷疑，所以充滿危險。「厲」是危險的意思。

如果我用簡單幾句話，說明《易經》可以教我們什麼事？我會這樣說：《易經》主要教我們的就三件事：一是乾卦的開創力量；二是坤卦的承擔力量；三是全書處處都在強調的「孚」的真誠而信實的力量。

上六，引兌。

「引」是牽、拉、提的意思。「引兌」的句法如同萃卦六二爻的「引吉」。「引吉」有越來越吉的意思，故「引兌」應該也有不斷加大溝通力道，提高溝通的層級；或者溝通的議題越來越深入，溝通的次數越來越頻密的意思。但即使溝通深入而頻密，是否即可收到成效呢？其實沒有人知道。

此爻並未明言吉凶，所以我們不知道最後結果如何。但我們可以推測，如此擴大溝通，雖不能確保成功，但至少是朝成功的路上邁進吧！在人生的道路上，並沒有任何一條路能確保成功。唯一可以確定的是，如果我們盡了力，就是往成功的方向走；如果我們未盡力，那就是往失敗的方向走。因為這一爻已經盡力溝通了，所以應該吉大於凶，或者吉凶參半。至於後面的機會如何，那就要看其他條件是否配合了。

如果其他條件並不配合，即使盡力溝通，最後還是失敗，那怎麼辦呢？那就另起爐灶吧！換一個地方，換一個對象，換一個主題，重新再來吧。這就是渙卦登場的時機了。所謂的「渙」，就是離開故鄉，坐船到他鄉謀生，重新開創生命的新機運。

59 渙卦：故鄉再見！我要搬去另一個地方發展了

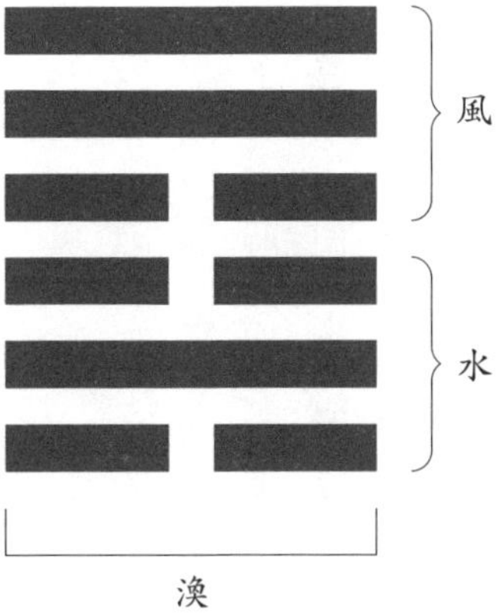

渙，亨，王假有廟，利涉大川，利貞。
初六，用拯馬壯，吉。
九二，渙奔其机，悔亡。
六三，渙其躬，無悔。
六四，渙其群，元吉。渙有丘，匪夷所思。
九五，渙汗其大號，渙王居，無咎。
上九，渙其血去逖出，無咎。

兌卦有一種青春的力量，一種新鮮的氣息，讓人看了很喜歡，很想給他一個機會。可惜，兌卦涉世不深，經常活在自己的世界中，對於這樣的機會並不知珍惜，甚至不稀罕這樣的機會。相對來看，需卦就很珍惜這樣的機會。雖然，兌卦與需卦都有初出茅蘆的意味，但需卦知道自己不足，兌卦則不知道自己的不足。所以兌卦處處有稜角，自尊心又強，很容易受傷，一受傷就想逃跑，心裡看到的都是別人的缺點，以及一堆自以為是的道理。這就是兌卦不成熟的地方。

下面我們講渙卦。

「渙」的卦象是上風下水，象徵水上有風，利於行舟遠行。在這個意象下，「渙」引申出三個意思。一是「離散」。指離開原來居住的地方，搬遷至他處，展開全新的生活。也可以指人心離散，失去團結，各奔東西。二是「聚合」。因為有散就有聚，就像水上的風，可以把浮萍吹散，但也可以把浮萍吹聚。其實，離開原來的住所是「散」，但找到新住所，重新安頓族人，這即是「聚」。三是「渙釋」，也就是融冰。指原來硬得跟石頭一樣，好像心結很重，毫無商量餘地，但現在化解了，產生流動性，可以彼此商量協調了。

在古代，一個農業民族，搞到必須全體遷居他方，這恐怕是遇到大災難了。我們知道，商末周初，農業生產規模已逐漸擴大，「遷徙」這件事非同小可，若不是遇到災難，有誰願意放棄原有的耕地，輕言離散呢？

對游牧民族來說，遷徙是家常便飯。這個月住這裡，下個月這裡的草被羊吃完了，帳篷一收馬上移居到五十公里外的地方，毫無困難。可是對農業民族來說，土地要開墾，取水要挖井，灌溉要溝渠，國都要城牆，各類屋宇房舍通通無法移動。所謂的搬遷，就意味著要放棄大量的固定資產。這若不是遇到危難，絕對沒有人願意做這事。

根據《史記》記載，商朝到了中期，因為繼承王位的問題引發內部動亂，持續百年之久，為此國都遷徙了好幾次，國力也因而越來越衰弱。總計商朝從商湯到盤庚之前總共遷都五次，每一次都搞得元氣大傷，民怨沸騰。到了盤庚時期，他認為還是必須遷都，但大家都反對。《史記》描述當時情景說：「殷民咨胥皆怨，不欲徙。」但盤庚不為所動，堅持遷移至殷地，也就是今天的河南安陽。還好這一次遷都很成功。《史記》說：「（盤庚）行湯之政，然後百姓由甯，殷道復興，諸侯來朝。」這一次總算把大局穩定下來了。

渙卦的內容，對應的就是盤庚最後一次的遷都計畫。盤庚剛開始承受很大的反對壓力，但他不為所動，以身作則，堅持遷都才是長治久安的做法，最後終於成功，化解眾人的懷疑。

整個遷都的故事，正好包含了「離散」、「聚合」與「化解」三個部分的意思。顯然，這並不是簡單的巧合。

我第一次卜得渙卦，是幫人卜移民加拿大的問題。看到渙卦，沒有懸念，那自然是要離開台灣，所以我告訴他們移民一定會成功。

不過，離散、遷居，這是容易的。困難的是，遷居之後，如何再一次聚合人心，讓族人在這個全新的地方安心開墾，從頭建設。離開故鄉，固然不容易，但是，如何在他鄉重新凝聚人心，這才是真正的挑戰。這即是渙卦要面對的關鍵問題。

另一個重點，是宗教問題。國都遷到新的地方，祖靈願不願意一同前往呢？會不會繼續保佑族人呢？這就需要在遷都的前後各舉辦一次大型祭祀，先是稟告祖先遷都的計畫，事後再舉行一次大型祭祀，召喚祖靈，接受享祀。

《孟子》說：「使之主祭而百神享之，是天受之。」意思是說，如果由你主祭，諸神都接受你的召喚，接受你的享祀，並給你護佑，這就代表老天接受你做為百姓的領導人。所以，神明有沒有來接受你的享祀，這件事十分重要。如果君王祭祀時連續幾次占到不好卦，那就表示神不接受他的祭祀了，這是很嚴重的事，說不定他就要公開反省自己的罪過，寫成文書昭告天下，祈求老天原諒了。

渙卦要我們不要害怕變動，而且鼓勵我們要有適當的變動才能刺激成長，保持活力。不然，一切以安定舒適為上，時間久了，不但思想僵化了，行動力與競爭力也將日漸衰退。

渙，亨，王假有廟，利涉大川，利貞。

類似的卦辭我們接觸很多了，所以這句卦辭幾乎不用多作解釋。遷徙前後的祭祀對古人來說是一件大事，也是遷徙吉凶的關鍵，所以渙卦的卦辭以祭祀為場景，表示神明會庇佑這次的遷徙，讓一切困難皆可平安渡過。

整句卦辭，大意是說，君王親自到廟裡主持祭祀，神明告訴他，此次遷徙會十分順利，渡河不會遇到危險，安心去進行吧！

盤庚最後一次遷徙，據說是從山東的曲阜遷到河南的安陽。從地圖上看，距離差不多四百公里，中間不但要渡過黃河，還要渡過許多小河川，可謂工程浩大。此時的「利涉大川」，應該是指渡黃河。我認為，《易經》中的「利涉大川」，典故很可能就來自盤更遷都過程中的橫渡黃河。

從卦辭來看，本卦的前三爻指的是遷徙的前半部，也就是如何克服困難，勇往直前。後三爻則指在新址安定下來之後如何團結人心，重新建設。

初六，用拯馬壯，吉。

「拯馬」就是去勢的公馬。「壯」是強壯的意思。這一爻是說，遷徙之始，各種搬運工作十分繁重，若有大量溫馴且強壯的馬匹幫忙，那完成這項任務就沒有問題了。

當然，這裡的「拯馬」也可以比喻負責又能幹的大臣。因為完成如此龐大的國都遷徙計畫必須要有充滿智慧、抗壓力極強，又堅忍負責的大臣來主持，才能吉祥。

九二，渙奔其机，悔亡。

「奔」是急赴的意思。「机」字則很微妙，爻辭上不寫「機」而寫「机」，讓後代註解者頻生疑問。此處的「机」字，是《易經》全書僅有的用法，其他地方不曾出現，因此各家對這個字的解釋也各不相同。有人認為「机」即是「几」，是坐榻上的憑藉物，引申為依靠的意思。有人認為，「机」是馬廄的意思。也有人說「机」就是「機」，意指完成事情的恰當時機，也可以指遷都後將帶來的新機運。此處我採用最後一種解釋。

整句爻辭的意思是說，掌握時機、做出決斷，該行動就行動，不要拖延。如果常常錯過時機又沒有行動，這樣就很難成事了。

當機立斷的行動他人可能覺得突然，無法理解，必須等到結果出來後，大家才恍然大悟，明白如果不這樣行動，事情絕對無法順利成功。

事情的成敗關鍵，常常就在兩三個「機」上，要看能否迅速把握並做出正確的處置。如果連失兩三個「機」，恐怕再多的努力也也很難挽回局面了。

「渙」在這一爻依然是指國都遷徙的大事。「奔其机」是指盤庚遷都時雖然各方反對，但他掌握先機，毫不含糊，適時做出決定，最後則證明，這一決定扭轉了商朝的衰弱，並確保了之後一百年左右的強盛。

有一句流行語叫做「做大事的人不糾結」，正好可以拿來作為這一爻的註腳。

六三，渙其躬，無悔。

「躬」是身的意思。「渙其躬」就是自己帶頭行動，搬離宮殿，先行遷徙，做出示範，藉此打破他人觀望或疑慮的心態。

「渙其躬」的「無悔」，也是一種果決堅定的態度。因為，作為商朝的君王，盤庚必須依據長遠利益而做出決定，絕對不能拖泥帶水。即使他人無法諒解有所埋怨，他也要「無悔」地承擔下來。等到最後結果出來，再來論斷功過吧！

連續兩爻出現「悔亡」與「無悔」，可見渙卦的吉凶，就在於這兩個「機」是否能牢牢把握住。前一「機」是果決行動，後一「機」是以身作則。

六四，渙其群，元吉。渙有丘，匪夷所思。

「群」在這裡是指所有的族人。「元」是大的意思。這一爻是說，所有族人都一起參與遷都行動了，因為他們看到君王以身作則，知道遷徙勢在必行，所以不再觀望，開始落實於行動，這樣的結果自然是「元吉」。

「丘」是山丘，也可以指人群聚集的地方，又有空曠的意思。此處應該是人群聚集的意思。指全體族人一起遷徙，場面十分壯觀，一片人山人海，緩緩向前推進。這個場面，很容易讓人想起〈出埃及記〉裡，摩西帶領猶太人離開埃及，跨越紅海的場面。

盤庚的遷都，也算是另一種東方的「出埃及記」，只不過雙方遷徙的原因不同，但尋找更好的應許之地則並無二致。

九五，渙汗其大號，渙王居，無咎。

「汗」是流汗，表示遷徙的行動非常辛苦，經常滿身大汗。「號」是命令，「大號」就是極為重要的命令。

這個命令應該是與遷徙有關的重要規定事項。「王居」是君王的居所。

到了第五爻，應該已經遷徙至新的定居地了。眾人勞心勞力、遵從命令，圓滿達成遷徙國都的任務。而君王自己也以身作則，離開原來舒適的居所，跟族人一起吃、一起住、一起工作，這樣雖然辛苦，卻可以感動官員與人民。

上九，渙其血去逖出，無咎。

小畜卦六四爻有「血去惕出」，與此處的「血去逖（ㄊㄧˋ）出」意思相同。「逖」即是「惕」的假借字。「血去惕出」是古人放血治病的醫療手段。「惕」是憂的意思，意指放出血後，疾病之憂即可解除。這裡的「血去逖出」，符合「渙」字的第三義，也就是化解誤會、疑慮，重建和解、信任的意思。

這一爻應該是把遷都的辛勞，比喻成放血。放血雖然會感到痛苦，可是放完血後病就好了。如同遷都過程很艱難，可是，遷完都後，原先阻礙發展的病根都拔除了，假以時日，國家又可迎來全新的發展機運。這就是說，遷都也是一種治療，把造成國家發展不平衡的因素或毒素排出體外，新的生機即可浮現。

外在的遷都、搬家，是一種治療。因為，透過搬家的過程，我們才知道自己累積了多少業力。丟掉業力，我們才能進行下一個階段的旅程。人的內心，也應該每隔幾年，進行一次精神性的大搬家，把精神上的業力或者心靈的黑暗角落，好好打掃一番，該丟掉的丟掉，該修理的修理，讓自己精神煥發，重新做人。

渙卦是國家級別的巨大遷徙，遷徙之後元氣大傷，需要恢復，所以下一卦是節卦，就是節約用度，避免無謂耗損的意思。

60 節卦：如何在自我節制中，感受到安定與快樂？

節，亨，苦節不可貞。
初九，不出戶庭，無咎。
九二，不出門庭，凶。
六三，不節若，則嗟若，無咎。
六四，安節，亨。
九五，甘節，吉，往有尚。
上六，苦節，貞凶，悔亡。

在我的卜卦經驗中，渙卦常常出現在卜問感情或工作的卦象中。如果是問感情，通常代表對方沒有長期走下去的打算，只要遇到一點小困難，馬上有「遠走高飛」的念頭。如果問工作，也代表當事人不想繼續留在原來的工作，有「另起爐灶」的打算。

這裡也牽扯出另一個問題，就是渙卦與旅卦都有離開原來熟悉的地方的意思，但兩者有何不同呢？

一般來說，在工作上旅卦的意思代表這是一個短期的工作，時間都不會很長，三、五個月最常見，超過一年則屬少數。相對來說，渙卦則代表是一個長期的工作，至少半年以上。另一個差別在於地位不同。旅卦是客卿性質，不會被當成自己人，這類工作就如顧問、臨時支援、教育訓練，或者兼職、專案等等。雖然如此，旅卦卻能在學習、見聞與人脈上，得到滿滿的收穫。相對地，渙卦是去貢獻所長的，扮演的角色必然高於客卿，投入的心血與發揮的空間，也必然高出旅卦甚多。

我們也可以把渙卦與睽卦進行一個比較。這兩個卦都有「分」的意思，這要如何區別呢？例如卜情感，得到渙卦與得到睽卦有何不同呢？以情感來說，得到渙卦就已經同床異夢了，距離分手不會太遠；但若是卜得睽卦，這表示雙方在比較深的價值觀念上存在分歧。很可能兩人仍然可以一起生活，但是無法進入對方的內心世界，無法在心靈深處與對方交流。也就是說，睽卦的分，常常是精神層面的分，而渙卦的分，更偏向於行動的、空間上的分。所以，卜得睽卦，也許兩人多忍耐、包容一點，標準放低一點，還是可以繼續生活在一起。而卜得渙卦，忍耐的空間就很有限了，分手的機會比睽卦大很多。

下面來講節卦。

「節」字的金文寫成「」，上面是「竹」，下面是「即」。「即」的字形表示人走到爐邊就食，所以「即」有「就」、「靠近」的意思。那麼問題來了，人在爐邊吃東西，再加上一個「竹」字，這該怎麼解釋呢？

加上「竹」字的用意，眾說紛紜，沒有正確答案。學者們各自發揮想像力提供解釋，只要「言之成理」，即使帶一點「猜」的成分，也無傷大雅。我的看法是這樣，「竹」字在這裡，帶有「會意」功能，也就是借用竹子分段分節所象徵的「次序」意義，與就食過程結合，代表吃飯過程中所應該講究的禮儀、次序、規矩，以及尊卑長幼的各種習俗。

從人類學的角度來說，「飲食」是人類「禮」的重要發源地。

人與動物皆有飲食，但動物在吃東西這件事情上是六親不認的。誰的力氣大，誰就先吃，並不存在複雜的次序。動物天生對食物有強烈的占有欲，很難改變，而人卻可以克服對食物的本能占有欲，可見人類的智慧，超越於本能之上。動物的飲食次序全由力量強弱決定，強者先食，鮮少例外。而人類的飲食次序，則能另建一套複雜的系統，既不受制於本能反應，又能發揮出比本能更強大的組織性秩序。

「節」就是人類超越動物性本能，開始建構屬於人類自己的文化次序所必須跨出去的關鍵性一步。

建立超越本能的飲食規則讓人類脫離了動物的行列，成為一個獨特的物種，也由此表現出人類獨有的社會文化與生命價值觀。這種藉由飲食次序來表現人類獨特的價值次序，就是「禮」的誕生方式。

例如古代祭祀神明時為何要用食物做祭品呢？又為何要等祭拜結束後人才能吃祭品呢？這就是用飲食的次序來表達神明與人之間的價值次序。又例如祭品的厚薄與規模的大小為何是以祭祀天地最為慎重呢？而祭祀山川與風雨等神明則形式較為簡化呢？這也是因為祭祀的規模大小反映了神明之間不同的位階次序。至於人類在日常飲食中常以長者、賢者先食，勤勞力壯者次之，女子小孩又次之，這也是反映了文化中的價值次序。

所以「節」的本義，應該是指飲食的次序與規矩，也包括飲食的各種儀式。例如敬酒、夾菜、座次，以及什麼食物誰能吃，誰不能吃等等。甚至，也包括各種飲食的禁忌。

大家都知道竹子可以避邪，但是，為什麼竹子可以避邪呢？原因就是竹子所代表的秩序、規則、法度，是一種精神提升下的產物，所以充滿正氣與陽氣，可以克制邪氣與陰氣，這就是竹子可以避邪的原因。

「節」的本義雖然如此，但在「節」卦中，我們要掌握的意思，主要仍是自我節制、克制、約束的意思。也就是不過度、不放肆、不流蕩、節制言行、節約用度。

渙卦與節卦是一組綜卦。渙卦是離散的意思，節卦是凝聚的意思。渙卦是前往新的地方，重建外在的物質家園；節卦則是建立一個內在的心靈家園。渙卦是分開的意思，節卦是合一的意思。渙卦是另起爐灶，節卦是堅守不移。所以古人稱不二嫁的婦人為「節婦」，就是堅守不移的意思。

更仔細一點來說，「節」包含兩種精神品質。一種是遵守外在的客觀規則，這部分的精神，類似於師卦所說的「律」。第二種則不是遵守外在規則，而是內心裡有真實的價值信念，所以用這樣的價值來自我要求與「自律」，並進一步完成自我實現。

孔子說：「以約失之者，鮮矣。」這個「約」就是「自我約束」，而「自我約束」就是有意識的「自律」，也就是「節」的狀態。人處在「節」的狀態中，即是處在覺察的狀態中，自然是不容易犯錯的。即使犯錯，也必然是可以改正彌補的小錯。

節，亨，苦節不可貞。

渙卦是要在「離鄉背井」之後「重建家園」。節卦接在渙卦之後，就是要來承擔這個篳路襤褸的重建任務。此時，就需要一種節約與克難的奮鬥精神來面對種種困難了。

這就好像台灣的五、六〇年代，外在條件困窘，所以處處都在提倡節約與克難的精神。我記得小時候有一種「克難菸」，長度較短，也沒有濾嘴，雖然規定只能賣給軍人，但偶爾也流傳於民間。還有一條街道，取名克難街，位置好像在台北市青年公園附近。後來經濟發展起來了，這條街的名字也改了。

「克難」二字，其實就是「節」的精神的另一種表現方式。表面上看，克難是克服困難的意思，但在語言的使用上，我們已經習慣把克難與節約連繫在一起，也就是標準放低一些，能滿足基本需求即可，形式上不必過度講究。例如克難菸，就是能抽就好的菸，至於長度短一點，味道苦一點，沒有濾嘴，通通無所謂。又例如把美援的麵粉袋拿來改成內衣內褲，這在當時也稱為克難精神。

在艱困環境中，能夠克難承擔，這當然是好事，所以說「亨」。但是，克難應該適度，不可過頭。克難過頭就變成「苦節」，不但讓人難以忍受，而且又無端生出許多煩惱。這樣的「苦節」，不但無法扶持生機，反而成為進步的阻力，煩惱的源頭，所以並不可取。

節卦是感受到整體的艱難，為了護持一份長期的生機，所以刻苦節約。這是基於內心價值信念而做出的「自我約束」，並不是為了節省而節省。基於價值信念所做出來的「自我約束」其實已經等同於「敬」的精神了，而不只是節約或節儉。

若沒有「敬」的精神，那節約就等於省錢，這就落入「居簡行簡」的毛病，變成吝嗇了。沒有「敬」的精神來作主的「節」，氣度無法張開，眼界也跟著狹窄起來。這樣的人，不但窮，也是醜。

整個節卦最重要的功課，就是分別什麼是「苦節」，什麼不是「苦節」。如果不是「苦節」，而且內心有「敬」的精神作主，那就可以亨通。如果是「苦節」，短時間還可以勉強苦撐，長時間則一定要改弦易轍，不然，就會無路可走而陷入困境了。

合理的「節」，可以培育生機、可以提升智慧，可以斷除習性。「苦節」則是沒有成長性與發展性的約束。

初九，不出戶庭，無咎。

「戶」是「門」的意思。有人認為「戶」是指單扇的門，「門」則指雙扇。這樣的區分有點刻意，似乎沒有必要。「庭」是廳堂與大門之間的院子。「不出戶庭」就是不出家門的意思。艮卦有「行其庭，不見其人」之句，可以對照比較。

不出家門，即是一種「節」的自我約束精神。俗話說「大門不出，二門不邁」，用以表示內心非常安定寧靜，不受任何熱鬧景物吸引。這裡的「二門」，指的是大戶人家的院落至少有兩進，有時中間會隔開另設一門，作為內外院的區分，即稱為「二門」。

九二，不出門庭，凶。

此爻的「不出門庭」與上一爻的「不出戶庭」同義。只不過第一次不出戶庭，這是「節」；第二次繼續不出門庭，那就是過度了，變成「苦節」。例如一個月不出門，閉門思過，這是「節」。但是，三年不出門，閉門思過，這就是「苦節」了。苦節不可持續，若激於意氣強苦不改，那就「凶」了。

人世的情景，常常是此一時也，彼一時也。我小時候社會到處都在提倡節約與儲蓄，所以小時候最常收到的生日禮物就是存錢筒。小學的課文中還有每天存一元，三年後竟靠這錢幫媽媽解決醫院急診費用的故事。等到八〇年代，台灣經濟逐漸發展，風向一轉，開始出現提倡消費帶動社會經濟的主張。到了現在，面對金融風暴或新冠疫情，政府都採用發放消費券的方式，希望藉此拉動經濟成長。今天若有人主張以節約應對金融風暴，大概會被批評為「苦節」吧！

可是，物極則反，現在鼓勵消費恐怕也鼓勵過頭了。歐洲與日本的中央銀行甚至採用負利率的手段，懲罰不願消費的人。但是，負利率真能帶動一般人的消費意願嗎？問題恐怕沒有那麼簡單。

六三，不節若，則嗟若，無咎。

「若」是「焉」的意思，相當於「樣子」。「嗟」是嘆息的意思。這一爻是說，如果現在不自我約束，克難節儉，那麼等到把資源都耗費光了，到時候就只能哀聲嘆氣，悔不當初了。

六四，安節，亨。

安節是不以節為苦，安之若素的意思。人能安於約束的狀態，心中必有更遠大的目標與嚮往，這樣才能不以為苦。

舊金山的史丹佛大學曾進行過一個實驗，他們以一群小孩子為目標，說要發糖給他們吃，然後約法三章，如果你現在就吃，那只能得到一顆糖，如果你等十五分鐘後再吃，那就可以得到兩顆糖。

結果有些小孩先吃了糖，另一些小孩則忍住不吃，熬過看別人吃而自己吃不到的情境。這個實驗繼續追蹤這些小孩十幾年，發現當初選擇先不吃糖的小孩，在求學與社會就業的表現上，明顯優於選擇馬上吃糖的小孩。

這正好可以說明「安節」之「亨」。

老一代的人經歷過苦日子，所以有「安節」的品質，但新一代的人，無論做什麼事，都希望立刻得到回饋，也就是一付出，就希望很快得到回報。這就是無法「安節」。人若無法「安節」，那就很難累積因緣，成就局面了。

九五，甘節，吉，往有尚。

「甘節」比「安節」還進一步。不僅安於自我約束，還在自我約束中體會到一種愉悅與成長，因此覺得約束比不約束還好。這當然很吉祥，而且有助未來進一步提升發展，所以說「往有尚」，表示之後會越來越好。

這兩爻有點類似「知之者不如好之者，好之者不如樂之者」的意思。

人在約束中有樂可言，必然不是簡單的耳目感官之樂，而是沉潛深入於事物之中，讓內心得到感悟而得到的成長之樂。

從前我在通化街租過一間房子做講堂，房東是中校退伍軍人，一輩子堅持洗冷水澡，堅持早起運動，也堅持簡單飲食，每頓飯絕不超過三個菜。我看他都七十幾歲了，依然精神奕奕，耳聰目明，聲音宏亮，這應該就是「甘節」的結果吧！

上六，苦節，貞凶，悔亡。

人在約束中，若不能「安」，那就一定無法「樂」。若「不安不樂」，日子久了，一定會想掙脫約束自行其是，最後必然是一場災難。

節卦到了第六爻，陷入自苦的狀態，把自己與環境對立起來，既與眾生結怨又讓自己不斷造業，這是不可持續的。所以，下一卦還是要回到內心，確認自己真正的方向在哪裡。於是「中孚」登場了。

61 中孚卦：最有安全感的人，才能成就最高的修行

中孚，豚魚吉，利涉大川，利貞。
初九，虞吉，有它不燕。
九二，鳴鶴在陰，其子和之；我有好爵，吾與爾靡之。
六三，得敵，或鼓或罷，或泣或歌。
六四，月幾望，馬匹亡，無咎。
九五，有孚攣如，無咎。
上九，翰音登于天，貞凶。

節卦常遇到的問題是，「有志沒有氣」或「有氣沒有志」。所謂「有志沒有氣」就是被逆境壓得提不起力氣，一路挨打，一路落魄，最後很可能連「志」都守不住了。「有氣沒有志」則是喜歡與人鬥氣，又誤把「氣」當成「志」，到最後處處與人結怨，路越走越窄，限制越來越大，根本沒有提升的力量，只有向下沉淪的「一肚子怨氣」。

在實際卜卦上，遇到節卦一般是指資源不足、施展不開，處處受到限制的意思。有時也是提醒卜卦的人，要約束言行審慎節用，不可過度。節卦通常也有「苦節，不可貞」的傾向，所以也是提醒當事人不要過度堅持沒有希望的東西，該放手的時候就放手，該轉換方向就轉換方向。

我最近有些體會，就是人生如何度過四十到五十歲這一段「不惑之年」？如何慢慢讓自己的生命進入不惑之境？我的答案是：不要再跟自己或別人鬥氣了，也不要把寶貴的時間花在「氣」上，要專心找到自己長期想要投入的志業，並把時間花在「志」上。

人生過了四十歲，必須開始感受自己生命的內在召喚，知道自己的內在聲音究竟想告訴我們什麼？究竟希望我們往哪裡發展？這是一個感受內在真實，進而通達「天命」的過程。這件事好好做個十年，到了五十歲，即可知道自己的「使命」了。

人過了四十歲，兩件事要做好。一是慢慢把人生終極的目標與方向確定下來，然後在上面好好努力。二是讓自己盡可能愉快、自在的生活。尤其是不要死守「苦節」，充滿怨氣，跟自己或他人過不去。

人到了五十歲一定要記住，不要為那些跟自己人生方向不相干的事，承擔太多責任、付出太多心血，又祈求太多回報。

人若走在自己的生命道路上，即使受苦也能回甘，即使失敗也可以轉化成智慧與歷練。人若不走在自己的生命道路上，那麼我們所受的苦，都會帶給我們極大的負能量，很難轉化。

下面講中孚卦。

《易經》的「孚」字，我們已經講很多了，簡單再整理一遍。「孚」字有四個層面的意思。首先，從宗教層面來說，「孚」就是人以虔誠之心，或以內在真實之德，與神明相感通，並得到神明的認可與庇佑。這個意義下的「孚」，也相當於「誠」、「真」、「信」，而就其效應來說，則相當於「福」字。

其次，是神明對人的庇佑，這是一種「保」的觀念。這一觀念從神與人之間的關係慢慢轉移到君王與子民之間的關係。顯現方式則為君王對子民的「保、親、愛」，也就是傳統儒家所強調的「親民愛民」、「保民而王」的觀念。

第三，當上位者對下位者有保有親、真誠關愛，並讓底層人民得以安居樂業，如此則下位者自然對上位者產生尊敬與信任的感情。這種對應關係古人認為有如子女之於父母，既真實且自然，中間毫無虛偽。於是，「孚」字又引申出信任、相信、敬愛的意思。擴大來說，連鄰邦對我方的信任、親和、尊敬等感受，也可包括在這一種意義中。

第四，對古代貴族來說，能以身作則、賞罰分明，讓人民安居樂業，並產生強大的向心力，團結一致，使下位者對上位者有敬有信，這就是一種領導力、施政能力與道德能力的整體表現。所以，「孚」字又代表一種政治與道德的綜合能力。

「中孚」卦的「中」字，有兩個解釋。一個等於「忠」字，也就是忠於內心的真誠，不虛偽、不譎詐。第二個是指我們的內心。其實這兩個解釋十分接近，尤其第二個解釋，雖不強調「忠」，但也已經把「忠」包含在內了。所以我們可以說，「中孚」就是指內心的誠與信。

從卦象來看，中孚上風下澤，下兩爻與上兩爻都是陽爻，只有中間兩爻是陰爻，形成了一個封閉的中央空間。這個空間的直觀解釋像是一個不受外界干擾的安全場域。這一空間類似人類早期居住的山洞，只要在洞口布上荊棘或柵欄即可在裡面安穩休息。這一空間類似鳥巢，也類似人類母親的子宮，可以隔絕外界威脅，讓生命無憂無慮的生長。這一空間也像母親的臂彎和懷抱，讓小孩溫暖而舒適的睡覺。

「中孚」的基本卦象，就是讓生命得到充分的保護。因為，生命只有在完全受到保護的情形下，可以真正忘記自己的欲求，然後順利開展他的本性，自然而然地走向他生命該走的道路。

如果生命失去保護，那麼他的不安全感就會不斷激起強烈的欲求。因為，我們不安的內心就是一個欲求的製造機，不斷創造欲求來平撫不安，只不過，這種平撫只是暫時的，而且這樣的欲求也永遠無法得到滿足。

這個不安就是我們生命內在的陰暗角落。當我們的不安全感越深，我們就越無法克制自己的欲求，同時也會越來越遠離生命真正的欲求。

所以，不安全感是我們製造業力的一大來源。

我們若想回到本性，找到「使命」，認出屬於自己的生命道路，首先，我們要感受到「充分的安全」。我們要好像重新回到母親的子宮，回到母親溫暖的懷抱一樣。

如果我們感受到完全的安全、完全的滿足、完全的舒適、完全的溫暖，在這種感受下我們很容易就會忘記自己、忘記欲求，也忘記我們與周遭一切的區別。

只有透過非常充分的安全感，我們與身邊一切事物融為一體才有可能。

我們不是用頭腦、用意識、用語言告訴自己，要完全平等的對待一切事物。而是當我們的身體與心靈處在充分的安全感之下，我們便會非常自然也非常舒適地與外界融為一體。只有在會不安全的顧慮下，我們才會想與其他事物分別。

人類進化到今天的地步，超越了地球上其他物種，這一方面是成就，但是，換個角度看，這也代表了人類是一切生物中最沒有安全感的生物。

人類因為感受到其他生物所無法感受的巨大死亡恐懼，在腦海裡烙印下巨大的災難記憶，體會到非常深刻的痛苦，因為如此，人類才會發展出這麼好用的頭腦，以及這麼靈活的雙手。

人類是因為承受了極大的不安全感，才演化得到如今的聰明，以及難以放下的自我意識。

佛教常說，無明是愚痴的病根。但是，如果我們認真去探究愚痴的緣由，我們會變得非常憐憫、非常慈悲。因為越深的愚痴，只能起因於越大的痛苦、恐懼和不安全感。不會是別的。

如果我們明白這個道理，到最後我們只能選擇慈悲，沒有第二條路可走。因為聰明也好，愚痴也罷，人的所有意識，歸本溯源，都來自一片苦海。

所以菩薩的智慧是這樣的，如果充分感受到安全，就不會與那片苦海互相感應；如果不與那片苦海感應，就不會產生自我意識，以及分別心。

你有多大的安全感，就有多大的慈悲心，也就有多大的能力不與苦海相應，自然就有多大的自由度，不受自我意識的干擾。

這件事帶一點神祕性，我們不要講太多，適可而止。

有一次我跟母親聊天，聊到最想回去的一年。我母親說，她最想回到我們小時候，當時她在延平北路第一劇場旁邊的針織小工廠工作，孩子們就念旁邊的永樂國小，放學後小孩跑到工廠門口等媽媽。五點下班，我母親就帶小孩去媽祖廟旁的麵攤吃麵，吃飽了，大家一起牽手回家。我母親說，當時的生活很艱苦，可是日子過得很踏實。

這種踏實感、實在感、生活真實落在地上的感覺，就是中孚卦。

身為母親，保護自己的小孩，無論是帶去吃麵，或者牽著他們的小手，順從大自然的神秘規律，因而得到一份無法言喻的踏實感。她感覺這就是生命應該做的事，也是生命的全部意義所在。而對於受保護者，對於小孩來說，這份保護則讓他充分開展了自己的生命。

保護者與被保護者之間是一種很神秘的關係，就相當於神明與人的關係。神明是保護者，人是受保護者。在神明的慈悲、庇護與愛之下，人的生命才能得到充分的安全感，也才能得到完整的開展。

有一次我和一位醫生朋友吃飯，聊起宗教，他說宗教是我們中年人的心靈寄託。我告訴他，不要這樣說，因為宗教不是寄託。寄託是我們的心沒地方去，流離失所，於是把宗教當成一個寄物處、收容所，藉此得到安慰。這樣寄託自己心靈的中年人，人還沒變老，心靈就先進養老院了。

宗教是我們要好好愛自己，好好愛我們這份內在的真實，好好保護自己的真心本命，並接受召喚，去完成我們應該完成的事。宗教不是寄託，而是承擔，並在承擔中得到力量與智慧。

中孚，豚魚吉，利涉大川，利貞。

「中孚」以「信任」為世俗意義，以「保護、虔誠、真實無偽」為宗教意義。古代人在世俗與宗教上的區別沒有現代人這麼強烈，各種意義常常是混同為一的。

「豚魚」是用作祭品的豬肉與魚肉。古代貴族大祭時可用全牛、全豬、全羊等祭品，而一般人祭祀時只能用豬魚雞替代，而且豬是豬肉，並非全豬。由此可知，「豚魚」是比較簡單的祭品。但即使祭品單薄，只要內心虔誠且真實，薄禮也不妨礙與神明感通。所以說「豚魚吉」。

「利涉大川」，一說認為中孚卦三四爻之虛，有刳（ㄎㄨ）木為舟之象，故能「利涉大川」。我認為，凡是內在真實的東西，都要經過外在的考驗，才能確認是否真實。如果我們是真實的，那麼這個考驗不但難不倒我們，還可以幫助我們向上成長。所以說「利涉大川」，而且可以「利貞」。

《易經》凡有「貞」字的地方，都是我們開啟智慧、增長力量、改變習性、消除業力的地方。

初九，虞吉，有它不燕。

「虞」有「安」的意思，也有「審度」的意思。兩說皆可通，我傾向前者的解釋。從「安」的角度來說，人若真誠無偽則有心安理得的吉祥。以「審度」來說，內心的真實有時候是「志」，但有時候是「氣」，必須經過審度明辨才可以得吉。

「它」是意外，「燕」也是安的意思。「有它不燕」是說，第一爻的真誠固然樸實可信，可是未必經得起考驗，若外界突然發生什麼變動，很容易就惶惑不安，無法保持真誠了。

中孚的「信」，是雙方的對待關係。初爻的「信」還沒有穩固，所以雙方平時互相信任，等到有事發生，彼此各打各的算盤，信任就不見了。這就是經不起考驗。

九二，鳴鶴在陰，其子和之；我有好爵，吾與爾靡之。

「陰」是山之北、水之南。此處當作樹蔭的意思。「鳴鶴在陰，其子和之」是說，母鶴在樹蔭下鳴叫，小鶴聽到也隨之回應。意指母子互相感通，毫無間隔阻礙。

「爵」是爵位、爵祿。「靡」本來是一整片都倒下來的意思，例如有一句成語叫「所向披靡」。但在這裡是共、同的意思。「我有好爵，吾與爾靡之」是君王對大臣表示，要把爵位賞賜給大臣，與之同享資源與利祿。這象徵君臣關係和諧，如同母鶴與子鶴，真心感通，無有隔閡。

六三，得敵，或鼓或罷，或泣或歌。

第一爻講自己的「信」，雖然有誠意，但還不夠確實，所以遇到挫折情緒馬上受影響，無法穩定。第二爻講的是君臣之間的「互信」，推心置腹榮辱與共，這樣當然很吉祥。第三爻則是講袍澤之情，肝膽相照同甘共苦，生出手足兄弟般的「互信」。而這時的「互信」，也就是一般常說的「情義」二字。

「得敵」是遇到敵人。「鼓」是指進攻、戰鬥。「罷」（ㄆㄧˊ）通「疲」，是休兵的意思。「泣」是打敗仗或行將就戮，所以哭泣。「歌」是打勝仗，歌舞慶祝。「或鼓或罷，或泣或歌」就是借戰場之景象，比喻袍澤之間榮辱與共、利害一致的信任關係。

我們常常使用「革命情感」一詞來形容曾經一同面對逆境，也一同克服困難的夥伴關係。這種情感殊為難得，所以特別讓人珍惜。不過「革命」終究要事過境遷，情感最後也要回歸日常。我們若始終惦念這份革命情感，那麼人生也將無法好好地融入日常。

只有神明與我們之間的「信」是身內之物，其他關係的「信」，無論怎麼穩固，多少都有身外之物的成分。所以，古人為了相互取信，總要在神明面前歃血立誓，藉此把身外的「信」變成身內的「信」。

反過來說，那些讓我們內心產生真實信念的東西，就是我們的神明。我們可以沒有宗教信仰，但是，我們內心裡不能沒有神明。

六四，月幾望，馬匹亡，無咎。

「月幾望」是指即將滿月。滿月象徵一種期望，也就是希望心中的願望能夠像月亮一樣，圓滿實現。「馬匹亡」的表面意思是走失馬匹，背後的意思是指失去其「匹配」的人。「月幾望，馬匹亡」兩句結合在一起，就有「事與願違」的意思了。

古代的馬車通常配有兩馬或四馬。不同的馬要拉同一輛車，則彼此的身高、力氣、快慢、脾氣等，都要互相匹配。所以，一提到馬與車，必然有「匹配」的問題。「匹配」一詞就是這麼來的。

什麼叫失去「匹配」的人呢？就是我們的心是真誠的，可是完全得不到對方的信任。例如屈原與楚王就是這種情況。「我本將心向明月，奈何明月照溝渠」。屈原的心非常真誠，可惜楚王不相信，屈原不甘心，抑鬱難解，最後只好跑去自殺。

人與人的相處有時真誠交流，彼此信任；有時信任中帶有保留；有時則彼此懷疑，無法信任。這種人生際遇起伏不定，難以預料。經過第三爻的高度信任，轉入第四爻的得不到對方信任，這是告訴我們，即使我們真誠待人，他人也可能因為各種原因而無法接受我們的真誠。這不是我們做錯了什麼事，而是人生際遇使然。對於人生際遇的順逆高低，我們也要學習接受，學習理解。

九五，有孚攣如，無咎。

「有孚攣如」在小畜卦中出現過。「攣」是把分散的東西綁在一起。「有孚攣如」是指眾人與領導者之間的「信」非常真實，而且是各方各面都有「信」的連結，不限於一時一地，所以情感非常真摯，規模也非常宏大。

人的「信」要是到了「有孚攣如」的規模，那就相當於佛教上所說的「證量」。一言一行、一動一靜，都能與人產生直接感通。

上九，翰音登于天，貞凶。

「翰」原來是羽毛的意思，後來也指毛筆。「翰音」是雞的雅名。「翰音登于天」就是雞飛到了天上，隱含名實不符的意思。因為飛到天上受眾人瞻仰的，應該是鳳凰，而不是雞。雞的毛色既遠不如鳳凰，牠的叫聲又比鳳凰難聽，這樣的貨色飛到這麼高，只會引來不滿，所以說「貞凶」。

在大型的祭祀場合雞只能是附屬的祭品，無法成為主要的祭品。從這個角度來說，「翰音登于天」也可以解釋成把雞當成主要的祭品，這就顯出祭祀者毫無敬慎之心，自然非常不吉祥。

「翰音登于天」因為顛倒了主從關係，名過於實，所以招禍。進一步引申則是內在誠信不足，外在又靠一堆欺人耳目的排場邀寵，這樣虛假作態早晚是要招禍的。

第二爻的「鳴鶴在陰」，是因為真誠樸實而得爵。這一爻的「翰音登于天」則是因為作態邀寵而得禍。兩爻對比，即可知道「中孚」強調的是感通的真實性。因為鶴在樹下親近而自在，所以可以得到真實的感通；而雞卻飛到天上，一副高高在上的樣子，所以無法得到感通。其實，真實的感通與地位高低無關，卻與心性修養有關。心中無信無愛，那是怎麼假裝都感通不來的。

下一卦，小過卦，就有點「翰音登于天」的狀態。小過即是小小的過分，名實產生小小的背離。可是當事人並不擔心，因為名實不符又怎樣，只要我努力把實的部分修回來，這不就好了！小過卦這個態度，就是凡事先莽撞衝過去，等遇到問題再來彌補解決。對於樂觀而積極的人來說，做事帶一點莽撞，只要不闖出大禍，也許結果反而會更好。

62 小過卦：犯錯是為了讓自己變得更好

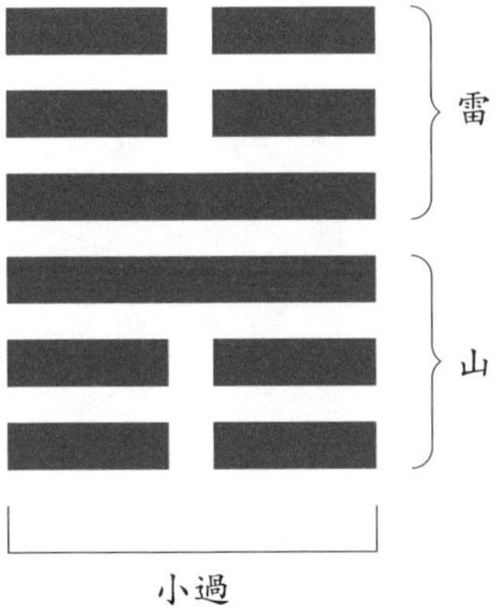

小過，亨，利貞。可小事，不可大事。飛鳥遺之音，不宜上，宜下，大吉。
初六，飛鳥以凶。
六二，過其祖，遇其妣，不及其君，遇其臣，無咎。
九三，弗過防之，從或戕之，凶。
九四，無咎，弗過遇之，往厲必戒，勿用，永貞。
六五，密雲不雨，自我西郊。公弋，取彼在穴。
上六，弗遇過之，飛鳥離之，凶，是謂災眚。

「過」是逾越的意思，表示行為超過合理的尺度。「小過」指逾越的程度輕微，未到造成危害，或者未到不可挽回的地步。

《論語》說：「大德不踰閑，小德出入可也。」這話出於子夏，意思是說，大是大非的問題要堅守原則，不可含糊，但日常生活裡的禮儀習俗則不必拘泥，稍有逾越，無傷大雅。「閑」是柵欄的意思，引申為界線、範圍、規則。

「大德」、「小德」就相當於大節、小節。「大德不踰閑」就是大節不可逾越。如果逾越了，就會像節卦第三爻所說「不節若，則嗟若」。「小德出入可也」就是「小過」卦，意思是可以適度地逾越。

道德固然有內在真實為基礎，但是，它也是一套社會文化的表現形式。凡是形式的東西必然會隨著時空環境的變化而做出相應的調整，如果堅持什麼都不能更動死守舊法，那麼道德很容易就淪為教條，既妨礙社會發展也讓道德變得空洞虛偽，危害更大。

一般來說，真正的道德都帶有「法喜」性質，令人嚮往，也能給人心靈上的提升力量。可是，當道德失去感應的力量，變成一種形式、教條之後，就只剩下管束的功能，讓人失去自由，也失去生命力。

允許「小德」出入，就是允許行為突破形式與規則，展現生命本有的生機與創造性。這種逾越，只要適度，不但不會違反道德，反而有助於回歸道德本心。

例如孔子的學生子路，為姐姐守喪超過一年，孔子提醒他，這樣不合於禮。子路說，自己從小沒有兄弟，只有姐姐，所以不忍太早解除守喪。這是「小過」，但也是「真情」。

因為，有一種逾越，是生命主動想與真理連結成一體的自發性努力。

一種好的逾越行為必然具有真實性與創造性，也必然可以提升整體的能力。例如戰國時代的趙武靈王，放棄中原傳統服飾提倡胡服騎射，向北方遊牧民族學習戰鬥經驗，這在當時就是好的逾越行為。

「過」的本義，應是王室的田獵、遊弋，或者旅行、行軍、巡查的活動，後來則進一步發展成為「巡狩」的制度，也就是每年定期進行「境內巡查」或「邊境巡邏」的行軍活動。

周朝取代商朝之後，「過」字被賦予了一個新的意義，代表了過錯、罪過。為什麼呢？因為周人檢討商人失去天下的原因，認為商人犯的最大過錯，就在於沉迷田獵，以及過度向鄰國炫耀武力。於是，周人作了〈無逸〉一文，收在《尚書》中，警示後代「無淫于觀、于逸、于游、于田」。「觀、逸、游、田」這四項活動，通通屬於「過」的活動內容。此後，「過」就等同於過失、罪過的意思了。統計《尚書》全文，共出現十三次「過」字。其中七次當經過，六次當罪過，兩種用法各占一半。

明白這層道理後，我們可以了解，「小過」代表有限度的逾越，具體表現就是離開城邑，到領地四處「遊弋」。這個「遊」並非壞事，它包含了生命力的抒發與創造力的展現。所以孔子要學生「游於藝」，孔子這裡「游」的意思就等同於「遊」，只有「遊」才養得出真心。沒有「遊」的內在主動性、自由性，一切都將流於形式，全成了造作。

當然，逾越也不能過度。如果過度了，那就變成「大過」卦了。「大過」卦是不正常的狀況，若不調整將有危險的事情發生。

小過卦代表一種積極有為、承擔進取的精神。小過卦不怕犯小錯，因為做大事的人不介意犯小錯，而且小錯都是可以彌補的，也是承擔得起後果的。小過卦最怕的是畏首畏尾、停滯不前、不敢冒險，只知壓抑。因為，錯過進取的時機，將來怎麼追都追不回來。

小過，亨，利貞。可小事，不可大事。飛鳥遺之音，不宜上，宜下，大吉。

「小過」遇事可得亨通。但是，前提是必須遇「小事」才亨通，若是遇「大事」，那就不靈了，凶險隨伺在前。

為什麼「不可大事」？因為「小過」的目的在開展內在生機，而不在衝決網羅、突破形式。它的收穫在於喚醒心靈，而不是改變環境結構。如果顛倒兩者關係，就是錯把「小過」卦當成「革」卦了。

「小過」走到窮途末路就是心靈未曾受益，卻在外界處處樹敵陷入無謂的爭執。

為何「不宜上，宜下」？因為刻意突破形式，刻意做出別人不敢做的事以此吸引目光，彷彿很厲害，可是，捫心自問，內心並無真實見地，仍是一個空架子。這種造作最讓人討厭，也最容易引來災禍。「上」是指引來眾人目光，「下」是指低調沉潛。

「遺」是送的意思。「飛鳥遺之音」指空中傳來陣陣鳥鳴聲。《詩經》有「鳥鳴嚶嚶……求其友聲」，可見古人認為鳥鳴是為了傳情或吸引同類注目。飛鳥以聲傳情合乎自然法則，可是聲音過於高亢，反而引來鷹鷲或獵人的注意，那就得不償失了。所以鳴鳥不宜高飛，以免引來災禍。若低飛於林中與自然混同一體，藏身於密，那就大吉大利了。

范蠡幫句踐復國之後，認為「大名之下，難以久居」，而且勾踐「可與同患，難與處安」，所以選擇離開。這即是「不宜上，宜下」的智者之舉。

因為范蠡幫句踐出過太多計謀，這都是「過」。這些謀略的聰明適用於非常時期，卻不適合出現在平時。如果范蠡繼續留下來，他在謀略上的才能，必然引起越王猜忌，到時候不但自己小命難保，甚至整個宗族都要因此招禍。

初六，飛鳥以凶。

《易經》中以鳥為象的卦有三個，一是旅卦，一是小過卦，一是明夷卦。前兩個卦都與「遊」有關，而明夷卦的鳥雖然也想遠遊，可惜受傷過重，無法如願。這令人想起《莊子》的〈逍遙遊〉，篇首也以鵬鳥為象。可見「鳥」與「遊」有不解之緣。

「以」是有的意思。解釋成英文的「as」更為恰當。第一爻的飛鳥之所以危險，因為他不理解「可小事，不可大事」、「不宜上，宜下」的道理。不知節制一意高飛，雖然表面特立獨行，其實內心並無真實的價值與目標。

我當兵的時候，遇過一位服役的少尉軍官，他當時看了柏楊寫的《醜陋的中國人》一書，受到影響，便在週會演講中，口若懸河地批判傳統文化。批評是否出自內心真實的價值，或只是嘩眾取寵，從談論中其實很容易分辨。演講結束後，果然有高階軍官對他嚴詞批評，這位軍官就是自己讓自己陷入凶境。

六二，過其祖，遇其妣，不及其君，遇其臣，無咎。

「小過」的吉，是因為逾越界線而看到事情的本質，顯露真實的見地並得到生機與自由。「小過」的凶，是誤以為逾越的目的在突破限制，因而越追求越與外界產生衝突，恣意妄為的結果，反而遠離了自由。

人在吉凶的處境之外，還有一個「無咎」的處境。「無咎」就是事情尚未圓滿、尚有缺點，但是當事人努力調整改善，所以讓事情慢慢往好的方向發展。

這一爻的解釋眾說紛紜，我的解讀是這樣，原本期望獲得祖父的接見，最後獲得祖母的接見；又原本想接近君王得到他的器重，結果卻未能見到君王，只得到臣子的接見。這表示，事先的預期與實際的情況有所落差，兩者間不可能完全相等，這是正常的現象，理解後就不會患得患失，也不會帶來災禍。

「祖」是祖父，也可以指男性先祖，「妣」是祖母，也可以指男性先祖的配偶。在卜辭與金文中，通常都是「祖」與「妣」對言，父與母對言。後來的「妣」字，慢慢變成專指亡母，不過，這已是戰國晚期的事情了。

如果解釋成先祖，那麼「過其祖，遇其妣」就是指原本祈求男性先祖的庇佑，結果得到女性先祖的庇佑。從商朝占卜的甲骨文來看，男性先祖的庇祐事項與女性先祖不同。男性先祖主要掌管祈雨、豐收與戰爭，比較接近公共利益的範圍；而女性先祖的庇祐事項，比較偏向生育、健康、生活方面，大多是私人利益的範圍。

九三，弗過防之，從或戕之，凶。

只看到形式突破，沒有看到內在變化的目的與方向，這種逾越是危險的。此時，防止逾越是危險的，放縱逾越也是危險的。

「弗」是否定的意思。「弗過防之」等同於「未過而設防」。指在未逾越之時即著手防止逾越。「從」（ㄗㄨㄥˋ）同「縱」，放縱的意思。「戕」（ㄑㄧㄤˊ）是殺害的意思。「從或戕之」指放縱逾越可能引來殺戮或反叛。兩句合在一起的用意應該是過於防範雖然不好，但過於放縱危害更大，所以得凶。

小過卦的形象邏輯，是把三、四兩爻看成鳥身，其他四爻看成飛鳥的左右兩翅。鳥身以穩定不動為吉，所以必須嚴守界線，防止放縱逾越之事發生。此時無論發生何種逾越，都以凶事論斷。

二、五兩爻是靠近鳥身的翅膀，可以拍動，但拍動的幅度有限，不足危害，所以符合小過卦的精神，可得小利與無咎。一、六兩爻是翅膀的尾端，揮動的幅度較大，而且只要大幅揮動，鳥即高飛在天，這違反了小過卦「不宜上、宜下」的精神，所以這兩爻都得凶。

九四，無咎，弗過遇之，往厲必戒，勿用，永貞。

這一爻的態度非常保守，認為外在環境危機四伏，動則得咎，所以反對任何逾越冒險，僅求無過，不求亨通。

「弗過」是說主觀上沒有逾越之心。「遇之」是說客觀上自然發生逾越的效果。「往厲」指繼續向前逾越會發生危險。「必戒」指必須謹慎自律，避免陷入危險之境。「勿用」指不可有所作為。「永貞」是指長久安住在這種謹慎防備的狀態下將得到神明的庇佑。

全句是說，即使主觀上無逾越之心，但是因緣巧合之下，客觀上也可能出現逾越之舉。所以凡事寧可多一些保守謹慎，只要客觀上出現逾越，不管原因為何，都要馬上收斂改正，這樣才能得到神明長久的庇佑。

六五，密雲不雨，自我西郊。公弋，取彼在穴。

「密雲不雨」指積雲很厚，但條件尚有欠缺，所以還未下雨。「自我西郊」指武王伐紂時，周的軍隊在郊野的西邊，商的軍隊則在東邊。這一句的意思是武王軍隊的上空積累厚雲，彷彿蓄勢待發。一旦時機成熟，武王將立即發動全面的進攻。

「密雲」雖然充滿氣勢，但大雨畢竟沒下。這表示武王謀定後動，不輕易逾越界限，也不冒然發動攻擊。他要等待恰當時機，再一舉將商紂拿下。

「公弋，取彼在穴」應該取材自一位歷史人物的典故，可惜文本失傳，難以細究。合理推測，應指某公善射，但不貪心，他只射從自家門口經過的鳥，彷彿這鳥是願者上鉤，射中後，鳥落在自家門口，取鳥全不費力。

這個故事是指，留守原位，不必逾越，只需待彼自投羅網，我則以逸代勞。彷彿武王就是這位弋者，而革命只是順天應人的行為，並非什麼驚天動地的大事。

《老子》說「以無事取天下」，《莊子》說「亡國而不失人心」，意思與「公弋，取彼在穴」有相似之處。都是無心於取，只待其時機成熟，該有的結果自然會發生。

舊注把「穴」解釋成鳥穴。但《詩經》提到鳥類居所甚多，皆用「巢」字，不用「穴」字。而「穴」字在《詩經》出現五次，四次指墓穴，一處指居所。故此處之「穴」絕非鳥穴，應該是指某公之居所。

「武王伐紂」是人間一大逾越，但是《易經》卻只說他是「小過」。如果這樣，那我們一般人還擔心什麼呢？我們人生之中，還有什麼「過」比得上「武王伐紂」的呢？還有什麼「過」不能被內心的真實所接納的呢？還有什麼「過」不能反轉、不能向上，不能成為提升智慧的法鑰的呢？

《聖經》裡說，愛原諒一切。《易經》則要說，真實允許逾越。

上六，弗遇過之，飛鳥離之，凶，是謂災眚。

此爻之「過」，是為了逾越而逾越，放縱恣肆，毫無內在追求，所以也不可能有真實收穫。如此逾越不但危險，簡直就是大禍臨頭還渾然不知。

「弗遇過之」指沒有真實的見地或理由，純粹是為了逾越而逾越。這樣把逾越當成兒戲，毫無意義可言。「離」即「籬」，鳥網的意思。「飛鳥離之」就是鳥兒自投羅網、自取滅亡。

「眚」（ㄕㄥˇ）是近在眼前的災禍。飛鳥逞一時之快，盲目飛入網羅，這還能怪誰呢？所謂「自作孽，不可活」指的就是這一爻。

「小過」卦的二、四、六爻皆以「過」、「遇」對言。表示所有「過」的行動，都有一個想達成的目標，以及最後產生的結果。這個目標與結果就是「遇」。第二爻目標在君，卻只遇到臣，效果不彰。第四爻沒有行動，卻有所遇，所以要小心飛來橫禍。第六爻採取行動卻沒有目標，盲目亂飛，恐怕難逃大禍臨頭了。這三爻的結果都不算好。

至於一、三、五爻，情況也相同。第一爻以逾越為凶。第三爻嚴守本分，若妄加逾越，結果也是凶。第五爻內在真實、沉穩而充滿承擔力，只等待時機成熟，一舉而成功，是唯一的吉爻。

全卦六爻，每一爻都不容易，時時給人如履薄冰的感覺。如同一個尼采的譬喻：走鋼索的人，往前是危險的，退後是危險的，停止不動也是危險的。雖然處處危險，但往前行動還是唯一的出路。

63 既濟卦：當一切都完美了，我們只好走向失敗

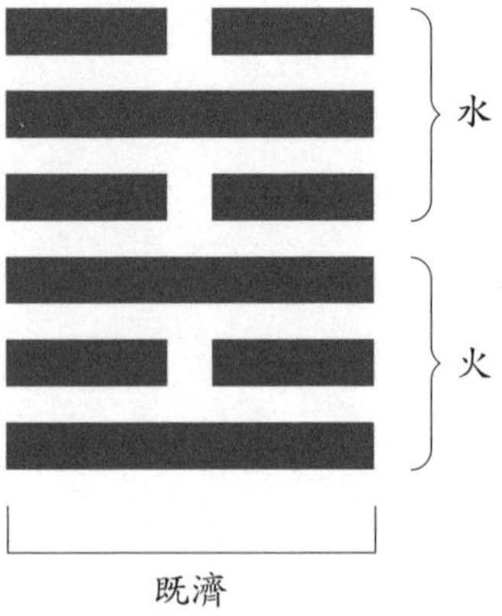

既濟，亨小，利貞。初吉終亂。
初九，曳其輪，濡其尾，無咎。
六二，婦喪其茀，勿逐，七日得。
九三，高宗伐鬼方，三年克之，小人勿用。
六四，繻有衣袽，終日戒。
九五，東鄰殺牛，不如西鄰之禴祭，實受其福。
上六，濡其首，厲。

「既」是完成的意思。「濟」原指渡河，也引申為救助的意思，例如救濟。「既濟」就是完成渡河。在古代，渡河是一件危險而重大的事情，所以既濟不是指完成一件小事，而是經歷千辛萬苦之後，完成了一件困難的大事，獲得令人讚嘆的成功。

當我們克服各種困難，獲得巨大的成功之後，下一步該做什麼呢？有人會說，那就設定另一個目標，繼續獲得成功啊！是嗎？真的是這樣嗎？

如果我們輕易就知道下一個目標是什麼，那就表示之前的成功並不是什麼巨大的成功，它只是一個普通的成功，沒什麼可吹噓的。如果我們完成的，是一個巨大的成功，那麼成功之後，我們應該會感到茫然、感到暈眩，

我們會非常興奮，但也會不知所措。我們會失去方向感，完全不知道下一個目標是什麼，而且，我們也會認為下一個目標是什麼，根本不重要。我們當下唯一想到的，是想繼續維持目前成功的巔峰狀態。

只想繼續保有眼前的成就與光榮，完全不在乎下一個目標是什麼，這才是獲得巨大而圓滿的成功之後，一般人的反應。然而，時間要輾壓而過的，正是一般人的反應。

請問，眼前的成就與光榮，可以永遠保有嗎？成功的巔峰狀態，可以長期維持嗎？從《易經》的角度來看，這是不可能的。

因為，所有的成功都是因為我們知道自己有不完美、不圓滿的地方。而當我們覺得自己已經完美了、圓滿了，我們便無法繼續成功，只能走向失敗。這就是既濟卦。

既濟，亨小，利貞。初吉終亂。

「既濟」是把一件大事完成。這個結果固然值得高興，不過，也有值得憂慮的地方。因為，眼前的奮鬥目標已經達成了，未來若沒有找到新的目標，那就會失去繼續前進的動力。這用股市的術語來說，叫做「利多出盡」。

所以，既濟卦是一個短期有利的卦，但就長期來說，則是一個充滿危機與挑戰的卦。挑戰在什麼地方呢？挑戰在於能不能告別過去，認識到自己的新處境、新定位，從而找到新目標與新方向，並得到新的成長動力。如果找不到，那就會陷入「初吉終亂」的險境。

「初吉」很容易理解，但為什麼會「終亂」呢？因為，沒有長期的方向，也失去成長的動力，所以終將陷入徬徨混亂。

我認識幾位學術界的長輩，他們年輕時為了取得博士學位，花了八、九年時間，拼命念書、拼命思考、拼命寫報告，學問因而突飛猛進。等到拿到博士學位之後，找到教職，看書的時間反而少了，而新寫的論文也跳脫不出原先博士論文的觀點。如此流連學界二十幾年，最後回頭一看，發覺人生學問的最高峰，竟仍是拿到博士學位之後的那幾年。這就符合既濟卦的「初吉終亂」。

初九，曳其輪，濡其尾，無咎。

「曳」是拉、引的意思。「輪」一說是車輪，另一說是「綸」，指衣服前方的裝飾性垂帶。所以，「曳其輪」有兩個解釋。一是指車子渡河，岸上的人要像縴夫一樣，把輪子往岸上拉。另一個是指過河時，要先把垂於前方的衣服或飾物提起來，繫在腰間，以免妨礙前進。這兩個解釋都可通，我比較喜歡前者。

有人提出懷疑，認為車子渡河時，輪子理應向前推，哪有向後拉（曳）的道理？其實，車子在渡河時剛開始必有一段斜坡往下，在不知水中斜坡有多深或多陡的時候，車子要警戒性地先向後拉，等深度確定之後，才開始向前推。

「濡」是沾濕的意思。「尾」一說指小狐之尾，呼應未濟卦中小狐渡河的卦象。一說是衣服的尾擺。兩說皆可通。

「曳其輪」是指剛渡河時的小心謹慎。「濡其尾」則指再怎麼小心還是會沾濕自己的衣服。換句話說，為了成就一件事，該付出的代價就要勇敢付出，不要過於憐惜；不要什麼都不願付出，只想得到大成果。天底下沒有這種坐享其成的好事。

六二，婦喪其茀，勿逐，七日得。

「茀」（ㄈㄨˊ）是髮飾，一說指假髮。「婦喪其茀」是說，在過河的時候，因為顛簸搖晃，造成婦人的髮飾脫落遺失。「勿逐」是說，掉了就掉了，不要急著尋找。因為眼前的大事是渡河，不可因為女主人髮飾脫落這種小事而干擾分心。應當等到渡河完成之後，再派人慢慢尋找掉落的髮飾。「七日得」是指七日內失物可以復得。引申其意，是指一段時間之後，即可得到補償與回報。

這一爻是強調渡河過程必須全神貫注，不可分心。尤其不可讓小事干擾大事的整體節奏與秩序。必須大事先完成，軍心穩定之後，其他小事也可以逐一完成。

若在平常，女主人丟失髮飾，這是大事，僕人一定全體出動，急忙尋找。但是，在渡河過程中，女主人丟失髮飾，這反而變成小事了，僕人一定要先全力完成渡河，再來尋找失物，先後次序，不能顛到。

九三，高宗伐鬼方，三年克之，小人勿用。

「高宗伐鬼方」是商朝武丁向西北征伐的故事。此役周國亦曾派軍隊協助，所以成功之後，周國得到商朝許多賞賜。此次征伐「鬼方」的戰役，前後打了三年，過程雖然艱辛，但最後還是獲得巨大的勝利。「小人勿用」是指無功之人不可獲得封賞。在《易經》中，「小人勿用」還出現於師卦第六爻「開國承家，小人勿用」。兩次的語境，都是指經過一番艱苦奮鬥之後，做出的警語。

此爻是用歷史故事比喻渡河過程雖然艱辛，但既然決定渡河，就要堅持到底，渡到對岸才可停止，絕不可以停在河中，半途而廢，否則將陷入更大的危險。如同當年鬼方之戰，也是堅持到底，才獲得最後勝利。

中國對日抗戰之前，軍事家蔣百里曾建議高層，有鑑於中日雙方兵力懸殊，所以全面戰爭的日期能拖就拖，越晚越好。但是，一旦開打，就不能中途談和，一定要打到底。即使退到偏遠西疆，仍然要堅持抵抗，直到對方失敗為止。這一戰略，被國府高層完全接受，也成為抗戰的最高戰略原則。此事可以作為此爻的註腳。

六四，繻有衣袽，終日戒。

「繻」同「濡」，沾濕的意思。「袽」（ㄖㄨˊ）是冬衣的襯裡。「繻有衣袽，終日戒」是說，秋天渡河，要小心別把衣服的內裡沾濕，否則將受寒生病；如果不幸沾濕，也要整日戒慎恐懼，時時注意保暖，避免身體受寒。

第四爻表示河已渡超過一半，看來最困難的過程已經結束，此時，除了繼續努力完成渡河之外，也開始有餘裕考慮個人的狀況了。

如果是第一爻，擔心衣服沾濕絕不在考慮範圍之內。但是，第四爻，環境好轉，就要開始考慮是否會沾濕衣服了。

九五，東鄰殺牛，不如西鄰之禴祭，實受其福。

這一爻也是武王伐紂的故事。「殺牛」指豐盛的祭祀。「禴（ㄩㄝˋ）祭」是指夏日的薄祭。因為夏季尚未收成，所以祭品較少。「東鄰」指商，「西鄰」指周。整句話是說，商人的祭祀豐盛，但是，神明並不會因此而庇佑他們；相反地，周人雖然祭品單薄，但是神明卻願意給他們更多的庇佑賜福。為什麼呢？因為神明重視的是虔誠與恭敬，而不是祭品的多寡。

這一爻的隱喻是，渡河已經順利完成，因為我們的虔誠，所以神明庇佑我們全體平安。但是換成其他渡河的隊伍，神明未必會庇佑他們。

如果連神明都支持我們，站在我們這一邊，那就沒有完成不了的事，過不去的坎，最後的勝利也一定屬於我們的。

上六，濡其首，厲。

「濡其首」就是渡河時水太深了，蓋過了頭，這是非常危險的情況，所以說「厲」。此時絕不可再逞勇前進，必須退回岸邊，另作打算。

第六爻顯然是渡河失敗了，必須退回出發點，換個地方重新渡河。所以下一卦是未濟卦，表示這件事目前完成不了，只能重新檢討、重新準備，然後再試一次。

綜觀既濟卦的六爻，主要精神在於，人生必須在不同的階段中，分清楚不同的輕重緩急，以及事物的優先次序。剛開始過河，謹慎小心最為重要；過到一半，必須全心全意在過河這件事上，不可分心；進入河床最深的地區，眾人必須同心協力，不畏困難，堅持到底；快到彼岸時，則要開始規劃上岸之後首先要做的工作為何；上岸之後，仍不忘感恩神明的庇佑。最後，記取教訓，安全為上，渡河時絕不做沒有把握的冒險。

如此有序有節又全力以赴的渡河經驗，其實可以用在世間所有事情上。懂得渡河的道理，就掌握了完成一切困難事情的共同規律。

64 未濟卦：最好的東西，都會留一個未盡之意

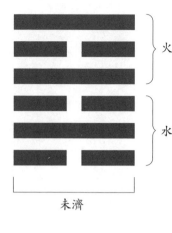

未濟，亨。小狐汔濟，濡其尾，無攸利。
初六，濡其尾，吝。
九二，曳其輪，貞吉。
六三，未濟，征凶。利涉大川。
九四，貞吉，悔亡，震用伐鬼方，三年有賞于大國。
六五，貞吉，無悔，君子之光，有孚，吉。
上九，有孚于飲酒，無咎。濡其首，有孚失是。

「濟」是渡河。「未濟」可以指將渡未渡之時，也可以指渡河不成功。如果是將渡未渡之時，那就是準備為理想而奮鬥。但是，奮鬥之後是否能夠成功呢？這就無法當下判斷了。如果是指渡河不成功，那就要吸取教訓，退回岸邊，重新準備，另尋適合的地點，再渡一次。

擁有一個美好的奮鬥目標，常常好過於達成這個目標。例如愛情，戀愛階段的甜美永遠令人難忘，好過於兩人最後成為眷屬。

兩人相戀，如果最後目標只是為了結婚，那麼結婚之後，一定不會感到快樂。如果他們的目標是結婚之後想一起完成什麼事，那麼結婚則是他們快樂生活的起點，而不是終點。

凡事都不應期望得到最圓滿的結果，因為如果得到圓滿，我們就不想繼續往前走了。我們應該期望自己永遠走在追求圓滿的路上，這樣我們就會繼續快樂地前行。《易經》把未濟卦放在最後一卦，大概也是這個用意吧。

《菜根譚》說：「花看半開，酒飲微醉，此中大有佳趣。」人生的美好不是成就出什麼可觀的事業。人生的美好，是永遠有事業可以成就，也永遠保有一顆願意付出，也希望自己與他人都變得更好的心。

未濟，亨。小狐汔濟，濡其尾，無攸利。

「汔」（ㄑㄧˋ）有兩個意思：一個意思等於「涸」，指水乾了；一個意思等於「幾」，接近的意思。所以「小狐汔濟」可以解釋成小狐狸在秋冬的枯水期渡河，也可以解釋成小狐狸正要準備渡河。兩說皆可通。我傾向採用第二種解釋。「濡其尾」是沾濕了尾巴。

小狐的身體小，尾巴大，又缺乏渡河的經驗，一下水就把尾巴泡濕了，不但受到驚嚇，也使行動遲緩，增加渡河的危險。所以說「濡其尾，無攸利」。既然一開始就不利於渡河，還是暫時不要渡比較好。

渡河，象徵一場重大的考驗或挑戰，如果順利渡過去，那就登向更高的境界，如果渡不過去，起碼也可以練習身手，獲取經驗，利於下一次的渡河。

這裡有個問題，就是「未濟」卦的「亨」，究竟「亨」在什麼地方？其實，未濟之「亨」，就在於從每一次的失利中，得到應得的經驗、教訓，以及智慧。我們若能得到這些，失敗幾次之後，終將亨通。我們若只是重複失敗的結果，卻無法從中得到經驗、教訓與智慧，那就無從「亨」起了。

尼采有一句話，引用的人很多，大意是說，那些殺不死你的東西，都會成為幫助你的力量。這大概也等於「未濟之亨」吧。

初六，濡其尾，吝。

未濟卦的第一爻，自然是指剛開始渡河的時候。渡河初始，小狐的尾巴就沾濕了，行動因此受阻，那還渡什麼河呢？所以得「吝」，表示很難再進行下去了。

伊索寓言裡有一個故事，說狐狸看到對岸的葡萄，既想過去吃，又不想弄濕漂亮尾巴，於是在河邊來回徘徊猶豫，最後被獵人看到，反而招來殺身之禍。

無論東方或西方，大家都發現狐狸有很討厭尾巴被水沾濕的特性。久而久之，大家都知道這是狐狸的罩門。做人做事也是一樣，不要太有好惡，因為好惡過度成為了習性，這個習性就會成為我們的罩門。

九二，曳其輪，貞吉。

「曳其輪」是把輪子向後拖，有小心謹慎的意思。這一爻是渡河過程中的前三分之一階段，雖然危險程度不高，但是仍要保持高度的戒備。俗話說「小心駛得萬年船」，正是這一爻得到「貞吉」的原因。

六三，未濟，征凶。利涉大川。

第三爻，是渡河渡到一半，處在河中央，遇到大困難，渡不過去，怎麼辦呢？這是對領導者的重大考驗。如果勉強前進，一定會遇到危險；如果後退，一樣很危險。所以說「征凶」。

此處的「利涉大川」令人費解。因為既然「征凶」了，怎麼還會「利涉大川」？所以很多人認為此處應該是「不利涉大川」才對，缺了一個「不」字。

不過我認為遇到經文不易理解的地方，不應該先改經文，而應該先換腦袋，用不同的角度去想這件事。

我的想法是，雖然這次渡河不成功，但累積了經驗之後，下次就容易成功了。「利涉大川」是指下次渡河，而不是這次渡河。

另一種解釋，就是渡到了河中央，此時遇到的困難當然是最大的，但是，在最困難的時刻，我們更應該盡全力克服困難，不可輕言後退。因為在河中央無論是重新調整隊形，或者改變行進方向，都只會增加危險。所以，「利涉大川」是鼓勵領導者，必須不畏艱難地完成渡河任務，方可得吉。

九四，貞吉，悔亡，震用伐鬼方，三年有賞于大國。

「貞吉，悔亡」放在一起，也有人覺得不合理。既然都吉了，怎麼還有悔亡的問題。例如你吃了一頓海鮮大餐，菜色非常豐富，你吃得非常滿足，然後你又補充說你不餓了，這不是很多餘嗎？

其實，《易經》裡若出現「悔」，通常是指「得不償失」。我們無論做任何事情必然有得也有失，不可能全得而無失，「無悔」即是要我們以持平之心來接受「失」的部份，最後只要得大失小，我們就應該無憾。

「震用伐鬼方」與「武丁伐鬼方」，指的應該是同一場戰爭。合理推測，「震」應該是率領周人幫助武丁征伐鬼方的將領。「三年有賞于大國」即是指征戰成功後周人獲得武丁巨大的封賞。這個「大國」指的就是商。然而，征戰免不了有傷亡損失，但持平衡量之後還是值得的，這就是「無悔」。

此處再度引用伐鬼方的歷史典故，目的應該在鼓勵遇到困難的人，應該堅持到底，完成渡河的任務。

六五，貞吉，無悔，君子之光，有孚，吉。

「君子」在這裡是指立了大功而受到封賞的人。「光」是指榮耀、聲譽，以及他人對君子的敬佩。這一爻是說，雖然付出犧牲，但最後還是獲得勝利，所以「貞吉，無悔」。君子獲得榮譽，既證明了能力，也得到了信任，所以這爻非常吉祥。

上九，有孚于飲酒，無咎。濡其首，有孚失是。

「飲酒」是指勝利之後的飲酒慶功。「有孚于飲酒」是說，因為君子有功，所以君王賜酒慶功，在此慶賞下，君子得到更廣泛的榮譽與信任。這是君子應得的慶賞，所以「無咎」。「濡其首」是指狐狸渡河失敗，慘遭滅頂。

第一爻的「濡其尾」是退回岸邊，重新再來。這一爻的「濡其首」，是巨大的失敗，很可能在過程中損失了很多財貨，以致短期內無法重新再來。「是」是此的意思，指這一次的任務。「有孚失是」是說，即使受人信賴、倚重，但這次的任務還是以失敗告終。

這一爻是正面一說，反面一說，成敗兩面並舉。前面是勝利後的飲酒慶功，場面十分熱鬧。但是，兵無常勢，水無常形，有勝利也必然會有失敗，如果君子被勝利沖昏了頭，驕傲自大，那下一次渡河就危險了。

一個過度高估自己的人，最容易逞強好勝，也最容易遇到「濡其首」而不知進退的狀況。只要遇到這種狀況，那麼無論過去累積多少功績榮譽，此時通通派不上用場，只能慘敗結束。

未濟卦的最後一爻，似乎要人接受一件事，就是努力固然會帶來成功，但是努力也無法阻止失敗的發生。這一爻也是在告誡我們，不要因為外在一時的成就而得意忘形，因為所有的失敗都發端於失去「自知之明」，這也讓我們也失去客觀評估外界真實狀況的能力。

未濟卦是考驗，而考驗是一切內在真實與價值的共同開端。有了考驗，我們就重回屯卦，檢驗自己生命的真實性，然後在六十四卦的流轉裡，找到自己的使命之路。

整個未濟卦的六爻，一吉一凶地交替出現，而到了第六爻，也即是整個六十四卦的最後一爻，既可以是吉，也可以是凶。

這就是《易經》最後要告訴我們的事。一是天下並無全部是吉的事，也沒有全部是凶的事，一切都交雜相混。吉中會有凶險，凶中也可以得到吉象。所以，凶是無法完全避免的，但是，我們可以好好應對凶，從凶身上學得許多教導。

二是世事並無絕對，正反兩面會交替變化。吉的背後會出現凶，凶的背後也會出現吉，這種變化是難以預測的。所以，我們不是要「趨吉避凶」，而是要學會「轉凶為吉」的能力，以及與變化的相處之道。

三是吉凶並不由外在的順逆來決定，有百分之七十掌握在自己看事情的角度，以及面對困難的態度。一切吉凶都決定於我們把焦點放在什麼地方。我們關注的焦點改變了，吉凶的意義也會跟著改變。人遇到逆境時如果應對得宜，就能很快度過逆境，迎來順境。同樣地，人遇到順境時，如果缺乏智慧濫用福報，那麼他的順境一定比別人更早結束。

宇宙之無窮，人生之無限，正因為萬事萬物都有其未盡之意。所以吉不是終點，凶也不是結束。一切已完成之事的背後，一定要有個悠遠的未知世界；一切未完成之事的背後，也要有個將之完成的願力。抓在手上的東西，我們要學習放下；空手無物時，我們也要學習提取的技能。

既濟卦是人生完成了一個看得到的目標，未濟卦則是人生要有一個看不到盡頭的永恆追求。美好的人生，不是在「既濟」與「未濟」之間選擇一個，而是在永恆無盡的道路中，不斷付出努力，也不斷感受生命內在的真實。

易經白話講座——64 卦，卦卦讓你找到內在真實的力量

作者　王思迅
封面設計　陳俊言
編輯　張海靜
行銷業務　王綬晨、邱紹溢、劉文雅
行銷企畫　黃羿潔
副總編輯　張海靜
總編輯　王思迅
發行人　蘇拾平
出版　如果出版
發行　大雁出版基地
地址　231030 新北市新店區北新路三段 207-3 號 5 樓
電話　（02）8913-1005
傳真　（02）8913-1056
讀者傳真服務　（02）8913-1056
讀者服務信箱 E-mail　andbooks@andbooks.com.tw
劃撥帳號　19983379
戶名　大雁文化事業股份有限公司
出版日期　2022 年 3 月初版
定價　800 元
ISBN　978-626-7045-21-3

歡迎光臨大雁出版基地官網
www.andbooks.com.tw
訂閱電子報並填寫回函卡

國家圖書館出版品預行編目 (CIP) 資料

易經白話講座：64 卦，卦卦讓你找到內在真實的力量 / 王思迅著 .
-- 初版 . -- 臺北市：如果出版 : 大雁出版基地發行 , 2022.03
面；　公分
ISBN 978-626-7045-21-3（平裝）

1. CST：易經　2. CST：注釋

121.12　　111000762